国际大都市租赁住房发展模式与租赁住区规划

Rental Housing Development Models and Planning of Rental Housing Communities in International Mega-cities

田莉　夏菁　著

中国建筑工业出版社

图书在版编目（CIP）数据

国际大都市租赁住房发展模式与租赁住区规划 = Rental Housing Development Models and Planning of Rental Housing Communities in International Mega-cities / 田莉，夏菁著 . — 北京：中国建筑工业出版社，2021.11
ISBN 978-7-112-26606-7

Ⅰ. ①国… Ⅱ. ①田… ②夏… Ⅲ. ①住宅市场 – 租赁市场 – 发展模式 – 研究 – 世界 Ⅳ. ① F293.357

中国版本图书馆 CIP 数据核字（2021）第 190014 号

责任编辑：焦　扬　吴宇江
责任校对：张惠雯

本书出版受北京卓越青年科学家计划项目"北京城乡土地利用与住房发展的理论、规划方法和技术体系研究"（JJWZYJH01201910003010）与国家社科重大基金（20&ZD107）联合资助。

国际大都市租赁住房发展模式与租赁住区规划
Rental Housing Development Models and Planning of Rental Housing Communities in International Mega-cities
田莉　夏菁　著
*
中国建筑工业出版社出版、发行（北京海淀三里河路9号）
各地新华书店、建筑书店经销
北京雅盈中佳图文设计公司制版
北京中科印刷有限公司印刷
*
开本：880毫米×1230毫米　1/16　印张：15¼　字数：453千字
2022年5月第一版　2022年5月第一次印刷
定价：**99.00元**
ISBN 978-7-112-26606-7
（38136）

版权所有　翻印必究
如有印装质量问题，可寄本社图书出版中心退换
（邮政编码100037）

前　言

20世纪90年代中后期以来，中国城市住房体制的市场化改革为以工业化为基础的城镇化以及经济保持高速增长作出了重要贡献。但同时也带来城市土地利用结构扭曲，"人地房脱钩"现象突出，人口集中流入的城市居住用地供应不足且房价上涨过快，大量人口流出地城市住房供应过剩且库存压力过大等问题。党的十八大以来，中央希望推动经济、社会可持续发展的一个主攻方向，是通过住房、土地、户籍与财税金融体制配套改革，实现从"土地城镇化"主导的传统模式向更注重"人口城镇化"的新发展模式转型，让来自农村的数以亿计流动人口在城市获得可支付住房、均等化公共服务，并最终实现家庭式、永久性迁移，走向完全市民化。目前看来，既有措施尚未达到政府所希望实现的目标。在人口完全城镇化，尤其是以农民工为主体的2亿多流动人口在流入地城市，以及每年大批应届毕业大学生、研究生等在城市获得可支付的体面住房问题上，迄今为止进展仍然缓慢。租赁住房的发展恰恰是解决房价高涨挑战的重要手段之一。

租赁住房的发展模式受经济制度、社会理念、福利体系等宏观背景的影响，并非独立的体系。西方发达国家和亚洲新兴经济体国家在住房战略上依据各国国情，选择了不同的发展道路。既有以英美为代表的深受新自由主义影响的"二元化"模式，也有以"合作主义""社会住宅"为代表的德国、瑞士等"单一制"住房发展模式；既有以政府提供大量公屋的新加坡"普惠型"住房模式，也有以土地财政为特点的"二元制"中国香港与大陆模式。此外，各国在不同时期都选择了不同的发展道路，路径依赖在很大程度上影响了租赁住房的现状发展。他山之石，可以攻玉，但忽视历史与制度背景和发展阶段的照搬，显然并非我国目前租赁住房发展的方向。因此，在本书中，笔者并非简单地借鉴其他国家/城市的经验与现状做法，而是从他们的资源禀赋（土地/人口）、发展的历史阶段、租赁住房与自有住房市场之间的关系、租赁住房发展政策及其实施情况进行剖析，以全面了解其优劣势。之后，选择典型的租赁住房案例，对其规划设计、融资方式、使用状况等进行阐述，以对租赁住房发展的政策和空间环境进行较为详细的介绍。在此基础上，分析我国大城市的租赁住房发展与租赁住区规划可以借鉴的经验，并获得启示。

本书是团队共同努力的成果，由清华大学建筑学院土地利用与住房研究中心主任田莉教授负责全文结构、材料的组织，由田莉和夏菁对全书进行校对和统稿。参加书稿写作和资料收集的团队成员包括建筑学院的博士后、博士生、硕士生和本科生共23人。全书内容共包括15章，各章的作者如下。

第一章	导论	（田莉）
第二章	纽约租赁住房发展中的自由市场与政府干预	（蒋姚贝龙、潘晨斐、李经纬）
第三章	洛杉矶租赁住房的发展与救济型公屋规划	（杨瀚坤、李经纬）
第四章	伦敦租赁住房发展及BTR对新生租赁住房的影响	（梁爽、何翔宇、申犁帆）
第五章	"社会融合"政策下的巴黎社会租赁住房发展	（乔宇、高原）
第六章	柏林社会市场模式下"单一制"租赁住房的发展	（张昕艺、夏菁）
第七章	以"慕尼黑混合"模式为导向的慕尼黑租赁住房发展	（高唯芷、夏菁）
第八章	基于城市复兴的汉堡社会租赁住房多元化发展策略	（林丹荔、申犁帆）
第九章	福利与市场之间：苏黎世住房合作社经验与启示	（戴亦殊、严雅琦）
第十章	"只租不售"的普惠租赁住房：阿姆斯特丹社会住房建设经验	
		（黄子愚、严雅琦）
第十一章	市场主导的东京均衡化租赁住房发展模式	（寸兴然、夏菁）
第十二章	"居者难有其屋"：香港公屋政策的得失与启示	（王紫荆、梁印龙）
第十三章	"新加坡模式"：公共住房主导的住房租赁体系	（吴雅馨、蒋卓君）
第十四章	首尔租赁住房研究：政策演变及租赁转型与尝试	（崔朝阳、高原）
第十五章	国际大都市租赁住房发展模式及租赁住区规划：总结与启示	
		（田莉、夏菁、蒋卓君）

本书出版受北京卓越青年科学家计划项目"北京城乡土地利用与住房发展的理论、规划方法和技术体系研究"（JJWZYJH01201910003010）与国家社科重大基金（20&ZD107）联合资助，特此致谢。书稿写作过程中得到国务院发展研究中心房地产市场研究室邵挺主任、链家贝壳研究院首席市场分析师许小乐、上海交通大学国际与公共事务学院陈杰教授等的指导和帮助，在此一并致谢，但书稿写作由于时间和水平所限出现的疏漏与他们无关，也望读者对书中出现的错误不吝指正。

田莉

2021年7月于清华园

目 录

第一章 导 论 ·· 1

第二章 纽约租赁住房发展中的自由市场与政府干预 ························ 5
    第一节 纽约市概况 ··· 6
    第二节 纽约市住房政策的历史演变 ·· 6
    第三节 纽约市住房发展建设概况 ··· 7
    第四节 纽约市租赁住房发展的相关政策 ··· 10
    第五节 纽约市租赁住区规划设计案例 ··· 15
    第六节 纽约市租赁住房发展对我国大城市的启示 ··························· 22

第三章 洛杉矶租赁住房的发展与救济型公屋规划 ···························· 25
    第一节 洛杉矶概况 ··· 26
    第二节 洛杉矶住房与租房市场的历史演变 ····································· 27
    第三节 洛杉矶租赁住房发展建设概况 ··· 28
    第四节 洛杉矶租赁住房发展的相关政策 ·· 29
    第五节 洛杉矶租赁住区规划设计案例——西湖花园马赛克公寓 ········ 34
    第六节 洛杉矶公租房政策对我国大城市的启示 ······························ 37

第四章 伦敦租赁住房发展及 BTR 对新生租赁住房的影响 ················ 41
    第一节 伦敦城市概况 ··· 42
    第二节 伦敦租赁住房市场的发展背景和历史演变 ··························· 43
    第三节 伦敦租赁住房发展建设概况 ·· 46
    第四节 伦敦租赁住房发展的相关政策 ·· 47
    第五节 伦敦租赁住区规划设计案例 ··· 52
    第六节 伦敦租赁住房发展对我国大城市的启示 ······························ 54

第五章　"社会融合"政策下的巴黎社会租赁住房发展 …… 57
第一节　巴黎城市概况 …… 58
第二节　法国"社会隔离"问题的形成与"社会融合"政策的进展 …… 59
第三节　巴黎租赁住房发展建设概况 …… 60
第四节　法国社会住房建造的相关政策 …… 63
第五节　巴黎"社会融合"政策实施面临的问题 …… 64
第六节　巴黎"社会融合"政策的实施效果 …… 65
第七节　巴黎社会住房案例分析——以住宅改造和"嵌入式"更新为例 …… 68
第八节　巴黎"社会融合"政策对我国大城市的启示 …… 72

第六章　柏林社会市场模式下"单一制"租赁住房的发展 …… 75
第一节　柏林城市概况 …… 76
第二节　"单一制"导向下柏林住房与租房市场的历史演变 …… 77
第三节　柏林租赁住房发展建设概况及面临的挑战 …… 81
第四节　"单一制"导向下柏林租赁住房发展的相关政策 …… 82
第五节　柏林 IBeB 共享住宅规划设计案例 …… 85
第六节　"单一制"模式导向下柏林租赁住房发展对我国大城市的启示 …… 89

第七章　以"慕尼黑混合"模式为导向的慕尼黑租赁住房发展 …… 93
第一节　慕尼黑城市概况 …… 94
第二节　"慕尼黑混合"模式的政策内涵与发展历程 …… 95
第三节　慕尼黑住房与租房发展建设概况 …… 98
第四节　"慕尼黑混合"模式的相关政策工具 …… 101
第五节　慕尼黑 Domagkpark 租赁住区规划设计案例 …… 105
第六节　"慕尼黑混合"模式对我国大城市租赁住房发展的启示 …… 108

第八章　基于城市复兴的汉堡社会租赁住房多元化发展策略 …… 111
第一节　汉堡城市概况 …… 112
第二节　汉堡租赁住房市场的发展背景和历史演变 …… 112
第三节　汉堡租赁住房发展建设概况 …… 114
第四节　汉堡租赁住房发展的相关政策 …… 116
第五节　汉堡租赁住区规划设计案例 …… 120
第六节　汉堡租赁住房发展对我国大城市的启示 …… 123

第九章　福利与市场之间：苏黎世住房合作社经验与启示 ········· 125
　　第一节　苏黎世概况 ········· 126
　　第二节　苏黎世市住房与租房市场的历史演变 ········· 126
　　第三节　苏黎世市住房发展建设概况 ········· 128
　　第四节　苏黎世住房合作社发展的相关政策 ········· 129
　　第五节　"超越居住"（Mehr als Wohnen）住房合作社 ········· 132
　　第六节　苏黎世住房合作社发展对我国大城市的启示 ········· 135

第十章　"只租不售"的普惠租赁住房：阿姆斯特丹社会住房建设经验 ········· 139
　　第一节　阿姆斯特丹概况 ········· 140
　　第二节　阿姆斯特丹住房与租房市场的历史演变 ········· 140
　　第三节　阿姆斯特丹租赁住房发展建设概况 ········· 142
　　第四节　阿姆斯特丹社会住房发展的相关政策 ········· 143
　　第五节　东港复兴——阿姆斯特丹租赁住区规划设计案例 ········· 148
　　第六节　阿姆斯特丹社会住房发展对我国大城市的启示 ········· 151

第十一章　市场主导的东京均衡化租赁住房发展模式 ········· 153
　　第一节　东京概况 ········· 154
　　第二节　东京租赁住房发展变迁：从"量"到"质"、从"政府主导"到"市场主导" ········· 157
　　第三节　东京住房与租房发展概况 ········· 160
　　第四节　市场主导的东京住房与租房均衡化发展策略 ········· 162
　　第五节　东京租赁住区规划设计案例——赤羽台住宅区 ········· 165
　　第六节　东京租赁住房发展对我国大城市的启示 ········· 169

第十二章　"居者难有其屋"：香港公屋政策的得失与启示 ········· 171
　　第一节　香港概况 ········· 172
　　第二节　香港住房与公屋市场的历史演变 ········· 173
　　第三节　香港公屋发展建设概况 ········· 176
　　第四节　公屋政策实施成效与评价 ········· 177
　　第五节　香港公屋规划设计案例——沙田区硕门邨 ········· 179
　　第六节　香港公屋政策对我国内地大城市租赁住房发展的启示 ········· 181

第十三章 "新加坡模式"：公共住房主导的住房租赁体系……185
- 第一节 新加坡规划、人口、用地现状……186
- 第二节 新加坡居住现状与住房体系……189
- 第三节 新加坡独特组屋体系的形成与发展……193
- 第四节 新加坡租赁住房体系……196
- 第五节 淡滨尼新镇：新加坡公共住区典型案例……199
- 第六节 新加坡住房体系对我国大城市的借鉴意义……201

第十四章 首尔租赁住房研究：政策演变及租赁转型与尝试……207
- 第一节 首尔城市概况……208
- 第二节 首尔住房与租房市场的历史演变……209
- 第三节 首尔租赁住房发展建设概况……211
- 第四节 首尔租赁住房发展的相关政策……213
- 第五节 首尔租赁住房的转型与尝试……215
- 第六节 首尔市租赁住区规划设计案例……218
- 第七节 首尔租赁住房政策实施及对我国大城市住房发展的启示……221

第十五章 国际大都市租赁住房发展模式和租赁住区规划：总结与启示……223

第一章
导 论

一、背景

当前我国正处在经济增速调整、房地产发展阶段转换的关键时期,城市特别是大中城市房地产价格过快上升带来的泡沫效应、金融风险与对社会民生支出的挤出效应日益凸显。近年来,一二线城市房价涨幅超过居民收入增幅,不仅显著加大居民购房负担,而且金融资源过多投入房地产部门带来巨大的潜在金融风险,也增大了实体经济发展的难度。2016年底,中央经济工作会议对促进房地产市场平稳健康发展提出了新要求,坚持"房子是用来住的、不是用来炒的"的定位,要求综合运用金融、土地、财税、投资、立法等手段,加快研究建立符合国情、适应市场规律的基础性制度和长效机制。

2017年,党的十九大报告提出"加快建立多主体供给、多渠道保障、租购并举的住房制度"后,住房租赁市场的重要性凸显。但总体来看,我国城市住房租赁市场发展滞缓,仍处于"租售一只腿长、租赁一只腿短"阶段。全国第六次人口普查数据显示,2010年我国约有25.8%的城市居民以租赁方式解决住房问题,住房自有率高达89%。由于缺少土地、金融、税收、租赁住房管制等配套的制度与法规政策,特大城市租赁市场存在供应严重不足、租金上涨过快、租客权益缺乏保障、市场管理缺乏规范等问题。同时,这些城市住房租赁市场存在巨大需求。

从国际比较来看,经济较为发达的国家如美国、英国、法国、德国和日本等,其城市住房租赁比例大部分在40%~60%,且城市经济越发达,房价水平越高,租房比例就越高。国际经验还表明,仅仅由政府提供的低端住房保障远远不够,引入社会资本、开展租售并举的供给侧改革对完善我国的住房基础性制度和建立房地产长效调控机制具有重要意义。

为充分了解发达国家/地区的城市在租赁住房发展与建设上的历程、政策设计、实施效果及其对住房市场的影响,本书选择了国际上具有代表性的13个大都市,包括美国纽约、洛杉矶,英国伦敦,法国巴黎,德国柏林、汉堡、慕尼黑,瑞士苏黎世,荷兰阿姆斯特丹,日本东京,新加坡,韩国首尔,中国香港,介绍其租赁住房结构、政策变迁和建设体制等,分析与总结租赁住房政策的实施效果,并选择典型租赁住区规划设计进行分析,将其他国际大都市与我国大都市进行比较,以期对我国大都市租赁住房的发展与租赁住区规划有所借鉴和启示。

二、我国大城市租赁住房发展现状与问题

我国目前的住房市场采取典型的"二元化"结构:一方面是房价和房租高昂的商品房市场,另一方面是政府主要针对户籍低收入人口的保障房。就租赁住房市场而言,私有房屋租赁方式可以分为两类:一类是由社会化住房租赁企业运营管理的租赁住房,另一类是居民家庭用于出租的闲置住房(孔德营,2018)。在"二元化"体制之外,由于大量的流动人口既无资格入住政府主导建设的公租房,又难以负担市场价格高昂的商品房,不得不依靠大量的"非正规住房",如城中村、隔断房和工厂宿舍等居住品质不高、居住安全存有隐患、居住权益缺乏保障的空间予以解决居住需求。总体而言,我国租赁住房市场呈现以下特征。

1. 售租比偏高导致租售不均衡

与蓬勃的住房销售市场相比,我国的住房租赁市场一直处于落后状态。商品住房的销售额与销售面积远远超过其租赁额与租赁面积(黄燕芬,2017)。根据国家统计局数据,2015年全国房地产开发企业房屋出租收入为1600.42亿元,而住房销售收入却高达65861.30亿元,前者仅为后者的2.43%。住房租售市场发展严重不平衡。2015年的人口抽样数据显示,全国的租赁住房家庭户数仅占比9.85%,总体租赁规模与其他发达国家相比相距甚远(施继元,2013)。这在很大程度上是由于售租比畸高导致的。在中国一线城市,售租比可以达到60,北京甚至超过70。相比之下,案例国际城市的售租比介于14~25。过高的售租比导致我国特大城市市场对租赁住房的开发兴趣不足,这也是租赁住房市场发展缓慢的主要原因。

2. 人口流入地城市租赁住房市场的供需失衡

全国第六次人口普查数据显示,2010年我国约有25.8%的城市居民以租赁方式解决住房问题,尤其是在大量人口涌入的大城市中,相当一部分城镇居民主要依靠租赁满足住房需求。目前,我国大约有1.6亿人在城镇租房居住,占城镇常住人口的21%。一线城市租房比例较高,北京为36%、上海为40%,最高的深圳为63.5%,其他城市多在30%以内。同时,租赁市场发育

不足,人口流入地城市存在严重的供需失衡。例如,北京800多万人存在租赁需求,但只有200万套左右的房子可供租赁,且很多住房房龄较大、居住条件差,市场秩序不规范,导致租赁期限不稳定、租赁体验不佳。供需悬殊引发租金进一步上涨。2015年北京房租占收入比重为58%,为全国最高,其次为深圳54%、上海48%和广州38%,远超国际上公认的30%的租金负担。扣除通胀因素,2016年1月至今北京平均房租三年内再上涨32%,而上海同期仅上涨5%,进一步加剧了租金负担(链家研究院,2018)。

3. 公租房住区选址偏远与集中建设引发社会隔离

在我国,对土地财政的依赖使地方政府将区位优越的地段优先用于房地产开发,导致公共租赁住房空间布局往往与需求存在空间错配。例如,为了节约土地成本,很多公租房往往集中兴建在郊区,周边就业机会和基础设施配套严重不足,导致入住率偏低和资金的大量浪费。另外,保障性住房项目集中建设现象也较为突出,加剧了低收入群体的空间集聚,强化了社会各阶层的居住空间分异,使得贫困人口过于集中,产生社会割裂等问题(焦怡雪,2007)。宋伟轩(2011)等对北京、上海、南京等五大城市的保障性住房空间布局特征进行实证研究,指出大城市保障性住房集中建设在偏远郊区可能导致社会隔离与排斥加剧等一系列社会问题。

现实中,仅仅依靠公租房来解决租赁住房需求是远远不够的。特大城市需要大力发展市场化的租赁住房,其带来的好处至少包括以下三个方面:①解决大量流动人口的租住需求问题;②有助于稳定租赁住房市场价格,并缓解政府在公租房投资上的巨大财政负担;③有助于解决选址区位偏远的问题,市场化租赁住房分散在城市各处,可以更好地实现职住平衡,也有利于缓解贫困集中所带来的问题。

4. 租赁住房相关立法的欠缺

发达国家的保障住房体系十分重视租赁市场的立法规范、市场监管以及租赁双方的权益保障。通常这些立法遍布于保障房体系的建立、维护等每一个阶段。例如,德国颁布了《住房建设法》《住房租赁法》《租金水平法》和《私人住房补助金法》,对租金水平以及政府对低收入家庭的补贴额度进行控制;法国通过"低租金住房制度"和《城市更新与社会团结法》规定每座城市应建设20%保障性住房;英国通过《住房法》与《住宅与建房控制法》对保障房的建设和租金进行管控;美国颁布《租金管制法》和《公寓法》,对补贴进行控制并对租金进行维稳;日本的《公营住宅建造标准》对租赁双方的义务和权利进行了严格控制。这些立法规范有效地保证了租赁市场稳定以及租赁双方的权益,而目前我国的租赁市场上尚无一部相关法律,这也是造成租客权益得不到有效保障,因而仍然倾向于购房的主要原因之一。

5. 租赁住房规划设计标准的缺失

由于缺少租赁住房的规划设计建设标准,导致新建租赁住房的规划设计、建设和审批流程无据可依。现阶段我国租赁住房的设计和配套基本沿用普通住宅和普通居住区的规划设计规范,形成顶层设计与实际需求难以匹配的种种问题。租赁住房的开发建设面临以下问题:①日照间距、车位配置等要求过高,导致居住用地的浪费和建设成本的大幅度提高;租赁住房由于资金回收的周期偏长,如果建设标准过高,将进一步抑制开发商的建设动力。②住房空间浪费、功能配置标准模糊、配套公共服务设施不合理,导致部分空间使用低效,还将导致租客所需空间的缺失,影响其生活品质。③租赁住房规划建设标准的缺失导致审批流程无据可依,规划建设许可的流程大幅度延长,影响了租赁住房的有效供给。

三、研究对象

为加强可比性,本书选择欧洲、北美和亚洲的16个大都市(城市国家),包括欧洲7个、美国2个、亚洲7个(含中国4个)作为比较案例(表1-1)。虽然由于地理状况、发展阶段、国情体制不同,各城市之间有明显的差异性,但这些城市都是一国首都或经济中心城市,人口密度居于所在国前列,住房价格较高,租赁需求较大,对我国大城市租赁住房市场的发展和政策制定具有较大借鉴意义。

四、研究框架

本书共由15个章节组成,第一章为研究背景和框架的总体介绍;第二章到第十四章介绍了13个国际大都市租赁住房发展的历程与政策变迁,租赁住房发展存在的问题与租赁住区规划的经验;第十五章对国际大都市租赁住房发展模式通过聚类分析,将其划分为

16 个国际大都市及若干都市圈概况　　　　表 1-1

城市/区域	人口（万人）	辖区面积（km²）	人均GDP（万元）
洛杉矶县	1010	12308	—
洛杉矶	398	1215	51.6
伦敦	891	1579	48.6
巴黎大区	1098	12011	37.7
巴黎核心区（小巴黎）	214	105	—
柏林（全市域）	365	892	18.9
慕尼黑（全市域）	147	311	30.7
汉堡（全市域）	184	755	27.2
阿姆斯特丹都会区	231	2580	—
阿姆斯特丹（核心行政区）	86	219	35.0
苏黎世城市圈	380	2103	—
苏黎世（市区）	43	92	64.2
大纽约都市圈	2030	11640	—
纽约	856	784	72.8
东京都	1374	2194	47.7
东京都区部	956	628	—
新加坡	570	723	45.01
香港（全市域）	745	1107	32.3
首尔（全市域）	967	605	28.2
北京	2154	16406	14.1
北京城六区	1166	1384	18.3
上海	2424	6341	13.5
上海外环内	1267	1500	16.9
深圳	1303	1998	19.0

注：数据采集时间为 2018 年。其中，大纽约都市圈人口为 2017 年数据；洛杉矶人口为 2017 年数据；新加坡、阿姆斯特丹为 2019 年数据。

"二元化体制下的政府主导供应租赁住房模式""市场主导供应租赁住房模式""非营利组织主导的租赁住房供应模式""公共住房普惠模式"四类模式，并分析了各自的特点，探讨了其对我国大都市租赁住房发展与租赁住区规划的经验借鉴与启示。

参考文献

黄燕芬，王淳熙，张超，等，2017. 建立我国住房租赁市场发展的长效机制——以"租购同权"促"租售并举"[J]. 价格理论与实践（10）：19-23.

焦怡雪，2007. 促进居住融和的保障性住房混合建设方式探讨[J]. 城市发展研究（5）：57-61.

孔德营，2018. 国内住房租赁市场发展实践与建议[J]. 福建金融，399（7）：30-35.

链家研究院，2018. 2018 年租赁住房报告[R].

施继元，李涛，李婧骅，2013. 国外住房租赁管理经验及对我国的启示[J]. 软科学，27（1）：31-36.

宋伟轩，2011. 大城市保障性住房空间布局的社会问题与治理途径. 城市发展研究，18（8）：103-108.

第二章
纽约租赁住房发展中的自由市场与政府干预

作为处于金字塔尖的全球城市，纽约人口稠密、土地资源稀缺，住房问题极为严峻。在资本主义自由市场的大背景下，政府对纽约市住房市场的干预方式与程度是长久以来学术界探讨的焦点。政府在城市发展的不同阶段为适应现状，采取了与时俱进的介入手段。目前，纽约市三分之二的居民选择租房居住。其中，接近一半的房屋处于租金稳定政策的管理之下。为保障承租人基本的居住权利，纽约市通过提供充足的城市服务设施建设与公平公正的资源分配制度保障了承租人与购房人能够享有同等的公共服务权利，促进了住房租赁市场和销售市场的均衡发展。本章梳理了20世纪以来纽约市住房政策的演变历程，介绍了现阶段纽约市住房市场发展建设概况，剖析了纽约市租赁住房发展的相关政策，包括租金稳定型住房政策和租户公共服务权利保护等相关政策，并在此基础上总结了对我国大城市住房政策的启示。

第一节 纽约市概况

一、行政区位

纽约市位于美国纽约州东南部,大西洋沿岸,是美国第一大城市及第一大港口,顶级国际大都市之一。纽约市由曼哈顿(Manhattan)、布朗克斯(Bronx)、布鲁克林(Brooklyn)、皇后区(Queens)、史泰登岛(Staten Island)五个行政区(自治市镇)组成。在英文中,纽约市经常被称为"the five boroughs",以避免与更小范围的曼哈顿区(纽约郡)或更大范围的纽约都会区相混淆。2018年,纽约市占地面积共784km², 人口总数约856万,人口密度1.09万人/km²,是世界上人口密度最大的地区之一(表2-1)。

纽约市与其他国际大都市城市规模比较(2018年) 表2-1

	纽约	香港	新加坡	东京	伦敦	巴黎	北京城六区
人口(万人)	856	745	564	1374	891	214	1166
面积(km²)	784	1107	723	2194	1579	105	1384
人口密度(万人/km²)	1.07	0.67	0.78	0.63	0.56	2.03	0.84

资料来源:作者根据各国统计局2018年相关数据整理绘制

二、土地利用

纽约市的城市规划将城市用地分为居住用地(R)、商业用地(C)与工业用地(M)三类,每类用地均向下细分,且对容积率、建筑密度、建筑高度、绿地率等都有详细控制。其中,住宅用地在所有用地中占比最高,达75%,住宅用地分为高、中、低密度三个类别。纽约市只有65%的土地纳入规划用地范围,剩余35%的停车场或其他用途开放用地等未纳入规划范围用地(NYC Government,2019)。

三、人口概况

2018年,纽约市总人口约840万。根据美国人口统计局2013~2017年的五年人口普查,纽约市人口呈现如下特征:女性占比52.3%,男性占比47.7%;纽约市65岁以上老龄人口比例为13.7%,15~65岁人口比例为65.4%。其已经进入老龄化社会。

作为国际大都市,纽约市外来人口规模大,只有59.2%的居民为美国出生公民,非美国公民的比重占到总人口的16.6%。纽约市人口族裔较为多元化,相较于全美72%的白人比例,纽约市的白人人口仅占42.8%;纽约市第二大比例人口为非洲裔美国人,占24.3%。纽约市人口素质总体较高,95.0%的市民受过高中及以上教育,68.5%的市民受过大学及以上教育。在家庭结构上,纽约市家庭户均规模(average household size)为2.67人/户,36.5%的住户家庭为婚姻家庭(US Census Bureau,2017)。

第二节 纽约市住房政策的历史演变

一、1929年以前:市场调节阶段,政府干预较少

1900~1930年,受外来移民的影响,纽约市的人口呈爆炸式增长,30年间人口数量翻倍,由340万人增长到约700万人(图2-1)。当时纽约市私有化住房市场较为成熟,私有制廉租公寓成为外来移民居住的首要选择,随着住房需求的膨胀,公寓被分为更小的单元,以便更多人居住,居住条件和环境不断下降,成为贫民窟,市区的人口密度最高达到25万人/km²(王志成 等,2018)。

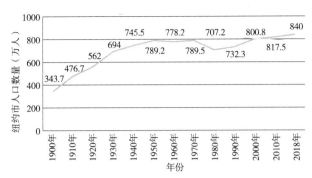

图 2-1 纽约市 1970~2018 年人口数量折线图
资料来源：作者根据维基百科相关数据（wikipedia, nyc population）整理绘制

二、1929~1945 年：经济危机与第二次世界大战，刺激政府调控

大萧条期间，纽约市有近 19 万户家庭因付不起房租而无家可归，同时公寓的空房率不断升高，约有 20% 的公寓未能出租。住房市场调控失灵的同时，经济下行，住房供给也严重不足。于是联邦政府将住房市场由市场调节转向政府全面干预（Anzilotti, 2016）。纽约市在 1934 年成立了纽约市房屋管理局（NYCHA），负责新建公共住房并出租给贫困居民。在这一阶段，许多大型住房项目在皇后区、布鲁克林区等郊区如雨后春笋般"生长"出来（王志成等，2018）。

三、1945~1973 年：公共住房建设的兴盛与衰落

第二次世界大战结束，大批军人复员，纽约市住房紧缺。通过贫民窟清理运动，公共住房开始在纽约市中心大量建设。截至 1959 年，在联邦政府的资助下，纽约市内共建造了约 15 万个公共住房单元。但纽约市房屋管理局在征地改造过程中，对原住民的安置工作混乱不堪。公共住房的住户多为收入较低的少数族裔居民，这在城内产生了新的种族隔离；较差的公共住房维护状况、较高的犯罪率与毒品使用率等也使公共住房广受诟病。1973 年，联邦政府从所有公共住房项目中正式撤资，公共住房的繁荣建设期告一段落（Anzilotti, 2016）。

四、1973 年至今：政府"十年计划"促进住房建设

1970~1980 年，纽约城市郊区化，人口大量外流，10 年间人口减少了约 80 万。1980~2017 年，纽约市注重提升生活环境品质，加强社会治安管理，人口数量保持了持续增长（US Census Bureau, 2017）。纽约市人口的增长为城市发展注入了活力，却也导致住房的持续性短缺。为此，历任政府制定住房的"十年计划"（Ten-year Plan），通过市、州、联邦政府财政收入补贴、公共土地出租、公私联营募取资金等多种方式进行融资；对开发商提供各类减税及政府补贴优惠政策，吸引开发商建房并保持一定的可支付住房比例；同时，通过转卖、赠予公共住房、开发空置土地等方式促进住房供给（NYC Government, 2017a）。

科赫政府于 1985~1994 年成功新建了 10 万套住房，彭博政府于 2004~2013 年成功新建了 15 万套住房。现任纽约市长德布拉西奥则计划于 2014~2022 年完成 20 万套的住房建设目标，并在 2022~2026 年再新增 10 万套住房（NYC Government, 2017b）。截至 2019 年 9 月 30 日，通过德布拉西奥市长的"十年计划"，纽约市已有 13.7 万套住房完成修缮 / 建造（NYC Housing, 2019）。

第三节　纽约市住房发展建设概况

一、租赁住房市场结构

租赁住房是纽约市住房市场主体。2018 年纽约市房屋供应报告显示（图 2-2），纽约市 347 万套房屋储量中，218 万套房屋（62.9%）为租赁住房，104 万套房屋（29.9%）为自有住房，另有约 25 万套空房（7.2%）。在美国全国范围内，租赁住房在所有房屋中占比仅为 36.9%。2016 年，纽约市居住建筑总面积 54 亿 ft^2（约 5 亿 m^2），840 万人居住其中，人均居住面积 643ft^2（约 59.5m^2）（Thatcher, 2017）。

2017 年，纽约市租赁住房空置率为 3.6%。其中，租金稳定型住房空置率为 2.1%，以政策性保障住房为主的其他类型租赁住房空置率仅为 0.9%。低租金的住房空置率极低，其中租金低于 800 美元的住房空

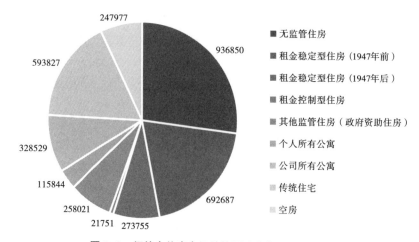

图 2-2 纽约市住房市场结构图（彩色图见 138 页）

资料来源：作者依据 Housing Supply Report（NYC government，2018a）绘制

置率为 1.2%，而租金高于 2000 美元的住房空置率从 2014 年的 6.2% 增长到 2017 年的 7.4%（US Census Bureau，2019）。

在美国，住房消费超过家庭收入 30% 的家庭，被认为存在过度的费用负担；超过 50%，则被认为存在严重的费用负担。2019 年纽约市平均月租金约为 3514 美元（约 2.46 万元人民币），2017 年纽约市中位数家庭年收入约为 57782 美元（约 40.42 万元人民币），中位数租金收入比为 34%，若以 2017~2019 年纽约租金保持不变计算，则意味着纽约市超半数的家庭要用收入的 30% 以上来支付房租（NYC Government，2018b），也就是说，纽约市有半数家庭存在过度的住房费用负担。

相较于高昂的租金，2019 年纽约市平均房价为 7244 美元 /m²（约 5.07 万元 /m²），房价收入比为 11.1（90m² 公寓价格 /1.5 倍平均年收入），售租比（房价 /年租金）郊区为 20.1、市中心为 17.4（Numbeo，2019）；2016 年纽约市平均居住面积为 49.3m²/ 人（表 2-2）。

二、租赁住房类型

纽约市的租赁住房以私有市场为主，另有 11.8% 为政府补贴的公共租赁住房。在私有市场中，根据政府是否监管分为无监管住房（unregulated）与政府监管住房（regulated）两种（NYC Government，2018a）（图 2-3）。

1. 无监管住房（unregulated housing）

纽约市无监管住房共约 94 万套，占所有租赁住房的 42.9%。无监管住房的相关法律对租户的保护较弱，租户可能面临租金上涨、无法续约或被驱逐等问题。无监管住房的房东可以不签具租约，依据自己对市场的判断自行定义租金。因此，无监管住房的租金一般较高（NYC Government，2018a）。

2. 政府监管住房（regulated housing）

政府监管住房有租金控制型（rent controlled）住房与租金稳定型（rent stabilized）住房两种，政府监管住房属于私有市场，政府只对其进行监管。租金控

纽约市租赁住房数据统计　　　　表 2-2

中位数家庭年收入（2017 年）	月租金均值（2019 年）	房价均值（2019 年）	人均居住面积（2016 年）
57782 美元	3514 美元	7244 美元 /m²	59.5m²/ 人
404208 人民币	24581 人民币	50674 人民币 /m²	—
中位数租金收入比	房价收入比	售租比（郊区）	售租比（市中心）
年租金 / 中位数家庭年收入	90m² 公寓价格 /1.5 倍平均年收入	房价 / 年租金	房价 / 年租金
0.34	11.1	20.1	17.4

资料来源：Numbeo，2019；Zillow，2019；RentJungle，2019；US Census Bureau，2017；Thatcher，2017；NYC Government，2018a

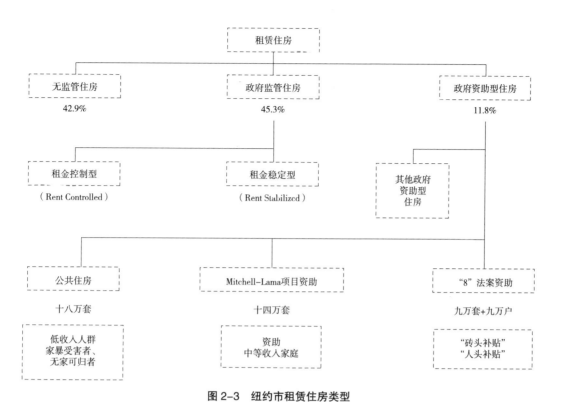

图 2-3 纽约市租赁住房类型
资料来源：作者根据 https://www1.nyc.gov/site/rentguidelinesboard/resources/housing-types 网页相关信息整理绘制

制型住房管理严格，政府规定了每年的房租上限，租户可以无限续租。租金控制型住房的租户或其合法继承人，必须从 1971 年 1 月以来一直居住在公寓中。因此，租金控制型住房在纽约市数量极少，2017 年仅存 2 万套。但租金控制型住房的租金也极低，2018 年住房保护部（Department of Housing Preservation and Development，HPD）调查显示，租金控制型住房中位数租金仅为 1000 美元（Nonko，2019）。

租金稳定型住房数量大，共约 96 万套，占所有租赁住房的 44.3%，250 余万纽约居民居住其中。租金稳定型住房每年的租金上涨幅度由房租管理委员会决定，租户同样可以无条件续租，除非触犯法律，否则不得被房东驱逐。

3. 政府资助住房（subsidized housing）

纽约市政府资助住房占租赁住房的比例约为 11.8%，主要包括公共住房及"8"法案、Mitchell-Lama 项目资助住房等。不同于私有市场的个人交易，要获取政府资助住房的居住权，市民需要满足诸如收入范围限制、家庭人口数量、纽约居民身份等一系列要求，再通过排队、抽签等程序。

公共住房由政府出资建造并运营管理，是以低收入群体为目标人群的救济性住房。目前纽约市共有 346 个公共住房小区，18 万个住房单元。公共住房的租户支付其收入的 30% 作为房租，无家可归者与家庭暴力受害者是公共住房的重点关注对象。

"8"法案资助有两种形式。一是政府资助开发商，开发商将小区内的部分公寓出租给低收入群体，收取其收入的 30% 为租金。目前纽约市共有约 9 万个"8"法案住房单元。二是对低收入人群进行补贴，租户可以直接租赁私有市场的住房，用收入的 30% 作为房租，差值由"8"法案的房屋优惠券补齐。该法案共资助了 9 万户家庭，但由于资金短缺，申请通道目前已经关闭。

Mitchell-Lama 项目（以下简称"M-L 项目"）于 20 世纪 50~70 年代提出，主要针对中等收入人群。目前纽约市共有 14 万个 M-L 项目住房单元。M-L 项目提供租赁住房与有限权益住房。租赁住房租金固定，对申请者收入范围有限制；有限权益住房则是居民入股，符合要求的中等收入申请者以较低的价格购置公寓，并对公寓拥有所有权，但转售受到限制，以保证无人能从中套利，居民每月支付一笔较低的维护费以保证房屋正常运营（NYC Government，2019）。

第四节　纽约市租赁住房发展的相关政策

一、纽约市租金稳定型住房政策

1. 历史发展

纽约市的租金稳定型住房政策发展至今，是美国自由市场背景下利益集团多方辩论与博弈的产物，是政策与实际结合并不断调整的结果。

（1）背景——历史悠久的租金监管政策

纽约市的租金稳定型住房政策始于1969年。在此之前，纽约市已经实施过几次大型的租金管制（La Mort et al., 2016）。1920年纽约市政府便实施过短期的租金管制，但于1926年开始允许公寓脱离管制，并于1929年彻底废止（Wikipedia, 2019b）。

1942年，在罗斯福总统的战时紧急价格管制下，联邦政府对纽约市租赁房屋价格实施管制，而后由于战后纽约市住房持续性短缺，纽约市政府颁布了《紧急租金管制法》，对1947年以前建造的房屋维持了租金管制。租金管制随着住房短缺的缓解不断放松，到1961年仅有180万套房屋处于租金控制下（La Mort et al., 2016）。为鼓励建造住房，纽约市政府对1947年后建造的房屋豁免了租金控制，希望可以通过市场的供求关系达到租赁住房市场的均衡。但由于纽约市的住房市场需求远远大于供给，不受监管的房地产商从中牟取暴利。1968年，纽约市空房率暴跌至1.2%，无管制住房的租金激增了26.5%（La Mort et al., 2016）。新一轮的租金控制迫在眉睫。

（2）建立——"请君入瓮"的房东自监管系统

租金稳定型住房政策的创立，是纽约市一次大胆独特的创新实践。1969年《租金稳定法案》（Rent Stabilization Act）颁布时，作为一个为期五年的临时计划，它并不由政府监管，而将监管的职责交给房地产商，形成一个自监管体系。对于1947年后建造的住房，房地产商若不"自愿"加入租金稳定协会（Rent Stabilization Association，RSA），将被强制纳入纽约市租金控制管理。这一举措使得98%的房主在法案颁布后的6个月内加入了协会。

租金稳定型住房政策是一种相对温和的房租监管手段。法案给予开发商自我监管的权利，租金稳定协会有权在纽约市房屋发展协会（Housing and Development Association，HDA）的审查下自行拟定监管规则。租金稳定型政策允许房租每年有一定的上涨幅度，由房租管理委员会（Rent Guideline Board，RGB）根据每年纽约市的经济增长情况来确定。

1971年，纽约市颁布解除管制政策，所有房屋只要租户搬迁成为空屋，即可脱离管制。此举使得约50万套住房解除监管，其中40万套为旧的租金控制型住宅。脱离管制的房东可以任意抬价、驱赶租客。卖方绝对优势的市场造成了严重的住房短缺与整体房租疯涨。1974年，面对租赁市场乱象，纽约市议会一致同意将《租金稳定法案》延长五年，同时颁布《紧急租客保护法》（Emergency Tenant Protection Act，ETPA），将此前所有解除管制的住宅都纳入租金稳定型住宅管理（Ungar, 1978）。《紧急租客保护法》规定，待出租的房屋空房率低于5%时，纽约市的租金稳定型住宅政策有效。根据纽约市房屋调查报告，纽约市的租房空置率在1993~2014年均维持在3.5%以下（Laura, 2016），2017年，这一数字为3.6%（NYC Government, 2018b），因而法案被不断延期。同时，为了鼓励建造住房，1974年后修建的房屋被豁免监管（Keating, 1987）。

监管房屋数量剧增，法案不断延期，原本的临时系统无力支撑庞大的管理体系。原来只管理不到40万套新住房的体系，现在需要监管近100万套不同时期建造的住房。这不仅增加了监管的工作量与工作难度，也展露出原有制度的一些弊病。例如，按照原有设定，所有住房的租金上涨幅度应相同，但老建筑的维护费用与运营成本要高于新建筑（Ungar, 1978）。此外，房地产商内部的分歧、租客对房东自我监管的不信任等因素也使得这一"自监管体系"难以为继（Keating, 1987）。

因此，在《紧急租客保护法》延至1983年时，《综合住房法案》（Omnibus Housing Act）规定将部分管理工作移交到纽约州政府处；并于1984年将住房稳定协会制定规则的权力也移交到了州政府，仅保留了房租管理委员会制定租金上涨幅度的职能（La Mort et al., 2016）。至此，租金稳定型住房政策的管理模式基本确立，纽约市的住房监管职能由纽约州政府来执行。

（3）发展——多方博弈的反馈与调整

由于租房空置率5%的规定，租金稳定型住房政策得以延续至今。但房东与租客的权利拉锯战从未停止，政策也经历了多次修改，成为多方利益集团辩论与博弈的产物。

1983~1993年，政策几乎没有变动。1993年，不满于长久的政府管制，房东团体对政策发起"攻击"。高租金房屋取消监管的制度（luxury decontrol）被通过，理由是高租金房屋属于奢侈品，对它们进行监管无法改善房屋的可负担性。法案规定当租金超过2000美元时，对房屋取消监管。在当时只有曼哈顿的少数房屋达到此要求，但这项规定为租金稳定型住房脱离管制打开了缺口。房东团队继续发声，要求更为彻底的法律改革。1997年，临近法案续约期时，市政热线"1小时接到接近100个"来自租户的电话，询问法律解除的后果（La Mort et al., 2016）。最终，法律没有被解除，只是降低了撤销管制的租金限制，并且规定：对于新建住房，纽约市在50年内不得以任何形式施加租金管制。

高租金解除管制制度无疑使得房地产商有机可乘。随着房价的上涨，解除管制的门槛却没有变高，大量房屋脱离管制（Santora, 2011）。因此，在2011年与2015年延长法案时，法案天平开始向租户端倾斜，提高了解除管制的租金门槛。而在2019年6月14日的法案延长时，解除管制制度被完全废止。

2. 政策概况

2017年，纽约市租金稳定型住房共966142套，在纽约市租赁住房市场中占到接近一半的比例（NYC Government, 2018a）。租金稳定型住房中的租客享有政府保障的权益，如有权向房东索取必需的维护与服务，房屋维护状况不善影响居住环境时，可以申请减租；除非触犯法律，可以无条件续租；对房东的过度收费，有权向政府部门举报。租金稳定型住房的租金上涨幅度受到控制，使租客免于房东突然涨价的风险（NYC Government, 2018a）。

（1）租金监管对象

租金稳定型住房政策的监管对象主要是1974年由《紧急租客保护法》（ETPA）纳入监管范畴的房屋，即1947~1974年建造的住房，以及1947年前建造但曾被解除租金控制的住房。ETPA法案只对一栋楼内超过6个住房单元的大中型住房进行监管，而对一栋楼内少于6套房的小型住房则加以豁免。此外，租金控制型住房在其住户于1974年后搬走时，如果所在楼内住房单元多于6个，也会成为租金稳定型住房；如果住房单元少于6个，则将脱离监管，成为无监管住房。1974年前通过M-L项目建造的住房，M-L项目过期后不能直接进入市场，而将纳入租金稳定型管理。1974年后，享受J-51、421-a、421-g❶等减税政策税收优惠的住房，在与政府签订的合约有效期内，也将属于租金稳定政策的管理范畴（Mironova, 2019）。

租金稳定型住房也设有脱离监管的政策（decontrol）。当与政府签订的减税政策合约过期时，房东可以选择不再续约，从而脱离监管；当租户不再续约时，房东还可以将房屋改为自有住房或商业用途，以脱离监管；另外，一栋房屋进行彻底改造（几乎相当于重建新房），或通过拆毁、废弃等方式脱离市场后，也将自动脱离监管范畴。最主要的脱离监管方式则是高租金房屋解除管制制度，包括高租金空房撤销管制与高租金—高收入撤销管制制度。月租金高于规定的租金稳定型公寓，当成为空房时，房东可申请脱离监管；即使是租户正在居住的公寓，如果月租金高于规定，且公寓内常住租户的收入超过一定值，也可脱离监管（NYC Government, 2018a）。1994~2017年，租金稳定型住房仅增加了14.3万套，而通过各种渠道流失了29万套（Mironova, 2019）（表2-3）。

（2）租金监管机制

租金稳定型住房政策是一种温和的租金监管方式，它允许房屋租金有一定的涨幅。房租管理委员会（RGB）成员由市长指派，由2名租户代表、2名房东代表及5名经济、金融、房地产方面的专家组成，根据每年纽约市的经济增长情况确定合理的房租涨幅（Ungar, 1978）。

政策对房主大幅修缮房屋（major capital improvement，MCI）的行为进行奖励，房主拿出对房屋进行修缮的文件证明，获得政府批准后可以涨租，而对于单独公寓的修缮（individual apartment improvement，IAI）甚至无需政府审查即可提高房

---

❶ J-51、421-a：修缮奖励计划，开发商更新公寓楼可获得财产税减免。421-g：曼哈顿中心区中，商业建筑改为居住建筑可享受财产税减免。

表 2-3 租金稳定型住房的增加和流失（1994~2017 年）

增加		流失	
通过减税计划加入	92544	高租金空房脱离管制	155664
		改造为自有住房/商业用途	52112
原有租金控制型住房+工业旧建筑改造	39509	减税计划合约过期	41341
		拆毁	26017
M-L 项目过期	11393	住房彻底重建	9478
		高租金—高收入脱离管制	6346
增加总数	143446	减少总数	290958

资料来源：作者根据 Community Service Society（Mironova, 2019）翻译

租，这使得恶意涨租有机可乘。此外，空房福利（vacancy bonus）政策规定房东可以在前房客搬走后，将租金提升 20% 后再出租，这一政策具有较大漏洞，2011~2014 年租金稳定型住房 48% 的租金上涨归因于该制度（Mironova, 2019）。因此，2019 年 6 月的政策修订废止了空房福利政策，限制了修缮奖励政策（NY Senate, 2019）。

3. 政策实施效果

（1）积极影响：保障住房的可负担性

租金稳定型住房政策在纽约市实施至今，已经有 50 年历史。相比于公共住房等政府补贴型住房政策，它对政府支出的要求低，财政上可行性高。2017 年，纽约市约 36 万户低收入家庭居住在租金稳定型住房中，超过居住于政府补贴住房中的低收入家庭数目的 2 倍（Mironova, 2019）（图 2-4）。

同时，租金稳定型住房降低了纽约市整体住房租赁价格。2014~2017 年，纽约市无监管住宅租赁价格的真实涨幅（减去通货膨胀率）为 10%，而租金稳定型住房因为受政策调控，真实涨幅仅为 2.6%（Mironova,

2019）。1994 年马萨诸塞州立法禁止租金监管后，导致 2003 年剑桥市两卧室公寓的租金真实涨幅达到 46%，波士顿市达到近 100%（Mironova, 2019）。虽然有经济学家指出租金监管的存在可能会推高无监管住宅的价格，但如果将租金稳定型住宅较低的租金通过搜索、排队成本进行调整，使其成为无监管住房的无差别商品，则可以通过与无监管住房的竞争限制其抬价。

纽约市的住房需求远远大于供给，且住房信息存在不对称，房东与租客的权利严重不对等。房东在定价、租期、续约等多种问题上都享有更大主动权。从这个意义上看，租金稳定型住房政策对房东占有不当溢价的控制，反而有促进社会公平的属性。同时，它允许房租有涨幅，给予开发商修缮奖励，对小住宅、新建住宅豁免监管，一定程度上保护了房东的积极性。

总而言之，租金稳定型住房政策极大地保障了纽约市住房的可负担性，延缓了纽约市的绅士化，一定程度上保障了中低收入人群的生存空间。但它依然被认为是短期的、应对空房率低于 5% 的紧急情况的政策。纽约市租赁住房问题的长期解决，仍需依赖以"十年计划"

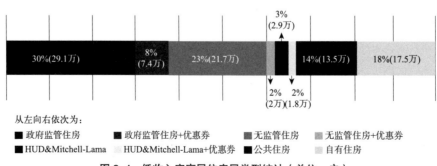

图 2-4 低收入家庭居住房屋类型统计（单位：户）

资料来源：作者根据 Rent Regulation in New York City（Mironova, 2019）翻译整理

为代表的整体住房供给增加与更高密度的土地开发。

（2）消极影响：扭曲住房租赁市场

对租金稳定型住房政策的消极评价集中在它对租赁住房市场的扭曲。它保护了居住在租金稳定型住房里的部分人，却损害了社会整体的利益。例如，对房屋租金的控制在长期来看会减少租赁住房市场供给，提高租赁价格（Sturtevant，2018）。此外，租金稳定型住房降低了自由市场配置资源的能力，导致租客与住房的错配。居住在租金稳定型住房的人搬迁愿望会降低，会出现诸如孩子上大学后父母仍住着两三居的大房子，年轻夫妇生了孩子后依旧居住在一室一厅的情况（Diamond et al.，2019）。租住于租金稳定型住房里的人也并不一定是低收入者，20世纪80年代末，30%的租金稳定型住房由收入在纽约市排名前50%的人所占有，收入最低的25%的穷人只占据了26%，这样的资源配置结果与原本促进社会公平的愿望背道而驰（Sims，2007）。并且，租金稳定型住房政策使得租赁住房市场不再是价高者得，房东在选择租客时会很大程度上考虑个人偏好，导致租客在租房时容易受到房东的歧视（Early et al.，1999）。

在实证分析层面，Diamond等（2019）对旧金山市1995年的大型租金监管政策进行研究，追踪了1980~2016年所有旧金山市居民的地址数据，发现在政策实行后，人们的搬迁率降低了8%~9%。在市场的扭曲与错配之外，对租金稳定型住房政策的抨击还在于它推高了无监管住房的市场价格、减少了政府财产税收、增加了政府运营成本；以及它损害了房东利益，会使得房东更不愿意维护房屋，使居住条件恶化等（Sturtevant，2018）。

二、纽约市面向租户权利保护的相关政策

1. 以承租人优位为原则

（1）社会背景

在住房租赁关系中，由于经济实力和市场地位的差距，承租人相对于出租人往往处于弱势地位。一方面，出租人一般拥有多套房产，或是专门从事住房租赁行业的企业或公司，而承租人则是需要通过租房解决住房问题的社会中低收入阶层或在外创业工作的青年人。当承租人与出租人之间发生权益矛盾或争议时，承租人往往处于不利地位，难以维护个人权利。另一方面，

纽约市租赁住房占总住房数量的六成，在供不应求的市场背景下，承租者在租赁市场中往往处于被动状态，出租人通过租金定价占据了市场关系中的主导权，在押金标准、房屋收回等方面，出租人也把握着主要的话语权，承租人的权利极易受到损害（周珺，2011）。

（2）政策概况

2019年6月14日，纽约州州长库默签署的代号为S6458的法案——《2019年住房租金稳定和租户保护法案》（Housing Stability and Tenant Protection Act of 2019）生效。这份法案将永久生效，并在租金管制、租约细则、租客驱逐等各方面对原有法案做出调整，体现了对租户权益的保障。

在租金方面：①取消住房在空置期间的租金涨幅。在以往的法案中，房屋空置期间每年可合法上涨租金20%。②限制因住房条件改善而产生的租金上涨幅度。在以往的法案中，大幅资本投入改善（major capital improvement，MIC）或者个别房改善（individual apartment improvement，IAI）都可以作为上涨租金的缘由，在新的法案中，上涨幅度受到限制，同时设立了上涨年限。③不能从优惠价涨到法定价。在以往的法案中，房东可以给予租户低于法定价的优惠价，若房东想驱逐租户，则可采取将优惠价直接涨到法定价的方式予以解决。这种措施在新的法案中被禁止。

在租约方面：①增设租金上涨通知书条例。如果房东计划上涨租金超过5%或不打算续租，须向租客发出通知书。②增设押金期限条例。规定房东只能收最多一个月的租金。③增设押金退还期限条例。新法案明确规定押金必须在2周之内退还，或者在2周之内扣除按租约可扣款项并退回余款。④增设租金迟交引起的罚款条例。新法案规定房东必须在租户迟交租金5天后才能收取滞纳金，并且不能超过50美元或租金的5%（以较低者为准）。⑤维护曾有过房屋法庭记录的租户权益。新法案明令禁止房东以租户曾有过被驱逐记录而拒绝出租。⑥增设申请费条例。新法案规定房东不能收取申请费，只能收取不超过20美元的费用用于背景调查和信用调查。

在驱逐方面：①增加非法驱逐后房东所需承担的风险。在没有驱逐令或其他法院命令的情况下，房东通过更换住房门锁等方式驱逐或试图驱逐租户，是涉及非法驱逐的行为。非法驱逐有可能成为刑事轻

罪（misdemeanor），并留下案底，每违反一次罚款1000~10000美元。②延长驱逐令执行等待期。等待期从6天延长至14天，给租户留出更多时间向法院申请暂停驱逐。③不支付租金而引起的驱逐逆转。由于不支付租金产生的驱逐，如果租户能在市治安官到来之前支付房租，则有可能推翻因不交房租而下达的驱逐决定。

《2019年住房租金稳定和租户保护法案》通过新增条例和调整原有法案的部分指标，更好地维护了租户权益。一方面，关于租金、押金的条例缓解了租户的经济压力，在续约和解除合同的条例中，租户能够得到更多的话语权，解除合约时能够获得更多时间寻求下一个住址或向法院申诉维护自己的权利。另一方面，规定房东需要承担更多义务以保证出租房屋的居住条件，削弱了其在租约中上涨租金、收取押金或其他相关费用、驱逐租户等方面的部分权利。

2. 实现租购同权

（1）社会背景

租购同权是指在住房市场中租房者和购房者能够享受相同的公共服务权益，是一种基于社会管理层面的概念，主要包括教育、医疗、社会保险、社区服务等社会公共服务权益（黄燕芬 等，2017）。在美国，公共服务权益并不与房屋产权紧密关联，租房者和购房者在公共服务等方面享有同等待遇，这使得居民在选择租房或购房时无须担心公共服务权益不平等因素，

有助于住房租赁市场和销售市场的均衡发展。美国联邦政府的宪法保障居民的迁徙权利，其核心理念便是公民的公共权益与其实际居住地关联，以保障流动人口与常住人口享有相等权益（祝军，2018）。

美国实行的房产税模式，是实现公共服务权益与实际居住关联的重要保障。房产税的实际负担方在租赁关系中已转移到了承租方，当承租人缴纳租金时，其中已包含为当地公共服务缴纳的费用，因此承租人能够享受相应的权益。公共服务建设资金的主要来源是地方政府的税收，而房产税是地方政府公共资金的主要组成部分。截至2019年6月30日，房产税占纽约市本财年总税收收入的45%。纽约市政府在公共服务机构（如警局、消防等）、教育、健康与医疗、其他设施（交通、住房、公园等）的投入各占29%、30%、19%、22%。

（2）政策概况

公共服务建设数量的充足和空间分布的相对均衡，为实现租购同权提供了基本的资源保障。纽约市由市政府主导投资建设的公共服务设施目前记录在册的超过3万个。其中，教育和儿童福利等设施约15000个，图书馆和文化设施2000个，健康服务设施约4700个（王卉，2018）。从空间分布上，以曼哈顿区为中心向外，密集程度逐渐下降，但整体分布较为均衡，城市边缘地带密度并未有过低现象（图2-5）。

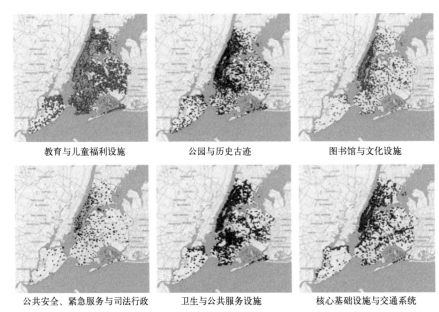

图2-5 纽约市公共服务建设空间分布示意图

资料来源：纽约市政府网，https://www1.nyc.gov/site/planning/data-maps/open-data.page

在租购同权所保障的公共服务权利中，子女受教育权是重点保护权利。纽约市基础教育实行学区制，全市范围共分为 32 个学区，各学区保有一定的教育政策制定自主权。子女在进入学校就读过程中，只要能够提供住址和长期居住证明，如水电账单等，即可享受公立学校就读的权利。

第五节　纽约市租赁住区规划设计案例

一、Penn South 住区

1. Penn South 住区简介

（1）区位

Penn South 居住区，又名 Mutual Redevelopment Houses，位于纽约曼哈顿切尔西区（Chelsea）第八大道与第九大道之间，地处西第 23 大街至第 29 大街共六个街区的位置（图 2-6）。Penn South 于 1963 年建成，因位于纽约重要城际火车站 Penn 的西南部而得名。

Penn South 由俄裔建筑师 Herman Jessor 设计，他同时也是纽约 Co-op City、Rochdale Village 等多个可负担住宅小区的建筑师。

Penn South 居住区，作为勒·柯布西耶"光辉城市"构想的典型代表，由 10 栋 22 层的塔楼所组成，每栋楼底层设有洗衣房与公共服务设施。小区内设置有老年服务中心、活动中心（老年人为小区的主要居民），甚至还设有自己的发电站，以及集中式的空调与供暖系统（Pennsouth，2019）。住区的相关技术经济指标如表 2-4 所示。

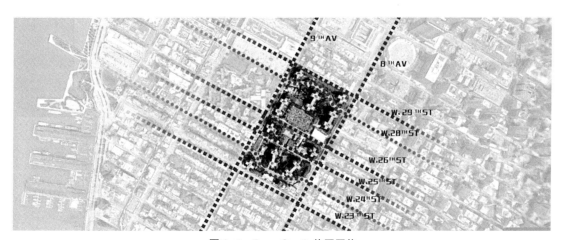

图 2-6　Penn South 住区区位
资料来源：作者在 Google Map 卫星图基础上绘制

Penn South 住区的相关技术经济指标　　　　表 2-4

序号	指标名称	数值	单位	备注
1	总用地面积	82000	m²	—
2	户数	2820	套	—
3	建筑层数	22	层	—
4	居民楼数量	10	栋	—
5	容积率	3.15	—	—
6	绿地率	65	%	包括开敞空间
7	建筑密度	14.3	%	—

资料来源：根据 www.pennsouth.com 及 Google Map 估算

（2）项目概况

Penn South 是一个由 ILGWU 工会投资建造的 Mitchell-Lama 政府补贴住房项目。联邦政府于1959年给予项目1200万美元的补助，纽约州政府于1960年给予242万美元的补助，同时给予 Penn South 财产税的减税优惠，另由工会自行融得一笔2300万美元的按揭贷款。与其他 Mitchell-Lama 项目小区的住户在与政府的合约到期时纷纷选择私有化房屋套现不同，Penn South 居住区的住户们在1986年、2011年、2017年多次投票选择与政府续约，享受政府减税优待的同时，保证住房未来的可负担性。

Penn South 的建造始于对切尔西区内贫民窟的清理。1960年，Penn South 地块上原有的7500名居民在被给予补偿金与安排住所后被强制迁出，但有的居民并未得到很好的安置，而 Penn South 建成后居民数只有5000名。也正因如此，Penn South 与其他贫民窟清理及公共住房项目一样，改造后实际居住的居民数量还减少了，因而受到社会的一些诟病。但住宅区的建设带动了街区周边的建设与发展。其被《纽约时报》称为"美国最好的住房合作社项目"。同时，截至1983年 Penn South 落成20周年之际，原来在地段内被迁出的居民中，有600户已经受到项目在申请住房时给予的优待，搬回了 Penn South 居住区。

（3）面向人群与租金

Penn South 居住区属于 Mitchell-Lama 项目计划下的有限权益住房。面向中低收入居民，采用类似"住房合作社"的形式。符合要求的中等收入申请者以较低的价格购置公寓入股、对公寓拥有所有权，但转售受到限制，以保证无人能从中套利。居民每月支付一笔较低的维护费以保证房屋正常运营。在与政府合约到期后，居民可以投票选择是留在 M-L 项目内，为其他可能的申请者提供福利，同时享受政府补贴；或者转变为私有住房，以卖掉房屋获利。符合条件的纽约市民可以于官网上加入排队，Penn South 居住区以随机彩票的形式对申请者进行抽签筛选。最近的两次抽签分别为2014年与2019年。

小区虽然在曼哈顿区，但仍保证了其良好的可支付性。以一套两居室的住房为例，2019年购置房屋（入股）所需要缴纳的费用为17万美元，每月的维护费仅为1千美元，年收入5万美元即可申请房屋。同时，也为申请者的年收入设置上限，如同样一套两居室的住房申请者家庭年收入不得超过15万美元，年收入7.5万美元以上（超过上限收入一半）应缴纳更多的维护费用。

2. Penn South 住区生活圈配套服务概况

小区位于曼哈顿中心位置，临近时代广场。周边虽没有大型医院，但15min 生活圈内有12个诊所；教育资源同样发达，5min 生活圈内小学、初中、幼儿园均有；周边公交、地铁线路极度发达，5min 生活圈内有2个公交站，2个地铁出口；还有1个剧院（居住区内）、1个博物馆、1个图书馆、2个健身房，文化生活也很丰富（图2-7）。

3. Penn South 居住区居民楼单体及户型设计

Penn South 居住区的2820个住房单元中，375个为开间，1371个为一居室，864个为二居室，210个为三居室。住区的每个单元楼拥有两个电梯间。同层楼内多种户型混合布置，全部有外窗，但大部分房间并不朝南，且没有南北通透的房型。其典型户型如下（图2-8、图2-9）。

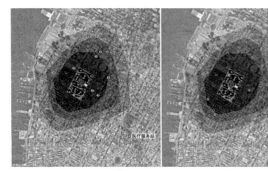
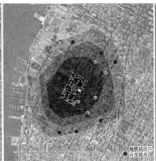

■ 5min 生活圈　■ 10min 生活圈　■ 15min 生活圈

图 2-7　Penn South 生活圈医疗、教育、交通、文化活动设施分布图

资料来源：底图来源于 Google Map 卫星图

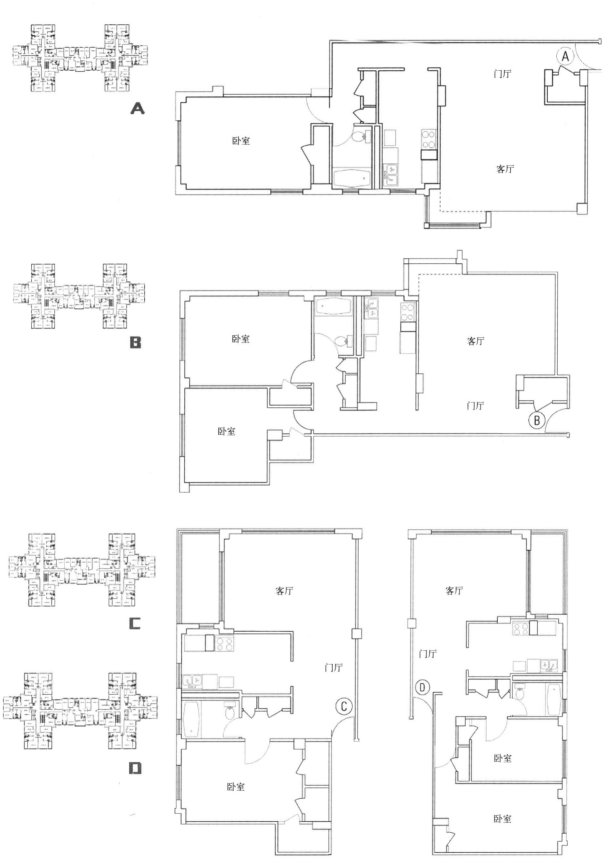

图 2-8 Penn South 户型 A~D
资料来源：Pennsouth.com

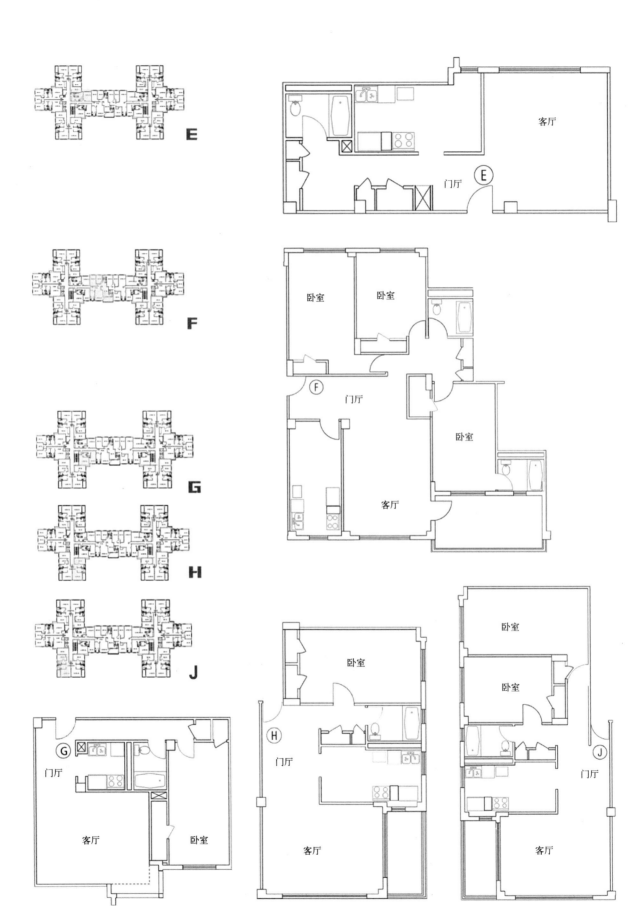

图 2-9　Penn South 户型 E~J
资料来源：Pennsouth.com

二、Via Verde 住区

1. Via Verde 住区简介

（1）区位

Via Verde 住区项目位于布朗克斯区 700-706 布鲁克大道，西邻布鲁克大道，北侧为 156 街，东侧是一座由纽约住房保护部建设的老旧公寓楼，南侧为公共运动场地（图 2-10）。Via Verde 住区是南布朗克斯区最后的大型可开发地块。地块位于布朗克斯区 149 街地铁站以北四个街区，同时有六条地铁线路分布在周围，居民可以通过公共交通方式方便地抵达城市的所有区域。

20 世纪 60~70 年代，这个地区是犯罪和城市化危机的多发地。纵火案的频繁发生大大破坏了城市环境，留下了许多空置破烂的房屋，终被政府收购。80 年代后期，随着城市环境的重建和相关配套设施的完善，社区逐渐开始复兴，持续下降的人口趋于稳定并逐渐开始上升。1970~1980 年，布朗克斯区的人口从 147 万下降到 117 万；到 2012 年，又增长至 141 万。目前，南布朗克斯聚集了纽约市大部分的工人阶级人口，家庭收入中位数约为 35000 美元，低于纽约市其他地区的平均水平。正是在这样的社会背景下，Via Verde 住区作为一个典型的可负担住宅项目被开发建设，并成为棕地二次开发和社区可持续发展的优秀项目案例。

（2）项目建设背景

Via Verde 住区方案诞生于 2003 年由美国建筑师协会（the American Institute of Architects）、纽约市议会（the City Council of New York）、纽约市立大学（the City University of New York）联合举办的"纽约新住宅"（New Housing New York）建筑设计竞赛。一年后，竞赛组委会被委托举办名为"遗产更新"（Legacy Competition）的竞赛，在这个竞赛中，纽约住房保护部（HPD）以较低的象征性收费标准为竞赛获胜者提供了位于布朗克斯区的三角形地块，作为赢得竞赛的奖励。2007 年由 Phipps House、Jonathan Rose Companies、Dattner Architects 和 Grimshaw Architects 共同合作的方案胜出。

Via Verde 项目正是在这两个竞赛的共同促进下产生的。在此复杂背景下，项目吸引了众多个人、公共和非营利机构的投资。为保证政府机构与私人组织合作完成本次竞赛，赛事主办方组建了一个过渡合作委员会，由纽约住房保护部、纽约州能源发展部等政府人员加入其中，以保证项目的顺利进行。此外，最终获胜的 Phipps Houses 和 Jonathan Rose Company 一直以来都拥有良好的社会声誉。前者是纽约市历史最悠久、规模最大的非营利可负担住宅开发商，致力于救济贫穷者和促进社区发展；后者则旨在通过探索模式化的绿色城市化技术修补城市环境，保护土地，促进城市良好发展与进步。在这些因素的共同促进下，Via Verde 项目得以顺利进行（Joshua，2014）。

（3）项目建设基本情况

Via Verde 住区是一个混合开发的可负担住宅项目，位于纽约市布朗克斯区。该项目作为棕地二次开发的建设项目，坚持鼓励创新设计、营造友好社区和人居环境可持续发展的建设理念，在合理解决地段原生问题的同时，重视社区绿色开放空间的设计与建设，为居民提供良好的生活环境。

项目于 2006 年 6 月启动，2012 年 5 月竣工；占地 1.5ac（1ac≈4046.8564m²），其中包括 296000ft²

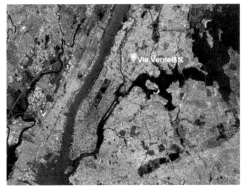

图 2-10 Via Verde 住区项目区位

资料来源：作者在 Google Map 基础上整理绘制

（1ft² ≈ 0.0929m²）的建筑用地面积和40000ft²的开敞空间。小区共包含222个居住单元，其中151套家庭收入在40%~60%AMI（地区平均收入）的可负担租赁住宅以及71套家庭收入在70%~100%AMI的可负担销售住宅。该项目总投资9880万美元。其中，租赁住宅部分花费6685万美元，占比约67%。项目资金来源复杂，包括了政府补助、贷款、税收减免以及其他19个非营利机构等为之提供的资金。

2. Via Verde住区规划设计及住宅建筑设计

（1）规划与场地设计

在以往传统的住区设计中，"绿地+塔楼"是场地空间设计的普遍模式。在Via Verde住区项目中，狭长的三角形地块对场地设计提出新的挑战。设计师通过开放自然空间联系社区生活片段，充分利用场地，在有限的空间中创造出更丰富的户外活动体验。该项目中，绿地主要以一层庭院和屋顶花园的形式呈现，为居民提供了连续立体的室外场所，可进行放松、运动和蔬菜种植等活动，促进了健康生活方式的普及（图2-11）。

（2）住宅建筑设计

为了充分利用狭长的场地空间，设计人员运用了多种户型单元设计来适应场地不同方向的形态，其中包括单层公寓、两层复式单元和联排别墅（图2-12）。复式单元主要分布在面向布鲁克大街的中层，可以从内部的双层走廊进入，每个单元的入口层设计为一个开放空间，包含一个开放式的客厅、餐厅、厨房和化妆室。二层则包含卧室和浴室等较为私密的房间。住区中共有74套两卧室公寓和17套三卧室公寓。

相比于纽约住房部的其他项目，Via Verde的单元设计包含了更多功能，如开放式的起居空间。经批准建造的开放式厨房使起居空间更加开敞，使用上更加灵活，适应现代生活方式。

在户型设计中，设计人员重视增强自然通风和减少对空调的需求，以实现可持续发展的设计目标。大多数户型设计有两个立面的自然通风，通过交叉循环通风的设计，达到比普通设计标准更好的通风效果。在供暖季节，则是通过窗户上预留的风孔提供新鲜空气。

3. 公共服务设施建设情况

Via Verde住区周边的公共服务设施比较完备，为居民的日常生活提供了基本保障。10min生活圈内，分布有Sound Health Medical PC、Montefiore和Amanda Alfau三家医院，15min生活圈内共有八所医院和卫生机构，涵盖了综合医院、儿童医院、医疗中心等多种类

图2-11 Via Verde项目总平面图
资料来源：https://www.archdaily.com/468660/via-verde-dattner-architects-grimshaw-architects

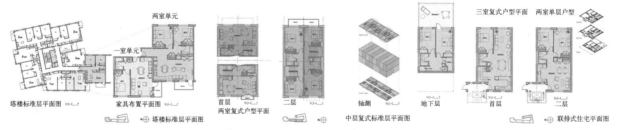

图2-12 Via Verde项目户型设计
资料来源：https://www.archdaily.com/468660/via-verde-dattner-architects-grimshaw-architects

型，提供了较为充足的医疗资源；教育资源同样发达，Via Verde 住区属于第七学区，拥有庞大的公立教育系统，在住区 15min 生活圈内共有 11 所学校，包含幼儿园和中小学；周边临近地铁 2 号线、5 号线和多条公交线路，10min 生活圈内有两座地铁站和多个公交站点，为居民提供了便利的出行条件（图 2-13a）。

尽管 Via Verde 住区所处的区位环境不佳，但这并不影响租客对公共服务的可获得性。这可在与位于纽约市曼哈顿区繁华地段的 AVA High Line 住区（图 2-13b）比较中得以体现。AVA High Line 住区东侧邻近高线公园，周边临近哈德逊广场、哈德逊河公园等城市著名景点。该公寓建于 2013 年，共有 405 个单元，设有一室、两室、studio 等多种户型，广受当地工作与学习的年轻人欢迎。住区周边医疗资源较少，距离最近的医院为 Presbyerian 医院，步行 17min 可达；教育资源相对充足，属于第二学区，15min 生活圈内有三所学校；周边交通便利，临近地铁 7 号线，15min 生活圈内有三座地铁站和多个公交站点，步行可达高线公园、切尔西码头等城市公共空间。

通过对比可知，即使两个住区区位相差甚远，AVA High Line 住区处于纽约市中心，studio 户型单元租金在 3754~4100 美元，远高于纽约市 studio 户型平均租金 1939 美元，属于豪华租赁住房项目；Via Verde 住区处于纽约相对偏远地段，属于中低收入群体聚居区，但 Via Verde 住区周边的公共服务设施配备与 AVA High Line 住区同样完善，作为可负担住宅项目，重视对中低收入群体居住权利的保障，使得居民能够享受充足的公共服务设施，保障教育、医疗、交通等各方面的基本需求。

4. Via Verde 住区建设实施机制

（1）规划审批松绑，支持项目顺利建设

由于场地形态特殊，项目设计中有许多与城市规范要求不符的地方。纽约市成立了专责小组，对该项目的部分设计细节进行审批和豁免。原设计规范中要求建筑退线 30ft，在 Via Verde 中该标准被缩进减少到 15ft。JRC（Justice Resource Center，司法资源中心）还允许提高项目容积率，以保障项目能够容纳足够多的居民居住。此外，规范中一般对住区地面停车有具体要求。在 Via Verde 项目中，由于地面空间过于狭窄，规范中对地面停车空间的要求也加以松绑，以提供更多室外公共空间供居民活动。设计团队一方面通过周边设施的调研证实了建筑周围的交通通达性良好，另一方面发现了开发地块街道的对面已有一个未被充分利用的大型停车库。因此，该项目被批准无须设置地面停车空间，这对社区公共庭院空间的设计有着极大影响。

（2）融资途径多样，吸引政府、个人和非营利机构等多种资金渠道

Via Verde 住区作为租赁和出售公寓混合开发项目，吸引了 19 个个人、公共和非营利机构提供资金，租赁住宅部分融资还通过纽约州房屋和社区更新计划获得了税收减免，并通过纽约房屋开发公司使用了应税债券。

该项目共花费 9880 万美元的开发建设资金，包括出售住宅和租赁住宅两部分。在土地资金方面，纽约市住房保护部以 1 美元的象征性收费将土地出售给开发团队，作为赢得竞赛的奖励和政府的补贴措施。

出售住宅部分共计 71 个面向中等收入家庭的房屋单元，花费达 3200 万美元，约占总投资的三成。建设期间，两成资金来自纽约房屋开发公司发行的债券。

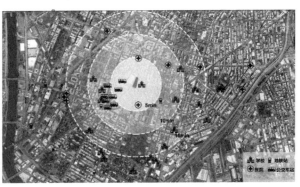

a Via Verde 项目　　　　　　　　　　b AVA High Line 住区

图 2-13　Via Verde 项目与 AVA High Line 住区公共服务设施对比

资料来源：作者在 Google Map 基础上整理绘制

此外，纽约房屋开发公司、纽约市住房保护部、布朗克斯自治区主席办公室、纽约市议会、纽约州经济适用房公司和纽约州立大学均投入了不同比例的资金补贴。

租赁住宅部分共计151个面向低收入家庭的房屋单元，花费达6685万美元，约占总投资的七成。除纽约房屋开发公司的债券外，租赁住宅部分还获得了9%的联邦低收入住房税收抵免贷款，以及纽约州府、社区续借和纽约市住房保护部的低收入住房税收抵免，也同样获得了多方的资金补贴。

第六节　纽约市租赁住房发展对我国大城市的启示

一、租金稳定型住房政策对我国的启示

1. 与时俱进的政策修正

纽约市的租金稳定型住房政策是一个动态的、与时俱进的政策，而不是一个静态的、一蹴而就的结果。其在大规模解除管制所带来的市场混乱中诞生，由管理40万套住房到管理近100万套住房，由房东自监管到州政府监管，它的建立过程充满了探索性、实验性。

租金稳定型住房政策每四年修订一次，拥有充分的调整空间。它对租金监管制度长期以来为人诟病的多种问题作出了回应，如通过豁免新房刺激供给，通过MCI、IAI等政策鼓励修缮，通过高租金房屋解除监管制度减少了富人对租金稳定型住房的占据等。而后又有对应的修正政策出台，如降低修缮增加房租的幅度、提高脱离管制门槛等，通过不断调整找到平衡。同时，要注意到，租金稳定型住房政策只是政府对租赁住房市场介入的一个方面，仍有减税计划鼓励建造、减税新房纳入租金稳定管理等政策与之配合。住房问题纷繁复杂，难有灵丹妙药适应不同的社会发展状况。目前，我国深圳市已于2018年开展租金管制的项目，提出"一房一价"，年租金增长不超过5%等主要政策；深圳市政策的实施效果可为我国大城市提供宝贵经验。以现有政策为基点进行反思与改进，与多元化、创新型的政策手段相结合，定可创造稳定的租赁市场。

2. 多方参与的决策体系

多方参与的决策体系是政策公平性的重要保证，同时也是政策不断修正的动力。在租金稳定型住房政策中，政府没有对租金的控制权。租金上涨幅度，作为法案的核心，由房租管理委员会的九名代表通过民主投票的方式决定，委员会每年召开一系列听证会，邀请房东、租户、游说团体、行业专家等发言。政策修订由州议会投票决定，租户、房东均可通过组织集团游说的方式就政策走向表达自己的意见。政策的修正并不是政府独自确定的，而是在各方的参与、讨论、博弈、争执下逐渐磨合出的。我国大城市可以借鉴纽约市建立委员会、召开听证会的方式，各方进行开诚布公的交流。住房问题关系国计民生，各方积极地参与反馈，是对自身权利的关注，也将对政策修正的公平、合理性大有裨益。

3. 自上而下的信息收集

充分有效的信息收集是科学决策的基础。自1965年起，纽约市住房保护部开展每三年一次的纽约市房屋调查（Housing and Vacancy Survey，HVS），采用抽样调查方式，主要调查房屋空置率，同时对房屋的规模、所有权、监管状态、居住状态等进行调查（US Census Bureau，2019），这为租房市场监管及信息透明化提供了详实的数据基础。除此之外，州政府下设立房屋社区委员会（Homes and Community Renewal，HCR），负责收集租金监管型房屋的租户反馈，对政策的执行状况进行监督。房租管理委员会对租金涨幅的设置也是根据每年的经济数据确定合理的增长量（Keating，1987）。我国各大城市，对人口、户籍、土地、房屋都有详实的统计数据，但对房屋的使用状况、拥挤程度等缺乏官方记录。例如，住房空置率只有相关机构用人口与房产套数粗略估算的结果。同时，投诉处理时间长、流程复杂等问题也困扰着租户，导致信息反馈困难。大城市可以社区为单位进行住房调查，完成自下而上的信息收集、整理，并对问题进行集中反馈。"自上而下"的政府干预需要结合"自下而上"的信息反馈与收集，方能使决策更加科学合理。

二、租户权利保护政策对我国的启示

1. 完善以承租人优位为原则的市场规范与监管措施

纽约在颁布了《2019年住房租金稳定和租户保护法案》后，引发了租户的强烈反响。法案在租金、押金、续约、驱逐各方面提高了对租户权利的保护，减轻了租户的经济负担，保护租户的居住权利，也对房东侵犯租户的行为建立了相应的惩罚机制。我国大城市住房租赁市场呈现出秩序不规范、承租人权益受到损害等问题。租赁住房市场监管不到位，导致私自转租、中介自行提高租金、擅自打隔断、私改水电、群租环境恶劣、房屋维修问题无人负责、存在极大安全隐患、出租人擅自缩短租赁期限等住房问题层出不穷，大大影响了承租人的居住权益和生活品质（黄燕芬 等，2017）。我国应当加快租赁住房市场相应的立法进度，完善房屋租赁管理制度，规范租赁合同签订，监督房屋中介运营与服务程序。在押金收取方面，明确额度、凭证发放、退还时限等重要标准。在房屋维护方面，明确房东义务，保障出租房屋的居住质量。在续约驱逐方面，明确续约或终止合约流程，为承租人提供有力的法律保障。

2. 推进公共服务建设，优化空间分布结构

纽约城市公共服务设施的选址和建设是在《城市设施选址准则》的指导下进行的，实现了全市范围内公平分配城市公共服务设施，促进社区稳定发展，被称为"公平分享准则"（王卉，2018）。我国大城市公共服务资源匮乏和空间分布失衡是产权人和租户获取权利不均衡的主要原因之一，以教育资源为例，住房产权人的子女入学情况都十分紧张，保障租客的子女入学权利更加困难，因此继续推进公共服务建设是保障公共服务权利的关键。进一步完善公共服务选址和建设的流程与标准，综合考虑社区需求、服务效率、利益分配等多方面因素，优化公共服务空间分布结构，缓解优质资源的聚集现象，是促进公共服务权利平等的重要措施。

3. 完善住房市场金融支持政策，综合运用多种手段均衡权利

纽约经过多轮市场的考验和政府的政策调整已经缓解了住房紧缺问题，同时形成了较为成熟的住房市场机制，对市场规律有比较系统的把控。政府通过法律、市场机制、税收、金融政策等多种手段综合介入住房市场，同时吸引社会资本投入住房建设，形成了良好的市场机制。房产税模式也为政府提供公共服务建设提供了资金保障，实现了租客履行纳税义务和享受公共服务权利之间的一致。目前，在我国实行的土地出让金模式下，与房产相关的税收都由出租人在购房时承担，承租人并未对公共服务承担相应的义务，因此也难以获得平等的公共服务权利。合理推进房产税改革，通过金融政策鼓励社会力量支持住房市场，减轻政府财政负担，对公共服务建设有着重要的促进意义。

参考文献

ANZILOTTI E, 2016. The Long, Complicated History of Affordable Housing in New York[EB/OL]. [2019-11-30]. https://www.citylab.com/equity/2016/02/the-long-complicated-history-of-affordable-housing-in-new-york/471096/.

DIAMOND R, MCQUADE T, QIAN F, 2019. The Effects of Rent Control Expansion on Tenants, Landlords, and Inequality: Evidence From San Francisco[J]. American Economic Review, 109（9）: 3365-3394.

EARLY D W, PHELPS J T, 1999. Rent Regulations' Pricing Effect in the Uncontrolled Sector: An Empirical Investigation[J]. Journal of Housing Research, 10（2）: 267-285.

JOSHUA L, 2014. Via Verde + Jonathan Rose Companies: The Intersection of Affordable Housing + Ecological Design[EB/OL]. [2020-2-22]. http://web.mit.edu/nature/projects_14/pdfs/2014-ViaVerde-Levitt.pdf.

KEATING W D, 1987. Landlord Self-regulation: New York City's Rent Stabilization System 1969-1985[J]. Urban Law Annual, 31: 77.

LA MORT, JUSTIN R, 2016. The Theft of Affordable Housing: How Rent-stabilized Apartments Are Disappearing From Fraudulent Individual Apartment Improvements and What Can Be Done to Save Them[J]. Review of Law and Social Change, 40: 351.

LAURA V, 2016. A Look at Rental Vacancy Rates in New York City[EB/OL]. [2019-12-16]. https://streeteasy.com/blog/vacancy-rates-new-york-city/.

MIRONOVA O, 2019. Rent Regulation in New York City[EB/OL]. [2019-12-16]. http://lghttp.58547.nexcesscdn.net/803F44A/images/nycss/images/uploads/pubs/Rent_Reg_Explainer_V6.pdf.

NONKO E. 2017. New York Apartment Guide: rent Control vs Rent Stabilization[EB/OL]. [2019-12-29]. https://ny.curbed.com/2017/8/28/16214506/nyc-apartments-housing-rent-control.

Numbeo, 2019. Property Prices in New York, NY, United States[EB/OL]. [2019-11-11]. https://www.numbeo.com/property-investment/in/New-York.

NYC Government, 2019. Housing Types[EB/OL]. [2019-11-30]. https://www.nyc.gov/site/rentguide linesboard/resources/housing-types.page.

NYC Government, 2017a. Housing New York 2.0[EB/OL]. [2019-11-30]. https://www.nyc.gov/assets/hpd/downloads/pdf/about/hny-2.pdf.

NYC Government, 2017b. Selected Initial Findings of the 2017 New York City Housing and Vacancy Survey[EB/OL]. [2019-11-29]. https://www.nyc.gov/assets/hpd/downloads/pdf/about/2017-hvs-initial-findings.pdf.

NYC Government, 2018a. 2018 Housing Supply Report[EB/OL]. [2019-11-30]. https://www.nyc.gov/assets/rentguidelinesboard/pdf/18HSR.pdf.

NYC Government, 2018b. 2018 Income and Affordability Study[EB/OL]. [2019-11-30]. https://www.nyc.gov/assets/rentguidelinesboard/pdf/ia18.pdf.

NYC Government, 2019. Department of City Planning, n.d. Zoning[EB/OL]. [2019-11-30].https://www.nyc.gov/site/planning/zoning/districts-tools.page.

NYC Housing, 2019. Housing New York[EB/OL]. [2020-1-9]. https://www.nyc.gov/site/housing/about/our-plan.page.

NY Senate, 2019. Senate Bill S6458[EB/OL]. [2019-11-30]. https://www.nysenate.gov/legislation/bills/2019/s6458.

Pennsouth, 2019 [EB/OL]. [2019-11-30]. https://www.pennsouth.coop.

Rent Jungle. Rent Trend Data in New York[EB/OL]. [2019-11-11]. https://www.rent jungle.com/average-rent-in-new-york-rent-trends/.

SANTORA M, 2011. The Lucky Break of Rent Stabilization[EB/OL]. [2019-12-16]. https://www.nytimes.com/2011/02/06/realestate/06cov.html.

SIMS D P, 2007. Out of Control: What Can We Learn From the End of Massachusetts Rent Control?[J]. Journal of Urban Economics, 61（1）: 129-151.

STURTEVANT L, 2018. The Impacts of Rent Control: A Research Review and Synthesis[EB/OL]. [2019-12-30]. https://www.nmhc.org/globalassets/knowledge-library/rent-control-literature-review-final2.pdf.

THATCHER C, 2017. Residential Density in NYC[EB/OL]. [2019-11-30]. http://urbancalc.com/post/NYC-Residential-Density/.

UNGAR D, 1978. Emergency Tenant Protection in New York: Ten Years of Rent Stabilization[J]. Fordham Fordham Urban Law Journal, 7: 305.

US Census Bureau, 2017. Data Profile[EB/OL]. [2019-11-30]. https://www.census.gov/acs/www/ data/data-tables-and-tools/data-profiles/.

US Census Bureau, 2019. About This Survey[EB/OL]. [2019-12-30]. https://www.census.gov/programs-surveys/nychvs/about.html.

Wikipedia, 2019a. New York City[EB/OL]. [2019-11-30]. https://en.wikipedia.org/wiki/New_York_City.

Wikipedia, 2019b. Rent Control in New York[EB/OL]. [2019-12-16]. https://en.wikipedia.org/wiki/Rent_control_in_New_York.

Wikipedia, 2019c. NYC Housing Shortage[EB/OL]. [2019-11-30]. https://en.wikipedia.org/wiki/New York_City_housing_shortage.

Zillow, 2019. New York Home Prices & Values[EB/OL]. [2019-11-11]. https://www.zillow.com/new- york-ny /home-values/.

黄燕芬, 王淳熙, 张超, 等, 2017. 建立我国住房租赁市场发展的长效机制——以"租购同权"促"租售并举"[J]. 价格理论与实践（10）: 17-21.

王卉, 2018. 纽约城市公共服务设施公平分配的方法和启示[C]// 中国城市规划学会. 2018 中国城市规划年会论文集（14 规划实施与管理）: 204-212.

王志成, 阿南德·夏尔马, 拉切尔·奥布里, 2018. 纽约保障性住房新发展 [J]. 科学发展（7）: 105-112.

周珺, 2011. 美国住房租赁法的转型及其对我国的启示 [J]. 河北法学, 29（4）: 164-171.

祝军, 2018. 国外实现"租购同权"的主要做法及对我国的启示 [J]. 金融发展评论（7）: 136-145.

第三章
洛杉矶租赁住房的发展与救济型公屋规划

　　洛杉矶市是美国第二大城市，其城市发展引起的资源高度聚集使得其面临大都市典型的住房问题。大量人口的涌入与日益上涨的租金使洛杉矶市中心产生了众多贫民窟与无家可归者聚集形成的"帐篷营地"。为缓解这一问题，洛杉矶政府通过灵活的招投标以及建设临时庇护所的方式，本着"以人为本"的原则，高效利用政府公共资金，切实缓解与解决救济性公租房供应不足的问题。本章以洛杉矶为例，从住房与租房市场的历史演变、发展建设概况、租赁住房政策等方面进行分析；重点阐述洛杉矶市重要的救济性住房保障项目HHH提案，介绍其多样的融资模式与创新的建设模式、永久性公租房与临时庇护所建设相结合等特点。在此基础上，探讨针对中国大城市公租房政策的启示与建议。

第一节 洛杉矶概况

洛杉矶位于美国加利福尼亚州南部，又名"天使之城"，是美国人口规模仅次于纽约的第二大城市。洛杉矶有四种不同的辖区划分：洛杉矶市、洛杉矶县、洛杉矶都市区、大洛杉矶地区（表3-1），我们常说的洛杉矶指的是洛杉矶市（City of Los Angeles），面积为1215km²。2017年洛杉矶市常住人口为398万（Wikipedia，2019a），人口密度为0.3万人/km²。洛杉矶县简称洛县，是美国人口最多的县，面积为12308km²，2018年常住人口为1010万（Wikipedia，2019b）。由洛杉矶、长滩、阿纳海姆组成的洛杉矶都市区，又称南部地区。范围更广的大洛杉矶地区面积则达87941km²，仅次于纽约都会区。

2018年洛杉矶政策性保障房占政府公共财政支出比例约为0.9%（County of Los Angeles Government，2019）。洛杉矶的房地产税（property tax）在政府财政收入中占有较大比例，2018年的房地产税占普通基金（general fund）的23.6%（Galperin，2019）。但现有公共土地占比不大，国有土地主要为无法进行开发建设的山地公园（图3-1）。在2010~2016年，新增住房88000个单元，其中9%为保障性可支付住房（Woetzel et al.，2019）。

洛杉矶郊区多中高收入者社区，环境良好，住房问题主要集中在衰落的市中心及市区与郊区的中间地带。同时，在大洛杉矶地区，也形成了一些收入并不高的工人郊区，这些区域则主要通过住房预制件与自建住房解决住房问题，产生了非正规住房现象（王旭 等，2016）。

洛杉矶辖区概况　　　　表3-1

范围	面积（km²）	常住人口（万人）
洛杉矶市	1215	398（2017年）
洛杉矶县	12308	1010（2018年）
洛杉矶都市区	12562	1331（2016年）
大洛杉矶地区	87941	1879（2017年）

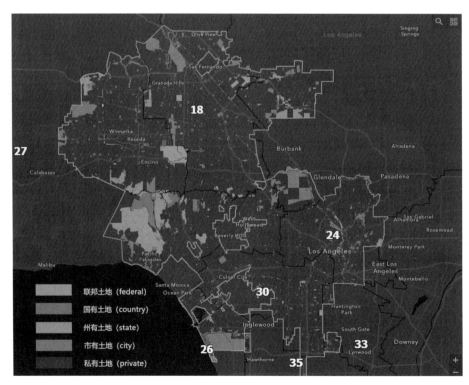

图3-1 洛杉矶公共土地分布示意图（彩色图见138页）
资料来源：LA Controller，2019a

第二节 洛杉矶住房与租房市场的历史演变

1878年以前,洛杉矶还只是美国西部沿海的一个小城镇,地处山脉和大海之间,交通比较闭塞。后期随着铁路的发展,交通环境得到了较大改善,逐渐发展为现今西海岸的特大城市。总体来说,洛杉矶的住房及租房市场主要经历了以下四个阶段。

一、1880~1920年:城市发展带动房地产经济

1878年南太平洋铁路通到洛杉矶,1885年圣塔菲铁路也通到洛杉矶,随后还连入联合太平洋铁路。铁路的通达带动了城市的快速发展。1880~1900年,洛杉矶的人口从11183增加至102479,增加了至少9倍(Los Angeles Almanac,2020)。铁路发展过程中也促进了房地产市场的发展(陈雪明,2004)。以铁路及有轨列车为骨架的交通结构在城市发展之初便奠定了洛杉矶摊大饼及多中心的城市空间结构。

在城市快速发展阶段,受房地产周期的影响,洛杉矶遭遇了房地产泡沫的崩溃。铁路及电气革命推动城市的快速发展,大量移民入境开拓新土地,土地投机十分狂热。1887年洛杉矶遭遇房地产泡沫的崩溃,多家银行及信用机构破产,萧条一直持续到20世纪20年代。

二、1920~1929年:中高端住房市场、自建房兴起

这一时期洛杉矶住房及租房市场主要体现为郊区化及去中心化的态势,包括工人住房郊区化与中产及以上阶级郊区化两个部分。一方面,中高端住房市场在中产阶级集聚的郊区兴起。1933年罗斯福新政实施,提供低息贷款鼓励更多人购屋。客观来说,离郊区越近的房屋越新,这一时期大量生活富足的中产阶级搬往郊区。另一方面,市中心与工人郊区产生大量自建房。在1887年房地产市场萧条之后,1920年住房开发再次兴旺起来。这次房产开发主要集中在郊区,并惠及了更多普通家庭,工人阶层占到其中的大部分。1924~1934年,洛杉矶下城的城市用地从79.2%增加到89.2%;而距离下城约10mi(1mi≈1.6093km)的区域范围内,城市用地从13.4%增加到27.8%,增加了超过一倍。1923年,洛县就有约4万ac的农业用地转变为城市用地。同时,快速城市化开发创造了大量住房,使得洛杉矶的郊区住房自有率明显高于其他城市。例如,1930年,洛杉矶郊区的住房自有率为48.3%,是同时期纽约的1.85倍(王旭 等,2016)。这表明,在这一阶段,洛杉矶工人郊区的住房量呈现一个快速增长的特征。

三、1929~2008年:大萧条、第二次世界大战滋生了大量非正规住房

受到经济大萧条和第二次世界大战的影响,大量人口涌入洛杉矶,工人郊区和市中心聚集了大批无家可归者,进而引发了洛杉矶非正规住房的"黑历史"。工人们在工业区附近建房时充分利用了工业生产的便利与特性,主要建房方式为工厂生产住房预制件与自建住房。但同时,洛杉矶工人郊区聚集了大量无家可归者。政府为了解决住房问题,对工人郊区的住房建设要求降低,并鼓励大量自建住房建设。在20世纪20年代末,南盖特市议会还出台了条例,允许居民们在地块上搭建帐篷或车库以供临时居住,还有政策鼓励将住房及车库进行改造并出租。这一阶段的政策与环境导致郊区的住房质量偏低,产生了"类贫民窟",造成种族及经济阶级隔离的社会问题,市中心成为黑人聚居地,西北与沿海部分郊区是白人区,而少数族裔也形成了一定范围内的聚居地,如"中国城""韩国城""小东京"等(陈雪明,2004)。

四、2008年至今:福利公共租赁住房供应不足,"帐篷营地"崛起

2008年金融危机,美国失业率剧增,保障性住房的需求增大。但受金融危机的影响,用于保障性住房的货币化补贴不足;且金融危机后众多房地产商融资与资金回笼双难,资金链十分紧张,保障房的建设也大受影响。虽然之后美国经济有所复苏,但保障房的补贴与供应仍然十分有限,美国住房保障问题日益突出。

失业人口的增加与保障房建设的减少使得近年来

洛杉矶的"帐篷营地"（tent encampments）逐渐"崛起"，其范围远超市中心"贫民区"（skid row），在历史上洛杉矶的流浪者和服务机构一直集中在市中心，而现在"帐篷营地"沿着社区人行道、高速公路堤岸、公园和商业街一直延伸到很多洛杉矶最富裕的社区。

住房问题引发流浪汉聚集的同时也导致一系列洛杉矶公共安全和卫生问题。2017年洛杉矶发生的流浪汉营地起火事件，严重影响到周边居住区与工业区的财产及人身安全。很多"帐篷营地"的火灾事故是由向流浪汉收取保护费的帮派团伙故意放火而引发的，"帐篷营地"的不断扩散也使得帮派团伙和其他罪犯更容易开展与隐藏走私毒品、贩卖人口等交易，造成严重的公共卫生风险，衍生出越来越多的次生问题（史雨轩，2019）。

第三节 洛杉矶租赁住房发展建设概况

一、租赁住房发展建设概况

洛杉矶作为美国第二大城市，住房自有率不高，洛杉矶大都市区住房自有率为48.4%，而市中心只有36.6%。2014年以来，洛杉矶市房价与租金持续增长（图3-2），据Numbeo有关各大城市房价收入数据统计，2018年房价收入比为8.4，低于纽约、东京、伦敦等其他国际大都市。洛杉矶每平方英尺房价（price per square ft）为655美元，即每平方米房价7050美元。洛杉矶市的家庭人均居住面积为64.3m^2（Romero，2016），高于我国大城市的人均居住面积。洛杉矶市的房屋自有率与家庭收入中位数最低，但贫困发生率最高（表3-2）。同时，洛杉矶市整体的空间去中心化、郊区化特征明显。这意味着衰落的市中心以及向郊区过渡的边缘地带聚集了大量贫困社区，这也是洛杉矶市急需给予住房保障的聚居区。

关于住房租赁，2018年洛杉矶市的售租比为17，租赁住房市场的投资回报率相对较高。以洛杉矶市中档两卧室公寓平均租金为衡量标准，其租金收入比为31.6%，纽约市同期为34.7%，这意味着洛杉矶与纽

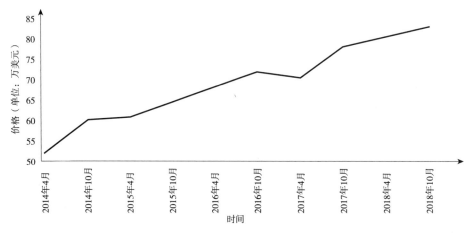

图3-2 2014~2018年洛杉矶一居室公寓房价走势

资料来源：Trulia，2019

2017年洛杉矶不同辖区住房市场变化　　　表3-2

范围	面积（km^2）	常住人口（万人）	贫困率（%）	家庭收入中位（美元）	房屋自有率（%）
洛杉矶市	1215	398	20.40	60197±785	36.6
洛杉矶县	12308	1010	17.00	65006±756	45.6
洛杉矶大都市区	12562	1331	15.80	69992±679	48.4

注：面积与常住人口数据来源于"Wikipedia，2019b"，洛杉矶县常住人口规模为2018年数据。

资料来源：DATE US，2018

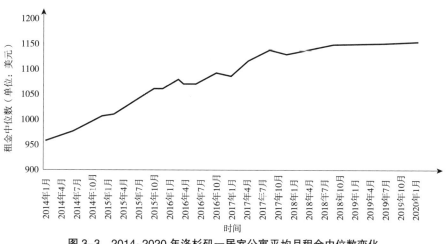

图 3-3 2014~2020 年洛杉矶一居室公寓平均月租金中位数变化
资料来源：Apartment List，2020

约的租金均超过国际通用的 30% 的负担标准。2017年洛杉矶市房屋自有率为 36.6%，整体租房空置率约为 3.8%，其中高成本空置率占比（4.7%）约为低成本空置率（2.4%）的 2 倍，这意味着不同成本空置住房存在一定的结构性失衡（Woetzel et al.，2019）。2014~2020 年，洛杉矶市一居室公寓平均月租金中位数从 950 美元涨到 1150 美元，上涨幅度达 21%，租金压力逐年增大（图 3-3）。近四年来，洛杉矶市无家可归者总人口规模不断上升，目前已超过 3.6 万。随着中心城区的空置与大量外来人口的迁入，在洛杉矶市中心区与附近的边缘区聚集了大量的低收入人群，并催生了大量非正规住房建设和教育、医疗、工作等衍生问题，这已成为洛杉矶未来城市可持续发展面临的一大挑战。

二、租赁住房发展的问题与挑战

洛杉矶所面临的租房问题主要包括无家可归者聚集和租金压力不断增加两个方面。

一是城市中心区及边缘地带所产生的"类贫民窟"与无家可归问题。随着中心城区的空置与大量外来人口的迁入，在中心区与附近的边缘区聚集了大量低收入人群。他们面临失业、教育缺失的困境，并因此无力支付房租。由此催生了大量非正规住房，也集聚了很多无家可归者。同时，与美国多种族的国情相对应，进一步衍生出种族隔离的问题，产生了黑人及众多少数族裔聚居区。因此，如何为市区及周边的低收入者提供充足的居所，使其能够接受良好的教育以实现经济自立、消除无家可归的现象以及打破种族隔离的问题，成为洛杉矶租赁住房市场发展的主要挑战。

二是洛杉矶面临着住房紧张、租金上涨过快等问题。同时，由于战争等历史原因，洛杉矶有大量人口需要租金保障，包括退伍军人、老年人等低收入人群。如何使租金保持在可接受的范围内，不造成大量人口流动与流失，同时避免更多无家可归者出现，也是洛杉矶面临的一大挑战。

第四节 洛杉矶租赁住房发展的相关政策

一、美国住房政策概况

美国是信奉新自由主义思想的移民国家，其住房政策主要体现为保障性住房政策"市场化"这一特征。美国的住房补贴政策倾向于实现住房的"可负担性"，并不排斥市场化行为。在这种背景下，美国的保障性住房政策主要包括低收入住房税收减免计划（LIHTC）、租房券（HCV）项目和租金管制。低收入住房税收减免计划是保障性住房政策市场化的标志性措施。政府会对资助项目给予一定的税收减免，开发商在获得税收减免之后可以进一步通过金融投资中介在市场上出售这些税收减免额度。租房券项目也是美国保障性住房政策的重要组成部分，其主要特点为从补贴需方到补贴供方的转变；主要内容为补贴现价房租与低收入者收入的30%之间的差价，而受补贴者不再受房源位置的限制。

租金管制政策的产生主要用于应对特殊事件或时期所可能造成的住房短缺，以达到稳定社会秩序的目的，其主要内容为禁止房东提高租金或以一定的比例给予限制。在美国历史上，曾有两次大规模的租金管控：一次是为应对第一次世界大战和第二次世界大战可能出现的住房问题，提供良好的备战环境；另一次是为了应对石油危机造成的影响，在众多大城市实施了租金管控。但如今租金管控与美国"市场化"的新自由主义思路不符，已逐渐被美国政府所抛弃，现在仅在住房问题相对比较集中的大城市中心区有部分实施，且只作为一种政策的补充与临时调节手段（吕程，2019）。

此外，美国还有许多更为细微的补充政策，如为了解决享受保障性住房的家庭容易产生"福利依赖"的问题，美国政府近年来还公布了家庭经济自力项目。按照之前租房券的政策，低收入家庭最多将总收入的30%用于支付租金，其余部分由政府补贴。这样造成的问题是当这户家庭的收入增加时，增加收入的30%将会用于缴纳房租，政府的补贴会变少，这将降低低收入家庭提高收入的积极性。家庭经济自力项目则通过为每个收入增加的低收入家庭建立储蓄账户，将增加收入的30%存入银行账户，待低收入家庭脱离租房券计划时则将这部分金额进行返还，从而鼓励受保障人群积极提高收入并逐渐脱离低保资助项目（崔光灿，2018）。

二、洛杉矶住房政策概况

洛杉矶保障性住房政策实施的重要主体包括洛杉矶住房与社区投资局（Housing and Community Investment Department of Los Angeles，HCIDLA）和洛杉矶市房屋管理局（Housing Authority of the City of Los Angeles，HACLA）。HCIDLA前身为1976年由洛杉矶市成立的社区发展部（CDD）、1990年成立的房屋保护与发展部（HPPD，后改名为LAHD）以及洛杉矶社区重建局（CRA/LA）。2011年，CRA/LA和CDD的社区发展部门纳入LAHD，于2013年合并为HCIDLA。其主要工作为各种保障性住房政策的落实与实施（HCIDLA，2019a）。HACLA于1938年成立，主要负责公租房的建设和管理。截至2019年，HACLA已经建成并管理9375个住房单元，并每月向洛杉矶市的58000户家庭提供住房补贴。HCIDLA的政策主要包括关于住房建设与补助的低收入住房税收减免计划和租房券项目，以及关于租客权益保障的租金稳定条例与紧急房客救济计划。

1. 低收入住房税收减免计划

根据国家制定的低收入住房税收减免计划，每年联邦政府都会向加利福尼亚州分配一定的减免额度。此项举措使得保障性住房的开发与市场有了更紧密的结合，高竞争度使得保障性项目有更好的品质。政府的资助最大化地保护与利用了市场调节的优势，但同时这项计划在运行中也产生了一些问题。例如，由于开发商追求盈利，该项计划主要面向穷人中相对收入较高者，而各地政府又抱着"用不完就浪费"的态度，从而导致品质较高的保障性住房过剩，而面向更低收入者的住房不足，进而产生结构性失衡问题（吕程，2019）。

2. 租房券项目

洛杉矶也与美国其他城市一样实行租房券政策。租房券计划作为一种精准补贴可以用来弥补低收入住房税减免计划所造成的更低收入者的补助短缺。同时，它也是一种改善贫困集中、消除种族隔离的举措。但实施之后发现低收入者依然倾向于选择在原来的贫困区租房。之后在洛杉矶又推出MTO（Moving to Opportunity）计划，更加强调收入的混合，但受限于高额的成本，其并未得到广泛推广。另外，租房券项目也由于名额有限产生排队问题，这同时衍生出更多的管理成本与公平问题（吕程，2019）。

3. 保障租客权利的相关政策

洛杉矶关于保障租客权利的政策主要有城市租金稳定条例（RSO）和紧急房客救济计划。在洛杉矶，1978年10月1日之前建造的房屋可能会受到RSO限制。紧急房客救济计划则是一种应急性的补充法案，内容是提供临时的补助金来避免租客由于无法支付过度上涨的租金而被驱赶。其主要是为了在2020年1月1日《2019年租户保护法》颁布之前，防止租客迁移。租金管制政策是为数不多的与美国"市场化"理念相悖的措施之一。租金管制在应对特殊事件及特殊地区，如洛杉矶这样的大城市住房紧张问题时有着明显的作用。但也同样产生很多问题：一是违背市场运行的机制，对租房市场有很大的破坏性，造成大量住房空置或改造他用，租赁市场的房源变得更加紧缺而质量低下；二是租金管控的实施需要消耗大量管理成本，对政府是一个不小的负担（吕程，2019）。

此外，洛杉矶市房屋管理局负责的公租房建设，每年有超过10亿美元的财政预算，其资金来源主要包括住房与城市发展部每年的运营补贴（operating subsidy）、住房与城市发展部每年的资本基金（capital fund）、8法案租房补贴（Section 8 rental subsidies）、公共住房租金项目和其他各种来源的项目与补助金（HACLA，2019）。

洛杉矶市房屋管理局分配公租房的主要方式为轮候制。符合要求的申请人在提出申请后，洛杉矶市房屋管理局将根据现有不同类型的公共住房空置情况，结合申请个人或家庭的人数与资格条件，向申请者提供三处可供选择的房源。如果申请人拒绝了所有提案，则会被从队列中移除，但他们也可以再次进行申请。三个公租房备选项是根据当时的空置与匹配情况随机进行分配的，其根据入住与持续居住政策（admissions and continued occupancy policy），满足部分条件的个人或家庭可以享有选择具体位置的优先权（包括每周至少工作20h，在官方认证机构工作或正在接受更高等教育等）。这项措施也有助于帮助低收入家庭走向经济自立（HACLA，2020）。

对于申请成功的个人和家庭，洛杉矶市房屋管理局公共住房的可负担性衡量标准是房租不超过家庭收入的30%，由住房与城市发展部基金填补差值。据2019年的统计，洛杉矶生活在公共住房的家庭平均月收入为2035美元，因此公共住房的平均月租金为455美元。同时期洛杉矶住房市场租赁一居室的最低价格就达1596美元，可见公共住房租金价格的可支付性（HACLA，2019）。

但另一方面，洛杉矶市房屋管理局也面临着很多挑战。2019年洛杉矶拥有的公共住房有50%已使用77年及以上，31%已经使用了64~66年之久；如何维护老旧房屋，保证公共住房的品质是亟待解决的问题。此外，由于洛杉矶公共住房数量无法满足日益增加的无家可归者的需求，产生了轮候家庭现象。截至2019年7月，洛杉矶共有45384户家庭无法入住公共租赁住房，并因此面临无家可归的窘境（HACLA，2019）。这一现象随着洛杉矶住房市场房租的上涨及越来越多的人无法独自负担房租变得愈发严重，审批与建设流程的时耗过长是无法及时解决无家可归者问题的重要原因之一。

三、洛杉矶救济性政府公租房项目

不同于美国其他地区，除上述各项政策外，洛杉矶为了解决日渐严重的无家可归现象，于2016年11月通过了一项基于12亿美元一般性义务债券的常设救济性政府公租房保障项目——HHH提案（Proposition HHH），主要面向无家可归的个人与家庭，如老人、退伍士兵，也包括青少年、精神障碍者、人口贩卖交易中的幸存者等无家可归的人群。其特点主要可以概括为以下两个方面。

1. 救济性住房建设采用多样的融资模式与建设技术

保障性住房项目HHH提案的宗旨为，同时使用传统和创新的融资与建设技术，以建设更多的高品质保障性住房。政府机构（HCIDLA）以公开招投标的方式，向住宅运营商、住宅改建商、住宅物业经理、建筑事务所以及公民和社会组织等征求承包意见，并与众多开发商及顾问建立长期的合作关系。

一是采用多样的融资模式。通过市场化的融资运营，每1美元的HHH提案项目资金都会从其他来源引发2.81美元的杠杆金额（表3-3）。HHH提案的资金通常补贴项目总开发成本的30%。按单位计算，在最近的融资周期内，支持性住房的最高HHH提案补贴为每单位14万美元，在先前的融资周期中则为每单位22万美元。其余资金来自私人和其他公共实体，如联邦政府、加利福尼亚州或洛杉矶县。

二是采用多样的建设技术。政府机构（HCIDLA）也与一些建设研发机构以及建筑事务所合作，投资建设一些具有研究性和开拓性的项目，如模块化单元住宅开发项目。在2019年对HHH提案实施的评价与回顾中，也提到了计划将债券的十分之一用来探索新型的住房模式，例如，模块化住房结构、共享住房单元，降低单元成本，以提供975个额外的住房单元（LA Controller，2019b）。Aedis房地产集团与洛杉矶市长埃里克·加希提（Eric Garcetti）办公室和各地区议会

洛杉矶市 HHH 提案项目的开发统计（2019 年）　　　　　　　表 3-3

项目	数值
前期开发总量	91
已结清建筑贷款数量	2
建设中的总量	19
总资助单元	7484
总资助住房单元	5773
HHH 提案项目基金总请求量	1010205108 美元
HCIDLA 项目基金总请求量	1040148694 美元
开发总成本	3845203658 美元
杠杆金额	2834998550 美元

注：数据采集截止日期为 2019 年 10 月 23 日。
资料来源：HCIDLA，2019b

合作投资 KTGY 事务所所开发的模块化住宅，其设计的模块能满足基本的功能需求并能够快速被安装。并且，可在工厂进行制造，然后通过卡车运输到活动场地，堆叠在单个建筑物中（图 3-4）。该项目按照 LEED 标准设计，围绕一个中央庭院，既满足隐私、安全的需求，又营造社区感。项目开发完成后，海德公园和百老汇的住房项目也以此作为解决住房问题的一个选择方案（Harrouk，2019）。

但项目在实施过程中也遇到了一些问题，其中主要的问题是成本过高。许多保障性住房单元的建造成本甚至超过了洛杉矶市公寓市场价（546000 美元）和洛杉矶县独户住宅（627690 美元）的中位售价。这是因为完成 HHH 提案项目所需的资金来源数量过多、复杂性过高，合格开发商的数量较少，监管的难度较大。所谓的"软成本"（开发费、顾问、财务等）在总成本中甚至高达 35%~40%。

2. 永久性公租房与临时性庇护所建设相结合——"桥梁之家"项目

在 HHH 提案项目建设永久性公租房的过程中，出现了成本过高与开发时间太长的问题，无法解决当下日益严重的无家可归现象。据洛杉矶无家可归服务局（LAHSA）统计，截至 2017 年，洛杉矶市现有的庇护所（shelter）数量（包括紧急庇护所和过渡住房计划中的庇护所）大约为 7646 个床位，而洛杉矶市无家可归的人数则达到 34189 人，其中约 74% 的人每天晚上都得不到庇护。同时，由于洛杉矶的地震和森林火灾等安全隐患，出于对建筑物的保护，开发一个房地产项目需要耗费多年时间，才能获得开工前必需的所有许可。从项目的概念提出到完工投入使用的时间为 3~6 年，并且目前绝大多数项目处于"预开发"（或即将进行）的各阶段，其中包括诸如筹集资金、获得土地使用批准、获得建筑许可证之类的活动，缓慢的

图 3-4　模块化住房单元建设模式的研究
资料来源：Harrouk，2019

图 3-5 临时庇护所的建设

资料来源：Office of Los Angeles Mayor，2019

建设速度无法解决日益严峻的无家可归的问题。

2018 年 4 月，市长及议会提出了补充性的"桥梁之家"（A Bridge Home）项目，颁布了能够使城市以最快速度在任何公有土地上建造"桥屋"的州级法律。重新评估一些有 HHH 提案资助资格的永久性公租房项目的可行性，节约资金建设更多的临时庇护所、卫生中心和其他服务设施（图 3-5）。

《洛杉矶市政法规》（Los Angeles Municipal Code，LAMC）规定，可以在任何洛杉矶市所拥有或租赁的土地上建造与运营庇护所，并且床位数量与收容人数也没有任何限制。除此之外，如果洛杉矶市宣布存在城市庇护危机（shelter crisis），那么在非政府拥有的土地和特殊用途的土地（R3、RAS3、R4 等）上也可以建设庇护所，床位数量与收容人数也不受限制。但以上确定的城市庇护危机期不得超过 365 天。同时，在城市庇护危机期间，政府还简化了非营利组织和教会机构建造庇护所的审批流程，并允许将市属政府房屋和设施用作庇护所。

"桥梁之家"项目持续三年时间，快速建造与临时性供应的特征也意味着其不需要永久性地占用土地。在管理上，每个执行会委员都必须在无家可归人口密度很高的区域附近认领并建造一个营地来提供庇护所。同时，在"桥梁之家"项目实施过程中，也有一定的地域准入限制。为了防止因建设"桥梁之家"造成在当地社区附近吸引更多的无家可归者，每个庇护所只允许之前就生活在当地社区的无家可归者居住。庇护所是临时占用公共土地，期间还会有专职工作人员管理。相比于随处搭建的帐篷，庇护所对附近居民造成的影响相对较小，甚至对社区环境有较好的改善，因此"桥梁之家"项目也得到了当地居民的支持。

这种临时庇护所的建设起到了过渡作用，快速解决了无家可归问题的同时，也可用于入住永久性公租房（permanent housing）的准备期。洛杉矶政府同时与社会组织合作，在营地组织街道规模的服务活动，提供针对心理健康、癌症、毒品和酒精成瘾等问题的医疗和服务，帮助无家可归者做好未来搬入公租房的准备（Office of Los Angeles Mayor，2019）。

其中一个案例是 Perkins & Will 所开发的 DOME（可堆叠的模块化家具系统）项目。每个单元都配备所有必不可少的家具，包括加长单人床（下方可容纳储物空间）、可锁衣柜、隔板、过道灯、插座和可选的狗窝区等。同时，可以添加一个可选的织物顶棚以保护隐私。设计的模块化性质还可以使操作员灵活地根据需要来添加或删除单元，甚至可以组合单元以容纳情侣或创建社交空间。Perkins & Will 寻找到的制造商——堪萨斯城的 SHIELD，估计单个可折叠的 DOME 单元的价格为 4749 美元，面积在 42~55ft^2（佚名，2019）。2019 年 HHH 永久公租房项目的平均价格为 531000 美元，最高价格为 700000 美元，由此可见，"桥屋"造价十分低廉。

总体来说，在选址上，永久性公租房是按照规划统一布置，临时性庇护所的建造地址则是无家可归现象严重的社区公共空地。在空间规划与建筑设计上，永久性公租房对建筑品质、配套服务单元和周边公共设施有较为全面的规定；庇护所则以临时性为主要特征，主要由床位和卫生服务工作室构成。在居住群体上，庇护所有公租房的前导准备的功能。在具体准入政策上，公租房为轮候制，庇护所具有地域限制。

第五节　洛杉矶租赁住区规划设计案例——西湖花园马赛克公寓

一、西湖花园马赛克公寓简介

2018年，在临近洛杉矶市中心的西湖地区（图3-6），洛杉矶政府、开发商及社会组织共同合作，建成了一处可提供125个住房单元的西湖花园马赛克公寓社区，以解决当地愈发严重的无家可归问题。

1. 建设模式

西湖花园马赛克公寓社区由非营利性组织"住房企业基金"的下属机构LINC Housing联合The John Stewart Company开发建成。LINC Housing是1984年南加利福尼亚州政府协会成立的非营利性组织"住房企业基金"（CF）的实体项目，LINC是有限收入社区的缩写。该项目通过新建住房、高危房屋的购置和修复，老旧住房改造和购买人造公园，开发各种经济适用房。LINC Housing在创建和保存住房时注重质量设计、环境可持续性和提高居民生活水平。迄今为止，LINC Housing已在加利福尼亚州的79个社区建立了8000多套可负担房屋（LING Housing，2019a）。

西湖花园马赛克公寓项目的资金来源十分多样（表3-4），既包括常规的银行贷款，又包括各级政府提供的项目计划支持。其中，最主要的来源是联邦政府提供给洛杉矶的低收入住房税收减免计划（LIHTC），约占51%。既通过雷蒙德·詹姆斯税收抵免基金公司将减免的税收转变为投入资金，又包含了洛杉矶住房与社区投资局的补助，由此可见其救济性。

2. 面向人群

西湖花园马赛克公寓项目的开发者与资金来源都为政府及非营利组织，因此社区租赁的面向人群也是低收入人群，旨在解决无家可归群体的住房保障问题。

西湖花园马赛克公寓共有125个单元，其中有63个单位保留给之前无家可归的个人和家庭，并按照收入水平等级给予不同数量的单元租赁许可。AMI（地区平均收入）低于30%时为50个单元，低于35%时为13个单元，低于50%时为25个单元，低于60%时为35个单元。最后预留2个管理单元。同时，由于洛杉矶市住房管理局通过基于项目的代金券计划，支持了西湖花园马赛克公寓的日常运营，因此西湖花园马赛克公寓允许63个特殊需求单位的房客租金以每位居民收入的30%为基础。

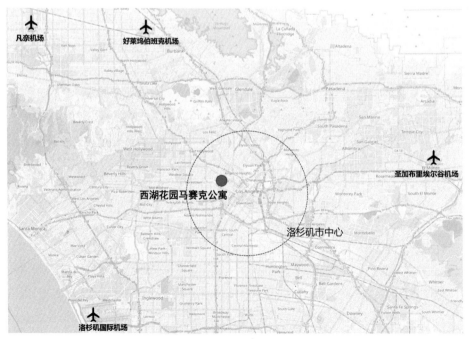

图3-6　西湖花园马赛克公寓区位示意图
资料来源：底图来自Open-street Map

西湖花园马赛克公寓项目资金来源   表 3-4

资助来源	金额（美元）
常规贷款：花旗社区资本	4258000
洛杉矶住房与社区投资局	6690000
加利福尼亚州住房与社区发展部：	
多户住房计划	7000000
经济适用房与可持续社区	1900000
基础设施填充补助金	4000000
洛杉矶县社区发展委员会	1635000
联邦住房贷款银行：经济适用房计划	1230000
延期开发商费	800000
9%LIHTC—CTCAC（California Tax Credit Allocation Committee, 加州税收抵免分配委员会）—雷蒙德·詹姆斯税收抵免基金公司	29500000
阿曼森基金会	75000
总计	57088000

资料来源：LING Housing, 2019b

二、西湖花园马赛克公寓住宅生活圈配套服务概况

即使是面向低收入阶层的救济性住房，西湖花园马赛克公寓仍然拥有较好的生活配套设施。按照生活圈的概念，在 5min 生活圈内有 2 所大学、5 座地铁站和 3 个公园，在 10min 生活圈中有 2 座铁路车站，在 15min 生活圈中有 3 个购物中心。同时，公寓也在 1 所公立小学、1 所宪章小学、1 所公立初中和 1 所公立高中的学区覆盖范围内（attendance zone）（Apartments, 2019）。

除了周边有便捷的生活设施外，西湖花园马赛克公寓在住区内部也同样注重日常生活配套服务，包括公寓内部公共服务、生活圈配套设施、社区培训与帮助等方面，内部的公共服务面积占总建筑面积的 28%。公共空间主要集中在连接两栋塔楼的多层裙房中，塔楼内也有超过 465m² 的多功能社区空间。其中，设有健身中心、儿童乐园和自行车存放处，以提倡运动与健康的生活方式；也设有会议室、卫生服务室以及计算机实验室，以期为各种培训与交流提供场所（图 3-7）。

除了"硬件"设施服务之外，公寓内还提供了多样的社区"软件"服务。人民关注组织（原 OPCC）为 63 户无家可归的居民提供个案管理。现场 LINC Cares 居民服务协调员将为所有 125 户家庭提供便利

图 3-7　西湖花园马赛克公寓的公共空间（左图为裙房，右图为塔楼）
资料来源：Lahmon Architect, 2019

服务，包括教育讲习班、课后辅导、运动、金融知识、计算机课和社交活动等（LING Housing，2019c）。

三、西湖花园马赛克公寓住宅总体布局与单体设计

西湖花园马赛克公寓项目充分利用6个之前未充分利用地块，总用地面积为7000m²，主要建筑包括2栋塔楼。一栋为完全围合式布局（BLDG-B楼），另一栋为半围合式布局（BLDG-A楼），前者的居住对象主要为老年人，后者主要为一般家庭（图3-8），其中的半开放式屋顶平台作为家庭活动区域。连接2栋单体的是3层裙楼，这也是住区内主要的服务与活动空间。并且在住宅楼中采用外廊式的手法，结合塔楼内部的小型公共空间，形成更为立体丰富的公共交流网络。结合建筑的屋顶部分设置了众多屋顶花园，营造出更为丰富的公共活动空间，也增加了绿化面积，提高了社区的生活品质。

社区的容积率为2.5，其他技术性经济指标如表3-5所示。该社区获得了美国绿色建筑LEED房屋金奖，在环境友好与健康生活方式上进行了充分考虑，建设品质有较好的保障。

图3-8　西湖花园马赛克公寓鸟瞰图
资料来源：Lahmon Architect，2019

表3-5所示西湖花园马赛克公寓的相关技术经济指标集中在BLDG-B楼内。其在户型设计上充分考虑了独居老年人的需要，布局紧凑，且租金低廉。在户型分布上，二居室与三居室数量较少（分别为15个居住单元、30个居住单元），且集中在BLDG-A楼内。其户型也充分考虑了家庭生活的需要，活动空间充足，配套装修齐全（图3-9）。

在租金方面，从2018年拟定的租金与市场同时期租金的对比中可以看出，公寓的租金仅为市场同等公寓最低租金的二分之一（表3-6）。

西湖花园马赛克公寓各项经济技术指标　　　　　　表3-5

序号	指标名称	单位	数值
1	总用地面积	m²	7000
2	总建筑面积	m²	17500
3	户数	套	125
	高层	套	0
	多层	套	125
	低层	套	0
4	容积率	—	2.5
5	绿地率	%	30
6	建筑密度	%	60

资料来源：LING Housing，2019c

西湖花园马赛克公寓租金对比（单位：美元）　　　　　　表3-6

户型	西湖花园马赛克公寓		市场租金		
	单元数量	拟定租金（2018年）	最低	中等	较高
一居	80套	753起	1596	2409	4461
二居	15套	933起	1900	3151	9431
三居	30套	1079起	3400	4235	6331

资料来源：Apartments，2019

图 3-9　三种典型户型图（一居、二居和三居室）

资料来源：LING Housing，2019d

第六节　洛杉矶公租房政策对我国大城市的启示

自 1998 年住房改革以来，我国住房的市场化程度逐步升高，同时随着城镇化的发展，我国众多一线大城市中也出现了人口集中流入、城市居住用地供应不足而房价上涨过快等现象，如何让低收入人群以及流动人口在城市中获得可负担的住房，特别是在公租房建设需要较长建设时间、轮候时间以及较高资金投入的现状下，如何平衡可负担租房的"时间性"与"规模化"需求，通过对洛杉矶 HHH 救济性住房政策的分析可以得出如下对我国大城市公租房政策的启示。

一、采用灵活透明的招投标方式

洛杉矶住房与社区投资局在实施 HHH 提案的过程中，采用了十分灵活的招投标方式。一方面，对保障房建设项目进行多轮融资，资金来源的构成十分灵活。每 1 美元的 HHH 提案项目资金都会从其他来源引发 2.81 美元的资金流入。另一方面，招投标的对象也灵活多样，不仅有建筑承包商，也有各方面的专业顾问机构和社会团体，其中还包括了一些从事研发的专业事务所与制造商，专门进行模块化制造、共享单元等方面的研究。多样的融资模式和资金使用方式使得建设保障性住房的政府资金得到充足高效的利用，也有利于提升保障房的建设质量。

1998 年住房改革以来，我国的住房市场化已经较为成熟。我国大城市在进行住房保障建设投资时，也可以充分利用市场的优势，采用灵活透明的招投标方式，通过市场调节与社会力量融合来筹集资金。与专业顾问机构包括建筑事务所、高校等进行一些研究性、探索性、长久性的合作，以达到资金多样化与创新性利用的目的，进而优化整体的住房供应结构。同时，也发挥政府的示范性与引领性作用。

二、建设临时性住房用以缓解住房紧张

在 HHH 提案建设保障性公租房的过程中，遇到了成本过高、建设周期过长的困难，无法应对当时日益严重的无家可归问题。随后提出了"桥梁之家"的补充项目，将大量资金用于临时庇护所建设，很大程度上缓解了无家可归问题。建设临时庇护所主要有两个方面的优势，一是及时性。临时住房一般要求较低（以床位和医疗及其他服务设施为主），同时因为其临时性，在土地使用与审批上也较为简便（洛杉矶直接允许在任何公有土地上建设庇护所）。因此，建设临时性庇护所的周期很短，可以快速解决特殊时期严峻的住房问题。即其可以作为一种城市紧急备案，以避免危机的恶化，甚至引发其他社会公共卫生与安全问题。

二是过渡性。临时性住房的建设不意味着不建设永久公租房。在洛杉矶，住进临时性庇护所是一种将来入住永久公租房的准备过程，在庇护所期间，结合社会及政府提供的包括心理疏导、酒精毒品成瘾治疗、就业培训等服务，帮助无家可归者实现经济自力或避免其将来再次流落街头。

在我国大城市，同样存在着公租房轮候的问题，如何解决轮候家庭当下的住房问题也是一个重要挑战。例如，在北京，除了具有北京本地户口的人群，有大量低收入的外来人口，他们同样面临着严峻的住房问题。2018年末，北京市常住外来人口为764.6万，占常住总人口的35.5%（北京市统计局，2019）。我国的保障性公租房并不适用于无本地户籍的流动人口，他们大多居住在"城中村"、地下室或破旧的老旧小区中。由于土地资源稀缺，建设临时庇护所的做法对我国大城市并不适用。可以结合我国大城市的情况，积极盘活闲置和低效利用的国有厂房、商业办公用房等，使之可以被改建为租赁住房；改建后的租赁住房，水、电、气执行民用价格，并应具备消防安全条件。大幅降低租赁税赋，充分调动持有多套住房家庭积极性，鼓励家庭把多余存量住房投入住房租赁市场（邵挺，2021）。此外，鼓励在集体土地上建设租赁住房，以降低土地成本，解决大城市公租房不足的矛盾。

参考文献

Apartments, 2019. Mosaic Gardens at Westlake Los Angeles CA[EB/OL]. [2019-11-17]. https://www.apartments.com/mosaic-gardens-at-westlake-los-angeles-ca/b21e929/.

Apartment List, 2020. Los Angeles[EB/OL]. [2020-3-14]. https://www.apartmentlist.com/rentonomics/rental-price-data/.

Census Government, 2020. Factfinder of Los Angeles-Long Beach, CA CSA[EB/OL]. [2020-2-17]. https://factfinder.census.gov/faces/tableservices/jsf/pages/productview.xhtml?src=bkmk.

County of Los Angeles Government, 2019. Open Expenditures Data[EB/OL]. [2019-12-23]. http://expenditures.lacounty.gov/#!/year/2018/.

DATE US, 2018. Los Angeles[EB/OL]. [2019-11-11]. https://datausa.io/profile/geo/los-angeles-ca.

GALPERIN R, 2019. Revenue Forecast Report[EB/OL].[2019-12-19].https://lacontroller.org/financial-reports/revenue-forecast/.

HACLA, 2019. HASLA Fact Sheet [EB/OL]. [2020-3-15]. http://home.hacla.org/Portals/0/Attachments/Fact%20Sheets/2019/nHACLA%20Fact%20Sheet%20%2007.17.19.pdf?ver=2019-07-17-094350-743.

HACLA, 2020. Applying for Public Housing[EB/OL]. [2020-3-15]. http://home.hacla.org/applyforph.

Harrouk C, 2019. 洛杉矶无家可归者的"模块化住房"[EB/OL]. 孙聪，译.[2019-12-29]. https://www.archdaily.cn/cn/926784/hope-on-wei-luo-shan-ji-wu-jia-ke-gui-zhe-ti-chu-mo-kuai-hua-zhu-fang-jie-jue-fang-an.

HCIDLA, 2019a. Who We Are [EB/OL]. [2019-12-23]. https://hcidla.lacity.org/.

HCIDLA, 2019b. HHH Developments Summary[EB/OL]. [2019-12-23]. https://hcidla.lacity.org/prop-hhh-developments-summary.

LA Controller, 2019a. Property panel[EB/OL]. [2019-12-19]. https://lacontroller.org/data-stories-and-maps/propertypanel/.

LA Controller, 2019b. The High Cost of Homeless Housing: Review of Proposition HHH[EB/OL]. [2019-12-19]. https://lacontroller.org/audits-and-reports/high-cost-of-homeless-housing-hhh/.

Lahmon Architect, 2019. Mosaic Gardens at Westlake Los Angeles CA[EB/OL]. [2019-11-17]. http://lahmonarch.com/portfolio/mosaic-gardens-at-westlake/.

LING Housing, 2019a. Introduction of Westlake[EB/OL]. [2019-11-17]. http://www.linchousing.org/projects/westlake-2.html.

LING Housing, 2019b. Permanent Sources[EB/OL]. [2019-11-17]. http://www.linchousing.org/projects/westlake-4.html.

LING Housing, 2019c. Permanent Sources[EB/OL]. [2019-11-17]. http://www.linchousing.org/projects/westlake.html.

LING Housing, 2019d. Permanent Sources[EB/OL]. [2019-11-17]. http://www.linchousing.org/projects/westlake-f.html.

Los Angeles Almanac, 2020. City & County of Los Angeles, 1850 to 2010[EB/OL]. [2020-2-23]. http://www.laalmanac.com/population/po02.php.

Office of Los Angeles Mayor, 2019. A Bridge Home [EB/OL].

[2020-2-23]. https://www.lamayor.org/ABridgeHome.

ROMERO D, 2016. How the Size of the Typical L.A. Home Has Grown Over the Years [EB/OL]. [2019-12-28]. https://www.laweekly.com/how-the-size-of-the-typical-l-a-home-has-grown-over-the-years/.

Trulia, 2019. Los Angeles[EB/OL]. [2019-12-18]. https://www.trulia.com/.

Wikipedia, 2019a. City of Los Angeles[EB/OL]. [2019-11-23]. https://zh.wikipedia.org/wiki/%E6%B4%9B%E6%9D%89%E7%9F%B6.

Wikipedia, 2019b. County of Los Angeles[EB/OL]. [2019-11-23]. https://zh.wikipedia.org/wiki/%E6%B4%9B%E6%9D%89%E7%9F%B6%E5%8E%BF.

WOETZEL J, PELOQUIN S, KLING S, et al., 2019. Addressing the Housing Shortage is an Opportunity to Reimagine Los Angeles[EB/OL]. [2019-12-19]. https://www.mckinsey.com/industries/public-sector/our-insights/affordable-housing-in-los-angeles-delivering-more-and-doing-it-faster.

北京市统计局，2019. 北京统计公报 [R].

陈雪明，2004. 洛杉矶城市空间结构的历史沿革及其政策影响 [J]. 国际城市规划, 19（1）：35–41.

崔光灿，2018. 美国住房保障家庭经济自力项目介绍及借鉴 [J]. 上海房地（6）：57–58.

吕程，2019. 美国"市场优先"的住房租赁政策实践与启示 [J]. 经济问题（2）：25–32.

邵挺，2020. 中国住房租赁市场发展困境与政策突破 [J]. 国际城市规划, 35（6）：16–22.

史雨轩，2019. 流浪者数量激增16%，洛杉矶市长退选 [EB/OL]. [2019-12-16]. https://www.guancha.cn/internation/2019_06_06_504694.shtml?s=zwyxgtjbt.

王旭，王宇翔，2016. 被遗忘的工人郊区化——以洛杉矶大都市区为例（1920—1940）[J]. 安徽史学（2）：107–116.

佚名，2019. 珀金斯和威尔为无家可归者设计模块化的、负担得起的住房 [EB/OL]. [2019-12-26]. https://www.baidu.com/link?url=ZsszZ_7tB-Vbr9Yh1DzYgQR3y-JnP79905ds3-ifH9EfUunR3LCtct1NFlRPWSM-Tc5YBh4q19qhCMMgT8XV-a&wd=&eqid=868588540041b7d1000000035ded0a52.

第四章
伦敦租赁住房发展及 BTR 对新生租赁住房的影响

作为全欧洲房价最高的城市之一，伦敦从20世纪60年代至今经历了从政府调控租赁住房到私人租赁主导市场的转变，并在解决中低收入居民住房困难的问题上取得了一定成功。本章阐述了伦敦租赁住房市场的历史演变和发展现状，并对伦敦解决中低收入居民住房问题而实施的"建后出租"（BTR）政策及项目进行深入分析。在伦敦地方政府的监督和指导下，BTR政策能够充分调动开发商参与的积极性，在为中低收入居民提供住房的同时能有效解决租赁住房在开发和运营方面的问题。最后，本章建议通过借鉴伦敦的BTR政策经验，完善我国大城市的"自持"模式，进而解决"夹心层"群体的租房难题。

第一节 伦敦城市概况

大伦敦（Greater London）（以下简称"伦敦"）位于英国东南部，是英格兰下属一级的行政区划单位之一，包含了伦敦市（City of London）和另外32个自治市（borough），辖区总面积为1579 km²。截至2018年底，伦敦常住人口为891万，人口密度约为5600人/km²（百度百科，2019）。按照地理区位，伦敦可分为内伦敦（Inner London）和外伦敦（Outer London）。同时，由于许多自治市涉及的事务已经超越了其自身的行政范围，于是相邻的自治市便共同进行规划编制工作，并确定次一级的区域发展战略区，包括中心伦敦、北伦敦、西伦敦、南伦敦、东伦敦以及泰晤士河口门户地区（Greater London Authority，2018）（图4-1）。

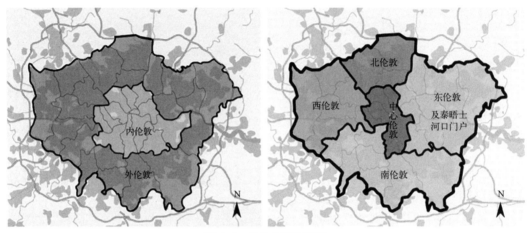

图4-1 伦敦分区示意图
资料来源：作者整理绘制

伦敦人口密度较大，远高于同期英国的平均人口密度。近年来，伦敦常住人口数量一直在持续增加。根据英国国家统计局办公室（Office for National Statistics，ONS）的数据显示，截至2014年6月伦敦只有不到842万人，但是2018年6月就已经达到891万人，4年复合增长率为1.4%。从人口的年龄结构上看，伦敦常住人口一直保持着年轻化结构特征。截至2018年6月，伦敦的人口年龄中位数为35.3岁，而同期英国境内所有居民的年龄中位数为40.1岁，大不列颠地区（不包括北爱尔兰）的该指标为40.2岁，英格兰地区该指标为39.9岁，均远高于伦敦的人口年龄中位数。然而近两年，伦敦的人口年龄结构正在发生微妙变化，呈现出一种向老龄化发展的趋势。从2011年中期到2018年中期，伦敦的人口年龄中位数已从33.8岁（该值为21世纪以来的最低值）逐渐提高到了35.3岁。整体而言，全英国的人口年龄结构也在发生类似的变化，其人口年龄中位数也从2011年中期的39.6岁增加至2018年的40.1岁。此外，2018年中期的统计数据显示，伦敦19~60岁的人口占总人口的比例为61%。充足的就业人口也为租赁住房市场的发展起到了一定的促进作用。

就空间结构而言，伦敦为单中心的城市发展结构。尽管伦敦在近百年的城市化发展过程中呈现出多元发展、多极并举的趋势，但是伦敦的中央商务区依然在伦敦城内，整座城市最繁华的地区依然是金融城至考文特公园的连片区域。此外，对伦敦空间布局的理解可参考伦敦地铁的收费标准。伦敦地铁线路网络发达，遍布整个大伦敦地区，为了定制合理的收费区间，有关部门根据地铁线路将伦敦分为Zone 1~Zone 6的六个区域，其中Zone 1表示最核心的区域，而Zone 6代表相对而言较为偏远的城市郊区。此外，在用地结构方面，截至2015年伦敦居住用地占比36%，城市绿地占25%，商业、办公、工业用地共计占11%（Statista，2016）。

第二节 伦敦租赁住房市场的发展背景和历史演变

一、政府主导住房市场的时期

自英国工业革命以来的一百多年间里,伦敦的城市空间形态随着城市规划政策的更迭而不断产生变化。与此同时,与伦敦居民日常生活密切相关的住房状况及其相关政策也经历了较大的转变(图4-2)。英国作为最早出现住房问题并采取国家干预措施的资本主义国家之一,其住房相关政策的出台可以追溯到1890年的《工人阶层住宅法》(The Working Class Housing Act)(苏腾 等,2008)。在英国,公民有权享受福利住房,政府也有义务供给福利住房并提供相应的保障。1919年英国颁布的《住房与城镇规划法》(The Housing and Town Planning Act)明确指出,住房开发属于公共事务,政府有责任建造和提供公共住房。政府负责包括公共住房选址、投资、建设在内的一整套流程,并制定适当的租金制度。

第二次世界大战结束后,为了解决大城市因人口增长和住房短缺引发的"贫民窟"问题,政府开始大力推动住房建设(何丹 等,2010)。从第二次世界大战后至20世纪70年代后期,英国约有55%的住房是由政府主导进行投资并主持建设的。尤其是在第二次世界大战结束初期,社会租赁住房建设更是达到了高峰时期。以1950年为例,这一年英国新建住房中有85.3%都是社会租赁住房,直到1970年新建住房中社会租赁住房仍然保持在51.9%的比例(徐军玲 等,2012)。1964年,伦敦成立住房公司,完善了政府主导的社会公共住房保障体系(刘波,2010)。

二、市场主导住房市场的时期

到了20世纪70年代末,撒切尔政府开始引入市场经济机制,私人机构和非营利性组织由此开始大量参与住房建设(刘波,2010)。从20世纪70年代开始,伴随着福利国家的破产以及财政危机的出现,新自由主义政治经济理论开始抬头。新自由主义强调市场的作用,认为保证市场的自由流动性最重要,国家不应该对市场进行过多干预。伴随着撒切尔夫人的上台,英国开始全面推广新自由主义经济政策。新一届政府大量削减公共支出,同时不断对市场政策进行松绑,期望能够通过私有化市场激发经济活力。在这样的背景下,第二次世界大战后30年政府主导兴建的社会租赁住房被认为是庞大的包袱,政府也对其开展了私有化改革。

在广泛实施的各种私有化政策中,英国政府主要通过两种手段转让现有的社会租赁住房:首先,英国政府以较为优惠的价格将房屋直接出售给租户;其次,英国政府将社会租赁住房转让给住房协会,由住房协会进行集中运营,自负盈亏。另外,一些住房协会也承担起为低收入群体提供可支付住宅的责任。

同时,英国政府也开始大幅度削减对社会租赁住房建设的拨款,限制其资金投入。1970~2000年,英国的新建私人住房一直维持在每年15000套左右的规模,而社会租赁住房新建数量则在不断下滑——1970年,英国全年共新建了超过10000套社会租赁住房,但是随后开始逐年减少,在2000年几乎停止了所有社

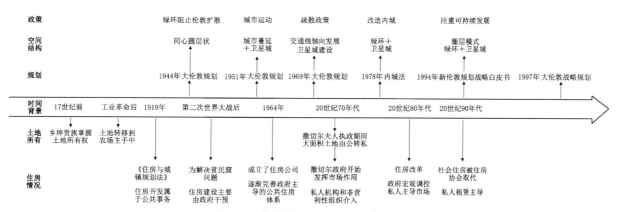

图4-2 伦敦空间规划和城市形态演变

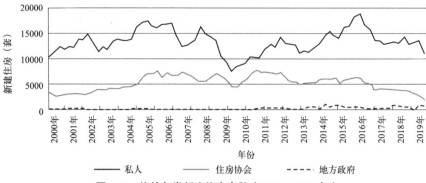

图 4-3　伦敦各类新建住房套数（2000~2019 年）
资料来源：根据伦敦当局（Greater London Authority）相关资料整理

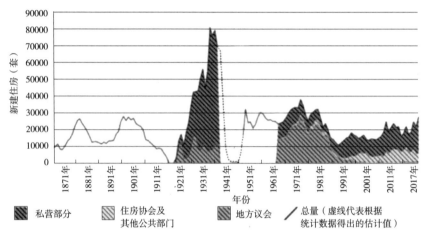

图 4-4　伦敦各承建方新建住房套数（1871~2017 年）
资料来源：Greater London Authority，2018

会租赁住房的建设（徐军玲 等，2012）（图 4-3）。

值得注意的是，在市场主导时期，社会租赁住房不仅在数量上持续减少，其建筑质量也在逐渐下降。伴随着私有化进程的不断深入，有经济能力进行住房投资和购买的组织与个人都纷纷选择商品住房市场中的住宅项目。社会租赁住房的租户逐渐被低收入阶层租客所取代，在年龄结构上也开始趋向于两极化。1977 年，英国社会租赁住房的租户中有 52% 的人拥有全职工作，然而该比例在 2000 年已降低至 23%（ONS，2011）。从租客的年龄结构上看，1977 年 45~64 岁的中年群体占到了所有社会租赁住房租户的 39%，但到了 2000 年该群体的比例只降为约 24%，同时青年人和老年人的比重在 20 世纪的最后 20 年逐步上升（ONS，2011）。人口结构的失衡和租户经济状况的恶化使得英国社会租赁住房的居住状况不容乐观。

私人机构和非营利性组织的介入使得由私营部门提供的租赁住房占比开始逐渐扩大。20 世纪 90 年代后，政府所占的社会住房份额已经基本被住房协会[1]所取代（图 4-4）。

仅依靠市场机制过度倚重经济效益，往往会忽视社会公平问题（刘波，2010）。因此，私人资本投入的同时，政府也积极参与住房市场开发，从而形成地方政府、私人机构和非营利性组织之间的共同合作、有序竞争格局，以推动住房市场的发展（图 4-4）。伦敦政府于 20 世纪 80 年代开始进行住房改革，相继颁布了《1980 年住房法》（Housing Act，1980）、《1984 年住宅与建筑法》（Housing and Building Act，1984）、《1986 年住宅与规划法》（Housing and Planning Act，

---

[1] 住房协会（Housing Association）是为提供可支付住房而设立的独立非营利公司，截至 2020 年底伦敦有约 40 万套住房由住房协会所有和管理。

1986）等。政府逐渐向宏观政策调控的角色转变，将大批原由政府持有的公共住房出售给普通居民和私营机构，鼓励民众通过租房、贷款购房等方式解决住房问题（刘波，2010）。

三、住房市场的改革调整时期

1997年布莱尔上台执政，英国政府相关部门开始对过去全面市场化的政策路径进行调整，反思其带来的弊端，并致力于实施相对温和的宏观政策调控。受改革之前市场化政策的影响，此时社会租赁住房中的租客基本为低收入、低就业率的贫困群体，并且以老年人和青年人为主。在这种情况下，英国政府并没有对社会租赁住房份额的减少趋势进行过多干预，而是选择致力于对现有社会租赁住房的质量进行改善。

经过一系列的老旧住房的更新改造，英国城市中的社会租赁住房质量有了明显改观。根据2019年《英国住房调查》（English Housing Survey）的数据显示，社会租赁住房的租户中就业者占比已经回升到了40%，尽管这一比例依然低于私人租赁市场的租户以及按揭购房者中就业者的比例（ONS，2019）。社会租赁住房的租客群体已经由贫困群体开始转向有工作和稳定收入的中低收入群体，这一转变充分体现出社会租赁住房质量改善带来的租赁住房市场需求的提升。

英国的社会租赁住房从一开始就是作为一种福利制度出现的，其主要面向的群体就是低收入家庭，目的是通过为该群体提供可支付的住房来维护社会稳定。在这一过程中，主导者已经从中央政府过渡到地方政府和住房协会。广义上看，英国的租赁住房市场已经变为"市场主导，政府为辅"的模式。

目前，伦敦居民的住房主要分为三类：社会租赁（social rent）、私人租赁（private rent）和自有住房（owner occupied）（图4-5）。其中，自有住房包括已拥有的住房（owned outright）和贷款购买的住房（owned with mortgage）。20世纪60年代，私人租赁住房在整个伦敦住房市场中占据比例最高，达45%；其次是自有住房，占比达35%；社会租赁住房占比仅为20%。随着60年代至80年代相关政策的变化以及政府对住房市场的宏观调控，私人租赁住房所占比重逐渐下降，甚至低于社会租赁和自有住房。但到了90年代中期，私人租赁住房的份额再次扩大，至今仍在整个住房市场保持着主导态势。

2017年，位于伦敦北肯辛顿的一幢住宅大楼格伦费尔（Grenfell Tower）发生火灾，由于大楼的楼层较高、居住密度大、消防通道堵塞、翻修时使用了廉价易燃材料、缺少防火屏障和消防设施等原因，火灾最终导致72人死亡。火灾悲剧后，伦敦政府开始反思福利住房和社会租赁住房的设计与质量问题，并投资建设更多的可支付住房。2015~2019年，规划建设的可支付住房从一开始的7400多套激增至17000~23000套，政府计划在未来还将建设45000~56000套。

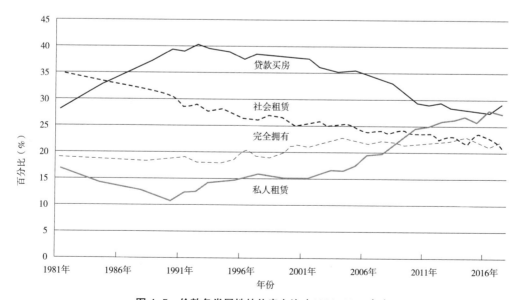

图4-5 伦敦各类属性的住房占比（1981~2017年）
资料来源：Greater London Authority，2018

第三节 伦敦租赁住房发展建设概况

一、伦敦社会租赁住房概况

整体来看,伦敦居民的住房情况维持在一个相对不错的水平。英国通常根据每套住房的居住人数或每间卧室的居住人数作为指标计算居住密度。2011年,有66.8%的伦敦居民居住情况良好,其中0.5~1人/卧室的人占比为50.75%,小于0.5人/卧室的人占比为16.07%。其余1/3的居民居住条件相对较差,其中1~1.5人/卧室的占20.7%,超过1.5人/卧室的占12.5%。2014年,伦敦的人均居住面积为32.4m²。2017年,伦敦平均单套住房的居住人数为2.5人。❶

二、伦敦租赁住房的可支付性

2017年伦敦的整体房价收入比(住房成交价格与家庭年收入之比)为14.5(Greater London Authority,2017)。其中,金斯顿和切尔西、威斯敏斯特、哈默史密斯三个自治市的房价收入比最高,分别为33.44、23.48、20.19。从房价收入比的空间分布上来看,中心伦敦最高(19.12),然后依次为北伦敦(14.28)、西伦敦(15.10)、南伦敦(12.51),东伦敦和泰晤士河口门户地区则最低(12.40)。尽管如此,伦敦所有区域的房价收入比都远低于北京。从租售比(年租金与住房成交价格之比)来看,伦敦房东只需收约24年的租金就能够抵消其购房成本,远低于北京。租金收入比(月平均房租支出和月平均工资收入之比)能够反映出房屋租金的可负担程度。2019年,伦敦整体的租金收入比为41.3%,❶租房负担较重(图4-6)。

三、伦敦租赁住房的构成及建设

目前伦敦住房市场中的租赁住房约占60%。租赁住房可分为私人租赁住房和社会租赁住房。其中,私人租赁住房占2/3,社会租赁住房占1/3。两种租赁住房中都包括一定比例的专为低收入群体提供的可支付住房。近年来,伦敦政府越来越重视可支付住房的建设。2015年以来,政府计划的可支付住房项目投资总额从1.056亿英镑增加到1.24亿英镑。2017~2018年,有约1.25万套可支付住房启动建设,占所有新建住房的20%。到2020年,新建可支付住房数量已经增加了87%,达到2.3万套。❶

四、伦敦租赁住房市场的问题与挑战

1. 社会租赁住房的现存问题

社会租赁住房项目存在一系列物质空间和社会经济问题,主要包括糟糕的建筑质量带来的隐患和后续问题,住宅更新改造增加了低收入居民的负担,开发商对社会租赁住房项目缺乏积极性,以及租赁住房社

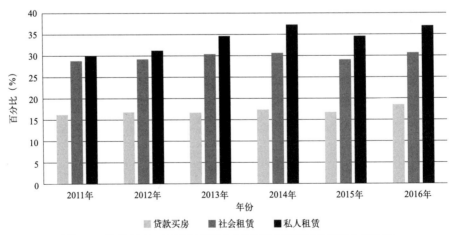

图4-6 伦敦2010~2016年月租金/月还贷占家庭所有月收入的比例
资料来源:Greater London Authority,2018

---

❶ 根据伦敦当局官网资料查阅获得。

区更新后的"绅士化"问题等。这些问题产生的根本原因在于伦敦可支付住房长期供给不足,庞大的社会租赁住房维护资金缺口,以及对弱势群体意见的漠视等,这些因素的综合影响导致近年来选择社会租赁住房的人数显著下降。

2. 私人租赁住房的现存问题

目前,私人租赁住房约占整个伦敦租赁住房市场房源的三分之二。然而,大部分私人租赁住房由兼职房东运营和管理,只有8%的私人租赁住房属于全职房东。这种情况下,混乱的私人租赁市场秩序和良莠不齐的服务水平严重影响了租客的租房体验,未给予租客足够时间搬离便进行驱逐、不能给予足够长的租赁期等问题时有发生。

3. 住房更新方面的问题

面对大量年久失修的住房,伦敦政府推行了针对老旧住房更新改造的举措。但是,更新或重建社会租赁住房在改善居民住房质量的同时也抬高了租赁房的成本和租金价格,进而增加了社会租赁住房中低收入居民的经济负担。此外,由于可支付住房项目资金周转慢且收益率低,开发商对参与可支付住房项目缺乏积极性。即便有私人资本的投入,可支付住房更新改造后很可能会引发"绅士化"问题。一方面,更新改造后居住成本的增加会直接将低收入人群从该地区挤出;另一方面,中高档住宅的建成会带动周边与之相匹配的配套服务设施的完善,使低收入群体难以承担。

第四节　伦敦租赁住房发展的相关政策

一、住房协会制度

1. 住房协会制度简介

英国的住房协会是为有住房需求的居民提供低成本社会租赁住房的非营利性组织。住房协会主要负责两方面的事务:第一,运营目前已经拥有的社会租赁住房,主要是指过去从政府接手的大量社会租赁住房;第二,利用资本获利和盈余,结合政府的专项资助和低息贷款等方式的融资投资新建的社会租赁住房项目。其住房主要是提供给有迫切居住需求的中低收入群体。由于欧洲普遍实行土地私有化,住房协会很早便在英国以及其他欧洲大陆国家形成和发展,其组织形式类似于私人团体。直到1974年,英国政府开始将住房协会纳入国家社会保障体系,并确立了住房协会在国家住房体系中的主导地位(虞晓芬 等,2017)。

英国住房协会数量庞大,截至2018年3月,全英国共有1629家登记在册的住房协会(Regulator of Social Housing,2019),其中有1395家属于非营利性的,其余则属于营利性或者地方政府自行筹建的住房协会。

如果有人希望通过住房协会获得社会租赁住房,则需要向住房协会提出承租申请。各住房协会都有特定的服务区域和服务对象。通常来说,只有居住在某住房协会服务区域内的居民才有资格向该住房协会提出申请。由于住房协会在政府部门都有统一的注册和管理,租房者可以选择直接向住房协会申请或者通过地方政府提出申请,租户的承租资格按照地方议会制定的准入标准来决定。合格的申请者会被列入等候名单,等候名单的排序通常会采用积分制或者等级制,并且还会综合考量可分配房源与申请者的匹配程度,从而发放租赁住房的要约。

2. 住房协会的社会化运营改革

2010年以前,英国政府每年在社会租赁住房市场上的投入超过60亿英镑(约合540亿元人民币),用于运营和维护现有的社会租赁住宅,这笔巨额开支给政府造成了沉重的财政负担。2010年3月,英国社区和地方政府事务部(Department for Communities and Local Government,UK)发布了一份报告《公共住房:真正的未来》(Council Housing: A Real Future)。该报告进一步指出,住房协会将不再依赖政府的拨款,转而采取自行融资的模式,自负盈亏,从而真正走向独立运营。这一转变可以看作英国政府旨在通过对社会租赁住房的全面改革,更好地发挥好市场的作用,有效增加社会租赁住房供给,提高社会租赁住房的居住质量,并减轻政府的财政负担。

在社会租赁住房市场化改革中,英国政府主要在三个方面进行了深入调整:首先,住房协会由地方管理机构管辖，并自行筹融资，政府不再对其进行资金支持，住区项目建成后的运营成本需要依靠自身收入。政府会提供财务模型帮助住房协会进行投资回报的测算。其次，社会租赁住房的投资、财务和制度框架将会发生改变以适应市场化运营。再次，地方管理机构和政府将建立与保持一种更加长期的战略性合作关系，一些必要的监管条件将会被纳入该合作机制中，以此来协调和保护租客群体、地方机构以及纳税人的利益。

根据政府的预期目标，住房协会进入独立运营阶段之后，将会产生两方面的巨大效益：第一，由于政府不再向住房协会进行拨款，这会大大减轻自身的财政压力。独立运营最重要的举措就是通过转移不动产所有权，将社会租赁住房从政府部门中剥离出来，该资产运营的性质由政府资本转换为市场资本，从而实现自主筹资。第二，住房协会在运作中可以灵活使用资金，保持现金流的顺畅周转。在此之前，社会租赁住房的租金收入需要统一由政府管理并进行再分配，社会租赁住房的维修及运营也需要由政府单独出资，缺乏灵活性的资金运作降低了社会租赁住房的运营和管理效率。市场化改革后，住房协会完全实现了财务管理自由，能够灵活支配自持物业的租金收入，从而可以根据资金压力进行合适的财务活动，同时还能提高租赁住房的运营效率。根据政府的预期，改革之后住房协会的运营资本将增加约10%，每年将会有超过5亿英镑的资金能够用于日常运营和再投资，每年可在全国范围内新建约1万套住房用于社会租赁。最后，在实施过程的初期，各住房协会或地方机构将与中央政府单独进行协商，然后根据标准协议达成一致，最终标准的市场化运营改革方案将会以法案的形式通过审批并在全国范围内推广施行。

此外，在住房协会实现市场化运营改革之后，其实质上已成为"公私合营性质的机构"（严鸿璋，2008）。在此背景下，住房协会需要收取所谓"成本租金"才能够维持自身的正常运转。尽管"成本租金"远低于商业租赁住房市场水平，但是依然会给一部分租客带来不小的经济压力。在这种情况下，伦敦政府会向少部分满足条件的租户直接发放租房补贴。值得一提的是，这部分租房补贴大多是来自政府的住房保障资金，而在社会租赁住房运营改革之前，住房保障资金主要用于支出社会租赁住房的日常管理和运营费用。因此，在改革之后，政府能够更加精准地为那些经济困难的群体提供资金上的帮助，并且让住房协会能够在市场中独立运营，获取更大的资金管理权，从而实现更为高效的物业管理水平。与此同时，政府也能够更加专注于优质住房的建设和供给，对老旧社会租赁住房进行更新改造。

二、伦敦"建后出租"政策

1. BTR 政策的定义和内容

"建后出租"（Build to Rent，BTR）政策是指大规模建设专用于租赁的住房，该政策下的住房项目由政府提供政策支持和财政补贴，开发商投资，住房协会管理和运营。BTR 住房主要面向的群体是在伦敦当地长期工作和生活的居民。不同于其他社会租赁住房，BTR 政策下的住房可以在一定限制条件下进入住房市场交易。同时，每个 BTR 住房项目中必须包括一定比例（至少20%）的可支付住房，以保证低收入群体也能够民有所居。《伦敦规划草案》（London Planning Draft）规定 BTR 政策下的住房首先必须是一个住房开发项目，每个项目至少包含50套住房，至少15年内只能租赁而不能出售（Ministry of Housing, Communities & Local Government，2018）。当满足政策条件进入市场出售时，需按照补偿机制进行补偿。

2. BTR 政策的实施背景

BTR 政策最初推行于20世纪30年代，当时投资者根据该政策在伦敦市中心建设了一些比较高端的住宅和庄园项目以出租获利（London Councils，2019）。到了60年代，随着工党政府加强对租赁住房的管控和对租金增幅的限制，大部分 BTR 住房被出售，该政策也随之不再实施。住房市场转而采取与 BTR 相对应的"建后出售"（Build to Sell，BTS）和"买后出租"（Buy to Let，BTL）。

然而，BTS 和 BTL 都存在一定局限性。首先，尽管 BTS 能够获得更多经济利益，但过高的房价会抑制住房需求，新房的大量空置导致了资源浪费。另外，BTL 住房作为常规私人租赁住房，由于缺乏有效管理而导致租客的租房体验不佳。相比之下，每个 BTR 的住房项目中有20%以上的可支付住房，无论房屋质量还是物业管理都更好，进而能满足中低收入群体的住房租赁需求。

由于伦敦住房市场整体处于供小于求的状态，政府不仅要为低收入群体提供更多的可支付住房，还需要缓解中等收入家庭的房租压力。长期的高房价还促成了一种新的居住方式——长期甚至终生租房居住。因此，面对严峻的住房问题，政府开始重新实施BTR住房政策。

3. BTR政策的优势

BTR政策在租赁市场中提供不同价格水平的住房以满足不同收入水平居民的需求，具体价格取决于开发商和当地的市场条件。另外，一些BTR项目会选择其中一栋楼或一定比例的房屋，作为可支付住房进行出租。伦敦BTR政策有利于租客权益的优势体现在以下几个方面（London Councils，2019）。

首先，能够为租客提供多样化的户型选择。随着租赁住房市场的不断发展，人们对不同户型的需求也会增加。从单身人士，到多口之家，再到"空巢"老人，对户型都有不同的需求。政府和住房协会对当地住户的需求进行统计和评估，并提出户型设计的建议。

其次，为居民提供安全感和归属感。由于租赁住房比买房更容易负担，而且住房交付速度也更快，因此能够提高入住率。不仅如此，BTR可以提供较长的租赁期，为居民提供相对完善的基础设施和公共空间，进而增加租赁住房居民的安全感和归属感。

再次，BTR政策也有利于公共部门的运营和地方社会经济发展。BTR能够为政府提供长期稳定的收入来源，由于租赁住房的交付速度较快，建成投入运营后便能立刻获得收益，现金流能够为公共部门提供稳定的收入以支持新的BTR住房项目建设。此外，有利于加快住房的大规模建设和利用。BTR不仅推动本项目住宅的建设，还激励了私人所有等其他产权类型住房的建设。住房的快速发展还带动了周边配套服务设施的建设，提高居民的生活质量。

BTR政策旨在提供较长租期的租赁住房，以获得长期稳定的收益。稳定成规模的租赁住宅社区建设，能够推动社区周边公共空间的环境品质提升和公共服务设施的完善。反过来，社区周边良好的环境和齐全的公共服务设施也会吸引居民长期在此居住。由此形成的良性循环带动了整个区域的社会经济发展。

在社区融合方面，BTR所提供的专业化管理能够有效防止倒租行为和恶意抬高租金。同时，BTR还能促进各社会阶层之间的融合，抑制"绅士化"问题。由于BTR项目会以折扣市场租赁（Discounted Market Rent，DMR）的形式提供固定比例的可支付住宅，非公开的住房折扣信息能够保护租客的隐私。所有租户享受同样的基础设施和物业服务，较好地实现了混合居住和社会融合。不仅如此，当租户的房租承担能力发生变化时，也能相对容易地在同一住区内更换不同租金水平的户型。

最后，BTR政策能够向开发商提供有效的激励和资助。为解决租赁住宅项目出租收益低和资金回笼慢的问题，政府针对开发商采取了一定激励措施。2012年，政府率先划拨10亿英镑（约合90亿元人民币）作为启动经费支持BTR住宅项目的开发。同时，伦敦市长办公室（Mayor of London）提供规划指导并与相关部门协调，免除3%的SDLT❶（Stamp Duty Land Tax）附加费。政府提前对各投标开发商的资金回笼、租金定价方案等进行评估，最终资助评估较好的开发商，在使开发商有利可图的情况下保证项目能够顺利实施；部分自治市还将政府持有的土地出让给开发商建设BTR住房（Greater London Authority，2018）。

除了资金方面的支持外，政府还联合住房协会在当地进行评估调查和管理成本预估，为开发商的资金回笼和投资回报提供可靠依据，还在住宅建筑的方案设计阶段提供建议。在BTR项目建成并投入运营后，住房协会会进行必要的物业管理协助以保证居民的居住质量。

4. BTR的实施效果及局限性

近年来，BTR住房项目呈现显著增长的趋势。2017年新建了3500套公寓租赁住房，比3年前增加了近2倍。2017年底，又有11000套BTR住房开始建造，占所有新建私人住房量的17%（London Councils，2019）。随着BTR政策的快速推进，伦敦住房市场上供给的可支付住房量也在逐年增加，这在一定程度上缓解了住房需求的压力。另外，由于租赁住房相比于支付买房首付对于更多人来说更容易负担，因此BTR项目的住房可以在很短时间内完成交付，有住房需求且支付能力有限的人就可以很快入住租赁住房，由此能够较快填补住房缺口，从而有效缓解住房空置问题（图4-7）。

---

❶ SDLT是在英格兰和北爱尔兰购买超过一定价格的房产或土地时，必须缴纳的土地税。

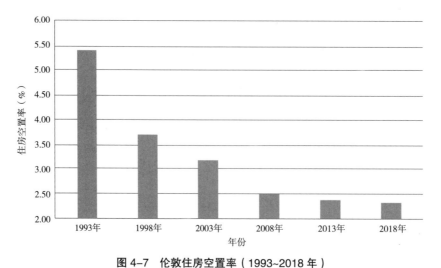

图 4-7 伦敦住房空置率（1993~2018 年）
资料来源：根据伦敦当局（Greater London Authority）相关资料整理

随着 BTR 政策的实施，一些局限性开始逐渐显现出来。首先，尽管 BTR 住房较快的交付速度降低了住房市场的空置率，但较长的租赁周期会导致空置期的延长。在伦敦，私人租赁住房的平均租赁周期为 4 年，而 BTR 住宅项目的租赁周期基本都在 5 年以上，较长的房屋空置期会给有换房需求的租客带来不便。其次，BTR 项目的管理成本在投资建设初期是未知的，与租金水平也没有很强的相关性。因此，难以预估的住宅管理运营费用会影响投资者计算项目的收益。最后，虽然前期会对居民的住房需求进行调查评估，但依然很难确定他们对户型和面积的具体偏好。因此，BTR 住宅项目为租客提供的多样化户型存在一些与租客实际需求不匹配的问题。

三、市场化运营体制下的监管制度

尽管伦敦政府将社会租赁住房的建设、运营以及信用体系全部交由市场进行运作，但是政府依然对市场化运营的社会租赁住房市场进行强有力的监管。在诸多监管措施中，合租许可制度、押金保障制度和租赁信用制度具有一定的借鉴意义。

（1）合租许可制度

按照英国政府的定义，合租（house in multiple occupation）是指不属于同一家庭的三个人共同租用一套住房并共享房屋内的设施，如厨房、卫生间和浴室等。为了获得合租许可，房东必须确保房屋的规模和设施与合租的人数相匹配，不能超员出租。房屋应由具备条件的管理人员或者代管人负责。此外，房东还必须确保出租的房屋具备有效的安全许可，其中包括燃气、水电以及火灾警报器等设备。一份合租许可的最长有效期为 5 年，若房东在未取得合租许可的情况下以合租的形式出租房屋会面临严重的行政处罚。

合租许可制度旨在防止安全隐患，保障租户的安全。根据英国 ENTEC 提供的《合租住房消防安全危险评估报告》，合租户面临火灾的人均死亡风险约为独租户的 6 倍，而 3 层以上住宅合租户的该指标则是独租户的 16 倍（王忠 等，2018）。

（2）押金保障制度

租户押金保障制度（tenancy deposit protection）是指政府集中为租户提供押金保障。根据英国政府 2004 年颁布的《住宅法案》（The Housing Act），自 2007 年 4 月 6 日之后进行的住宅出租活动都必须被纳入该制度的保护之下。政府规定，对于短期租客，房东必须在收到租房押金后的 30 天内将押金转入一个租户押金托管项目进行托管，从而保证租户的权益。在租期结束后，如果租户遵守租住协议并且没有损毁设施，那么托管项目将会担保将押金退还给租客。房东有义务在租期结束后 10 天内将押金退还给租客，但是如果房东和租户对于押金退还产生了争议，那么该押金将会被托管项目保护起来，直到争议结束。

通常情况下，房东会要求租客缴纳 5 周乃至更高的房租作为押金（王忠 等，2018），但是房东和租户经常会就押金退还问题产生纠纷，包括但不限于退还押金的金额、退还的时间等。押金保障制度直接保障了双方的权益，通过第三方托管的形式，为双方能够平等合理解决纠纷提供了支持。此外，由于房屋租购交易纠纷往往会对败诉方的信用造成严重的负面影响（杜丽群，2018），因此在第三方的介入下，房东和租户可以通过协商谈判的方式私下解决，有利于维护良好的社会关系，降低个人信用损失的风险。

（3）租赁信用制度

英国的租赁住房市场信用制度主要依靠市场化的信用服务体系来支撑和运营。市场化背景下，英国出现了多家专注于信用数据服务与信用评估的私营公司，租赁住房市场所采用的征信评估也出自这些公司和其他一些房地产领域的专业化信用服务公司（杜丽群，2018）。例如，主要的信用服务公司会采集租客有关房租、水电费的缴纳记录，从而形成针对该租客的租赁信用报告。目前，英国已通过全面的信用记录实现了精细化的信用管理，从而可以使房东对租户进行较为详细的"信用画像"评估。同理，房主的贷款、还款信息也会成为租客评估房东信用的重要依据，从而建立起一种双方互动、互相约束的信用制度，以此保障租赁住房市场的稳定发展，避免风险。

（4）伦敦租赁住房市场政策特点总结

伦敦租赁住房通过市场化改革实现了住房协会的独立运营，借助市场的灵活性发挥出更大效益。政府则通过对改革后的住房协会实施市场化监管制度来规范其运营流程。

首先，在社会租赁住房市场方面，近年来，政府开始将社会租赁住房转向市场化运营。在此之前，社会租赁住房由住房协会进行运营和维护，但其财务预算、资金使用依然是由政府统一掌握。从2010年起，政府将住房协会的资金管理权限下放给各协会，社会租赁住房的租金可以由住房协会自行支配，同时新建设的社会租赁住房也需要由住房协会自行寻找资金来源。中央政府认为，将市场化的运营机制引入社会租赁住房体系，可以激活住房协会的资金储备，提高资本的流动性，从而更加有效地增加社会租赁住房供给。另外，伦敦地方政府并没有将社会租赁住房的租金设定在一个固定数额上。社会租赁住房的租金一般按照私人租赁住房市场平均租金的60%来设定，这样能够在遵循市场供求关系的同时在一定程度上减轻低收入群体的经济负担，同时也能缓解住房协会的资金压力——因为在较为核心的地区，尽管这里的低收入群体依然无法负担私人租赁住房的租金，但他们的收入会比偏远地区的低收入群体更高，因此按照市场水平的比例来设定租金可以在帮助低收入群体解决住房问题的同时增加住房协会的收入，便于其更加充分地利用资源使利润最大化。最后，新建设的社会租赁住房很少以独立住区的形式出现，住房协会主要通过与开发商合作，在新建设的私人租赁住区中按照一定比例设置可支付住房和社会租赁住房。在这种情况下，社会租赁住房不再被打上贫穷、质量差等标签，而是成为普通居民住宅区的一部分，从而促进多元文化和不同社会阶层居民的有机融合。

其次，在社会租赁住房的管理方面，政府实行严格的管理和监督措施。个别房东为了尽可能多地获得租金利润，在出租房屋前会对原有户型进行私自改造，这会给租客带来一定的安全隐患。另外，有时租赁双方为了减少交易费用，私人租赁住房的房主和租客会进行私下交易。然而，当双方发生关于住房的纠纷时，很难找到令双方都满意的解决方案。社会租赁住房作为政府支持的政策性住房项目，在市场化运营之后也需要接受政府的全面监管。英国政府为了规范住房市场运作，将全国范围内的租赁住房市场都纳入监管体系之中。现如今，住房协会所持有的社会租赁住房和公开市场上的私人租赁住房一样，都需要取得安全许可，同时加入"押金托管计划"等管理机制以保护租客与房东双方的合法利益。通过实行全面的监管政策，政府实际上推行了一种标准化的市场运营机制，从而有效提高运营管理水平。当政府只对企业进行监管时，住房协会或者开发商在进行房屋出租之前需要完成比私人房屋出租更多的合规审查，进而会增加物业持有者的运营成本，而这些成本会直接体现在租金上涨，最后转嫁到租客身上。在这种情况下，大公司标准化运营机制下的租赁房源对潜在租客并不具备足够的吸引力。然而，当租赁住房市场被全面纳入监管体系之后，私人房东需要接受同样的合规审查并承担相同的支出成本。因此，理论上私人房东与大型中介的租金水平会趋于一致。然而，现实中由于会存在规模效应的问题，大型中介或者地产运营商能够以更低的成本完成合规审查，从而提供更具竞争力的价格或者在同等价格水平上提供更加优质的房源。此外，大公司还在其他诸多方面具有优势，如更高的风险承受能力使得大公司能够收取更少的押金以吸引租客。当大型开发商和地产中介充分展开竞争时，其能够促使市场进一步发展，从而提高租赁住房整体的规范化运营水平，也能更加便于政府监管。

第五节　伦敦租赁住区规划设计案例

一、伦敦联合码头（Union Wharf）社会租赁住宅项目简介

联合码头（Union Wharf）住宅区位于泰晤士河南岸的格林威治（Greenwich）（图4-8）。作为典型的BTR项目，联合码头包括249套不同户型的租赁住房。在住区建成前，联合码头的设计方案就获得了2016年的私人租赁住宅设计奖（Housing Design Awards-Winner of Private Rented Sector）。此外，该项目还创造了多个英国住房的先例：它是英国第一个考虑家庭户型的BTR项目，也是首次采取在项目施工现场外进行模块化建造的高层建筑之一。联合码头首次提出了DMR的概念，成为行业内经典的教科书案例，随后被政府收录在《住房白皮书》中。

联合码头住宅区位于东伦敦的格林威治自治市（Royal Borough of Greenwich），地处伦敦的2区（Zone 2）范围内，区位条件优越。该住宅区距格林威治天文台约800m，距离泰晤士河仅300m。联合码头住宅项目由Assael建筑事务所设计，由Essential Living开发建设，于2019年初建成，建造成本5400万英镑（约合5亿元人民币）。整个住区占地0.49hm²，建筑面积2.6万m²，容积率为5.48。在249套租赁住房中可支付住房约占20%。此外，住宅区还为租客提供了82个车位（表4-1）。

二、伦敦联合码头住宅区的生活圈配套服务概况

联合码头，顾名思义是一个临水的住区。在项目建成之前，该地的居住区曾叫溪边码头（Creekside Wharf）。它紧邻泰晤士河的一条支流，与泰晤士河主河道也仅有300m的距离。小区四周有别致的景观环绕，沿河布设有绿化带和步行道。小区周边环境优美，有多处绿化广场和公园，东南方向800m就是著名的格林威治天文台。

联合码头住宅区的区位条件优越，交通非常便利，其周边有多个公交车站和2处轻轨站。其中，距离Cutty Sark轻轨站步行仅6min，距离格林威治轻轨站步行约8min。另外，根据不同的步行时间（5min、10min、15min）所划分出的步行可达范围如表4-2所示，联合码头住宅区周边配套的公共服务设施和商业设施非常齐全，能够基本满足住区居民的日常生活需求。

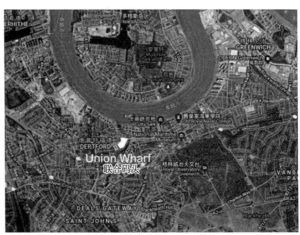

图4-8　联合码头社会租赁住宅项目的区位空间分布

资料来源：Essential living，2019

伦敦联合码头住宅区的相关技术经济指标 表 4-1

序号	指标名称	单位	数值
1	总用地面积	hm²	0.49
2	总建筑面积	m²	2.6万
3	户数	户	249
4	高层住宅	栋	2
5	容积率	—	5.48
6	绿地率	%	23
7	建筑密度	%	27

在联合码头住宅区内部有可供所有租户使用的公共服务设施及公共空间。其中，公共服务设施包括24h的门禁物业、健身房、无线网络、自习室、停车场、自行车库、日托中心、洗衣房、公共卫生间、无障碍设施、监控、摄像头门禁。公共空间包括屋顶花园、首层公共起居室、多功能活动厅、可以进行烧烤的户外空地等。不仅如此，联合码头住宅区布置有精致的绿化景观，住宅楼前有可供居民休息的绿化草坪。住区四周不仅有围合的绿化带，每栋住宅建筑的楼顶还有半室外的屋顶花园，毗邻泰晤士河支流的区位也使其拥有非常好的视野，能够俯瞰泰晤士河沿线景观。另外，小区东侧滨水的人行道还会在周末布置为露天集市对公众开放。

联合码头住宅区属于典型的欧洲开放式住宅社区，住区内部有72%的区域能够对外开放。与封闭式住区相比，开放式住区能够与大众分享更多的公共空间资源。在福德瓦瑞（Fred Foldvary）所提出的地域性集体物品（territorial collective goods）的概念中，他认为大多数的地方公共品都是地域性集体物品，因而可以由私有社区提供，并不一定要依靠地方政府供给（1994）。联合码头项目作为践行者，在为周边提供公共空间资源的同时也激发了整个片区的社会活力。

三、伦敦联合码头住宅区的住宅单体设计

联合码头住宅区共有两栋塔楼，其中A塔楼是普通户型，另一栋B塔楼是为多人家庭设计的户型（图4-9）。A塔楼共有23层，每层9户，包含一居室和两居室的户型，能够满足个人和家庭居住的需求。其中，2~22层为居住楼层，每个居住楼层设置了4户两居室和5户一居室。底层和顶层为公共空间和楼顶花园。B塔楼为12层，每层有6户，包含了所有一居室到三居室的户型，能够满足多规模家庭的居住需求。同样，其中2~11层为居住楼层，底层和顶层为公共空间和楼顶花园，每个居住楼层分别设置1户一居室、4户两居室和1户三居室。在整个联合码头住宅区内，一居室、两居室、三居室分布占比为115:124:10。

按步行可达范围统计的联合码头住宅区公共服务设施和商业设施情况 表 4-2

类别	5min 步行可达范围	10min 步行可达范围	15min 步行可达范围
教育	日托中心、幼儿园及学龄期学校、小学	小学	天主教教会小学、小学、语言学校
医疗卫生	药店、健康中心	宠物医院	—
商业服务	超市、蛋糕房、咖啡厅、酒吧、理发店、自行车商店	超市、酒吧、餐厅、便利店、商店、房地产中介	亚洲食品超市、超市、酒店、肉铺、茶馆、干洗店、菜市场
文化体育	健身房、瑜伽馆、按摩馆、剧院、公园	文化中心、体育馆、健身房	公共图书馆、博物馆、格林威治天文台、旧皇家海军学院
金融服务	—	银行	—
市政	公交车站	电动车充电站、公交车站、轻轨车站	公交车站、轻轨车站
社区服务	退休服务中心	教堂	社区服务中心

图 4-9 联合码头住宅区平面图
资料来源：Assael, 2019

联合码头住宅区项目中的建筑采用了先进的模块化建造方式，模块化的建造方式能够大大提高建设效率，在减少项目成本的同时还能够降低施工对当地环境造成的负面影响。同时，联合码头住宅区非常注重公共空间的设计和布局。两栋塔楼都是将底层架空来作为公共活动空间，巧妙的朝向设计最大限度地吸收日照以保证充足的采光。其中，A 栋住宅楼有 3 部大空间电梯和 1 个消防楼梯间。住宅楼前有休憩绿地，楼后有口袋花园；B 栋住宅楼则配有 2 部大空间电梯和 1 个消防楼梯间。住宅楼后布置了可供住户使用的休憩花园、座椅和儿童活动场地。两栋塔楼中的每种户型都配有完备的生活设施，包括专门设计的成套家具、洗衣机、地暖、高速无线网、液晶电视、烤箱、灶台、LED 照明灯、防火门以及烟雾报警器，从而使租客真正享受到"拎包入住"的待遇。小区周边环境优美，东侧临近泰晤士河的一条支流，河边铺设有滨水步道。

为了让居民拥有高参与度的社区生活，住宅区为每一户都提供了私人阳台，租户能够根据自己的意愿进行布置。为多口家庭提供的户型阳台上还安装了特别的防护措施以保障儿童安全。住宅楼顶层作为半室外的屋顶花园，布置了绿化景观，以期最大限度地提高住区内居民的生活和社交环境。而公共社交空间也非常丰富，除了儿童乐园、屋顶花园，还有一个能够自己种植蔬果的菜园，以及为学龄儿童准备的自习室等。

联合码头住宅区还充分体现出 BTR 政策住房项目能够满足所有类型居民的居住需求，无论是单身人士还是有孩家庭，孤寡老人或退休群体，在联合码头都能够匹配到合适的户型，享受舒适便捷的生活。住区为有孩家庭提供了日托中心和自习室，为单身人士和孤寡老人提供了多处高质量的社交空间。除此之外，住区内部的无障碍设施能够保证依靠轮椅的残疾人或老年人便捷进出。

BRT 政策为低收入群体提供了居住高质量住房的机会。可支付的折扣租赁住房随机分布于两栋塔楼中，创造了一个非公开使用权限和租金差异的租赁住房制度以保障低收入群体的隐私，让低收入群体和其他普通居民混合居住以促进社会融合。此外，联合码头住宅区项目为租客提供了 1~3 年的中长期租赁期限，以保证租客能够长期稳定地居住。

综上所述，作为一个较为成功的 BRT 项目，联合码头住宅区项目在租金可支付、物业管理和公共服务保障等方面都达到了比较高的水平。联合码头住宅区不仅环境优美、交通便利，还为租客提供了多种不同租金水平和户型的房屋选择，除了为单身者提供的一居室户型外，还有专为年轻的或近期没有购房计划的多口家庭提供的二居室和三居室户型，联合码头住宅区较长的租赁期限也使租户们能够获得足够的安全感和归属感。

第六节　伦敦租赁住房发展对我国大城市的启示

综上所述，在地方政府的监督和引导下，伦敦利用 BTR 等社会租赁住房政策积极引入私人企业参与租赁住房项目的建设和运营。在满足租客住房需求和开发商盈利的基础上，这种方式为政府提供了收入来源，有利于社会稳定和阶层融合，较好地实现了政府、企业、租客三赢的局面。伦敦租赁住房的发展对我国大城市在租赁住房的政策完善、设计建设、运营管理等方面具有以下启示。

首先，在政策完善和项目推广方面，我国大城市可借鉴伦敦的社会租赁住房建设经验，以市场化运营的方式提供社会租赁住房。在前期阶段，政府可能需要投入一定的资金用于租赁住房项目的启动和建设，之后便可通过社会资本设立独立的运营机构，专门负责维护和管理社会租赁住房项目。运营机构只面向租客收取成本租金，在实现投资期内资金回流和保持运营管理收支平衡的基础上，不再追求额外盈利，或将所得收益用于再投资，扩大租赁住房的存量。这样，政府不仅可以在一定期限内收回部分初期投资，几乎也不需要再进行后期的资金投入。另外，可借鉴伦敦BTR政策，完善我国目前土地出让中的"自持"政策。其中，政府应加强对资本的管理，在"招拍挂"过程中将开发商的资金回笼估算纳入考量标准，鼓励开发商参与租赁住房项目。建立配套的政策监督机制，严令禁止各类"以租代售"的行为。通过加强对"自持"项目的宣传力度，让租户和开发商都能全面了解"自持"项目。另外，对于我国"自持"项目过高的土地成本，政府应找准根源并出台相应政策，切实降低租赁住房项目的土地成本。

其次，在具体的设计建造方面，开发商在进行租赁住房的建筑设计时应充分考虑潜在租客的实际需求，在项目前期进行充分的调查评估，统计既定范围内不同户型的租赁住房存量。租赁住房项目应提供丰富多样的户型，并提供灵活多元的租赁策略和房租优惠政策，以尽量满足租房者尤其是"夹心层"群体的住房需求。针对租房群体和购房群体的需求差异，应适当调整日照、楼间距、建筑密度、停车位、绿地率等的要求，制定更加适用于租赁住房的小区建设和住宅设计标准。参照BTR政策的经验，租赁住房小区应为居民提供公共活动空间和必要的公共服务设施。配套的公共空间和完善的公共服务设施能够极大地提升租客的生活质量和归属感。

再次，在运营管理方面，对于市场化运营的租赁住房，租金的设定可参考市场水平。对于租客的承租标准，可以通过房租收入比等相关指标，将那些经济负担较重的租客筛选出来，优先提供社会租赁住房。另外，应建立统一的租赁信用平台，旨在对租客和房东进行双向监督。政府可以将租赁违约行为与金融机构的征信系统进行对接，从而约束市场上的不规范运作。在这一过程中，社会化运营的非营利性租赁机构效仿公租房，与征信系统挂钩，从而带动市场上的大型租赁中介入驻该平台，最终推广至整个市场。

参考文献

ASSAEL, 2019. Pioneering Build To Rent for Intergenerational Living[EB/OL]. [2019-11-18]. http://assael.co.uk/portfolio/list/union-wharf/2019/.

Essential living, 2019. Union Wharf [EB/OL]. [2019-11-12]. https://www.essentialliving.co.uk/.

FOLDVARY F, 1994. Public Goods and Private Communities: The Market Provision of Social Services[M]. Cheltenham, UK: Edward Elgar.

Greater London Authority, 2018. London Housing Strategy[R]. London: Greater London Authority.

London Councils, 2019. Everything You Need to Know About Build to Rent in London (2nd edition)[R]. London: London Councils.

Mayor of London, 2018. The London Plan: Spatial Development Strategy for Grater London[R]. London: Mayor of London.

MAROM N, CARMON N, 2016. 从市场和社会混合解读伦敦、纽约的可负担住房计划[J]. 贾宜如，译. 城市规划学刊(3): 123.

Ministry of Housing, Communities & Local Government, 2018. Guidance on Build to Rent[EB/OL]. [2019-11-18]. https://www.gov.uk/guidance/build-to-rent.

Office for National Statistics, 2011. English Housing Survey 2009 to 2010: Headline Report[R/OL]. [2019-11-21]. https://www.gov.uk/government/statistics/english-housing-survey-2009-to-2010-headline-report.

Office for National Statistics, 2018. Population Estimates for UK [EB/OL]. [2019-11-21]. https://www.ons.gov.uk/file?uri=%2fpeoplepopulationandcommunity%2fpopulationandmigration%2fpopulationestimates%2fdatasets%2fpopulationestimatesforukenglandandwalesscotlandandnorthernireland%2fmid20182019laboundaries/ukmidyearestimates20182019ladcodes.xlsm.

Regulator of Social Housing, 2019. List of Registered Providers [EB/OL]. [2019-11-22]. https://www.gov.uk/government/publications/current-registered-providers-of-social-housing.

Statista, 2016. Distribution of land in London, United Kingdom in 2015, by Use [EB/OL]. [2019-11-29]. https://www.statista.com/statistics/716291/land-use-london-uk/.

百度百科, 2019. 大伦敦 [EB/OL]. [2019-11-08]. https://baike.baidu.com/item/%E5%A4%A7%E4%BC%A6%E6%95%A6/1596566?fr=aladdin.

杜丽群, 2018. 英国住房租赁市场信用机制分析与中国借鉴 [J]. 人民论坛·学术前沿（19）: 70-78.

何丹, 谭会慧, 2010. "规划更美好的伦敦"——新一轮伦敦规划的评述与启示 [J]. 国际城市规划, 25（4）: 79-84.

刘波, 2010. 伦敦住房保障政策研究 [J]. 兰州学刊（4）: 54-55, 89.

苏腾, 曹珊, 2008. 英国城乡规划法的历史演变 [J]. 北京规划建设（2）: 86-90.

王忠, 李慧敏, 2018. 英国住房租赁市场的监管机制 [J]. 城市管理与科技, 20（4）: 88-89.

徐军玲, 谢胜华, 2012. 英国社会租赁住房发展的政策演变及其启示 [J]. 湖北社会科学（6）: 57-60, 68.

严鸿璋, 刘丽娜, 2008. 发达国家的低收入住房政策简介——英国·伦敦: 让人人有个体面的家 [J]. 住房保障（2）: 47-48.

虞晓芬, 傅剑, 林国栋, 2017. 社会组织参与住房保障的模式创新与制度保障——英国住房协会的运作经验与借鉴 [J]. 城市发展研究, 24（1）: 117-122.

第五章
"社会融合"政策下的巴黎社会租赁住房发展

第二次世界大战后，随着战后经济的快速复苏，"婴儿潮"带来的人口爆炸式增长以及城镇化进程的快速推进，住房紧缺成为当时世界各国大城市普遍面临的严峻挑战。法国在20世纪50年代迅速建立了以社会住房为核心的住房保障体系，20年间快速缓解了住房紧缺的局面。但在发展过程中却由于种种原因导致了严重的"社会隔离"问题，对城市的社会经济发展产生巨大的负面影响。此后的数十年间，法国政府颁布了一系列社会住房政策以实现"社会融合"的目标，取得了一定成效，但仍然面临进一步融合困难、政策不可持续等重大挑战。法国首都巴黎是闻名于世的浪漫之都、国际化大都市，同时也是法国社会住房发展建设的集中缩影，因"社会隔离"导致的矛盾冲突也最为激烈，2005年因"社会隔离"导致波及全法的骚乱，尤以巴黎地区最为严重。本章深入分析巴黎"社会隔离"问题的产生、"社会融合"住房政策的发展历程及其成效，并通过典型社会住宅案例的分析，总结巴黎社会住房政策的成功与不足之处，为我国大城市公共租赁住房政策的制定提供借鉴与启示。

第一节 巴黎城市概况

本节主要对巴黎市及巴黎大区的行政面积、人口等社会经济概况和土地制度、土地利用现状等城市概况进行简要描述。

一、社会经济概况

我们通常所说的巴黎市指"小巴黎"（Paris），包括20个区，面积105.4km²，约为北京城六区面积的1/13，人口213.9万（PopulationStat, 2019），人口密度2.03万人/km²，约是北京城六区人口密度的2倍多。除"小巴黎"外，还有一个"巴黎大区"的概念，也被称为法兰西岛（ÎLE-DE-FRANCE），面积12011km²，略小于北京市，人口1098万（PopulationStat, 2019），人口密度900人/km²。2018年，巴黎大区的GDP为5.3万亿元人民币，占法国GDP的约30%，欧盟的4.5%，人均GDP达到43万元人民币（L'Institut Paris Region, 2018），高于北京市的人均GDP（14万元人民币，2018）。

二、土地制度与用地状况

法国土地大部分为私人所有。根据城市开发建设需要，政府有权对私人所有的农用土地或建设用地实施购买与开发。出于社会公共利益，政府对私人土地实施购买时带有一定强制性（田德文，2013）。

图5-1描绘了2012年巴黎大区的用地分布，包括多户住宅、独户住宅、商业用地、交通用地和空地，共5种用地类型。图5-1b、c以到巴黎传统中心巴黎圣母院的距离为横轴（向北为正，向南为负），图5-1b显示了空地、交通用地和建设用地的比例，图5-1c显示了建设用地中多户住宅、独户住宅和商业用地的比例。由图可知，随着距市中心（巴黎圣母院）距离的增加，建设用地比例下降，空地比例增加；住宅开发的强度明显下降，多户住宅迅速让位给独户住宅；住宅和商业用地的比例没有太大变化，商业用地约为住宅用地的1/3，但在距离巴黎圣母院约5km处（约为巴黎市的边界地区）出现了两个峰值，表明该区域商业用地占比较大。

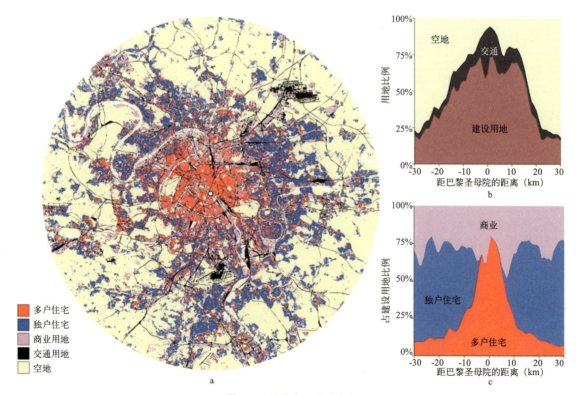

图5-1 巴黎大区用地分布

资料来源：DURANTON G，HENDERSON V，STRANGE W，2015. Handbook of regional and urban economics[M]. Elsevier.

第二节 法国"社会隔离"问题的形成与"社会融合"政策的进展

自19世纪末"社会住房"概念提出以来,法国进行了一系列的尝试以改善低收入人群的住房条件,但由于没有从城市的角度综合思考社会住房的规划和建设,新建的社会住房进一步加剧了"社会隔离"的形成。为解决这一问题,法国政府先后从社区和城市的角度出发,实施了一系列措施以实现"社会融合"的目标。

一、19世纪末至20世纪初:提出"社会住房"概念,建立社会住房体系的雏形

工业革命后,城市快速发展、人口剧烈膨胀,由此带来了城市拥挤、城市环境恶化等一系列问题,人们的居住条件也一再下滑,首当其冲的便是新兴的工人群体。在此背景下,1889年巴黎世界博览会召开,在"工人住房状况国际会议"(Congrès International des Habitations Ouvrières)上,"廉价住房"(HBM: Habitations à Bon Marché)这一概念首次被提出,一些资本家开始为工人建造福利住房(张祎娴 等,2017a)。之后,1894年《施格弗莱德法》(la loi Siegfried)和1912年《保诺维法》(la loi Bonneval)的颁布进一步完善了廉价住房制度,前者规定国家可以为企业建房提供相应资助,后者则要求地方政府设立廉价住房机构,用以指导工人福利住房的规划和建设,法国社会住房体系的雏形初步建立起来。

二、第二次世界大战后至20世纪70年代:战后大规模、快速建设为"社会隔离"埋下隐患

第二次世界大战后,经济的快速恢复驱动农村人口城镇化,叠加上"婴儿潮",法国城市面临严重的住房危机。为了能够在短时间内建设大量住房,且受到《雅典宪章》功能分区思想的影响以及降低成本的现实考虑,在郊区建设"大型集合社会住宅"(garnds ensembles)成为主要的建设模式。1950年专门负责社会住房的"低租金住房机构"(HLM)成立,承担开发建设、出租出售、维护管理等职责(张祎娴 等,2017b),相关政策和法律也逐步完善,社会住房的建设程序、资金来源以及租金等都有了明确的规定。至此,一个相对完整的法国社会住房体系基本形成。1958年,法国政府还通过了"优先城市化地区"(ZUP)政策,用以增加新建住区的综合配套设施。到20世纪70年代中期,划定并建设了约195个"优先城市化地区",完成了80.3万套住宅的建设,住房危机大为缓解,然而这种在郊区的大规模社会住宅区建设也为后来的"社会隔离"埋下了隐患。

三、20世纪70~90年代:郊区衰败推动社会住房改造

20世纪70年代后,由于战后的新住区多位于郊区,通勤困难并且缺少配套设施,生活氛围缺失,中高收入人群逐渐搬离并向城区集中,而贫困人口则不得不涌向郊区,郊区的社会住宅区演变成低收入者和贫困人口的聚居地而日渐衰败,继而形成严重的"社会隔离"问题。起初法国政府期望通过物质空间环境的复兴来改善住区衰败,但成效并不明显。后期法国政府意识到衰败源于严重的失业问题等导致贫困人口无法融入社会,因此开始致力于为贫困人口提供就业机会,并重构街区内部的社会联系。另外,"住房个人补助"(APL)也在这个时期建立,居民可以依据个体情况获取住房津贴来改善居住条件。但是,这些措施都局限于社区尺度,并没有从根本上解决城市范围内存在的"社会隔离"问题。

四、20世纪90年代以来:"社会混合"政策的提出及发展

尽管法国政府采取了不同的措施以应对郊区社会住房的衰败,但情况并未得到明显缓解,在此基础上,法国政府提出了"社会混合"政策,尝试从城市尺度解决"社会隔离"问题,通过优化社会住房的选址来促进城市层面的人口流动,进而达到不同阶层人口在城市范围的混合分布。从20世纪90年代起,法国政府先后颁布了三大"社会混合"政策。

1.《博松法》

1990年的《博松法》要求城市滚动编制为期5年的"地方住房发展规划"(PLH),根据人口和社会发展计划,确定社会住房的分布和建设数量。但在实践中,

这些目标很少得到实现。

2.《城市引导法》

1991年的《城市引导法》(LOV) 规定了人口超过2万的市镇应拥有不少于20%的"社会住房"，但该法律在实施过程中同样遇到了很多困难：富裕地区拒绝建设社会住宅，大多数以缴纳罚金取代接纳贫困人口，从而导致大型社会住宅集中的郊区无法降低社会住宅比例，贫困人口难以分散。不过《城市引导法》的实施为之后《社会团结与城市更新法》的出台奠定了基础（王一 等，2015）。

3.《社会团结与城市更新法》

由于《城市引导法》实施困难，2000年颁布的《社会团结与城市更新法》(SRU) 除了将应建设不少于20%社会住房的市镇的人口标准提高至3.5万外，还规定政府可以直接征地，且开发商在新建住房时须建设不少于20%面积的社会住房。在之后的20年中，该法律根据实际情况有了一系列调整，并取得了初步成效。

《社会团结与城市更新法》希望在各市镇之间再次构建社会平衡，并且将各地"社会住房"的短缺状况纳入考量。其中，第55条规定特定地区（协议敏感区）内人口超过3500的市镇必须建设不少于20%的社会住房，以确保在全国范围内平均分配社会住房，从而实现社会多样性，并满足普通家庭的需求（Ministère de la Cohésion des territoires et des Relations avec les collectivités territoriales，2019）。2013年，《社会团结与城市更新法》有了进一步的调整。主要体现在以下两类地区：①特定地区内人口超过3500的市镇（巴黎大区为1500人）；②总人口在5万以上并且至少有一个市镇人口达到1.5万的地区，必须在2025年之前建设20%~25%的社会住房，具体的比率取决于该地区对社会住房需求的紧张程度。此外，对于不在特定地区的市镇，如果人口超过1.5万且人口增长率在5%以上，考虑到住房的结构等情况，也必须拥有20%的社会住房。

同时，该法案规定，未达到指标的市镇需要每年缴纳税款，应缴税的数目与少建的社会住房数量相关，考虑到地方政府的财政状况，缴税的上限在地方财政收入的5%~7.5%。但是，地方政府可以选择从征税中扣除他们为社会住房建设所资助的金额，这虽然可能导致国家税收"枯竭"，但可以鼓励地方政府支持社会住房项目。以下两类市镇可以免除征税：①受益于城市团结和社会凝聚力赠款（DSU），并且拥有超过15%~20%"社会住房"的市镇；②刚进入SRU系统的市镇，可以在三年内免除征税。而富裕地区则面临更严厉的制裁。

在此基础上，《社会团结与城市更新法》于颁布后取得了较为明显的效果。在该法颁布以前，1995~2001年，巴黎大区共建设了9335套社会住房，平均每年约1550套；截至2001年，巴黎社会住房的份额为13.44%。该法颁布后，在2002年，巴黎大区宣布每年建立3500套社会住房的目标，2001~2005年，巴黎大区共建造了18622套新的社会住房，平均每年为3724套，其中2005年为4100套，2006年为5229套；在2006年，社会住房比例达到14.98%（APUR，2007）。

总体来说，第二次世界大战后法国在郊区大规模兴建大型集合社会住宅区有其历史原因和局限性，应充分吸取产生"社会隔离"问题的教训。而历经数十年的"社会融合"政策也经历了几次政策重心的转变：从最开始关注衰败住区的物质空间环境，到关注解决就业问题，提供住房补贴，再到提出"社会混合"的综合政策，出台《社会团结与城市更新法》，通过灵活、有差别的社会住房选址与建设来促进城市层面的人口流动，取得了一定成效，政策重心的转变尤其值得学习借鉴。

第三节　巴黎租赁住房发展建设概况

一、巴黎住房市场基本情况

巴黎的住房分为自有住房、私人租赁住房、社会住房和免费住房四类。据巴黎城市规划院（L'Atelier Parisien d'Urbanisme，APUR）统计，2018年巴黎大区的自有住房占40%，私人租赁住房占33%，社会住房占24%，此外还有3%的免费住房。

从整体住房市场来看，1980~2018年，巴黎市的

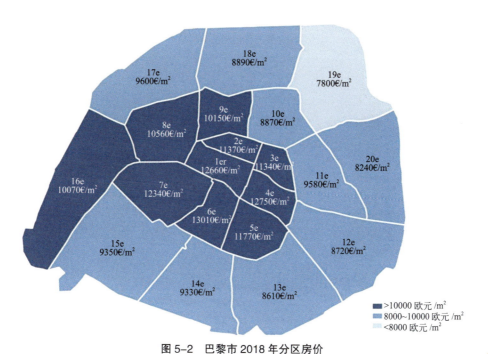

图 5-2　巴黎市 2018 年分区房价

资料来源：2019 年巴黎市房地产报告，https://www.parisperfect.com/blog/2019/03/2019-paris-real-estate-report/

房价上涨了约 10 倍，除在遇到金融危机时略有下滑外，均保持增长态势。2018 年，巴黎市的平均房价为 9550 欧元 /m²，较上一年增长 5.8%；巴黎大区的平均房价为 5999 欧元 /m²，增长 4.7%（Paris Perfect，2019）。其中，如图 5-2 所示，巴黎市第六区房价最高，为 13010 欧元 /m²；第十九区房价最低，为 7800 欧元 /m²。整体而言，中心区的房价较高而靠近边缘地区的房价较低，共有 10 个区的房价超过 10000 欧元 /m²。

二、巴黎私人租赁住房市场基本情况

2019 年，巴黎私人租赁住房的平均月租金是 1126 欧元，单位面积租金为 36.21 欧元 /m²，较上一年增长 2.8%，约为通胀率（0.7%）的 4 倍，但远低于房价的增长率，租金上涨的压力仍然较大（LocService，2019）。如图 5-3a 所示，第八区的租金最高，为 42.93 欧元 /m²，第二十区最低，为 32.36 欧元 /m²，有 7 个区的平均租金超过了 40 欧元 /m²，中心区的租金明显高于边缘区，且租金与房价呈明显正相关。由于中心区的高房价，租户将目光转向了外围地区，数据显示，租户对外围地区房源的需求远超过中心区：如图 5-3b 所示，最中心的第一至第四区在租房平台 LocService 上的搜索量仅占总搜索量的 1%~2.4%，而搜索量最高的第十五和第十三区则分别占总搜索量的 12% 和 10.8%，这两个区的平均租金分别为 35.24 欧元 /m² 和 32.91 欧元 /m²，处于相对较低水平。

在租房人群结构上，巴黎共有 61.7% 的居民选择租房，其中单身男性占 32%，单身女性占 45%，夫妻占 23%。学生是租房的主要群体，达到了总租户的 44%。巴黎租户的平均预算为每月 945 欧元，低于巴黎的平均月租金（LocService，2019）。

出租房源的类型覆盖单间、公寓（studio）以及从一居室到四居室及以上等，通常来说，住房面积越大，每平方米的租金越低（CLAMEUR，2019）。巴黎一个单间的平均月租金为 568 欧元，公寓是 877 欧元，一居室为 1020 欧元。从需求量上来说，租户对公寓及一居室的需求最大，达到了 48%，此外是两居室，占总搜索量的 28%，还有 11% 的人在寻求租一个单间，四居室及以上的需求则相对较少。

截至 2017 年巴黎市家庭年收入的中位数是 37470 欧元，平均年租金是 17420 欧元，租金收入比达到了 46%（RentCafe，2017）。通常来说，租金超过家庭收入的 30% 就代表着较重的租金负担。不过，巴黎平均年租金的数据来自于私人租赁住房市场，而未纳入统计的廉价的社会住房则在一定程度上弥补了租赁市场的不足。2015 年，巴黎的人均居住面积是 31.0m²，而北京的实际租赁居住面积只有 15m² 左右。巴黎住房的

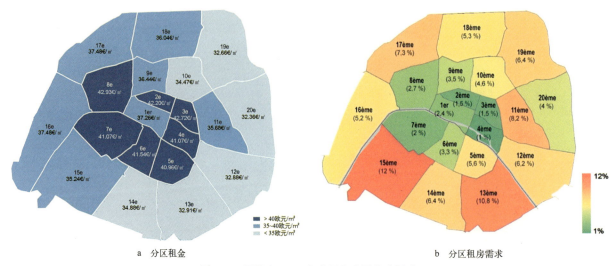

a 分区租金　　　　　　　　　　　　　　　b 分区租房需求

图 5-3　巴黎市 2019 年分区租金及租房需求

资料来源：LocService 网站，https://blog.locservice.fr/paris-les-chiffres-du-marche-locatif-prive-octobre-2019-5822.html

平均面积是 59m²，平均有 2.7 个房间，平均住 2 个人（CNEWS，2015），这几项指标均远高于北京。

三、巴黎社会住房基本情况

在法国，社会住房主要指由廉租住房公共管理机构所有并实施租金限价管理的住房（由政府委托国有企业统一建造管理），以及由非廉租住房公共管理机构所有，但遵循廉租住房租金管理规定的住房（由私营公司依靠国家补贴建造并在一段时间内出租或由私人业主依靠国家补贴维修并在一段时间内出租）（刘健，2012）。

巴黎对于社会住房的资助和租金补贴大致可分为三种类型。按照申请人的家庭收入由低到高依次为：①集中补助租金（PLAI：Prêt Locatif Aide d'Intégration），用于资助有特殊经济困难或其他困难的低收入家庭；②社会用途租金（PLUS：Prêt Locatif à Usage Social），用于资助申请典型的最高限额低租金住宅的家庭，大约 62% 的法国居民属于这个范畴，可享受此档资助；③社会租金（PLS：Prêt Locatif Social），用于资助收入超过 PLUS 租户 30% 的家庭，大约 70% 的法国家庭可以获得。除此之外，还有一种中间租赁贷款（PLI：Prêt Locatif Intermédiaire），用于资助购买中等价格住房的家庭，这些住房的价格处于社会住房价格和自由市场价格之间，任何人都可以申请（张恺，2016）。建造社会住房可获得的补贴以及申请人可以获得的租金补贴都和上述三个类型相关。

巴黎社会住房的供应主体较为多样化，常见的供应方（房东）主要包括四类：①地方机构管理的部门或其他公共机构（Offices Publics de l'Habitat，OPH）；②私人社会住房公司（Entreprise Sociale d'Habitat，ESH）；③公共资本占主导地位的上市公司（Sociétés d'Economie Mixtes，SEM）；④其他机构，如住房合作社、负责住房困难者的组织、商业房地产公司等。这些不同类型的社会住房供应方通常服务于不同类别的租户。例如，地方机构管理的部门或其他公共机构主要关注低收入家庭，私人社会住房公司通常服务高收入家庭（Górczyńska，2017）。

从数量上来看，截至 2017 年 1 月，巴黎共有 237858 套社会住房，占住房总量的 20.5%（APUR，2017）。2001~2017 年，新建的社会住房中，PLAI 有 26117 套，占 26%；PLUS 有 42790 套，占 44%；PLS 有 28320 套，占 30%（APUR，2017）。

从社会住房空间分布来看，呈现出与房价负相关的特征，房价较低的巴黎边缘地区社会住房数量和占比远大于高房价的中心城区，空间分布非常不平衡。如图 5-4 所示，中心地区房价较高的第一至第十一区社会住房数量较少，第七区仅有 603 个社会住房单元，占住房总量的 2.1%；而外围社会住房最多的第十九区有 35346 套，占比超过 40%。

从租金可担负情况来看，社会住房是缓解巴黎市居民租金高负担的重要途径。首先，社会住房租金远

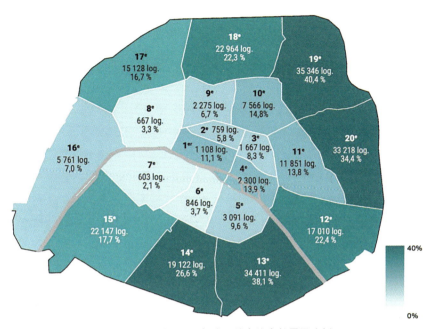

图 5-4　巴黎 2017 年分区社会住房数量及比例
资料来源：巴黎城市规划设计院，https://www.apur.org/en/our-works/latest-social-housing-figures-paris

低于私人租赁住房，2019 年巴黎私人租赁住房的平均月租金是 1126 欧元，相当于 36.21 欧元 /m²，而社会住房的租金约为私人租赁住房租金的 1/6~1/2，其中，补助最高的 PLAI 的租金最少，仅为 5.97 欧元 /m²，其次是 PLUS 的 6.71 欧元 /m²，PLS 为 13.08 欧元 /m²（APUR，2017）。其次，巴黎社会住房政策覆盖面广，受益人群从极端贫困人口至中产阶级家庭都有可能获得补贴。2019 年，巴黎居民的平均年收入为 25739 欧元，PLAI 的申请者的收入上限为 13050 欧元，PLUS 是 23721 欧元，而 PLS 的收入上限已经达到 30837 欧元，超过了平均年收入（Direction de l'Information Légale et Administrative，2019）。

第四节　法国社会住房建造的相关政策

对于巴黎而言，通过社会住房的建设来促进社会融合的难点在于较高收入的社区建设社会住房。由于这些地区城市建设较为完善且房地产价格较高，用于社会住房的土地来源、社会住房的增量来源以及建造社会住房的财政补贴来源成为关键问题。

一、私有土地的"优先购买权"

法国的市政府在私有土地上的房屋出售时具有"优先购买权"。就巴黎市而言，市政府对全市建筑物建成时间超过 10 年的土地都具有优先购买权。收购价格由政府评估机构确定，通常在市场价格的上下 5% 浮动（张恺，2016）。一般而言，房地产所有者选择房屋优先被政府购买大多是因为无法承受高额的建筑维护成本。另外，法国的市政府也可以启用《公共用途令》对私有土地进行强制征收，即将地产和房屋用于道路、公共建筑、公园、社会住房等公共项目。但强制征收意味着繁琐的程序和较长的申请与批准周期，因此通常只有在其他方式无法取得效果的情况下才会使用。

二、社会住房的三种来源：收购—协议、收购—更新、新建

新的社会住房有三种来源：购买房地产市场上的商品房（收购—协议），收购残旧建筑物并进行修复（收购—更新），建造新的社会住房（新建）。在收购房屋之后，如果修复的工程重大且金额超过购置成本的

20%，则该房屋被视作收购—更新住房；如果收购之后没有进行工程实施，或这些工程占收购成本的20%或更少，则该房屋被视作收购—协议住房。收购住房的好处在于可以在较短时间内（通常不到两年）建设社会住房（APUR，2007）。从2001年到2017年，巴黎获批的社会住房单元包括37980套收购—协议房屋（占36%）、17010套收购—更新房屋（占17%）和46601套新建房屋（占47%）（APUR，2017）。如图5-5所示，在《社会团结与城市更新法》制定之初，收购住房占比很大，但之后收购住房占比不断降低，2011年以后又有所增加（APUR，2014）。

三、社会住房的补贴来源

社会住房的融资来自直接和间接的公共援助。直接的援助包括来自国家、地方的补贴及降低的增值税税率（相当于补贴）等，间接的援助则包括从储蓄基金获得贷款和获得地方政府的免费抵押，剩余的运营资金则由出租人从其自有资金中提供。在2009年，从储蓄基金获得的贷款占全部补贴的绝大多数，达到61.9%，国家和地方的补贴分别占8.8%和16.2%，来自捐助者的补贴占到7.1%（APUR，2011）。

图5-5 巴黎2001~2013年三类新增社会住房数量
资料来源：巴黎城市规划设计院，https://www.apur.org/sites/default/files/documents/acces_logement_social_2013.pdf

第五节 巴黎"社会融合"政策实施面临的问题

巴黎"社会融合"政策实施以来，遇到了一系列问题与挑战。其中，最主要的问题包括地方政府的抵制、面向最低收入人群的社会住房不足以及社会住房租户"居住混合"的意愿较弱等。

一、地方政府的抵制

在法国，负责管理社会住房建设的机构是国家城市更新局（Agence Nationale Pour la Rénovation Urbaine）（Boisseuil，2016）。该机构与地方政府直接签订合同，负责分配和跟踪在地方一级投入的公共资金，且有权决定地方政府在执行阶段必须遵循的目标、规则和程序。但是，在许多平均收入较高的市镇，地方政府不愿意增加社会住房的供应。这些地区的大多数居民对社会同质性的现状感到满意，对任何他们认为会通过引入"不合适的"邻居而破坏这种社会"和谐"的社会住房持敌对态度。在这种情况下，违背这种社会共识的市政官员的连任机会将有所降低（Madoré，2004）。因而，许多地方政府没有建设20%的社会住房，而是选择缴纳税款。2001~2004年，巴黎大区有30%的市镇没有建成任何社会住房，而高达82%的市镇没有完成三年建设目标（Bilek et al.，2007）。在巴黎市，这项政策最初也受到质疑，原因在于该政策与巴黎地方的城市复兴项目有所冲突：巴黎依然是充满吸引力的城市，并且房地产市场供应也很紧张，因而，相较于"社会融合"，对于巴黎而言，资源整合（integration）成为更为优先考虑的问题。

在这种情况下，法国政府作出了一定妥协，包括对一些市镇，如对社会住房需求并不紧张的市镇、正在衰败（人口减少）的市镇和域内有大量"不可建设区"的市镇的豁免权，以及对刚进入这个社会住房建设系统的市镇的三年免税权等。另外，由于法国有较为强大的中央集权，国家城市更新局可以慢慢地设法将其目标强加于地方政府，"社会融合"也慢慢地被巴黎地方官员所接纳。

二、面向最低收入人群的社会住房不足

由于法国的社会住房可覆盖约70%的人群，在"社会融合"政策实施之初，各市镇倾向于建造面向中等收入的PLUS型和PLS型社会住房，而面向最低收入人群的PLAI型住房则处于严重短缺的状态。在巴黎2001年新建的3465套社会住房中，PLAI型住房仅有559套，占16.1%（APUR，2014）。为此，在2013年，法国政府又规定新建的社会住房中PLAI型住房的比例不能低于30%（Ministère de la Cohésion des territoires et des Relations avec les collectivités territoriales，2019）。

但是，巴黎面向最低收入人群的社会住房仍处于严重的"供不应求"状态。截至2017年12月31日，在巴黎登记寻求社会住房的家庭中有67%的收入水平低于PLAI上限，而只有11%的收入水平超过PLUS上限；相对应，在2001~2017年新建成的社会住房中，只有26%的PLAI型住房，而PLS型住房则达到了30%（APUR，2017）。可见，市场供给与人群实际需求之间存在严重的"分歧"。

三、社会住房租户"居住混合"的意愿较弱

实现"社会融合"主要有三种方式：稀释（dilution，将更富有的人转移到更贫穷的地区）、分散（dispersal，将贫困人口转移到富裕地区）以及多样化（diversity，确保新发展的社会住房中不同收入群体的混合）（Korsu，2016）。其中，无论是将中产阶级向低收入社区转移或是将低收入人群向中高收入社区转移，都面临着租户"居住混合"意愿不强的问题。中产阶级对社会住房的需求量很大，尤其是在大城市，但这种需求主要是对贫困地区以外（除了巴黎一些靠近市中心的低收入地区）的社会住房的需求，原因在于他们对贫困社区住房质量和社会环境缺乏信任。而对于低收入人群，也可能会出现因更倾向于生活在熟悉的社区（通常来说是低收入社区），而放弃申请中高收入社区的社会住房。

巴黎在建成或改造完成社会住房后，首先会由政府依据房屋的区位确定其中PLAI、PLUS和PLS型社会住房的比例，原则是使社会住房能在全市均衡分布（张恺，2016）。因此，在社会住房"供不应求"的现实情况下，即使租户"居住混合"的意愿不强，为了获得住房也不得不居住在其他社区中，但这并非从根本上解决了这个问题。

第六节　巴黎"社会融合"政策的实施效果

评价"社会融合"的效果有不同的维度，本节将从"社会融合"政策对巴黎住房结构的影响和对不同职业人群"居住混合"的影响两个方面评价巴黎"社会融合"政策的实施效果，并分析"社会融合"过程中出现的新问题：对最低收入人群"获得住房的权利"的侵害。

一、"社会融合"政策对住房结构的影响

从住房结构的角度来说，巴黎的住房分为自有住房、私人租赁住房、社会住房和免费住房。如表5-1所示，1990~2010年，数量变化最大的是自有住房房主和社会住房租户，而免费居住的住户数量有明显下降。社会住房的比例从12.3%上升到17.0%（Górczyńska，2017）。"社会融合"政策在此阶段有较为明显的成效。

对于各社区的社会住房建设量，如图5-6所示，2001~2013年，巴黎在东北部地区和南部地区修建了较多社会住房，其中，尤其是在东北部社会住房短缺的社区有较大的社会住房建设量，但西部地区在整体社会住房短缺的情况下，新建的社会住房依然很少。社会住房分布表现出区域不平衡的特点。从PLAI、PLUS、PLS三种类型的社会住房来看，社会住房短缺的社区建成了较多的PLAI型社会住房，而社会住房较为充足的地区更多建设了PLUS型和PLS型住房，社会住房的建设对于促进"社会融合"取得了一定成效。

1990~2010年巴黎住房结构变化　　　　　　　　　　　　　　　　　表5-1

年份	总数	自有住房房主		私人租赁住房租户		社会住房租户		免费住房租户	
		数量	比例（%）	数量	比例（%）	数量	比例（%）	数量	比例（%）
1990年	1095108	310247	28.3	514228	47.0	134455	12.3	136178	12.4
2010年	1163218	384477	33.1	516610	44.4	198107	17.0	64023	5.5
变化（以1990年为100）	106	124		100		147		47	

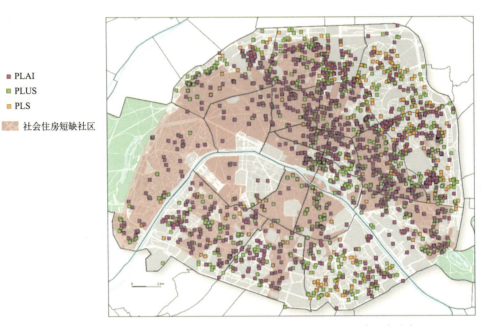

图5-6　巴黎2001~2013年新建的PLAI、PLUS和PLS型社会住房分布
资料来源：巴黎城市规划设计院，https://www.apur.org/sites/default/files/documents/acces_logement_social_2013.pdf

二、"社会融合"政策对不同职业人群"居住混合"的影响

Korsu（2016）在衡量巴黎的"社会融合"情况时，将人群按照社会职业类别分为五类：高级管理人员或高智力职业，中等管理人员或相似职业，高学历的办公室工作人员，低学历的办公室工作人员，蓝领工人。

从1999年到2008年，巴黎新建了48248套社会住房。本节根据Korsu的研究结论将分别从新建的社会住房对社会结构的总体影响和不同职业的边际影响两个角度分析不同职业人群"居住混合"的效果。

1. 新建社会住房对社会结构的总体影响

按社区内居民的主体职业类别可将社区分为五类：高级管理人员社区、中级管理人员社区、高学历办公室工作人员社区、低学历办公室工作人员社区和蓝领工人社区。在Korsu（2016）的论文中，他通过设置情景分析的方式，分别对三个变量在不同阶段进行比较：a. 巴黎"社会融合政策"实施后各类人群的占比（反应政策实施后的实际情况）；b. 巴黎"社会融合政策"编制时预期的各类人数占比（反应政策实施的理想值）；c. 假设未实施"社会融合政策"下的各类人口占比数（情景假设下的预期值）。❶ 表5-2比较了2008年各社区内不同职业群体的实际比例和未实施"社会融合"政策下的预期比例，即a与c的比较。从表中可以看出，一方面，尽管社会住房的增量有限，"社会融合"状况仍然有明显改善；另一方面，在社会住房增量有限情况下，实现"社会融合"水平的提升仍有很大难度。

2. 新建社会住房对不同职业的边际影响

评价新建社会住房对不同职业的边际影响时，选择某一职业群体与其他职业群体的"社会隔离"情况

---

❶ 体情景模拟方程与算法详见：KORSU E, 2016. Building social mix by building social housing: An evaluation in the Paris, Lyon and Marseille Metropolitan Areas[J]. Housing Studies, 31（5）: 598-623.

2008年巴黎社会融合实际情况与未实施"社会融合"政策的预期情况比较   表 5-2

社区类型	社区职业群体	2008年人数占比（%）	2008年人数/未实施"社会融合"政策下的预期人数（%）
高级管理人员社区	高级管理人员	27.9	-0.07
	中级管理人员	17.1	0.05
	高学历办公室工作人员	4.7	0.10
	低学历办公室工作人员	7.3	0.13
	蓝领工人	8.8	0.11
中级管理人员社区	高级管理人员	21.1	0.02
	中级管理人员	18.5	0.04
	高学历办公室工作人员	4.8	0.16
	低学历办公室工作人员	9.4	0.12
	蓝领工人	12.7	0.05
高学历办公室工作人员社区	高级管理人员	21.3	0.03
	中级管理人员	17.5	0.19
	高学历办公室工作人员	5.9	-0.24
	低学历办公室工作人员	10.0	0.11
	蓝领工人	12.5	0.12
低学历办公室工作人员社区	高级管理人员	16.6	0.34
	中级管理人员	17.4	0.23
	高学历办公室工作人员	5.1	0.17
	低学历办公室工作人员	12.0	-0.36
	蓝领工人	15.7	-0.08
蓝领工人社区	高级管理人员	14.9	0.21
	中级管理人员	17.4	0.14
	高学历办公室工作人员	4.7	0.22
	低学历办公室工作人员	11.6	0.06
	蓝领工人	17.9	-0.25

资料来源：Korsu，2016

作为评价指标。表 5-3 显示了高学历办公室工作人员、低学历办公室工作人员和蓝领工人与其他职业群体的"社会融合"的理想情况（即新的社会住房的位置和分配可以最大化其对"社会融合"的影响）与未实施"社会融合"政策下的预期情况的比较，即 b 与 c 的对比。表 5-4 则比较了这三类职业群体与其他职业群体的"社会融合"的实际情况与理想情况，即 a 与 b 比较分析。考虑新建社会住房位置和分配的最理想情况，即不同职业人群的充分混合，新建的社会住房可以对"社会融合"有比较明显的促进作用，然而，实际情况表明新建的社会住房在很大程度上并没有起到应有的作用。这意味着，较高收入地区的很大一部分社会住房被租给了中产阶级。例如，在巴黎，在较高收入地区新建的 4000 套社会住房中，有一半被租给了高级和中级管理人员（Korsu，2016）。相应地，低收入地区的很大一部分社会住房被分配给了低收入人群。

三、最低收入人群"获得住房的权利"被剥夺

法国法律规定了所有人都有"获得住房的权利"，然而，"社会融合"政策似乎在某些情况下与为贫困家庭提供住房的目标相冲突。自 20 世纪 90 年代以来，由于无法在私人租赁住房市场上找到合适住房的家庭数量急剧增加，社会住房压力加剧；另外，考虑到租金的及时支付和租户之间的冲突等原因，社会住房的提供者更倾向于将房屋提供给中产阶级家庭而非低收入家庭。"社会融合"政策执行情况差强人意，导致了最低收入人群获得住房的权利被剥夺，解决权利、空间、经济等维度的供需不匹配问题仍面临挑战。

2008年巴黎不同职业群体对"社会融合"的理想状况与未实施这一政策的预期状况比较　　表5-3

职业群体	其他职业群体	理想情况/未实施"社会融合"政策下的预期情况（%）
高学历办公室工作人员	高级管理人员	9.6
	中级管理人员	9.6
	低学历办公室工作人员	9.9
	蓝领工人	10.0
低学历办公室工作人员	高级管理人员	6.9
	中级管理人员	6.9
	高学历办公室工作人员	6.9
	蓝领工人	6.9
蓝领工人	高级管理人员	6.7
	中级管理人员	6.7
	高学历办公室工作人员	6.7
	低学历办公室工作人员	6.7

资料来源：Korsu，2016

2008年巴黎不同职业群体对"社会融合"政策实施的实际情况与理想情况比较　　表5-4

职业群体	其他职业群体	实际情况/理想情况（%）
高学历办公室工作人员	高级管理人员	2.5
	中级管理人员	11.6
	低学历办公室工作人员	10.4
	蓝领工人	7.2
低学历办公室工作人员	高级管理人员	8.4
	中级管理人员	17
	高学历办公室工作人员	14.8
	蓝领工人	9.0
蓝领工人	高级管理人员	5.0
	中级管理人员	7.1
	高学历办公室工作人员	10.7
	低学历办公室工作人员	9.3

资料来源：Korsu，2016

第七节　巴黎社会住房案例分析
——以住宅改造和"嵌入式"更新为例

由于巴黎的城市建设比较完善，新建的社会住房主要来自存量的更新，其中主要的更新方式是住宅改造和"嵌入式"更新。

一、住宅改造案例

住宅改造指政府回收部分私人住宅，经过改造后作为低租金社会住房提供给相应申请者（张祎娴 等，2017c）。

1. 项目背景

圣安东尼街 76 号项目是巴黎社会住宅改造的经典案例，完成于 2009 年，由建筑师 Chartier 和 Corbasson 设计。该项目地处巴黎市中心房价较高、社会住房占比较低的第四区，区位条件优越，紧邻里沃利街和圣保罗教堂，距离卢浮宫、巴黎圣母院均不远（图 5-7）。原有建筑位于一个南北狭长的矩形场地上，总面积 900m²，是一座建于 17 世纪的住宅建筑。楼高五层，包括地面层的商业店铺和 10 间住房，内部有一小庭院，一面巨大的山墙将建筑与城市隔离，建筑整体状况较差，材料和设备普遍过时，木质地板出现局部变形，外墙的填充物已严重退化，不再保证防水性。

2. 改造理念

圣安东尼街 76 号项目在功能安排上，始终坚持以租客需求为导向的改造理念。这栋社会住宅位于 SAINT-GERVAIS 4 社区东南角，整个社区有 1842 位居民，其中 70% 处于单身状态，61% 为租客。居民平均年龄为 38 岁，人均月收入达到 3335 欧元，约为巴黎人均月收入的 1.5 倍。建筑师设计了不同的户型以满足单身居民与核心家庭的需求（图 5-8），形成了 4 套 48m² 的一居室以及 4 套 83m² 的三居室。该项目还保留了庭院和原有的商业，同时增加了 120m² 新的商业面积。在空间设计上，该项目充分考虑与城市的互动融合。每套住房都增加了额外的露台或阳台空间，将良好的城市景观引入建筑。租客从内部庭院的露天楼梯进入房间，所有的房间都通向中央客厅，从而减少了走廊。建筑师打开了原有的山墙，设计了一个新的金属表皮，由固定和滑动的嵌板组成，一方面保证

图 5-7　住宅改造案例的区位空间分布示意图

图 5-8　标准层平面

资料来源：https://www.archdaily.com/65920/social-housing-chartier-corbasson

建筑与历史街区环境的统一，另一方面保护建筑免受复杂城市环境的侵害，并且在保护居民私密性的同时为他们与城市的互动提供可能。

3. 公共服务设施配套

圣安东尼街76号社会住宅所在社区交通便利，虽然离最近的地铁站有1.5km，但周边有很多公交车站。社区的商业设施十分丰富，包括超过300家餐厅、28家杂货店和5家超市，距离最近的商场仅有0.9km，邮局、银行等服务设施也很丰富。社区还拥有丰富的教育资源，周边包括26所幼儿园、19所小学、8所初中以及5所高中；运动、休闲、文化设施等也十分丰富。此外，该社区医疗资源比较丰富，包括53家诊所、16家药店，距离最近的医院1.1km。不足之处在于社区内绿地比较缺乏，但该项目临近德沃斯广场，为社区居民提供了比较丰富的开敞空间（Cityzia，2020a）。

4. 改造案例评价

这是巴黎将旧建筑改造为社会住房的一个经典案例。建筑师在充分尊重该地区历史和文化传统的情况下，将废弃的住宅更新为可以满足租户需求的社会住房。其中，在单栋建筑内设计不同的户型以满足不同人群的需求，配套的商业设施和庭院、客厅等公共空间的设置，以及较小的交通面积等都值得学习和借鉴。

二、"嵌入式"更新案例

"嵌入式"更新指政府有计划地收购中心城区小地块，采取"嵌入式"的有机更新方式新建小规模社会住房（张祎娴等，2017c）。

1. 项目背景

该案例中，需要更新的建筑是Chesnaie高层住宅区的一部分，住宅区位于城市边缘，具有20世纪70年代城市规划的特点。当时，在"为所有人提供住宅"和对未来乐观展望的背景下，现代住宅得以大规模建设。然而，如今这个地区对城市居民不再具有吸引力，逐步走向衰败。

2. 更新理念

不同于大多数衰败住区采取拆除重建的做法，建筑师Lacaton和Vassal充分挖掘这个住宅区的潜能，包括绿色空间（如现状的绿地和树木）、现代性、坚固且保存完好的建筑、远处的美景、靠近市中心和便利的交通、业主对建筑的良好管理等。作为对场地环境呈现出的低密度与高质量的开放空间的回应，建筑师们扩大了现有建筑的体量，通过加建两个新的"翅膀"，将现有的住宅单元数量翻了一倍，增加了40套新公寓（图5-9）。与法国很多改造的公寓项目一样，这栋建筑的改造也包括了冬季花园和阳台的增加，裸露的、未上漆的钢结构连接件和饰面使延伸部分具有一种工业气息。在建筑内部，建筑师为每套现有的公寓增加了一间新的卧室，而原有的较小的卧室则被转换成了卫生间，以替代现有的尺寸过小的卫生间。

3. 公共服务设施配套

Chesnaie住宅区位于Saint-Nazaire西部边缘区，周边都是别墅区。这片住宅区属于典型的低收入者集聚型社区。在居住的1385位居民中，60%处于单身状态，94%为租客。居民平均年龄在30岁，平均月收入仅有1231欧元，失业率达到了36%。社区内有较为充足的绿地空间；商业和服务设施比较充足（图5-10），包括1家杂货店、2家烘焙店和3家餐厅，距离最近的超市1.4km、最近的商场1.8km，最近的邮局和银行也在1km内；教育资源也比较充足，社区内有5所小学，与最近的初中相距0.7km、高中相距1.1km。同样，该社区内医疗资源十分丰富，包括6家诊所，距最近的医院仅0.1km。就交通可达性而言，社区的公共交通不太便利，周边的公交车站较少；虽然社区内有一个社区活动中心，但整体的体育、休闲和文化设施仍然不足（Cityzia，2020b）。

4. 更新案例评价

空间使用者的使用感受更为真实。在Chesnaie住宅区内，有一位居民对此评价如下：公寓里有一个开放式的客厅和厨房，有充足的自然光线；花园面向西南，可以种蔬菜。在没有空调的情况下，公寓内部的温度通常是舒适的，虽然冬天偶尔会有风，但隔热窗帘起到了保暖作用，冬季花园的外伸部分则在夏天有效地遮挡了阳光。不过也有不那么理想的地方：厨房里壁挂式散热器的位置很尴尬，它占用了可用的橱柜空间；提供的设备，如洗衣机和烘干机，不适合原来的浴室布局，因而一面隔墙必须被移动；同样，厨房的插座配置也很差。另外，公寓内的墙壁过少，使得书架和餐厅储藏柜不得不靠着窗户。从其评价可以看出，该住区总体的功能空间设计与其日常居住生活的

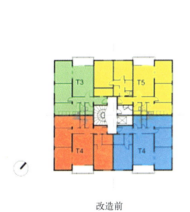
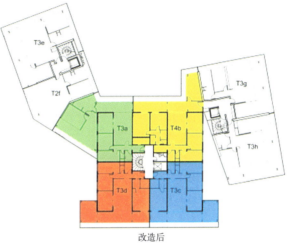

改造前　　　　　　　　　　　　　　　　　　　改造后

图 5-9 "嵌入式"更新案例改造前后建筑及平面图对比
资料来源：LACATON & VASSAL 事务所网站，http://www.lacatonvassal.com/index.php?idp=57#

图 5-10 周边配套
资料来源：作者根据 Cityzia 网站信息整理绘制

空间需要匹配性较强。整个住宅的更新从建筑层面来看还是比较成功的，但遗憾的是，这次更新似乎并没有为这片原本衰败的住宅区注入新的活力，这个社区居民的失业率依然很高，且社区安全问题比较严峻。而该住宅区被别墅区包围的现状，也侧面体现了这个地区依然有较为严重的"社会隔离"问题。

第八节 巴黎"社会融合"政策对我国大城市的启示

一、租赁住房建设应注重避免"社会隔离"现象

"社会融合"是当前城市高质量发展的重要因素，从巴黎社会住房的发展历程和政策实施成效来看，租赁住房的建设容易带来高收入的地方政府的抵制，不愿意增加社会住房的供应，以及社会住房租户"居住混合"的意愿较弱等"社会隔离"现象，造成社会住房的市场供给与人群实际需求之间存在严重的"分歧"，面向最低收入人群的社会住房不足等问题。租赁性住房建设首先应尽可能减少"社会隔离"现象的出现，避免在郊区建设大型租赁性住房集中区，适宜以相对小型、分散的方式和城市其他生活片区有机融合。

二、利用中等收入人群作为"社会融合"的催化剂

Korsu（2016）在研究中发现，新的社会住房更成功地将社会职业阶层较低的家庭与中等社会职业阶层的家庭结合在一起，而不是与社会职业阶层较高的家庭结合在一起。事实上，从社会关系的角度来说，这也是一个现实的结果。许多社会科学家认为，如果共享相同生活空间的群体在社会上彼此之间没有太大差异，那么社会群体之间的混合更有可能产生积极的结果。因而，北京在发展社会住房的过程中，可以利用中产阶级群体作为"社会融合"的催化剂，分别与低收入群体和高收入群体混合，这样既在不同群体的空间融合上有较大实施的可能性，又有利于形成更为稳定的社会纽带关系。

三、完善适应不同人群的配套设施

在巴黎，低收入人群不愿意居住在较高收入社区的一个重要原因在于，这些社区几乎没有与之日常生活行为相匹配的配套服务。在对北京租赁住房小区的实地调研中也发现，中高端小区周边几乎没有平价或廉价果蔬店、农贸市场等。与此同时，设在低收入社区内的平价杂货店则有非常高的使用率，且满足了社区内几乎所有居民的基本生活需求。因此，在考虑低收入人群向中高收入地区转移时，也应该提供相应的可以满足他们需求的配套设施，从而增加将他们吸引到中高端社区的拉力。

四、协调"社会融合"与低收入人群住房权益的矛盾

在前面章节中提到，巴黎的"社会融合"政策在一定程度上与最低收入人群"获得住房的权利"相矛盾。同样的情况也可能在我国的大城市出现。在北京以"城中村"为代表的低收入租赁小区调研中，很多租客更换租房的原因是原有的住房被政府拆除。在拆除后，原来的房东会获得拆迁补偿，但租客只能另寻住房。在这种情况下，低收入人群的居住空间被一步步压缩，只能不断向郊区转移，乃至离开这座城市。"社会融合"在这方面和拆迁有一定的相似性：若将一部分中高收入人群转移至低收入地区，便有可能置换出一些低收入人群，在将这部分人转移至中高收入社区难度较大的前提下，如何保障这部分人的住房权益，如何避免最低收入群体的居住空间替代等，也是不同收入群体"社会融合"过程中需要警惕的问题。

参考文献

APUR，2007. 20% de Logements Sociaux à l'Horizon 2020-Moyens et Perspectives[EB/OL]. [2019-12-09]. https://www.apur.org/fr/nos-travaux/20-logements-sociaux-horizon-2020-moyens-perspectives.

APUR，2011. Quelle Production de Logements en Ile-de-France dans le Contexte Économique Actuel? [EB/OL]. [2019-12-09]. https://www.apur.org/fr/nos-travaux/production-logements-ile-france-contexte-economique-actuel.

APUR, 2014. L'Accès au Logement Social à Paris[EB/OL]. [2019-11-28]. https://www.apur.org/sites/default/files/documents/acces_logement_social_2013.pdf.

APUR, 2017. Most Recent Figures for Social Housing in Paris[EB/OL]. [2019-11-25]. https://www.apur.org/en/our-works/latest-social-housing-figures-paris.

BILEK A, COSTERS N, MONMOUSSEAU F, 2007. La loi SRU Incite-t-Elle les Maires à Construire du Logement Social? Les Enseignements d'une Analyse Principal-agent [Does the Solidarity and Urban Renewal Act Incite Mayors to Build Social Housing? Lessons From a Principal-agent Analysis][J]. Economie Publique, 20（1）: 207-237.

BOISSEUIL C, 2016. Agences Exécutives et Reddition de Comptes: Le cas de l'Agence Nationale pour la Renovation Urbaine[J]. Revue Française d'Administration Publique, 160（4）: 1155-1170.

BOISSEUIL C, 2019. Governing Ambiguity and Implementing Cross-sectoral Programmes: Urban Regeneration for Social Mix in Paris[J]. Journal of Housing and the Built Environment, 34（2）: 1-16.

Cityzia, 2020a. Neighborhood-Saint-Gervais 4[EB/OL]. [2020-02-22]. https://www.cityzia.fr/villes-et-quartiers/se-renseigner/ile-de-france/paris-75/paris-4eme-75004/saint-gervais-4/.

Cityzia, 2020b. Neighborhood-Chesnaie[EB/OL]. [2020-02-22]. https://www.cityzia.fr/villes-et-quartiers/se-renseigner/pays-de-la-loire/loire-atlantique-44/saint-nazaire-44600/chesnaie/.

CLAMEUR, 2019. Les Tendances du Marché Entre 1998 et 2018: La Région Éle-de-France. [EB/OL]. [2019-11-25]. http://www.clameur.fr/Tendances-du-marche/Tendances-regionales/Connaitre-sa-region/ILE-DE-FRANCE.

CNEWS, 2015. Paris: Un Habitant vit en Moyenne Dans $31m^2$. [EB/OL]. [2019-11-25]. https://www.cnews.fr/france/2015-04-28/paris-un-habitant-vit-en-moyenne-dans-31-m2-703598.

Direction de l'Information Légale et Administrative, 2019. Conditions d'Attribution d'un Logement Social[EB/OL]. [2019-11-25]. https://www.service-public.fr/particuliers/vosdroits/F869.

GÓRCZYŃSKA M, 2017. Social and Housing Tenure Mix in Paris Intra-muros, 1990-2010[J]. Housing Studies, 32: 4, 385-410.

KORSU E, 2016. Building Social Mix by Building Social Housing? An Evaluation in the Paris, Lyon and Marseille Metropolitan Areas[J]. Housing Studies, 31: 1-26.

L'Institut Paris Region, 2019. Paris Region Key Figures 2018. [EB/OL]. [2019-11-28]. https://www.iau-idf.fr/fileadmin/NewEtudes/Etude_1437/KEY_FIGURES_2018-HD.pdf.

LocService, 2019. Paris: les Chiffres du Marché Locatif Privé-Octobre 2019[EB/OL]. [2019-11-25]. https://blog.locservice.fr/paris-les-chiffres-du-marche-locatif-prive-octobre-2019-5822.html.

MADORÉ F, 2004. Ségrégation Sociale et Habitat [Social Segregation and Housing][M]. Rennes: Presses Universitaires de Rennes.

Ministère de la Cohésion des territoires et des Relations avec les collectivités territoriales, 2019. Loi Solidarité et Renouvellement Urbain [EB/OL]. [2019-12-08]. https://www.cohesion-territoires.gouv.fr/loi-solidarite-et-renouvellement-urbain-sru.

MUSTERD S, ANDERSSON R, 2005. Housing Mix, Social Mix, and Social Opportunities[J]. Urban Affairs Review, 40（6）: 761-790.

Paris Habitat, 2019. An Overview of Paris Habitat[EB/OL]. [2019-11-25]. https://www.parishabitat.fr/Pages/Anglais-About-us.aspx.

Paris Perfect, 2019. March 2019 Paris Real Estate Report: a Healthy Market Expected to Continue[EB/OL]. [2019-11-25].https://www.parisperfect.com/blog/2019/03/2019-paris-real-estate-report/.

PopulationStat, 2019. Paris, France Population[EB/OL]. [2019-11-29]. https://populationstat.com/france/paris.

RentCafe, 2017. In Search of the World's Best City for Renters—Rental Affordability in the Finest Cities around the Globe[EB/OL]. [2019-11-25]. https://www.rentcafe.com/blog/rental-market/rent-to-income-ratio-in-cities-of-opportunity-around-the-world/.

北京市统计局，国家统计局北京调查总队，2019. 北京统计年鉴 2019[EB/OL]. [2019-11-19]. http://tjj.beijing.gov.cn/nj/main/2019-tjnj/zk/indexch.htm.

嘎日达，黄匡时，2008. 西方社会融合概念探析及其启发 [J]. 理论视野（1）: 47-49.

刘健，2012. 城市快速发展时期的社会住房建设：法国的教训与启发 [J]. 国际城市规划（4）：7-16.

田德文，2013. 欧洲城镇化历史经验的启示 [J]. 当代世界（6）：14-19.

王一，张尚武，2015. 法国《社会团结与城市更新法》对中国保障性住房建设的启示 [J]. 国际城市规划，30（1）：42-48，61.

悦中山，杜海峰，李树茁，等，2009. 当代西方社会融合研究的概念、理论及应用 [J]. 公共管理学报（2）：119-126，133.

张恺，2016. 从巴黎社会住宅及旧房改造实践看公共资源在旧城更新中的运用 [J]. 国际城市规划（6）：89-95.

张祎娴，张伟，2017a. 二战后法国社会住房发展历程及启示（一）[J]. 城市规划通讯（10）：17.

张祎娴，张伟，2017b. 二战后法国社会住房发展历程及启示（二）[J]. 城市规划通讯（11）：20.

张祎娴，张伟，2017c. 二战后法国社会住房发展历程及启示（四）[J]. 城市规划通讯（13）：20.

第六章
柏林社会市场模式下"单一制"租赁住房的发展

德国租赁住房体制十分成熟，是西方发达国家中为数不多的租赁住房市场超过销售市场的国家之一。德国租赁住房呈现租住比例高、租房市场结构相对稳定、租房供给主体多元等特征。2018年，德国租房比例为48.5%，几乎与住房自有率持平，且这一比例与10年前相比，仅变动了1.7个百分点（Schmid，2020）。德国的租赁住房供给结构中，政府出资建造的公共住宅仅占15%，这意味着德国大量租赁住房是由市场化的供应主体提供的。那么德国政府是如何调动多元主体供应租赁房屋的积极性，同时维持较为稳定的房租水平呢？特别是在德国首都柏林，超过80%的居民选择租房居住，这与我国大城市的高住房自有率形成巨大反差。我国大城市租房市场发育不完善，在房价高企的环境下，流动人口、"夹心层"等群体需要以租房的方式来解决住房问题，德国尤其柏林活跃完善的租赁市场为我国大城市解决住房问题提供了借鉴意义。

住房问题是第二次世界大战后德国急需解决的问题。德国总结了19世纪中后期兴起的为进城流动人口提供租赁住房的经验，住房合作社为工人阶级解决住房问题发挥的实效，以及20世纪初期以福利化为导向的社会化住房发展思路与实践经验。自20世纪中叶至今，德国发展了一条不同于以新自由主义为基础的租房模式，它没有选择将效率导向的市场化租赁市场与公平导向的保障性租赁市场分开的"二元化"（dualist system）租赁制度，而是充分发挥政府对租赁市场的调节作用，发展了一条被称为既非资本主义又非社会主义的"第三条道路"，被称为"社会市场经济体制"（Soziale Marktwirtschaft）。在该体制下，逐步建立的"单一制"（unitary system）住房体系是对不同保有权形式（租房与买房）以及不同供应方式（市场供应与政府供应）等采取"二元"划分的整合。那么，德国柏林在社会市场模式下"单一制"租赁住房体系是如何形成的，实施的主要内容及成效又如何？

第一节 柏林城市概况

柏林位于德国东北部，是德国的首都，也是德国的政治、文化、经济及交通中心。柏林又可称为柏林州，是德国 16 个联邦州之一，也是德国三个州级市中面积最大、人口最多的城市（表 6-1）。同时，柏林也是德国面积最大、人口最多的城市。

2018 年柏林市基本信息　　表 6-1

名称	数量
地理面积	892km²
登记人口	365 万人
人口密度	4090 人 /km²
登记家庭	200 万户
单人家庭占比	52.4%
GDP	1471 亿欧元
家庭月收入中位数	2025 欧元

资料来源：作者根据维基百科、柏林—布兰登堡统计局等相关资料整理绘制

一、柏林城市空间结构

柏林被布兰登堡州环绕，与布兰登堡州首府波茨坦相邻，这两座城市共同构成了柏林—布兰登堡都市区（Berlin-Brandenburg Metropolitan Region）的中心，该地区有约 600 万居民，面积超过 3 万 km²，是德国仅次于莱茵河—鲁尔和莱茵河—美因河的第三大都市区。根据其城市化和人口聚集程度，柏林—布兰登堡都市区可被分为三个等级：柏林市、包括波茨坦在内的 4 个一级区域中心以及 42 个次级区域中心。从 19 世纪中叶开始，该区域形成了以柏林为中心的单中心城镇体系结构。柏林市人口在该都市区人口规模占比超过 60%，面积占比约 30%，是该都市区内城市化水平最高、人口最密集的地区。

近 10 年，德国城市规划为了减轻城市极化所带来的负面影响，倡导去中心化规划，在大都市区内强化区域整体发展水平。柏林为促进中心城市与周边地区协调发展，将柏林和布兰登堡作为整体进行空间规划，为整个地区提供均等的发展机会，缩小发展差距，分散过度集中的人口，促进整个地区的发展。本章所讨论的柏林指柏林市（州），而非柏林—布兰登堡都市区。

二、柏林人口规模与结构

截至 2018 年底，柏林市登记人口 365 万，相比于 1995 年人口的增长速度在 5% 以内，这说明柏林的人口数量在近 25 年没有经历大幅度增长，整体走势较为平稳。2018 年，柏林人口密度约为 4090 人 /km²。在柏林 12 个辖区中，位于中部的 5 个区人口密度超过 5000 人 /km²，其中最高的区（Friedrichshain-Kreuzberg 区）达 1.4 万人 /km²，其余 7 个区人口密度均在 1000~5000 人 /km²。

2018 年，柏林 18 岁以下人口占比 16.4%，18~64 岁人口占比 64.4%，65 岁以上人口占比 19.2%（图 6-1）。一般而言，若某地区 65 岁以上人口占总人口比例超过 7%，则视该地区步入"老龄化社会"；若该比例超过 14%，则该地区进入"严重老龄化社会"。可见，柏林正面临严重的老龄化社会问题。

三、柏林土地利用概况

柏林—布兰登堡统计局的相关数据显示，2016 年，柏林全市建设用地中，55.4% 为居住用地，在各类建设用地中占比最高。且这一居住用地占比与 2011 年相

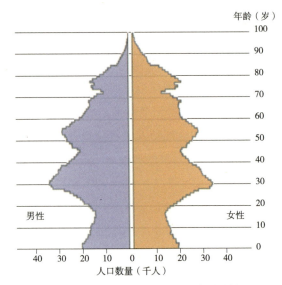

图 6-1　2018 年柏林市人口年龄结构
资料来源：柏林—布兰登堡统计局，
https://www.statistik-berlin-brandenburg.de/

比仅上升了 0.7%，这说明柏林居住用地始终处于高占比状态，说明柏林的土地利用结构中面向居住的用地供给总量充足。值得注意的是，从全市不同辖区居住用地占建设用地的比例来看，位于城市中心以及城市西部的辖区居住用地占比较小，均为 20%~30%；而位于城市东侧的两个辖区居住用地占比较大，超过 40%。从 2011 年至 2016 年，全市及各区居住用地占总建设用地的比重并未发生较大变动，可见柏林近年来总体的土地利用结构趋于稳定，住房与租房市场主要通过既有的存量住宅予以供给。

第二节 "单一制"导向下柏林住房与租房市场的历史演变

一、德国社会市场模式与"单一制"租赁住房体系

学术界有关租赁住房模式的研究成果很多，总体而言呈现两类模式。一类是以德国为典型的社会市场模式，在专业用语上包括"德国模式"（柴强，2018）、"社会市场模式"（张英杰 等，2019；余南平，2008）、"日耳曼模式"（易馨培，2018）等；另一类是以美国、英国为代表的新自由主义国家的租赁住房模式，包括"自由市场模式"（张英杰 等，2019）、"盎格鲁—撒克逊模式"（易馨培，2018）等。现今世界大部分国家的住房与租房政策呈现"二元化"结构（dualist system），即呈现由利润驱动的市场化租赁住房和非营利导向的保障型租赁住房两种模式同步运行，两者之间一般互相独立，互不影响。只有在非营利形式的经济活动被压制和阻碍的情况下，利润驱动的自由市场才能有效运转，其结果往往是形成了一种矛盾的"二元结构"：一边是一个基本不受限制的利润驱动型市场，其与非营利形式经济形成竞争隔离；另一边是一个受政府严格控制的、建立在非营利形式社会机构上的国家领域（凯梅尼，2010）。在"二元结构"的住房市场运作模式下，公共政策鼓励发展不受限制的营利型市场，这将导致一部分社会阶层的边缘化，政府被迫出面建立一个非营利型租赁部门，以帮助那些受影响的家庭。这个部门被营利型租赁市场隔离以避免竞争威胁，但是这样不足以降低对保障性租赁住房的需求。随着非营利型部门的增长与成熟，相对租金开始下降，国家控制变得更加严格，以阻止非营利型租赁进一步发展。资格审查严苛、轮候时间长已经成为公共租赁住宅发展的普遍特征。在此情况下，对于大多数有租赁需求的家庭而言，只能被迫转向购买私有住房（凯梅尼，2010；Haffner et al.，2009）。这种租赁体制最终可能会将家庭的住房选择引导向购买私有住房，并最终使政府采取一种积极鼓励私有住房的政策来回应住房需求。

20 世纪 30 年代，德国发展了社会市场理论，不同于极端的自由主义和计划经济，该理论认为政府的责任不在于鼓励利润驱动的市场和建立紧急状态下的社会安全网以保护市场的受害者，而是试图积极地参与市场的建设和持续的维持工作，从而取得经济效益和社会福利需求之间的理性平衡（凯梅尼，2010）。德国的社会市场理论源自德国奉行的"弗赖堡学派"（又称"联邦德国新自由主义学派"），该学派是以弗赖堡大学为中心形成的一个新自由主义经济学派别，其主要代表人物是德国经济学家瓦尔特·欧根（Walter Eucken）。该学派将历史上存在过的各种经济制度总结为"自由市场经济"和"集中管理经济"两种理论模型，试图找到这两种模型最好的结合方式：主张施行某种范围内和某种程度上的国家调节，反对古典学派的自由放任主义，强调建立"竞争秩序"，建立一种既非社会主义也有别于资本主义的"经济人道主义"制度，即"社会市场经济"。该理论成为德国"单一制"租赁住房发展模式的基础。同时，德国在第二次世界大战后对 19 世纪末期以及 20 世纪初期魏玛共和国（1918~1933 年）施行的住房政策进行彻底反思，为全面推进社会市场导向的"单一制"租赁住房模式提供了制度实践环境。此外，德国第二次世界大战后城市大规模被摧毁以及住房严重短缺的发展状况为"单一制"租赁住房模式的推进提供了物质实践环境。

社会市场模式导向下租赁住房市场鼓励利润驱动和非营利导向两种性质的房屋租赁企业进行竞争，这有助于建立一个多样化的、充满竞争的住房租赁市场。相对"二元化"结构中因为竞争隔离形成的营利型租

赁市场（profit renting）而言，在"单一制"租赁住房体系中，多元主体的竞争形成了成本型租赁市场（cost renting），其结果是既保证了租赁的房源，又维持了不同租赁主体房源价格的稳定性与选择不同类型房屋租住群体的租金可支付性，进而形成长期较为稳定的租赁市场（凯梅尼，2010）。该住房供应体系中供应主体不同，但供应目标相同——为弱势人群提供适度福利，即私人和公共租赁住房呈现整合性。

在"单一制"租赁住房体系中，市场供应将带有社会公平属性，公共租赁也将融合效率导向的竞争机制（图6-2）。该市场关注的不是"谁拥有房产"，也不是住房本身是由市场供应还是政府供应，其聚焦的是不同收入、不同住房需求的群体以可支付的方式居住在较为满意的住房中。在该市场中，不同供应主体的租赁住房接受相同的补贴制度和租金管控政策，住在其中的承租人也享有相同权益。私人和团体业主也可以提供受补贴的社会住房，私人业主提供了一个社会租赁住房的延伸领域。德国"单一制"租赁住房体系体现出政府以整体眼光看待问题，面对不同时期社会经济状况以及住房状况下的供需矛盾，采取在经济效益和社会福利需求之间取得理性平衡的方式，以避免形成营利型租赁市场与成本型租赁市场间的租金差价危机。

二、德国"单一制"租赁住房体系的发展演变

事实上，德国"单一制"租赁住房体系可追溯至19世纪下半叶。当时德国处在工业化初期，部分企业加大为员工建造工人宿舍的力度（如克房伯公司和西门子公司等），工业生产的需要既影响了城市规划，也为后续住房政策奠定了基础。这一阶段不是政府主导，是私人企业在自发解决低收入群体及工人阶级的住房可支付性上主动承担了社会责任（几言，2019）。在20世纪初，德国与西方其他国家一样，鼓励住房市场发展和住房保障的完全市场化，盛行的是"自由经济"。第一次世界大战后，德国出现严重住房短缺问题，魏玛共和国（1918~1933年）开始施行住房分发和配给，随后纳粹德国（1933~1945年）延续使用住房管制政策。这一时期德国的住房租赁人口明显增加，但住房租赁市场却出现巨大萎缩（王阳，2019）。第二次世界大战后，德国的租赁住房政策发展伴随着多部有关住房与租房专门法规的颁布，也正是法律法规的强约束力对德国施行保有权中立与打破市场租赁和公共租赁的"二元化"格局发挥了重要作用。

总体而言，随着第二次世界大战后住房危机的解除，德国政府减少了对公共住房建设的直接干预，保障房由实物保障转变为货币保障，住房供给更多由市场决定。这一时期，德国出现了家庭规模缩小、单身家庭增加以及1990年德国统一前后大量民主德国人口向联邦德国迁入等环境变化，这加剧了德国住房供不应求的矛盾。就这一时期的国际形势而言，英、美等国开始推行新自由主义政策，减少政府对住房市场的干预，将大量公有住房私有化。在此内外部形势下，

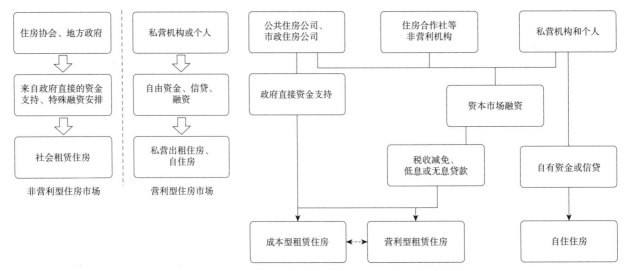

图6-2 "二元化"住房供应体系与"单一制"租赁住房供应体系

资料来源：作者根据几言的《德国住房租赁市场的发展及其经验》一文改绘

德国联邦政府没有将提高住房自有率作为目标，没有以提高住房自有率的手段来促进经济发展，而是充分发挥社会力量参与住房供应。与第二次世界大战后初期政府直接给予资金支持并积极参与市场建设不同，在这一阶段，政府减少了对社会住房建设的直接投资，而是通过税收减免等手段鼓励各类机构投资建设租赁住房，住房供应完全由市场决定。但与完全市场化的竞争不同，为了保护成本型租赁市场的发展，德国采取了独特的租金管理制度，鼓励住房合作社的运营，同时通过对租客权益的保障以及房屋质量的严格监管来推行保有权中立，以维持租房市场稳定，践行住房福利化的目标。在政策带动下，住宅建设投资空前高涨，1994 年仅在原联邦德国地区建成的住宅就超过 48 万套。

21 世纪，尽管德国经济运行相对平稳，由于低利率、人口结构变动以及外来避险投资，其总体房价仍出现较大幅度上涨。面对住房需求以及房价上涨，德国政府仍坚持在"单一制"住房制度下发挥政府对房地产市场调控的作用，如在租赁市场出台了一系列租金控制政策。2015 年，德国修正住房租赁法案，通过了《租金刹车法》，允许地方政府将房租增加额限制从 3 年增加额 15% 调低至 4 年增加额 15%，并规定在住房紧张的市场中，房屋租赁合同到期后重新出租时，住房租金上调幅度不得超过当地"合理房租"的 10%（王阳，2019）。2019 年 6 月，柏林城市发展参议员卡特琳·隆普契（Katrin Lompscher）计划提出一项议案，对 2013 年之前建造的公寓设置租金上限，未来五年所有房屋的租金将被"冻结"，房东不得随意提高租金。该项议案于 2020 年 2 月正式实行，议案计划未来 5 年将柏林 150 万套公寓的资金冻结，并以每平方米 9.80 欧元为上限，以控制市民租房成本（Eddy，2020）。但这一议案刚一提出就引起争论。支持者颂扬其保护了众多租客的利益，是社会迈向更公平的一步；而反对者则称这一做法会阻碍房东对住房进行维护，违反市场供需规律。但总体来看，德国从一开始建立"单一制"租赁住房体系之初便采取政府积极干预以及政府与市场整合的方式，所以对反对者而言，其聚焦的不是租金冻结问题，而是这一措施是否会带来房东不维护住房的问题，因此，其关键是如何在保证租金稳定的同时，平衡租房质量供给及调动供给主体的积极性。

三、柏林住房与租房市场的发展变迁

第二次世界大战后柏林虽地处民主德国，但西柏林一直由英、法、美控制，柏林一直处于分裂状态，奉行不同的社会体制，直至 1990 年德国统一，柏林成为德国首都，其东、西部开始大规模重建。近年来，由于大量移民涌入与用地紧缺，柏林的住房与租房市场呈现出供不应求及房价与租金上涨趋势。古斯曼（Guthmann）房地产开发商的研究报告显示，2007~2010 年，柏林住房供应量增加了近 2 倍，而近年来，由于人口扩张与用地紧缺，柏林出售住房供应量减少，并呈现由低价段向中高价段的转变，房价逐年攀升，见图 6-3a。根据德国联邦统计局统计，2018 年，柏林市中心平均房价 5228 欧元 /m^2，全市普通公寓平均每平方米房价 4200 欧元，相较于 2016 年上升 11.9%。在租赁市场方面，图 6-3b 显示，2012 年以来租赁住房市场供应总体平稳，中高租金价段所占比例逐年增高。2018 年，柏林全市的平均净租金要价 10.32 欧元 /m^2，相比于上一年上涨 5.4%，相比于 2008 年涨幅近 90%，波动水平虽远低于欧洲其他城市，但近 10 年柏林的房屋租赁价格经历了大幅度上涨，这与大量外来人口流入、城市建设用地短缺息息相关。

图 6-4 所示数据还表明，柏林新建房屋的房价与租金普遍高于现有建筑，这是由于虽然现有众多相关法律和条规抑制房价和租金上涨，但其并没有涵盖大幅翻新的公寓和新建住房，随着建设费用的上涨与新建房屋占比的增长，柏林的房价与租金仍在经历前所未有的涨幅。

柏林的出租公寓仅占全国总数的 7%，但过去 10 年间其租房交易量在全国占比高达 23%。柏林的租赁住房市场供给主体多元（图 6-5）。2011 年，柏林约 190 万套出租房中有 150 万套为居住用途的出租，其中约 23% 的出租房由社区业主拥有（community of owners），另外 43% 属于个人或家庭（private individuals），这意味着 34% 的出租公寓由专业的交易方（professional owners）拥有，如私人公司、市政住房公司与住房合作社，其占比高于全国平均水平。市政住房公司与政府及其他组织有较多合作交流，多渠道获取土地以增加新房供应，并以较低的租金出租，在市场中起到引导与"压舱石"的作用。

a 2007~2020年柏林市不同价格出售住房供应量及房价中位数（截至2020年2月21日）

b 2007~2020年柏林市不同价格出租住房供应量及租金中位数（截至2020年2月21日）

图 6-3　柏林房价与租金变化（一）

资料来源：Guthmann，https://guthmann.estate/en/market-report/berlin/#districts

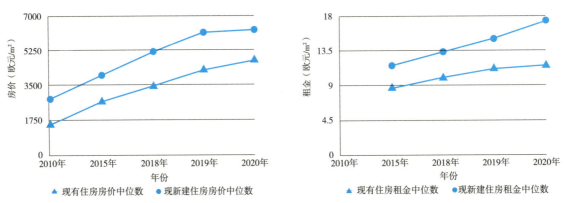

图 6-4　柏林房价与租金变化（二）

资料来源：Guthmann，https://guthmann.estate/en/market-report/berlin/#districts

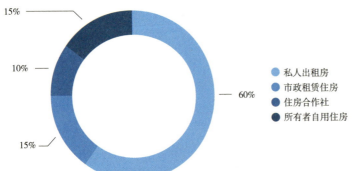

图 6-5　2018年柏林市租赁住房市场现存住房所有者占比

资料来源：柏林投资银行，https://www.ibb.de/en/homepage/homepage.html

第三节　柏林租赁住房发展建设概况及面临的挑战

一、柏林租赁住房发展的总体特征

柏林因低廉的房屋租金和具有活力的城市面貌产生了国际吸引力，被德国民众称为"居住成本低的乌托邦"。面对住房压力，柏林市政府在执行国家"单一制"租赁住房体系相关规定的基础上，还根据具体情况制定了地方政策。2018年，柏林的租房比例在德国各州中最高，达到85%，其租金水平也远低于慕尼黑、法兰克福和斯图加特等城市。可以说，柏林是德国"单一制"租赁住房体系实施的典范。

总体上，柏林市住房市场呈现出高租赁比例、低租金的特征。柏林约70%的租赁住房由个人、家庭及私企提供，柏林市政府通过发放社会住房补贴扩大成本型租赁住房的供应，同时降低租金水平，该政策曾于1990年终止并于2014年重新启动。根据柏林州法律与合作协议，接受政府补贴的建房企业或个人需在房屋投入使用后30年内将50%的房屋以成本价出租。在这样的政策下，政府鼓励营利型企业或个人加入到住房建设中。另外，柏林市政府十分鼓励住房合作社在住房市场中的运作，八十余个住房合作社拥有约60万名成员和18.6万套公寓，占全市住房总存量的9.5%，提供了超过10%的市场租赁住房。每个住房合作社平均拥有超过2000套住房，最大的住房合作社"利希滕贝格公寓合作社"（Wohnungsgenossenschaft Lichtenberg eG）拥有25000名成员与10000套公寓。一些住房合作社还承担了储蓄银行的功能。

另外，柏林通过多种制度设计保障市民、企业以及政府等不同主体在住房问题上的话语权，包括双方辩论（local debate）、签订合作协议（cooperation agreement）以及租户代表协会（tenant representation）等。2017年，参议院城市发展部、参议院财政部和六个住房抵押贷款公司就"可负担租金、新住房建设和社会住房供应"签订了合作协议，共同为城市住房市场的建设努力。

柏林虽然为德国的首都，但其也是一个独立的州，享有一定的自治权。在柏林参议院内，设有"柏林城市发展与住房部"（Senatsverwaltung für Stadtentwicklung und Wohnen），负责协调政府、住房抵押贷款公司、开发商和其他住房市场参与者之间的新住房建设。并且，柏林市各区虽不具备自治立法权限，但它们仍保留土地使用权和城市规划责任，因此可以根据具体情况制定相关规定。联邦一级强有力的有关租户和住房建设的法律，加上州和市的双重监管能力，使柏林当局能够通过各种手段来应对住房市场压力。

二、柏林"单一制"租赁住房市场面临的问题与挑战

近五六年，德国部分大城市和工业密集区租房价格出现20%~30%甚至40%的涨幅。越来越多的人移居至大城市等人口密集地区，使得住房供应短缺。人口、环境、第三方佣金等因素导致住房负担剧增，就目前柏林的租赁住房发展状况而言，其主要存在两方面的问题：一是住房供应短缺，二是租金上涨。

1. 住房供应短缺

在柏林，越来越多跨国企业的高薪员工、创意人士以及难民正在涌入这座城市。据统计，过去10年，柏林的人口增长了8%，达到360万，预计到2030年，柏林的人口将超过400万，这给城市住房带来巨大压力，但柏林的住房供应却捉襟见肘。根据德国中央银行的数据，2017年，柏林规划新建的住房数量首次下降。面对接近饱和的住房建设市场以及涌入的人群，柏林需要探索新的居住模式，以用有限的土地容纳更加多元的居民。

2018年11月底，为了保障住房供应，控制房租和地价，柏林市政府宣布将在2030年前建造20万套住房，包括11.4万套新建住房以及近些年工程延误的7.7万套住房。为了抑制投机行为，政府还承诺，20万套住房的一半将作为"社会住房"，以可负担的租金提供给低收入者，但"这些房屋将建在何处"是政府面临的难题。柏林市内未开发的空间极为有限，仅存的空地来自城市外围废弃的农场和公园，其配套设施不完善、交通不便等问题不容忽视。同时，将绿地改为居住用地遭到周边广大居民的反对。另外，若将市

内零散的闲置用地进行开发，或对老旧住宅进行加建，则需考虑对周边住宅光照的影响。

2. 租金上涨

由于政策的变动和投资市场的走势，成本型租赁住房在德国的住房市场中所占比例处于动态变化中，其对市场整体租金水平的影响力也随时间发生变化。近年来，租金管制型住房的比例整体呈下降趋势，很有可能直接导致近年来柏林市整体租金水平大幅上涨。

另外，虽然现有众多相关法律和条规抑制房租上涨，但其并没有涵盖大幅翻新的公寓和新建住房，随着建设费用的上涨与新建房屋占比的增长，柏林的房租仍在经历前所未有的涨幅。2017年，根据房地产咨询公司莱坊国际（Knight Frank）公布的"2017全球住宅城市指数"（Global Residential Cities Index），柏林是全球唯一一座在过去一年房价涨幅超过20%的城市。2018年，虽然整体租金低于慕尼黑和法兰克福，但柏林的租金增幅高达103%，13000名柏林民众走上街头，抗议房租上涨和空间"绅士化"。

2019年6月，柏林市议会通过相关法律提案，表示如今市场上房屋供不应求，控制现有租金水平能够给新公寓的建造留足时间，并稳定市场。该提案希望通过多个综合措施，将2013年之前建造的房屋的平均租金降至每平方米6~7欧元，并在5年内保持不变，将租金上限"冻结"。2020年1月，该项提议通过，并于2月生效（Eddy，2020）。但柏林这项租金冻结的措施在德国也引起争议。

一方面，支持者认为通过冻结租金五年可以遏制正在飙升的租金，柏林市政府也希望采取最激进的措施，以保护居民免受住房危机的影响。但反对者提出此举只是暂时性的租金压力缓解，而其实施过程中会对柏林在投资者心中的形象造成巨大损害，抑制未来的潜在投资，进一步减少住房供应。房地产协会IVD更是在一份声明中表示："柏林州政府恢复了社会主义住房政策。"很多房主和开发商不再有兴趣将房屋出租，只想将房子卖掉，降低市场的租房存量，这可能会加剧柏林现有的住房短缺问题，这还可能会打击房东的积极性，没有兴趣再对房屋进行维护装修，使得出租房屋质量下降。

第四节 "单一制"导向下柏林租赁住房发展的相关政策

一、"两层租金管理制度"的实施评价

1. "两层租金管理制度"的主要内容

"单一制"租赁住房体系的关键是维持一定比例的成本型住房，不论其供给者是政府还是市场；而调控成本型住房的方式是对其展开约束，"两层租金管理制度"正是以此为出发点建构：第一层是针对其是否享受政府资助设定租金约束，第二层是针对所有租赁住房设定租金管理的秩序规则。

第一层租金管理制度具体实施路径为：以一定的政府资助获得一定期限内的租金管制权。1950年德国第一部《住房建设法》规定，新建住房的房东均可获得从房屋投入使用起20~30年占建筑费用50%的无息贷款。作为交换，在贷款期限内，房租必须保持在仅回收成本的水平。在此期间，房东拥有住房的所有权，而政府拥有住房的使用权。政府对此类住房施行严格的租金控制，其租金仅为市场水平的50%~60%。贷款合同期满后，政府将住房的使用权归还给房东，住房回归市场，以市场租金出租。通过该政策，市场上在前20~30年建造的大多数租赁住房的租金水平可维持在较低水平。近年来，某些地区新颁政策规定，对于新建住房的补贴减少至10年，但市场上仍有建设时间较早的房屋还在接受20~30年的住房补贴。不同时期新建房屋类型和数量不同，整个租赁市场呈现混合多元的供给状态，对于维持租赁市场整体价格的稳定具有一定的积极作用。

第二层租金管理制度适用于所有类型其他租赁住房，既包括非成本型租赁住房组织持有的租赁住房，也包括没有接受政府补贴而建设的出租房。在这一层级中，德国的租赁法规以"租金明镜"（Mietspiegel）为支点，对住房的旧约租金和新约租金及加租和减租的方式、程序与要求进行具体规定（图6-6）。其主要作用在于保障租户的租住信心，同时确保房东非投机性的合理收入（王阳，2019）。通过"租金明镜"，承

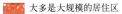
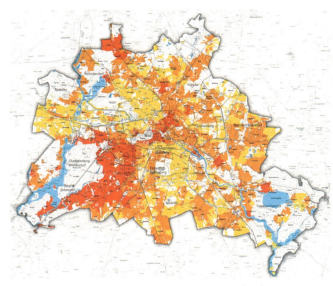

- 大多是小规模的简单居住区
- 大多是中等规模的居住区
- 大多是大规模的居住区
- 没有居住功能的区域

2019年柏林市住宅分布示意图

参考			旧建筑		新建筑					
			1918年前	1919~1949年	1950~1964年	1965~1972年	1973~1990年（联邦德国）	1973~1990年（民主德国）	1991~2002年	2003~2017年
面积	设备情况 住宅区规模		带暖气、浴室、厕所	带暖气、浴室、厕所	带暖气、浴室、厕所	带暖气、浴室、厕所	带暖气、浴室、厕所	带暖气、浴室、厕所	带暖气、浴室、厕所	带暖气、浴室、厕所
			1	2	3	4	5	6	7	8
小于40m²	小型	A	7.90 5.50~12.97	7.80 6.00~8.68	6.43 5.54~9.03	6.80 5.99~8.83	7.57 7.43~8.85	7.14 6.85~7.97	—	—
	中型	B	8.43 6.72~12.24	7.66 6.44~8.55	6.85 5.65~9.05	6.57 5.89~8.24	7.73 5.33~8.16	6.93 6.45~7.23	—	—
	大型	C	11.44 6.54~14.23	7.50 6.44~9.48	7.47 6.36~9.31	8.90 8.15~9.75	8.31 7.47~10.09	7.13 6.70~8.73	—	—
40~60m²	小型	D	6.75 5.26~9.94	6.40 5.42~8.19	6.00 5.38~8.00	5.88 5.05~7.01	7.46 6.20~8.65	6.01 5.72~6.55	8.36 7.71~10.20	11.61 9.70~15.11
	中型	E	7.43 5.41~10.25	6.74 5.63~7.76	6.11 5.39~7.64	5.98 5.43~6.94	7.73 6.36~8.77	5.95 5.40~6.70	8.18 7.43~9.17	9.85 7.28~12.50
	大型	F	8.04 5.99~10.97	6.90 6.01~9.14	6.52 5.65~7.85	7.13 5.29~10.00	8.42 7.38~9.22	6.01 5.83~6.96	9.75 8.14~11.12	9.88 7.75~11.98
60~90m²	小型	G	6.33 4.83~10.00	5.87 5.06~7.27	5.58 4.83~6.81	5.45 4.89~6.08	7.27 6.08~9.00	5.27 4.99~5.73	7.72 6.23~8.59	12.89 8.49~14.83
	中型	H	6.77 4.84~10.00	6.24 5.09~7.32	6.00 5.28~7.08	5.71 5.08~6.40	8.00 5.70~9.11	5.27 4.60~5.76	7.90 6.73~9.03	10.09 8.91~12.20
	大型	I	7.49 5.62~10.92	7.10 5.91~9.15	6.54 5.50~8.37	6.65 5.20~8.31	8.32 6.61~9.84	5.57 4.60~6.29	9.09 7.45~11.02	10.22 8.84~12.75
大于90m²	小型	J	6.23 4.79~9.14	6.13 5.14~7.16	—	5.47 4.89~6.05	7.19 5.83~8.28	5.23 4.78~5.48	7.96 6.64~9.32	11.95 8.52~13.77
	中型	K	6.77 4.88~9.80	6.01 5.10~8.51	6.77 5.62~11.41	5.40 5.06~6.14	7.64 5.97~8.66	5.25 4.61~5.56	8.19 7.21~9.54	10.08 8.80~12.73
	大型	L	7.33 5.48~10.48	6.69 5.69~8.93	8.23 6.69~9.30	8.30 7.54~8.89	9.00 7.06~11.94	5.32 5.08~5.93	9.80 8.17~11.70	11.50 9.34~13.69

针对不同状况住房的租金建议（单位：欧元/m²）

图 6-6　2019 年柏林"租金明镜"部分表格图示

资料来源：柏林城市发展与住房部，http://www.stadtentwicklung.berlin.de/

租者可以很清晰地反查自己支付的住房租金是否在当地合理租金范围内。如果房东在现有合同期间试图提高租金，必须遵循"租金明镜"和租赁法规的规定，经过一系列审核。这避免了暴利。

2. "两层租金管理制度"增加了租房市场应对供需变化的弹性

"两层租金管理制度"应对市场供需变化有弹性，具体而言，其对于稳定租赁市场的成效体现在三方面。一是，受约束与不受约束的住房在整个租房市场中的动态混合可对市场租金发挥调控作用。在受补贴管制期间，租房市场上存在大量以营利为目的但只收取成本租金的住房。随着住房的老化，住房不再接受政府补贴，也不再受回收成本租金的管制，转而进入较为宽松的第二个层次的租金体系。因此，市场上受租金管控的租赁住房时刻都在发生动态变化，达到一种动态平衡状态，进而发挥对租赁市场价格的调控作用。二是，受其约束的住房对投资者仍有吸引力，这可确保租赁住房市场成本型住房的供给不中断。受"两层租金管理制度"约束的住房在建设时可接受政府补贴和低息贷款，且租金回报率长期稳定在4%~5%，这高于德国金融市场长期国债收益率。三是，第一层受管制的租赁住房一定年限后，可以进入第二层租金管理体系，这有助于提升第一层成本型租房的建设质量与居住品质，还可以弱化居住隔离与贫民区化。这也为政府应对其他居住问题保留了资金和精力。

二、住房合作社的实施评价

住房合作社（Housing Cooperatives）是德国住房市场的重要组成部分。德国的住房合作社出现于1862年的汉堡，起初是工人的住房自助形式，后来逐步发展成为社员提供租赁住房的互助组织（中国报告网，2018）。在19世纪工业化进程中诞生的德国住房合作社，是由平民合力解决住房问题的模式。这与第二次世界大战后德国推进住房合作社模式不同，前者是自发组织推进，后者是政府参与并作为福利政策模式推进。但无论是哪一种，住房合作社对解决德国住房短缺问题都作出了积极贡献。作为工人自助型合作组织时期的住房合作社连接的是个人与个人、个人与集体；在政府支持将其作为社会化项目推进时，住房合作社连接的是政府、社会、个人。

目前，德国住房合作社已成为社会福利化进程中的社会化项目，政府为其提供了一系列的政策优惠支持。第一，土地优惠支持。政府会以较低价格将土地转让给住房合作社以用于成本型住宅建设。第二，贷款支持。政府为住房合作社提供长期低息或无息贷款，贷款期限一般在30~40年，最长可达60~65年。第三，税收支持。政府对住房合作社降低所得税、财产税和交易税等的税率。由于后期住房合作社所建房屋也开始对外出售，逐渐拥有开发商属性，政府规定若住房合作社向社员出租的房屋比例低于所建房屋的90%时，不再享有税收优惠。第四，额外补贴。如果住房合作社所建住房仅用于社员租赁使用，政府会适当补贴部分租金。目前，德国拥有2000多个住房合作社，住宅拥有量220万套。2018年，德国有9%的租赁住房供给来自住房合作社（图6-7），在某些城市该比例甚至可以达到20%。

德国住房合作社的直接作用是扩大了成本型住房在住房存量中的占比，进而通过调节住房与租房需求以维持房价与租金的稳定。德国的住房合作社呈现以下几方面特征。一是住房合作社的租金低于市场租金。一般住房合作社社员缴纳的租金比市场租金低20%~30%，一般支付方式是按月支付房租。二是住房合作社所建住宅产权归住房合作社所有，但社员对住房合作社住房享有终生使用权，且使用权可以继承。如果社员中途退租，住房合作社将向社员退还至此为止的全部房费（会费加全部租金），再将该房转让给新加入的社员。三是住房合作社出租对象的灵活性。在满足社员住房需求后，住房合作社内剩余住房可以按照市场租金出租给非社员。四是住房合作社收取的房

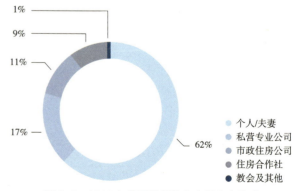

图6-7　2018年德国租赁性住房所有者构成

资料来源：德国联邦统计局，https://www.destatis.de

租在扣除建房贷款本息以及房屋日常运营费用后分配给社员。本质上说，住房合作社同时承担了银行与开发商的职责，它形成了一个从资金到建设到管理的自循环系统，在为社会不断供应可支付性租赁住房的同时，社员积极参与的方式也强化了社员的归属感，使社会化住房不仅实现了物质层面的居住供给，还促进了非物质层面的"社会融合"。

三、"租同权"：中立的租客权益保障体系实现保有权的中立

在"单一制"租赁住房体系中，保有权中立是重要的政策目标。这一目标设定的目的是确保承租人权利。德国政府以《民法》为基础实施了一系列措施以保护租客的居住权利。例如，政府通过实施针对租期、退租、中介费用和房屋质量评估的政策保障承租人的权益。此外，德国政府还建立了完善的住房安全与健康标准评估体系，提升了成本型租赁住房质量。在德国，所有房屋接受相同标准的评估，这使得成本型租赁住房在各方面的建设质量都与营利型住房相当，消除由租房产生的心理落差。对承租人权利保障可吸引新兴中产阶层选择租赁方式解决住房问题，进而抑制了潜在的购房需求。租购并举是中央近年来明确提出的未来住房市场发展新方向，但在此过程中，需要警惕中高收入群体为"权"租房对真正需要"住"房群体产生空间驱逐，进而加剧了公共服务作为稀缺性资源在大城市引起的投资性租赁问题。因此，应完善"租同权"的相关保障体系，在保障中低收入群体的"居住权"时，降低可能产生的居住群体阶层替代风险（陈杰 等，2019）。

第五节 柏林 IBeB 共享住宅规划设计案例

一、柏林 IBeB 共享住宅项目简介

柏林 IBeB 项目的德文全称是 Integratives Bauprojekt am ehemaligen Blumengrossmarkt，意指原鲜花大市场上的整合性建筑方案。IBeB 项目位于柏林市历史悠久的老城区克罗兹堡区，与犹太人博物馆隔街相望（图 6-8）。IBeB 项目基地位于柏林克罗兹堡区老弗里德里希城的柏林鲜花大市场旧址，其所在街道是柏林最古老的几条大街之一，曾经是汇集上百家出版社和报社的媒体传播区，是一块充满历史与文化的基地。

1710 年，这里便成为西柏林市郊的一部分，东、西柏林统一后，这片区域逐渐成为柏林市中心，曾经的鲜花大市场也搬到了别处，市场大厅现在改作犹太人博物馆的学术中心。场地与柏林犹太人博物馆隔街相望，其中包括巴洛克风格的老馆和丹尼尔·里伯斯金设计的后现代风格的新馆。场地周边艺术产业集中，

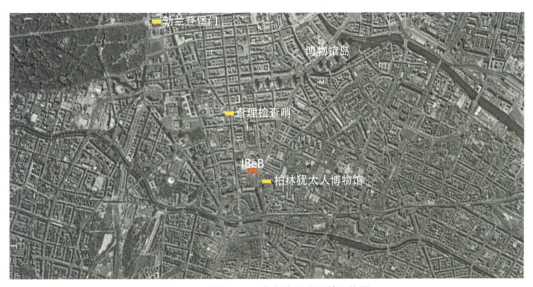

图 6-8 柏林 IBeB 共享住宅项目的区位图

有大量文化设施与创意公司。

目前在该片区正在开发城市创新发展项目，计划在 1.4hm² 的土地上建设一个混合功能的社区。除 IBeB 共享住房外，该片区还建有一栋创意公司的办公大楼和一栋带有住宅单元与办公室的多功能建筑。

IBeB 项目历经 4 年的策划与设计以及 2 年的施工后，于 2018 年 6 月竣工。该项目拥有多元化的业主类型，是一栋集合公寓、工作室和商业功能的地上 6 层建筑物。该项目的地块面积为 2806m²，容积率为 2.81，建筑总面积为 12264m²（表 6-2）。其中，总居住面积为 5531m²，占总建筑面积的 45%，工作室和商业功能面积 1692m²，共设居住单元 66 个。

二、柏林 IBeB 共享住宅项目规划建设理念及产权概况

柏林的居住模式趋向多元化，出现了单人家庭、小家庭、多代家庭等多种家庭模式，对住宅的需求也越来越多样，居住不再是住宅供应满足的唯一功能，办公、社交、健身等生活方式同样需要一定的空间。IBeB 关注到了这种居住趋势，并希望在设计中体现这种多元性和复杂性（图 6-9）。因此，让各群体在城市中心找到居所，为这片历史悠久的场地注入新的活力，是 IBeB 合作建房联盟的主要目标。

在 IBeB 项目中，因为业主类型不同，存在两种产权模式（图 6-10）：独立业主拥有的私有产权，住房合作社拥有的共有产权。两种产权形式的公寓和工作室混合分布在建筑中，所有居民都有相同的社区参与权，并由统一的物业管理。

三、柏林 IBeB 共享住宅项目生活圈配套服务概况

IBeB 共享住宅项目位于一处小型居住区内，住宅首层的餐饮与商业资源丰富，有大量绿地，且场地周边艺术产业集中，有大量文化设施与创意公司，片区整体环境优美怡人。

共享住宅以社区生活为导向，其内部不仅可以满足使用者的居住需求，其中的工作室、社区活动室、公共花园还能满足办公、健身和社交等需求，加上居民互帮互助，一定程度上弱化了对周边基础设施的需求。根据柏林共享住宅网站提供的信息，目前柏林全

柏林 IBeB 共享住宅项目的相关技术经济指标　　　　　　表 6-2

序号	指标名称	单位	数值	备注
1	总用地面积	m²	2806	—
2	总建筑面积	m²	12264	—
3	户数	户	86	66 户公寓、17 户工作室、3 户首层商业
4	容积率	—	2.81	

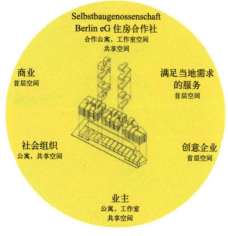

图 6-9　柏林 IBeB 共享住宅项目设计理念
资料来源：Heide & von Beckerath 建筑事务所，https://heidevonbeckerath.com/

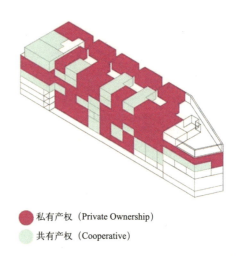

图 6-10　IBeB 项目中的产权主体分布
资料来源：毛艺乔，2019

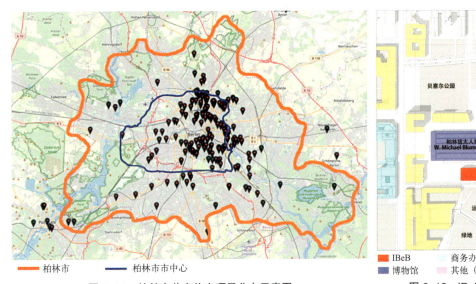

图 6-11 柏林市共享住宅项目分布示意图	图 6-12 IBeB 项目周边的建成环境
资料来源：柏林共享住宅，https://www.cohousing-berlin.de/de	资料来源：Heide & von Beckerath 建筑事务所，https://heidevonbeckerath.com/

市建成的共享住宅项目共计 129 个，另有 22 个在建以及 60 个尚在规划。从图 6-11、图 6-12 可以看出，柏林市共享住宅项目大多分布在东部市中心与郊区分界线附近，这片区域存在非常多的大型居住区与商住混合建筑，教育资源与文化设施丰富，拥有的大型商业区及体育场馆较少，绿化呈现小面积零散分布。共享住宅与其他类型住宅混合，既可共享区域的资源设施，也可通过首层商铺及公共活动室进行补充，是多代家庭（multi-generation family）、艺术工作者和残障人士的极好居住选择。IBeB 共享住宅邻近柏林犹太人博物馆，这一城市级公共服务设施是其区位上的"独享"服务资源。就日常生活而言，该项目周边分布的公园绿地有 2 处（北部和南部各 1 处），幼儿园、教堂、创意公司办公楼也在其 15min 步行范围内。这意味着该共享住宅项目的周边配套服务不仅体现在公共服务的就近可达，还包括对就业岗位的可达性考虑。

四、柏林 IBeB 共享住宅项目单体设计

1. 交通及主要功能空间组织

为了节约资金并充分利用现有资源，IBeB 项目本着最大利用率的原则展开设计。整个建筑除首层外，共有 7 层（包括地下 1 层，局部有挑空），被 2 个竖向交通空间在水平方向分为 3 个体块（图 6-13）。西面人流量小，较安静，所以建筑首层主要安排了共享空间（共享洗衣房和共享客厅）以及自行车停放间；东面因为邻接主要道路并面向小广场，人流量大、位置醒目，因此底层被用于商业空间。

由于建筑的进深达 23m，其内部空间的采光和防火设计成为难题。为了解决这个难题，建筑师在建筑中设计了一条内部"小街道"，这条"小街道"连接了建筑两端的竖向楼梯间和五个竖向贯穿建筑的采光井。通过采光井引入光线，建筑中的采光问题迎刃而解。同时，建筑师还利用采光井创造的小环境做了可供居民使用的共享空间，同层平均大概每 4 户共享一个采光井，居民可以在建筑内的"小街道"和"小院落"驻足互动。

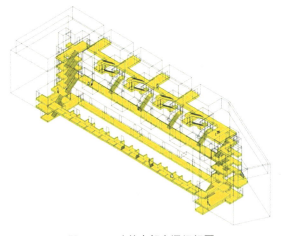

图 6-13 建筑内部交通组织图
资料来源：Heide & von Beckerath 建筑事务所，https://heidevonbeckerath.com/

建筑共有3个出入口：两个位于南侧，分别通向不同的工作室、花园、共用杂物间和地下室；另一个在建筑二层，它与被绿化处理过的采光井相连。建筑内的电梯可以直接通往最顶层，而最顶层则通过外部楼梯连接屋顶花园。建筑顶层设计有独立的建筑小体块，这些小体块可用作工作室、共享活动室以及备用空间。在屋顶的东侧还有一个供儿童玩耍的小沙坑。设计团队还考虑到了后期可能的改扩建需要，灵活组织了建筑场地的交通流线。

2. 户型设计

IBeB项目中的建筑户型设计遵循了城市居住多元化设计的初衷。考虑到住宅内66组住户中很多都是艺术从业者，整个建筑的功能定位为居住与办公（小型工作室），包括普通的平层公寓、办公居住一体的SOHO、不同户型的艺术家工作室，以及室内共享空间和商业空间（毛艺乔, 2019）。该项目共设66套公寓、17个艺术家工作室和3个首层的商业空间。

为了满足不同居住群体差异化的生活需求以及经济承担能力，公寓和工作室在面积大小、内部空间净高和建造标准等方面采取差异化设计，如工作室类设有24m²的小型工作研习室，61m²的办公居住一体化中型SOHO；公寓户型设计包括61m²的小公寓，120~132m²的双层复式公寓，99m²的在建筑端头南北通透、三室两厅的普通平层住宅；针对艺术家这一典型人群的工作室，也设有54m²和104m²两种空间类型以供选择（图6-14）。

所有66套公寓的户型设计都来自建筑师在设计之初设定的户型模块。住户在实际入住时也可根据自己的需求进行组合变化，如单个居住单元无法满足需求时，也可以采取合并单元的方式，如将2套公寓进行组合。

居住的公寓层高均控制在2.6m，工作室类的层高则满足单层3.6m，底层包含跃层的空间层高可以达到5m。建筑中部的户型单元符合模数化设计，但整个建筑两端的户型为了适应基地环境不在模数中。建筑首层、一层、四层和端头的公寓以及工作室满足无障碍设计与使用需求。

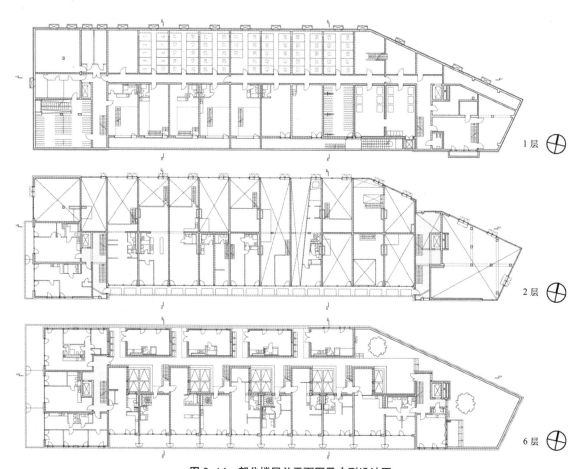

图6-14 部分楼层总平面图及户型设计图
资料来源：Heide & von Beckerath 建筑事务所，https://heidevonbeckerath.com/

第六节 "单一制"模式导向下柏林租赁住房发展对我国大城市的启示

德国"单一制"租赁住房市场的演变过程显示，公共住房是前期建设的选择，它具有快速扩充住房存量的优势，但随着公共住房的衰弱，政府通过税收、金融政策引导建设和出租开始取代政府直接投资政策（郭平，2014）。凭借合理而灵活的租金管理体系，德国培育出大量质量高、租金低的出租房，成功抑制了房价和租金的波动，同时抑制了营利型租赁住房与成本型租赁住房之间的差价危机，真正保障了中低收入者的住房需求。

一、增加成本型租赁住房的供应

当前，我国住房与租房市场呈现"二元化"结构特征，其突出表现是住房市场由营利性的市场主导，租赁市场分化为营利性的私人租赁与非营利性的公共租赁，其结果是营利性买卖市场的高房价加剧了非营利性公共租赁的负担，但政府迫于公共财政压力，难以通过福利化手段提供足够的非营利性公共住宅。与此同时，营利性私人租赁的租金价格相对较高，大量中低收入群体的租金支付负担过重。近年来，随着网络租赁与机构化租赁的发展，信息不对称及市场化运营管理秩序缺乏有效的监管与调控机制，更是加剧了中低收入群体的租房负担。总体而言，我国的租赁住房体系缺乏多层次租金价格水平的供应主体，缺乏有效的市场调节与监督管理机制，且既有制度更倾向于从供给端的"谁拥有房产"上展开设计。德国"单一制"租赁住房体系将注意力从"谁拥有房产"上转移开，而更加侧重于从需求端出发，建立多元化的租赁住房供应体系，以成本型租赁住房和多元混合的租赁市场去发挥市场自我调节的作用，在保有权中立的运作方式下满足中低收入群体可支付与体面的居住需求。同时，成本型租赁住房建设经验显示，其与营利型租赁住房之间的动态更新，能够实现市场中租赁住房质量标准的统一，这有助于消除市民对成本型租赁住房的偏见，促进"居住混合"与"社会融合"。

此外，就成本型租赁住房体现的租金价格友好而言，我国的保障性租赁住房价格也十分友好，但大多只针对户籍人口。同时，地方政府受土地财政约束，区位偏远、质量较差、物业治理能力较低等问题突出。事实上，由政府主导的保障性住房建设也需要投入大量的财政资金，这很难在数量和时间上满足大量中低收入群体的租房需求。另外，我国目前房地产市场的套户比已经大于1，增量并不是解决问题的关键，如何盘活存量资源，释放其进入租赁市场的潜力十分关键。而这部分住房如何有序进入市场，避免低收入阶层的空间替代，德国"单一制"租赁住房体系始终瞄准"居住权"这一目标，可为我国大城市租赁市场健康发展提供思路借鉴。

二、建立合理灵活的租金管制体系

建立健全租赁市场价格评估体系，促进租赁市场价格合理化，对于市场稳定发展十分重要（刘畅，2019）。德国租金管制制度比较健全，其"租金明镜"由多方维护并定期更新，细致全面，能真实反映市场租金价格水平，对于市场租赁的透明、公平化发展意义重大。中国住房租赁市场起步相对较晚，政府相关部门可联合住房租赁企业，根据房屋的地理位置、交通状况、建成年代和建筑质量状况等因素，确定该企业房源的一个合理的房租起步价格表。同时，对该房租价格表进行维护，定期更新，确保价格表内数据的时效性，使租金更加合理化，以避免暴利。同时，以该价格参照表为基准，应设计相关法律制度，对违反规定的居民或企业进行惩罚与警告，保障企业和房客利益。

三、推行"租购同权"与"租同权"

我国房屋产权与落户、教育等社会福利挂钩，租房存在社会基本福利空缺。大量居民购房不是因为居住的"刚需"，而是不得不迫于这些社会基本福利的"刚需"购房。租购不同权的制度倒逼大量家庭不得不买房，这加剧了市民家庭的生活负担，也强化了住房作为金融投资品而非基本消费品的价值属性，潜在地助力了房地产泡沫和社会贫富极化。另外，当前的保障性住房政策基本游离于住房租赁和销售市场之外，尤其对私人产权的社会租赁住房市场缺少覆盖。因此，打通租购市场的流通瓶颈，扩展提升租赁住房市场，首先应将社会福利与房屋产权脱离关联，其次应采取差异化的公共服务供给标准满足租赁群体的需求，保障其基本的"居住权"。例如，规划建设面向不同需求的租赁住房住区，并配套不同标准的公共服务设施，突破僵硬的公共服务设施配套标准。同时，打破市场租赁与公共租赁两极化的租赁市场，引入社会资本，增加市场秩序监管，提升租赁住房质量与租客权利保护，推行"租购同权"与"租同权"。

参考文献

EDDY M, 2020. Berlin Freezes Rents for 5 Years in a Bid to Slow Gentrification[EB/OL]. [2020-05-21]. https://www.nytimes.com/2020/01/31/world/europe/berlin-gentrification-rent.html.

HAFFNER M, HOEKSTRA J, OXLEY M, et al. Bridging the Gap Between Social and Market Rented Housing in Six European Countries?[M]. Amsterdam：IOS Press, 2009.

LENS, 2018. 在纽约、柏林、东京生活，如何面对房子和工作？[EB/OL]. [2019-11-13]. https://www.huxiu.com/article/259277.html.

SCHENK M, 2019. Ownership Structure of the Residential Market[EB/OL]. [2020-2-21]. https://pdf.euro.savills.co.uk/germany-research/eng-2019/spotlight-ownership-structure-of-the-german-residential-market.pdf.

SCHMID D, 2020. Home Ownership Rate in Germany 2010-2018[EB/OL]. [2020-5-5]. https://www.statista.com/statistics/543381/house-owners-among-population-germany/.

Wikipedia. Berlin[EB/OL]. [2019-11-14]. https://en.wikipedia.org/wiki/Berlin.

北京市统计局，国家统计局北京调查总队，2019. 2018 年北京统计年鉴 [EB/OL]. [2019-11-17]. http://tjj.beijing.gov.cn/tjsj/.

北京市住房和城乡建设委员会. 北京住房租赁新规正式发布明确子女入学、户口登记等问题 [EB/OL]. [2019-11-29]. http://bj.bendibao.com/news/2017930/245029.shtm.

柏林—布兰登堡统计局，2018. 人口、社会、经济数据 [EB/OL]. [2019-11-15]. https://www.statistik-berlin-brandenburg.de/.

柏林城市发展与住房部，2018. 人口、社会、经济数据 [EB/OL]. [2019-11-27]. http://www.stadtentwicklung.berlin.de/.

柏林共享住宅，2018. 人口、社会、经济数据 [EB/OL]. [2020-2-22]. https://www.cohousing-berlin.de/de.

柏林投资银行，2019. 2018 IBB Housing Report[EB/OL]. [2019-11-19]. https://www.ibb.de/en/homepage/homepage.html.

柴强，2018. 中外住房租赁的比较与借鉴 [J]. 城乡建设（6）：28-30.

陈杰，吴义东，2019. 租购同权过程中住房权与公共服务获取权的可能冲突——为"住"租房还是为"权"租房 [J]. 学术月刊，51（2）：44-56.

迟艳英，李丰伟，2019. 借鉴德国经验加快建立以房租补贴为主的住房保障制度 [J]. 中国财政（7）：77-78.

德国联邦统计局，2018. 相关数据 [EB/OL]. [2019-11-27]. https://www.destatis.de.

郭平，2014. 保障性住房政策演变下住房租赁市场发展研究——以德国、美国为例 [J]. 石家庄经济学院学报，37（5）：64-68，74.

国信达数据. 北京房屋租售比达 1.81%，投资回报率远低于国际标准 [EB/OL]. [2019-11-21]. https://xw.qq.com/amphtml/20190326B0KH6600.

海外房产置业，2016. 在德国柏林遭遇的租房难 [EB/OL]. [2019-11-28]. http://www.sohu.com/a/100263844_390376.

胡川宁，2013. 德国社会住房法律制度研究 [J]. 社会科学研究（3）：89-94.

几言，2019. 德国住房租赁市场的发展及其经验 [J]. 上海房地（1）：50-57.

凯梅尼，2010. 从公共住房到社会市场 [M]. 王韬，译. 北京：中国建筑工业出版社.

刘畅，2019. 德国住房租赁市场的稳定发展及对我国的启示 [J]. 中国房地产（17）：35-39.

毛艺乔，2019. 城市共享住宅在德国的实践——以柏林原鲜花大市场整合性住宅方案 IBeB 为例 [J]. 建筑师（1）：31-37.

汪利娜，2016. 政策性住宅金融：国际经验与中国借鉴——兼论中国住房公积金改革方案 [J]. 国际经济评论（2）：87-100.

王阳，2019. 德国住房租赁制度及其对我国住房租赁市场培育的启示 [J]. 国际城市规划，34（5）：77-85.

易馨培，2018. 中国住房租赁制度改革研究 [D]. 广州：华南理工大学博士学位论文.

余南平，2008. 欧洲社会模式——以欧洲住房市场和住房政策为视角 [D]. 上海：华东师范大学.

约翰·艾克豪夫，2012. 德国住房政策 [M]. 毕宇珠，译. 北京：中国建筑工业出版社.

张英杰，任荣荣，2019. 住房租赁市场发展的国际经验与启示 [J]. 宏观经济研究（9）：115-122.

张延群，2011. 德国公租房政策对我国的启示 [J]. 中国经贸导刊（14）：32-33.

中国报告网，2018. 2018年德国房地产行业住房政策发展历程及供给结构分析 [EB/OL]. [2019-11-19]. http://free.chinabaogao.com/fangchang/201801/011S144F2018.html.

中国经营报，2019. 共享住房：双元VS多元 [EB/OL]. [2019-11-18]. http://baijiahao.baidu.com/s?id=1650961684780886123&wfr=spider&for=pc.

钟庭军，2019. 德国国有住房租赁公司运营模式——考察柏林Gewobag市政房地产公司的启示 [J]. 上海房地（8）：46-50.

朱秋霞，2013. 德国社会保障住宅分配制度演变及对中国的启示 [J]. 现代经济探讨（4）：85-88.

左婷，郑春荣，2011. 德国住房政策的转变及其原因分析 [J]. 中外企业家（20）：282-284.

第七章
以"慕尼黑混合"模式为导向的慕尼黑租赁住房发展

慕尼黑是欧洲十大创意产业基地之一，其创业和创新的氛围吸引了大量受教育程度较高的年轻移民。预计到2030年，慕尼黑的人口将再增加15%（约达到172万）。慕尼黑的"流动人口"数量大、占比高，近年来人口增长趋势强劲，总体就业率高，然而慕尼黑的住房供给应对人口增长却显得乏力。再加上慕尼黑目前的住房空置率接近为零，造成其住房压力只能通过增量予以实现。一方面是人口增长倒逼租房需求，另一方面是因供不应求造成的租金上涨，慕尼黑已然成为德国典型的租房困难的大城市。慕尼黑的产业结构及劳动力结构在租房需求上，除了数量供给外，还伴随着多元的国际化背景以及短期与长期租房需求的交织，"慕尼黑混合"模式正是慕尼黑政府当前回应住房问题的主要政策。因此，本章将聚焦"慕尼黑混合"这一租房政策的内涵、发展历程及典型政策内容，针对我国大城市同样面临应对人口增长的压力，特别是"新市民"和"夹心层"群体的租房压力，"慕尼黑混合"模式对我国的启示也成为本章阐述的重点内容。

第一节 慕尼黑城市概况

一、慕尼黑人口与社会经济发展

慕尼黑位于德国南部巴伐利亚州上巴伐利亚行政区，是德国南部第一大城市，是巴伐利亚州首府。慕尼黑市总面积为 310.7km²，总人口 155 万（2019 年），是德国人口密度最高的城市（约 5000 人/km²）。慕尼黑经济实力强，金融、先进制造业、信息通信技术、媒体等产业的集群是慕尼黑多样和高效经济发展的基础（图 7-1）。2017 年慕尼黑地区生产总值 1151 亿欧元，占巴伐利亚州的 19%，居民人均 GDP 为 78810 欧元（约合 61.5 万元人民币），远高于我国北上广深等一线大城市的人均 GDP。其中，慕尼黑市就业人口人均 GDP 为 103369 欧元（约 80.7 万元人民币）。2018 年，慕尼黑市失业率为 3.5%，在德国大城市中最低。

在经济产业发展上，慕尼黑及其周边云集了大量的企业总部。第二次世界大战后，很多公司将其总部从柏林或原民主德国迁至慕尼黑。经过战后几十年的发展，慕尼黑的生物技术、医疗、汽车、能源等技术研发和创新类产业都处于国际先进水平。慕尼黑大都市区也是欧洲最活跃、多元化的大都市经济体之一，在巴伐利亚州，慕尼黑大都市区凭借巴伐利亚州三分之一的人口，创造了全州一半的经济产出。慕尼黑大都市区内的财富分布均匀，多元的产业类型相互平衡，形成"慕尼黑混合"（Munich Mix）的经济模式。同一产业中大型全球性公司和中小型企业相辅相成，形成"集群的集群"（Clark et al., 2014）。出色的教育和产业、城市环境等综合因素带来的人才吸引力使得慕尼黑具有高水平的人力资源。根据欧盟统计局 2018 年数据，上巴伐利亚高科技劳动力占总人口的 7.3%，在德国城市中仅次于柏林。

就人口变化而言，慕尼黑的人口持续处于稳定增长状态（图 7-2）。慕尼黑人口增长与其经济产业和住房发展政策关系密切。慕尼黑住房政策始终紧密围绕着"慕尼黑混合"这一目标制定。慕尼黑对于德国国内和国外劳动力都具有较强吸引力，跨城市和跨国人口流动性高。2018 年，慕尼黑有移民背景的人口占 49.4%。在慕尼黑总人口规模增长过程中，外国人口（Ausländer/innen）规模持续增加，其在总人口中的比例也呈现上升趋势。1950 年，慕尼黑市外国人口规模为 3.3 万，占比为 4%；2001 年外国人口规模达 28.7 万，占比高达 22.8%；2018 年这一比例更是上升至 28.1%（图 7-2）。2008 年德国主要城市移民环境比较的数据显示，在"知识环境与多元文化"类别中，慕尼黑的移民得分非常高。此外，就慕尼黑市人口年龄结构分布而言，外国移民的年轻化趋势更明显。

综上所述，慕尼黑的住房发展战略一方面需要考虑不断新增人口的住房供给，同时，还需要考虑新增人口就业对城市中低收入群体住房的冲击以及新增人口结构对特定类型住房的规模化需求，包括新增人口

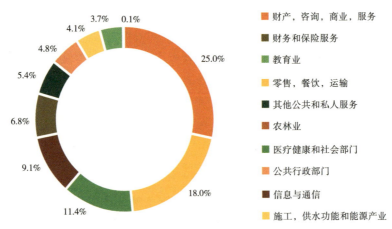

图 7-1 慕尼黑 2017 年就业分布

资料来源：作者根据慕尼黑劳动与经济部的《2018 慕尼黑商务报告》（2018 Munich as a Business Location）整理绘制

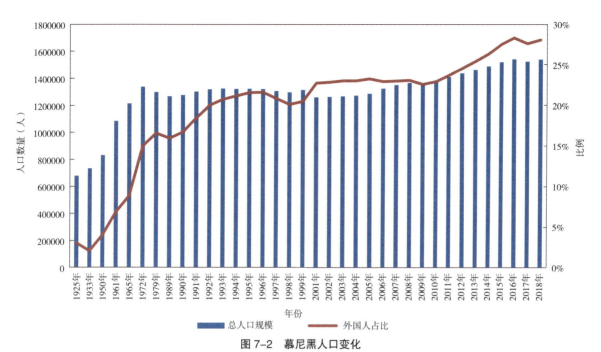

图 7-2 慕尼黑人口变化

资料来源：作者根据相关网页数据整理绘制，https://www.muenchen.de/rathaus/Stadtinfos/Statistik/Bev-lkerung/Bev-lkerungsbestand.html

在城市的"社会融合"以及新增人口就业存在流动性等特征。因此，一方面，在人口流动便捷和自由的情况下，租房是与生活方式更契合的居住选择；另一方面，如何应对新增人口对住房市场的需求以及整个住房市场的可支付性是慕尼黑住房政策施行的重点，也是"慕尼黑混合"这一住房模式推进的重要出发点之一。

二、慕尼黑城市空间结构特征

总体而言，慕尼黑的城市空间结构呈现多中心、网络化发展特征。在都市区尺度，与周边卫星城分工合作，且与周边城市形成多中心的城市网络。慕尼黑作为大都市区的中心城市，与多个卫星城以互补的空间分工共同为区域市场服务。

在市域尺度，慕尼黑注重城市分散与扩张过程中的多中心集聚与职住平衡发展。慕尼黑市高密度的旅游景点、工作地、居住区和交通网络集中分布，从中心老城区到周边放射状的城市结构明显。城市轨道网络从市中心向周边放射，交通可达性从中心向周围逐渐降低。近年来，慕尼黑以区域集聚的"中心概念"着力打造商业、服务、社会文化活动的城市"多中心供应结构"，以不同的产业激活周边区域的发展。

在用地布局上，慕尼黑市居住用地供应规模较大，且呈现分散化组团状的供给结构。慕尼黑城市居住用地在城市用地中占比较大且分布均匀，绿地分散镶嵌。慕尼黑市绿地占比为13.3%，森林占比为4.1%，水面占比为1.3%。居住用地呈现组团式、分散化的空间格局，居住空间与绿色开放空间围绕主要的交通线路组织，呈现几何结构很强的空间肌理。

第二节 "慕尼黑混合"模式的政策内涵与发展历程

一、德国的住房与租房政策发展概述

德国在第二次世界大战后住房与租房的总体政策方向是采取政府与市场相结合的"社会市场经济模式"以满足需求，这包括出台一系列的住房法律法规，直接给予公共财政支持，大力发展公共租赁，以及设置一系列市场租赁规则，让市场不仅具有经济属性，也承担社会责任等。在2008年全球经济危机时，德国的住房与租房市场并没有受到强烈冲击，其整体的房价与租金较为稳定，住房与租房供给也相对处于可控范围。

第二次世界大战结束后，战争的破坏和大量移民与难民的涌入使德国面临严重的住房短缺问题。由于大规模的破坏和私人资产流失以及资本市场不足，仅靠市场自由发展无法迅速消除住房短缺。这一时期，同盟国用行政手段强制干预住房市场，如规定租金水平、禁止解除现有租赁合同、对贫困者进行住房安置等。但特殊时期的政策手段并不能扩大住房建设规模，不能解决居民的基本住房需求。在行政干预的管制阶段效果并不显著时，德国的住房政策开始变为政府主导的大规模住房建设，通过公共财政支持和贷款优惠同步推进公共租赁和受管制的市场租赁，进而在短时间内满足大量人口的住房需求。

慕尼黑住房市场在第二次世界大战后的发展过程中形成了稳定的"社会混合"结构。由于第二次世界大战后社会住房质量能够与自由租赁市场竞争，因此，与市场化租赁相比，社会住房并不被排挤和歧视，租房也享有超越社会阶层的吸引力和稳定性。与许多国家社会住房就等同于低品质保障性住房的状况不同，收入状况较好的人群不排斥与低收入人群混合居住。政策主导形成的统一市场促进了"社会融合"，避免了社会住房和低收入人群在城市和社区中边缘化的现象。

近年来，大量资本进入经济状况稳定的德国，市场对住房的作用显著，住房市场从以国家政策主导转向自由市场主导，国家层面减少了对住房市场的干预。在市场高度活跃的情况下，联邦政府将住房政策和权限下放，实现住房保障责任分权，根据地方实际状况制定的市政住房政策发挥主要作用。这种从"住房政策到住房市场"的政策转向与"社会混合"的结构之间存在冲突，福利国家向市场化转型极易在城市居住空间分化过程中演变为居住分异，在此过程中，中低收入者住房短缺、居住品质下降以及居住隔离等问题相伴而生。

不同于德国其他城市，慕尼黑基于地方的财政能力和住房市场的严峻状况，并未践行"住房政策"向"住房市场"的转向，在过去10年中持续以财政投入来制衡自由市场的影响，维持"社会混合"模式的稳定（Schönig et al.，2017），这一大力度政策介入的方式还将继续持续下去，在2019~2023年的财政计划中，用于住房补贴的财政预算为14亿欧元，占计划总额的13.8%。

二、"慕尼黑混合"模式的内涵与目标

"慕尼黑混合"模式的关键是"混合哪些人"和"怎么混合"。就群体而言，其更关注中低收入群体与整个社会的混合，其中在中低收入群体中更关注年轻人、老年人、无家可归者等对住房需求迫切，但当前依靠自身经济能力难以缓解住房问题的特殊群体。准确地说，面向该类群体的住房混合实质上是兼顾经济效率与社会公平的住房混合模式。在混合路径选择上，"慕尼黑混合"的政策框架建构了多层次、多主体、多方式的可支付性住房供应体系。在供应结构层次上，"慕尼黑混合"模式搭建了支持永久居住、临时居住和介于二者之间的多层次住房供应体系；在供应主体上，"慕尼黑混合"模式一方面持续推进以市政住房公司为主的公共租赁住房建设，另一方面鼓励住房合作社等非营利性组织提供社会住房，此外，除了面向一般租户的租赁住房，也有面向合作社成员的租赁住房；在供应方式上，"慕尼黑混合"模式通过"补砖头"和"补人头"结合的方式持续增加可支付性租赁住房供应。"慕尼黑混合"模式中始终兼顾经济效率与社会公平的平衡，因此，公共租赁与社会租赁等租金价格低于市场价格的住房可支付性高，但住房质量可与市场租赁住房相媲美，这样政府在通过各种供给方式增加不同群体租赁选择的同时，并不会因为住房政策倾斜产生居住选择约束，这也避免了因居住选择受限产生的空间隔离及其带来的"社会隔离"。

慕尼黑在德国大城市中市政住房政策延续性最强，在过去10年中并未改变通过大力度财政投入保障可支付住房的政策体系。慕尼黑住房政策围绕着坚持"慕尼黑混合"这一社会目标制定，支持的重点集中在中低收入群体的租赁房屋供给上，一方面细致划分收入等级，有梯度地提供补贴，另一方面促进可支付性租赁住房建设。政策强调发展投资组合中"补贴"的概念，以确保住房的所有权比例并激活投资项目的空间潜力。通过"住在慕尼黑"（Wohnen in München）、"总体计划"（Gesamtplan）和"全面居住计划"（Wohnen für Alle）等在空间、目标人群和人数、财政资源等方面进行协调。

三、"慕尼黑混合"模式的发展历程

"慕尼黑混合"模式的政策发展历程主要体现在"住在慕尼黑"计划这一典型住房政策上。"住在慕尼黑"住房计划是一项以支持永久居住为主的住房政策，其已定期施行超过25年，最新的计划是2017年慕尼黑政府颁布的"住在慕尼黑Ⅵ"（Wohnen in München Ⅵ）住房计划。"住在慕尼黑"住房计划是慕尼黑住房政策中典型的以政府为主导的政策，主要包括政府直接出资建设的公共租赁，政府提供优惠政策的社会租赁，以及政策给予需求方补贴的市场化租赁。

总体而言，"住在慕尼黑"住房计划通过收入人群细分、补贴方式细分、投资组合模式拓展等不断更新完善的政策探索，在供应可支付性租赁住房的同时，同步锁定并强化需要住房保障的典型目标群体，进而在总体政策框架中推出具体的政策实施方案，如概念性租赁住房（KMB）政策（后文将详述）。此外，在数量供给过程中，"慕尼黑混合"模式关注住房质量以及平衡建设成本与合理盈利问题。例如，最新的"住在慕尼黑"计划便引入了用于提高成本透明度的新资金模块，其聚焦于：当需要改善租赁住房质量、提升租户居住品质，但影响住房建设主体的盈利时，如考虑隔声或屋顶花园等设施建设，政府将为此考虑单独的融资渠道，以平衡租户与房东关于租赁品质提升过程中可能存在的利益矛盾。有关"住在慕尼黑"计划的详细信息如表7-1所示。

部分年份"住在慕尼黑"计划的相关信息梳理　　　　表7-1

计划名称	施行时间	目标		实施结果	资金	主要内容
		总体目标	具体目标			
住在慕尼黑Ⅲ	2001~2005年	计划新建58000~60000套住房；每年新增7000套住房；每年新建1800套受补贴的住宅	中等收入群体每年计划新增400套租赁住房和400套自有住房	慕尼黑住房新增30565套，计划未完成	市政补贴总额为3.15亿欧元；不动产出售收益为3.1亿欧元；联邦和州政府的拨款总额预计为3.1亿欧元	将低收入人群进行收入等级划分，主要的支持来源是国家层面的以收入为导向的租赁住房支持计划（EOF）
住在慕尼黑Ⅳ	2006~2011年	计划新建住房目标依然是58000~60000套	中等收入群体的住房计划调整为每年500套租赁住房和300套自有住房	住房数量净增长22105套，与计划目标差距大	市政补贴总额为3.5亿欧元；不动产出售收益为275亿欧元；联邦和州政府的拨款总额预计为2.85亿欧元	对低收入者的补贴计划中的补贴方式作出了具体规定
住在慕尼黑Ⅴ	2012~2016年	计划新建住房单元总量调整至46000套；每年新增7000套	—	住房净增30818套	市政补贴总额增加至4.75亿欧元；不动产出售收益为3.25亿欧元；联邦和州政府的拨款总额预计为2.55亿欧元	对居民收入和消费水平的增长作出调整；2013年起开始实施针对高于受补贴收入水平人群的概念性租赁住房支持计划（KMB）
住在慕尼黑Ⅵ	2017~2021年	增加慕尼黑模型中的收入限制，以使50%~60%的慕尼黑家庭仍然有资格；计划每年新增住宅目标增加至8500套	—	—	未来几年，慕尼黑市将投入12.5亿欧元财政资金用于住房补贴，其中8.7亿欧元的新投入资金用于"住在慕尼黑Ⅵ"计划	实施长期定居发展战略（LaSie），到2030年，应通过致密化、结构调整和新开发的手段，激活尽可能多的住宅建筑区域；继续推进概念性租赁住房支持计划（KMB）；开发提高成本透明度的新资金模块；拓展住房翻新工程

第三节　慕尼黑住房与租房发展建设概况

一、慕尼黑住房现状与政策主导方向

自 2011 年开始，慕尼黑家庭数量超过住房存量，而 2005 年开始德国住房套户比已经大于 1，总体上慕尼黑的住房短缺问题在德国较为突出。2018 年慕尼黑家庭数为 82.6 万户，住宅存量 80.2 万套，住房缺口约 2.4 万套。慕尼黑的人均居住面积也不足。2019 年慕尼黑人均居住面积 39m²，低于德国平均水平 46.5m²。此外，从住房存量中的空置住房数量来看，慕尼黑的住房短缺难以通过盘活空置住房的形式予以供给，因为其空置率极低。2015 年慕尼黑空房率只有 0.2%。这意味着不断增加的人口与住房存量之间的矛盾只有通过新增住宅予以供给的方式来缓解数量不足的矛盾。此外，为了充分发挥既有存量住房的实效，巴伐利亚州和慕尼黑市均出台了关于禁止滥用居住空间的法规，在廉价居住空间稀缺的情况下应当强化维护整个住房市场的存量房屋利用。法律规定居住空间在无正当理由的情况下空置 3 个月以上被认为是滥用，未经许可擅自滥用居住空间是一项行政犯罪行为，最高可处 50 万欧元的罚款。

德国房屋建设质量和对建成建筑的持续维护使得存量住房可以持续在住房市场发挥作用，这既是对住房资源的充分利用，也为住房政策延续提供了基础保障。总体上既有存量住房建设年限长。2017 年慕尼黑存量住宅中，1949 年及以前修建的住宅占 23.7%，近 6 成的存量住宅建于 1969 年及以前，2000 年以后建造的住宅仅占约 1 成（图 7-3）。但是，考虑到存量住房改造可能会造成租金上涨，这种"现代化改造"在慕尼黑目前数量供给不足的状况下仍不作为重点。

二、慕尼黑租房需求与主要供给方式

2017 年慕尼黑居民租房比例为 75%，远高于德国总体水平（2019 年德国租房比例为 47.5%）。慕尼黑单人家庭占比较高（2017 年慕尼黑单人家庭户占总家庭户的 54.9%），其对居住灵活性的要求更高，其收入水平应对买房的压力相对较大，因此购房需求较小，租房成为其居住的首选。此外，慕尼黑完善的租赁住房法律体系、福利保障体系以及均衡的生活配套设施建设使得租赁住房不仅能得到权益保障，同时能够与购买房产享有同等权利。因此，高租房比例是慕尼黑住房的典型特征，慕尼黑的劳动力结构、家庭结构及住房政策也将决定这一特征具有长期性。也正因如此，租金价格高、小面积租赁住房供不应求也是目前慕尼黑市场呈现的供需状态。

就慕尼黑市目前的住房政策而言，虽然处于数量供给不足阶段，但仍然对住房与租房市场采取政府管制。近 10 年慕尼黑房价上涨幅度是租金上涨幅度的 3 倍，房产购买有较大收益空间，但城市住房体系从购买、维护、出租等各阶段限制了住房功能的滥用。政府支持私人购买房产，但所有的补贴政策都严格限制购买人不能持有其他房产，并严格限制住房空置，保证住房的居住功能。多元的住房支持政策和制约以房牟利的手段，维护了慕尼黑住房市场的健康。

2019 年慕尼黑租售比为 1：396，租金回报率略低于 1：200~1：300 的正常水平，与德国其他城市相比购房压力较大。慕尼黑目前的住房主要为私人所有，近年来的新建住宅也以私人公司持有为主，因此，市场化租赁供给是慕尼黑目前住房供应的主要途径。根据 2011 年德国人口普查数据，2011 年存量住宅中，私人所有住房单元占 68.3%，联邦或州以及市政住房公司提供的公共租赁住房占比为 10.2%，非营利性组织提供的租赁住房占比为 6.7%，住房主要为私人所有，租房主要由私人所有的市场供给（图 7-4）。与同

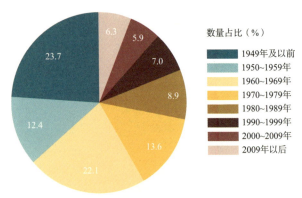

图 7-3　慕尼黑住宅建造年份分布
资料来源：Landeshauptstadt München Referat für Stadtplanung und Bauordnung，2018b

样高租房比例的柏林相比，慕尼黑公共租赁及社会租赁的占比均较低。但从2011年以来新建住宅所有权数据变化来看，政府仍在持续介入公共租赁（图7-5）。2011~2018年，慕尼黑提供的公共租赁住房共计2552套。以慕尼黑2018年住宅存量801816套推算，慕尼黑的公共租赁住房占比约为10%，非营利性组织建设的租赁住房占比约6%，这与德国2018年市政建设的公共租赁住房占比11%，以及非营利性组织建设的社会住房9%相比，比例均偏低。与柏林和汉堡等大城市相比，慕尼黑的公共租赁住房占比也偏低。这与慕尼黑当前处于住房数量不足阶段且持续采取增加公共租赁住房的财政投入政策也相一致，慕尼黑仍在通过政府积极干预来缓解目前的住房短缺问题。

就供给的租房类型而言，慕尼黑的租赁住房按是否有家具可分为有家具公寓和无家具公寓。由于慕尼黑租赁住房比例高，且长期租赁群体较多，因此，无家具租房房源更多，这些住房的租金也将更低，对租客而言也更自由。慕尼黑租房市场中大多房产属于"冷租"型（"冷租"只含租金，"暖租"还包括水电费用）。此外，慕尼黑还有其他类型的租赁住房，如提供包括客房服务等的服务公寓，为新移民以及旅游度假人士提供的几个月到一年不等的短期住宿，为学校提供的大学宿舍和私人租用房，为新入职员工提供的短期或长期的租赁住房等。

图7-4 2011年慕尼黑各住房所有权类型数量及比例
资料来源：作者根据2011年德国人口普查数据整理绘制

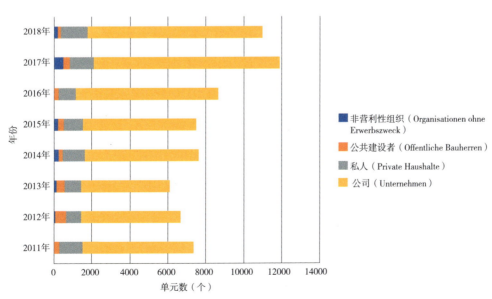

图7-5 2011~2018年慕尼黑不同所有权类型住宅新建成单元数
资料来源：作者根据2011~2018年慕尼黑政府官网公示数据整理绘制

总体而言，慕尼黑正面临严峻的住房压力，但与城市发展长期磨合形成的完善的法律基石和制度支柱保证了住房市场的平稳运转。

三、慕尼黑的租房可支付性

慕尼黑是德国租金最高昂的城市，其租金价格比德国排名第二的法兰克福高出20%，比柏林高出30%。虽然慕尼黑持续施行租金管制政策，但慕尼黑的租金仍保持上涨趋势。瑞士银行（UBS）的报告显示，慕尼黑在过去10年中房价增长1倍以上，租金平均上涨40%（Carter, 2019）。例如，在曾经是慕尼黑工人阶级集聚的西区（Westend）奥古斯丁啤酒厂（Augustiner）附近，新租客需支付的租金价格超过17欧元/m²，而该区域的平均租金则是13欧元/m²，这意味着新租客将要支付的租金上涨幅度超过30%（Bell, 2018）。

NUMBEO网络的数据统计结果显示，无论是在市中心还是中心外，无论1间卧室还是3间卧室的公寓，慕尼黑市相应的租金价格均远远超过柏林（图7-6）。就房价而言，慕尼黑市中心购买公寓每平方米价格为1万欧元，是柏林的1.77倍，是法兰克福的1.56倍；市中心外购买公寓价格是每平方米7600欧元，是柏林的1.96倍，是法兰克福的1.77倍。然而，慕尼黑的收入水平并没有超出相应的比例。慕尼黑税后平均月薪是2815欧元，只比柏林高出16%，甚至比法兰克福低

0.7%。这说明慕尼黑当前无论是租房还是住房，其可支付性压力均较大。因此，慕尼黑的住房解决方案既要增加住房数量供应缓解住房短缺压力，又要考虑供给过程中可能会造成的整体租金上涨问题。

慕尼黑目前采用"租金明镜"对租金价格范围和住房品质作出公开判断，判断方法是通过使用表格法综合考虑住房类型、区位、建筑面积、房间个数、设施状况等因素（王阳，2019）。"租金明镜"一般将全市范围分为市中心和一般地区，分别对其作出"极好""好"和"平均水平"的评价。从2017年慕尼黑市"租金明镜"（图7-7）可以看出，"极好"住房区域与城市主要历史景点、公园等区位关联性强，在城市中分布较为均匀；而非市中心的一般地区评价为"好"的住房则集中分布在远离市中心的区域。

慕尼黑目前的租赁住房市场应对小户型租赁需求的房源供给并不充足，而小型公寓的租金和涨幅都偏高。以慕尼黑《房地产市场晴雨表2018》（Wohnungsmarktbarometer 2018）2018年上半年网络平台出租的2600套公寓（包括新建和大规模翻修的公寓）和8600套非首次出租公寓的统计结果为例。首次出租公寓平均租金19.9欧元/m²，较2017年上涨2.9%；非首次出租公寓平均租金17.9欧元/m²，与2017年相比上涨8.4%。从非首次出租公寓看，8600套刊登租房信息的租赁住房中，小型公寓数量最少，只占总供

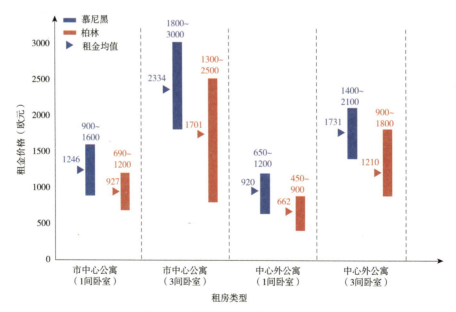

图7-6 慕尼黑与柏林的租金比较

资料来源：作者根据NUMBEO网站相关数据整理绘制，https://www.numbeo.com/property-investment/compare_cities.jsp?country1=Germany&city1=Berlin&country2=Germany&city2=Munich

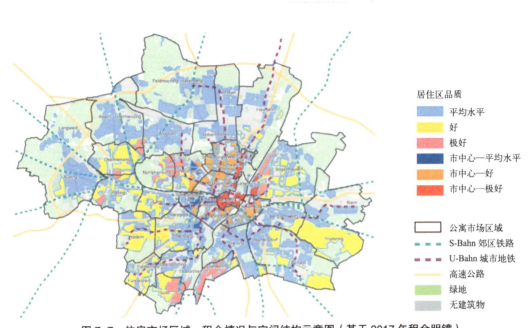

图 7-7　住房市场区域、租金情况与空间结构示意图（基于 2017 年租金明镜）

注：数据采集时间为 2020 年 3 月 6 日

资料来源：Landeshauptstadt München Referat für Stadtplanung und Bauordnung, 2019

给量的 16%，中型住房供应量最大，面积为 40~60m² 和面积为 60~80m² 的公寓均有 25%。小型公寓的租金水平最高，且价格涨幅最大，平均租金达到每平方米 21.33 欧元，这与 2017 年相比，上涨了 9.8%，中型和大型公寓的涨幅则较为温和。首次出租公寓同样呈现出小公寓市场供给数量少、租金高的特点。小公寓（20~40m²）的租金最高，平均租金 24.4 欧元 /m²，且供给量最小，仅占供应量的 9.5%；而面积在 40~60m² 的公寓，平均租金 20.1 欧元 / m²，比 2017 年下降了 0.4%；平均面积 60~80m² 的公寓和 80~100m² 的公寓数量最多，分别占供应份额的 27% 和 22%，平均价格分别为每平方米 19.2 欧元和每平方米 18.9 欧元。约有 21% 的公寓面积大于 100m²，每平方米平均价格为 19.7 欧元。

上文提到的租房数据反映了慕尼黑租赁住房市场的供需情况，小型公寓供给量小、租金高、租金涨幅大的状况明显。单身以及支付不起较高租金、较大面积租赁住房的家庭，其租房的压力更大。租房的负担使其不得不承受较差的生活条件或搬入房租更低的郊区，社会不平等加剧，"社会融合"受到挑战。

第四节 "慕尼黑混合"模式的相关政策工具

一、政策工具一："住在慕尼黑"计划

"住在慕尼黑 Ⅵ"计划是德国最大的市政住房促进计划。除了直接的财政投入，政府将通过土地优惠支持建造可支付性公寓，由于市场对可支付性住房的需求度高，城市需要用于支持其建设的土地供给量也将大大高于往年。

"住在慕尼黑 Ⅵ"计划的政策框架设计（图 7-8）主要包括两大板块：一是目标受惠群体十分清晰的政策设计，共包含四部分内容，即慕尼黑房屋建设计划、以收入为导向的补贴计划（EOF）、慕尼黑模式（包括房产、租房和合作社）、概念性租赁住房建设计划（KMB）；二是围绕这些具体政策制定的辅助支持政策，包括对社会负责任的土地使用政策等补贴、支

持项目和行政手段，用以保障城市中可支付性住房的供给，维护社会结构的稳定。计划中市区补贴住房的主要供给形式是租赁住房（EOF 和慕尼黑房屋建设计划各占 30%，慕尼黑模式的租房和合作社各占 20%）。未来城市地区的新建筑空间将按一定比例进行分配，分别是 50% 补贴空间、40%KMB 支持空间、10% 合作社空间。

"住在慕尼黑Ⅵ"计划推进的重要抓手是住房协会和住房合作社等非营利机构。非营利性专业住房机构在缓解城市住房压力，实现"社区混合"居住方面可发挥重要作用，并能够探索和执行创造性的社区建设主题。与德国其他城市不同的是慕尼黑没有出售住房协会，其仍是政府 100% 持股的专业化住房机构。目前，慕尼黑市政府通过住房协会占有超过 35000 套公寓，这部分公寓在维持城市租金水平稳定中起到重要作用，住房协会的住房建设是履行规划政策的重要角色（图 7-9）。

1. 慕尼黑房屋建设计划和以收入为导向的补贴计划（EOF）

慕尼黑房屋建设计划和以收入为导向的补贴计划分别为针对低收入人群的市政租赁住房支持计划和国家层面租赁住房支持计划。为了简化住房计划，"住在慕尼黑Ⅵ"计划将原有多项市政租赁住房支持计划整合到慕尼黑房屋建设计划中；由于慕尼黑市没有足够

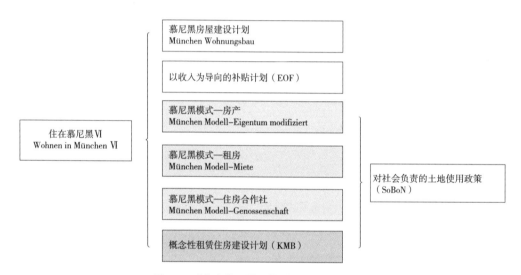

图 7-8 "住在慕尼黑 Ⅵ"计划政策设计框架

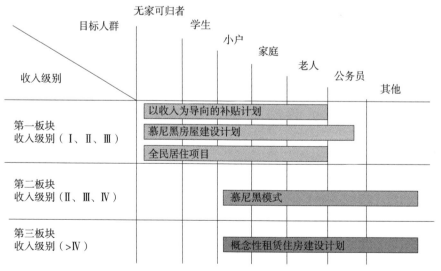

图 7-9 慕尼黑政策补贴对象和补贴等级划分

注：小户特指单身和小型家庭（single and small-family households）。
资料来源：Landeshauptstadt München, Referat für Stadtplanung und Bauordnung, 2017a

支持市政租赁住房建设的土地，慕尼黑房屋建设计划被整合进更大范围的规划层面予以执行，并计入 EOF 的资助中。

EOF 是德国国家层面以收入为导向的租赁住房支持计划。2019 年 EOF 计划包含了旨在缓解租客住房压力的收入导向补助计划，以及针对房屋所有者的贷款优惠。

EOF 通过限制初始租金和发放差额补贴的方式对不同收入等级的租户进行分级补贴。受 EOF 补贴的租赁住房 2019 年的初始租金为 9.6 欧元 /m²（不包括运营成本）。房屋符合节能标准可按规定调高每平方米租金；适合 5 人及以上人数入住的房屋和适合残疾人居住的房屋租金应适当减少。租户每 3 年需要重新申请补贴，补贴根据租户收入水平直接发放给租户，补偿初始租金和收入导向的合理租金之间的差值。补贴计划中租客收入划为 3 个等级，每月每平方米补贴分别为 3.75 欧元、2.75 欧元、1.75 欧元。

EOF 为参与计划的房屋所有者提供贷款优惠。对于私有财产项目，提供承诺期优惠。计划中的市政项目承诺期规定为 40 年，而私有财产项目可以选择 25 年或 40 年两种承诺期限，并选择相对应的贷款方式。贷款以占用财产为依据，每平方米受补贴面积按固定金额发放，最高不超过成本的 50%。"住在慕尼黑Ⅵ"计划政策框架规定了具体的贷款金额与利率优惠。例如，作为受补贴住房占用期间利率为 0.5%，之后根据市场利率进行调整，最高年利率不超过 7%；前三年内可以不偿还贷款；管理费可以在前三年分期支付等。

2. 慕尼黑模式（München Modell）

慕尼黑模式分为针对租户、合作社和房产购买等的分类计划，支持多种住房形式。慕尼黑模式旨在资助中等收入家庭，尤其是有孩子的家庭，为他们提供在慕尼黑及周边地区找到可以负担的租赁公寓的机会，同时为慕尼黑的出租房屋建设提供动力（Landeshauptstadt München, Referat für Stadtplanung und Bauordnung, 2019）。

在租赁住房方面，慕尼黑模式通过租户计划和合作社计划，以向开发机构提供土地优惠，从而向租户提供可支付性租赁住房的方式进行补贴，补贴方式概述如下。

就土地来源而言，慕尼黑市持有的土地以统一的、与区位无关的价格提供给感兴趣的投资方（如房地产开发商、市政房屋协会），用以建设受约束的租赁房屋，或提供给合作社建造合作社房屋。

就土地价格而言，根据承诺期的不同，土地价格分为每平方米建筑面积 300 欧元、600 欧元两个等级；作为慕尼黑模式中"对社会负责的土地使用政策"（SoBoN）中规划的私有土地，不论承诺期长短，土地价格皆为每平方米建筑面积 600 欧元。

就承诺期而言，慕尼黑模式的承诺期为占用城市土地 30 年，或私有土地 40 年。自 2018 年 1 月 8 日起，新批准的市政住房协会建设项目的承诺期延长至 60 年。作为延长承诺期的补偿，60 年合同的土地价格从每平方米建筑面积 600 欧元减少至 300 欧元。其中，慕尼黑模式中的租赁住房和合作社住房可以将承诺期减为 40 年。

就出售限制而言，在承诺期内，未经政府批准，不得出售公寓；此类土地如果出售，则购买者必须履行慕尼黑模式下的所有义务，且在合理的特殊情况下允许转售单个住宅单元。

就贷款优惠而言，对于慕尼黑模式住房项目的建设，城市规划和建筑法规部可以提供 40 年或 60 年承诺期每平方米居住空间最高 1250 欧元的低息贷款。

就补贴对象而言，慕尼黑模式向符合收入限制的家庭提供住房，租客在租房前向房东出具其符合收入限制的证明。

就租金水平而言，前五年的初始租金取决于市区的位置，每平方米每月（冷租金净额）在 10.5~12.5 欧元，目标是保持比该区域内平均租金低 15%。在租期的前五年，冷租金不能上涨，从第 6 年起可以根据《民法》规定上调租金。慕尼黑模式中，也为特定目标群体提供特殊支持，如针对年轻专业人员的项目（Junges Wohnen），针对老年人的项目（Wohnen 60+）（Landeshauptstadt München, Referat für Stadtplanung und Bauordnung, 2019）。

3. 概念性租赁住房建设计划（KMB）

2013 年慕尼黑推出概念性租赁住房建设计划（KMB）以应对紧张的住房市场，防止土地价格上涨，保持租金稳定。由于慕尼黑住房市场租金水平较高，中等收入群体虽然超过了国家规定的收入补贴范围，但依然面临沉重的住房压力。概念性租赁住房建设计划并非补贴项目，而是支持建设低价的、私人开发的租赁公寓，为收入超过住房补贴计划的家庭建造廉价的私人融资租赁住房。KMB 在维护"慕尼黑混合"模式中起着重要作用，慕尼黑 40% 的新建住房属于概念性租赁住房。

慕尼黑市政府在授予土地时，按照当前市场价值不通过竞价，而通过概念招标，将土地授予招标程序中最具说服力的概念申请人。开发商必须遵守政府的指导方针和承诺，包括设备标准、公寓大小、提供低价住房、租金限制、承诺期等。开发商可以是商业开发商、住房合作社、城市租房协会等。

4. 对社会负责的土地使用政策（SoBoN）

对社会负责的土地使用政策（SoBoN）于 1994 年正式提出，最近一次更新于 2017 年。事实上，SoBoN 提出的源头可追溯至 1989 年，要求规划受益者必须按比例参与受补贴住房建设。1993 年 5 月 1 日生效的《投资便利化和住房开发法》以法律形式明确规定市政当局可以让规划受益人承担城市规划的相关责任，建立市场分担规划政策带来的影响的机制，使城市经济发展计划在面对不确定影响时增加风险承担主体。

SoBoN 聚焦于土地使用与城市规划对住房供需的调节。城市规划带来城市活跃的经济活动，促进城市发展，但同时城市规划往往伴随着巨大的社会经济负担，城市提升过程中社会的不平衡发展造成中低收入者将不得不被挤出现有城市居住空间。SoBoN 一方面鼓励城市规划的受益人参与规划的实施，承担规划项目带来的成本和负担；另一方面，SoBoN 考虑中低收入者住房需求，通过空间供给引导，努力扭转他们在城市发展过程中有可能被迫迁移到郊区的局面。

近年来，城市可建设土地消耗殆尽，人口快速增长，住房市场的压力进一步增加，除少数大型开发区外，只有有限的区域可用于住宅建设。未来，将通过两大措施应对住房短缺问题：商业用途区域转变为居住区域，现有住宅区的致密化。

2017 年 7 月 26 日，慕尼黑市议会通过决议，调整 SoBoN 以应对新的挑战。政策规定规划受益人按比例承担规划项目产生的成本和其他费用，承诺建设相应比例的受补贴住房，以促进和确保某些城市发展目标。规定具体内容如下。

第一，对于规划中规定的开发设施（绿地和交通区、污染控制系统等）区域，公共设施以及自然保护相关法律规定中要求的补偿区域，受益者（一般指房地产开发商和投资者）应将城市购地费用或城市提供的土地的价值偿还给城市。已缴土地转让税中的市政份额会退还给受益者。

第二，受益者承担开发设施和补偿措施的生产成本。

第三，受益者承担规划造成的社会基础设施的制造成本；可用财政捐款代替这项义务，融资捐款为新建面积 100 欧元 /m²。

第四，受益者承担项目竞争成本，额外的公共关系成本，将服务外包给第三方的费用，专家报告的成本，转让的成本等相关费用。

第五，受益者承担项目赔偿费用，如因干扰区域内已建立和运行的企业产生的赔偿。

第六，补贴住房和支持性住房建设承诺：在拟用于住房建设的新建建筑中，30% 的建筑面积用于受补贴住房建设，10% 用于低价支持性出租房屋的建设，以支持收入超过国家和市政住房补贴计划收入限制的家庭（Landeshauptstadt München，Referat für Stadtplanung und Bauordnung，2017b）。

SoBoN 是慕尼黑特有的城市发展政策工具，投资者、建设方、业主之间以合作关系共同推动城市发展，为基于需求的高质量城市规划的及时实施作出了巨大贡献，同时政策起到了防止中低收入群体在城市发展中被挤出的作用，维护并促进混合居住的住房结构。

二、政策工具二："总体计划"

"总体计划"（General Plan - Social Housing Homeless Aid - Munich and Region）是从社会和政治角度整体性地关注住房市场状况、住房短缺问题，关注特殊群体的住房需求，为无家可归者，特别是年轻人、老年人、需要看护者和低收入群体等提供社会住房。"总体计划"采取预防措施和紧急措施，以保障低收入群体的租约，提供临时住房，避免无家可归等情况；同时，为特定人群提供协助创造长期居住条件的项目。通过"总体计划"，政府将采取措施，为无家可归者提供居住条件（而非提供住房），以减少无家可归者。计划还包括促进容纳社会住宅的可持续的社区建设。

"总体计划"最早在 2000 年由慕尼黑市议会制定，旨在为无家可归者提供社会住房援助，之后计划不断更新，于 2001 年启动了"总体计划Ⅰ"，2004 年启动"总体计划Ⅱ"。2016 年，慕尼黑社会咨询委员会对这些主要措施进行重新定位和组织，拓展了区域内行政机构、住房供应商、社会住房公司等合作渠道，形成"总体计划Ⅲ"。

另外，2018 年慕尼黑市议会通过了"难民融合的总体计划"（Münchner Gesamtplan zur Integration von Flüchtlingen）。2015 年德国大约有 89 万人被注册为寻求庇护者。在 2012 年 1 月至 2016 年 12 月，约有 21500 名难民进入慕尼黑。2016 年初，进入慕尼黑的难民人数有所减少，工作重点从为难民提供住处转移到难民融合，难民在市场上很难找到住房，为了向难民提供临时停留在慕尼黑的帮助，并防止进一步加剧住房市场的竞争，市政府将努力创造永久提供给难民的居住空间，这些难民居住空间将分布在全市的住区中。

三、政策工具三："全面居住计划"

"全面居住计划"是一项为了加快住房建设而推出的政策。该计划旨在为年轻专业人士、受认可的难民、低收入家庭提供更多公寓。"全面居住计划"介于提供临时住宿条件的"总体计划"和支持永久居住的"住在慕尼黑"计划之间，为有利于城市可持续发展的目标人群提供补贴租赁住房。通过该计划，到 2019 年，慕尼黑将新建 3000 套补贴租赁公寓，其中约 1500 套由市政住房协会提供。除了私人住房补贴外，市议会还为私人投资者提供 1.35 亿欧元的贷款。

"全面居住计划"支持的项目以去中心化的方式融入城市中。同时，利用该计划可以在短时间内激活在城市规划中处于不利位置的土地。在"全面居住计划"框架下建成的项目，当通过评估后，其可作为"总体计划"或"住在慕尼黑"计划中的住房使用。

第五节　慕尼黑 Domagkpark 租赁住区规划设计案例

一、慕尼黑 Domagkpark 租赁住区简介

1. 项目概况

Domagkpark 项目位于慕尼黑北侧 Nordschwabing 区域，距离慕尼黑市中心 6km（图 7-10），是城市用地转换过程中新开发的居住区。住区周边以居住功能和技术公司为主，周边各种档次酒店密集，北部临近城市快速路和一片工业区，东侧临近城市中一片主要公园绿地。

Domagkpark 住区规划总面积 24.24hm²，其中公共绿地面积 5.09hm²，规划时间为 2002~2011 年，建设时间为 2013~2020 年。项目建设目标是希望为居民提供尽可能多的居住空间，保证高度齐全的基础设施配套，同时实现棕地重组，将场地融入现有城市结构中。项目提供了约 1800 套公寓，其中 900 套作为学生宿舍、实习生宿舍、公司职工宿舍（图 7-11）。

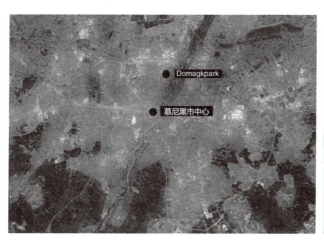

图 7-10　Domagkpark 项目区位
资料来源：作者在 Google Map 基础上绘制

图 7-11　Domagkpark 项目总平面图
资料来源：http://www.hable-architekten.de/projekte/wagnisart/

2. 区域历史

Domagkpark住区项目为军事用地重新开发利用的项目。场地原为空军无线电营房，第二次世界大战之后到1955年，场地为流离失所者提供住宿。之后一直到1992年，作为德国联邦国防军的兵营使用。1992年慕尼黑市开始对该区域进行规划，1993年无线电营房区开始作为民用建筑使用，拓展文化和艺术功能，成为欧洲最大的艺术家聚集地，聚集了公益型、营利型、技术救济型等多元化的组织机构。2005年，无线电营房区被慕尼黑市政府收购，在接下来的几年中进行了建筑物拆除、场地污染物及弹药清理等工作。2013年开始动工建设。

3. 规划建设过程

2001年，慕尼黑市发起城市规划和景观规划竞赛，柏林的Ortner & Ortner Baukunst和Topotek Landschaftsarchitekten提出的概念方案中标。弗朗兹·冯·伦巴赫（Franz von Lenbach）的画作《牧羊人》作为设计的色彩概念模板，新的城市设计延续现有的空间结构——以长满古树的公园和西侧的社区广场为核心空间，设计场地处在工业区和城市公园之间，设计希望通过这一在城市森林和工业区之间的新建居住区带动整个片区品质的提升（表7-2）。

Domagkpark住区鼓励住房合作社参与开发，合作社成员的积极参与决定了社区的多样性与活力。6个住房合作社在住区共建造了15座建筑物，为该地区的建筑多样性作出了贡献。项目中，住房协会拥有约230套公寓，约占建筑总面积的17%；住房合作社拥有267套公寓，占总建筑面积的19%。社区在住房合作社的领导下成立"Domagkpark联盟"，用以保障社区内各类相关建设主体的权益。

二、Domagkpark住区生活圈配套服务概况

Domagkpark住区中心是植物丰富的公园。社区5min步行范围内设有小学、幼儿园、日托中心等教育设施，各年龄层次居民活动中心，超市、面包店、咖啡厅等商业服务设施，艺术活动室等文化设施，公交站、电车站等市政设施；10min生活圈内有银行、药店、超市、面包店、酒店等；10min生活圈到15min生活圈范围内有大量商务办公场所，有一个小型社区商业中心（表7-3）。

Domagkpark住区的相关技术经济指标　　　　表7-2

序号	指标名称	单位	数值
1	总用地面积	hm²	24.24
2	户数	套	1800
3	绿地率	%	18.3
4	建筑密度	%	25.2

Domagkpark住区在不同步行可达范围内的服务设施分布情况　　　　表7-3

类别	5min步行可达范围	10min步行可达范围	15min步行可达范围
教育	小学、日托中心、幼儿园	小学	小学、国际学校
医疗卫生	药店	药店	药店、诊所
商业服务	超市、面包店、咖啡厅、理发店	超市、酒店、面包店、咖啡厅、肉店	超市、酒店、社区商业中心
文化体育	社区文化设施、艺术活动室	艺术中心	健身房
金融服务	ATM机	银行	银行
市政	公交车站、电车站	公交车站、电车站	地铁站
社区服务	儿童活动中心、青年活动中心、家庭活动中心、邻里聚会点	教会	教堂

三、Domagkpark 住区内的典型住宅——合作住宅 WagnisArt

1. WagnisArt 项目运营模式——住房合作社运营

WagnisArt 项目由住房合作社 Wohnbaugenossenschaft Wagnis eG 开发（图 7-12）。该住房合作社成立于 2000 年，致力于打造城市中满足不同诉求群体的美好生活需求的社区，追求个体和社区的和谐共存。合作居住意味着居民可以从项目一开始就对他们未来的居住环境有话语权，建筑项目不仅仅由建筑师决定，还是居民参与组织、管理的居住社区。

住房项目是住房合作社成员的财产，居民是他们自己房屋中的租客（Mieter im eigenen Haus），同时也是自己的房东。住房合作社的股份代表所有权的一部分，居民终身享有居住权和长期的低价租金。住房合作社不进行市场投机，长期提供可支付性住房，目的是为成员提供具有社会责任、生态责任且有保障的住房，在社区中营造充分发挥社员主观能动性的生活方式。

该住房合作社的组织架构分为三部分，即股东大会（Die Mitgliederversammlung）、董事会（Mitglieder des Aufsichtsrates）和监事会（Der Aufsichtsrat），三者共同进行企业决策。住房合作社中更大的一部分由项目中非正式的成员组织组成。股东大会是每年所有合作社成员召开的会议，目的是告知所有成员过去一年的财政状况，宣布合作社主要的决定。股东大会选出监事会，并根据监事会的决议确认董事会。监事会支持并控制董事会的执行工作，并向股东大会汇报。董事会分为新建筑和公共关系、金融、存量和会员管理三个部门，来管理合作社；咨询和协调机构常驻项目，确保项目之间以及与董事会和监事会之间的沟通。

2. WagnisArt 项目设计理念——空间共享

WagnisArt 项目建筑师为 Schindler Hable Architekten GbR 和 Bogevischs Buero Architekten & Stadtplaner GmbH，总面积 20275m²。共享是项目特别强调的概念，除了组团的公寓模式外，社区提供居民共享使用的大空间，作为厨房、餐厅和客厅等使用。社区配套多功能厅、音乐练习室、工作室、办公室、诊所、工作坊、餐馆等其他社区和商业功能，宽敞的露台以及 2 个可以种植花和蔬菜的屋顶花园也向所有居民开放。

在空间共享设计理念导向下，该项目容纳了多种类型的公寓，包括标准公寓、多种住房组团 Wohnungscluster（家庭、夫妻、单身人士居住在自己的公寓内并共享小厨房和小卫生间）。公寓总数 138 套，其中有 84 套组团公寓。该项目 30% 的公寓属于 EOF 资助，40% 由慕尼黑模式（München Modell）资助，30% 无资助，通过政府补贴形成收入混合的居住结构。该项目建造成本为 2400 万欧元。

3. WagnisArt 项目设计方式——参与式设计与建造

WagnisArt 项目延续了艺术区的历史，通过居民参与创造新的居住模式。居民参与规划、设计和建造的全过程。如图 7-13 所示，居民正在参与项目的设计。

社区独特的居民组成和人群需求也增加了建筑的个性化设计。5 栋住宅的层数从 3 层到 5 层不等，整体呈现不规则的形态（图 7-14），围绕可以通往每一栋住宅的中心院落布置，各栋住宅通过空中连廊连接。院落与周边社区相通，周边居民都可以进入院落开展活动和交流。

4. WagnisArt 项目的居住空间使用模式——混合居住

该项目的特殊设计方式和功能需求形成了多样的住房组团，供家庭、夫妻、单身人士居住并共享部分功能空间。私人居住空间压缩，将功能空间置于私人空间之外供公众使用，有效降低了建造和居住成本，同时促进了居民之间的互动交流，有利于社区营造。

图 7-12　WagnisArt 项目图片
资料来源：http://www.hable-architekten.de/projekte/wagnisart/

图7-13 居民参与WagnisArt项目设计
资料来源：https://www.german-architects.com/de/architecture-news/praxis/partizipation-2

图7-14 WagnisArt项目平面图
资料来源：https://www.pinterest.de/pin/779404279242553285/

四、Domagkpark住区和合作住宅WagnisArt的优点及启示

从Domagkpark住区项目规划层面看，在城市可建设用地紧缺的情况下，进行土地功能转化，将土地最大化利用，是缓解用地紧缺问题的有效方式。将原有军事用地更新改造解决了历史遗留问题，同时通过居住区带动、激活了周边区域。

解决居住问题经常需要创新适应需求的方法，而住房合作社的架构和运营模式有利于探索符合城市发展和居民个性化需求的居住模式。住房合作社项目的建设既有政策的导向性又有居民的主动性。近年来慕尼黑市政府大力支持新型住房合作社住宅建设。与传统的住房合作社社区不同，新型住房合作社住区更注重探索适合当代社会个性化生活方式的居住模式，从而进一步提升城市居住空间的质量。同时，鼓励住房合作社住宅的建设，可以在高房价的住房市场中供给类型丰富、包容性强的混合居住住宅，促进"社会融合"。居民在项目中的实质性参与也保证了项目设计的可靠性和居民的认同感，这也是居民持续参与社区营建，社区交流和发展可持续发生的必要保障。虽然，住房合作社住宅的模式在欧洲的发展依赖于特定的社会环境和土地政策，但其对新居住模式的探索、对不同收入群体的关注值得借鉴。

第六节 "慕尼黑混合"模式对我国大城市租赁住房发展的启示

虽然慕尼黑的租房压力在德国处于较高水平，但我国大城市的租房压力更为严峻。上海易居房地产研究院发布的《全国50城房租收入比研究》报告数据显示，全国50座城市中超过7成的城市租金收入比较高。沉重的住房压力限制了城市对外来人口的包容性，阻碍了城市可持续发展，也成为城市稳定发展的隐患。高租金并没有带来相适应的住房质量，一线大城市各收入群体隔离较为严重，大量中低收入群体租住在质量极差的"城中村"或远离工作地的郊区。一方面，一线大城市中低收入群体需要通过租房来解决住房问题；但另一方面居民的租房选择意愿并不高，社会整体更倾向于买房，这种"重购轻租"的房地产市场与慕尼黑很不同。此外，我国大城市以公共租赁推进的保障性住房选址偏远，建设质量相对较差，后期的管理维护不及时,以及入住成员阶层固化趋势明显等,这与"慕尼黑混合"模式存有显著差异。随着"租购并举"住房制度的推进,相信以租赁住房市场推进大城市"新市民""夹心层"等群体"社会融合"局面将逐渐利好,这也是中低收入群体享有兼具价格可支付性与质量可靠租赁住房的重要制度保障。具体而言,"慕尼黑混合"模式对我国的启示如下。

一、建构多元主体共同履行社会责任的住房供应体系

中国大城市住房租赁市场以私人租赁住房为主导,单一且难以管控的供给方式无法形成稳定的租赁市场。德国在第二次世界大战后住房支持政策没有偏向性地支持各类住房供应主体的住房建设,避免了公共住房机构对私人机构的挤出效应。在之后的发展中,德国租房供应市场经历了从住房合作社和市政公司供应为主,到以私人房源供应为主的转变,但开发商建房、住房合作社互助建房、私人自建房、政府保障房等多元住房供应主体均占据一定市场份额,具有弹性和包容性的住房政策体系与自由市场投资配合,这形成了能够根据社会需求变化而变化的政策框架。此外,在政府运作方式上,财政补贴并非政府支持租赁市场建设的唯一方式,能够为城市带来活跃经济效益的城市规划同样是行政手段能够产生的价值。慕尼黑对社会负责的土地使用政策(SoBoN)促使城市活动参与者分担政府在城市规划建设、住房福利保障上的财政负担,多方合作承担社会责任。而这一措施的前提是行之有效的城市规划和从宏观到微观的城市结构与定位把控。因此,充分调动各类主体履行社会责任,建构多元化的可支付性住房供应体系,是维持住房市场稳定与促进社会结构优化的长效机制。

二、加快建立梯度细分的住房保障体系以保障住房分配公平

"社会混合"是形成具有弹性和稳定性的社会结构的基础。保证各收入水平人群在城市中的生活权益,凸显城市的包容性也是政府的公共责任。慕尼黑对中低收入人群进行收入细分,提供广泛且有针对性的住房保障方式,既有以保障最低收入群体为主的实物住房保障政策,又有以保障中等收入群体为主的补贴类政策。在住房补贴上,既为个体提供福利保障,又在城市发展层面上充分利用公共财政资源,将住房福利补贴和城市发展策略结合起来。同时,更是通过城市规划与土地利用在源头上引导分层级的收入混合居住,以此影响大众观念和生活方式的改变,进而实现群体的混合。此外,住房保障政策的推进需要完善的法律和监管体系支撑。慕尼黑通过政府开具收入证明确保个人的收入群体划分,以公平为导向确定授予补贴资格的人群及相应的补贴等级,这种方式需要严格且透明的社会环境方能有效实施,这意味着我国一方面需要在面向低收入者的保障性住房建设过程中进一步细分这些有需要的群体,另一方面在分配过程中也需要不断完善分配机制,以保障相关分配公平政策的有效实施。

三、充分挖潜存量住房资源以维护市场的租购平衡

近20年来,我国大城市住房市场的炒房现象是导致当前住房市场问题的直接原因之一,由于缺乏监管,住宅成为个人牟利的工具,而地方政府的土地财政也加剧了住房市场的畸形发展。住房脱离居住功能,空置成本低、增值快,从以居住为导向的必需品变成金融消费品。由此高空置率与大量低收入人群租房困难并存的局面也影响了社会运行的效率。针对住房空置问题,慕尼黑通过税收政策、福利导向、法律规定等多元手段保障住房的居住功能,最大限度地利用存量建筑。其中,最具强制性的手段是在法律层面禁止住房空置的"滥用"行为,违者将承受高额罚款。此外,慕尼黑同时推动可支付性租赁住房供给和住房私有化,动态维护市场租购平衡。在以补贴、贷款等方式推动住房私有化时,政府严格审查购买者资格,要求受补贴者不在德国或其他任何国家持有私有住房,在能够控制的市场份额内严格控制住房自住。面对可建设用地消耗殆尽的问题,慕尼黑提出长期发展项目LaSie(Langfristigen Siedlungsentwicklung),通过致密化、结构调整和新开发的综合手段,推动建成区域高密度化转型、土地功能转型和区域功能重组,依托存量建筑增大住房供给。慕尼黑的经验表明,有效利用存量住房,调整租赁住房市场供需关系错位,实现空置非居住功能建筑转型是有效手段,这也是我国大城市缓解城市住房压力、激活空置住房可借鉴的经验。

参考文献

BELL B, 2018. The Germans Solving Rising Rents with People Power[EB/OL]. [2019-12-1]. https://www.bbc.com/news/world-europe-46522118.

CARTER A, 2019. Housing in this German City is the Most Overpriced in the World[EB/OL]. [2019-12-11]. https://www.iamexpat.de/housing/real-estate-news/housing-german-city-most-overpriced-world.

City of Munich, Department of Labor and Economic Development, 2018. Munich as a Business Location: Facts and Figures[R/OL]. [2020-3-6]. http://www.wirtschaft-muenchen.de/publikationen/pdfs/en_factsandfigures_2018.pdf.

CLARK G, MOONEN T, 2014. Munich: A Globally Fluent Metropolitan Economy[EB/OL]. Global Cities Initiative, The Brookings Institution. https://www.brookings.edu/wp-content/uploads/2016/06/GCI_Munich.pdf.

Landeshauptstadt München, Referat für Stadtplanung und Bauordnung, 2019. Wohnungsmarktbarometer 2018 [R/OL]. [2019-11-26]. https://www.muenchen.de/rathaus/dam/jcr: 6d46d5bb-a0e9-4e09-825a-01ba8280d6f9/LHM_Wohnungsmarktbarometer2018_Web.pdf.

Landeshauptstadt München, Referat für Stadtplanung und Bauordnung, 2018a. Wohnungsbauatlas für München und die Region[R/OL]. [2019-11-26]. https://www.muenchen.de/rathaus/dam/jcr: 7aa34193-f9d5-417a-9201-885a55ec20d8/LHM_Wohnungsbauatlas_web.pdf.

Landeshauptstadt München, Referat für Stadtplanung und Bauordnung, 2018b. Bericht zur Wohnungssituation in München 2016-2017[R/OL]. [2019-11-26]. https://www.muenchen.de/rathaus/dam/jcr: 9736b866-69cb-47d6-a4eb-9b00cd8bcdc5/LHM_Wohnbausituation_201617.pdf.

Landeshauptstadt München, Referat für Stadtplanung und Bauordnung, 2017a. Wohnungspolitisches Handlungsprogramm: Wohnen in München VI 2017-2021 [R/OL]. [2019-11-26]. https://www.muenchen.de/rathaus/dam/jcr: 006dc878-e452-4033-b962-1b8dee336f53/Handlungsprogramm_WiM%20VI_Web.pdf.

Landeshauptstadt München, Referat für Stadtplanung und Bauordnung, 2017b. Die Sozialgerechte Bodennutzung, Der Münchner Weg[R]. https://www.muenchen.de/rathaus/dam/jcr: 832b8345-e0eb-4e3d-a637-dfb341296b0c/Verfahrensgrunds%C3%A4tze%20neu.pdf.

Landeshauptstadt München, Referat für Stadtplanung und Bauordnung. München Modell-Miete-2019[R/OL]. [2019-11-26]. https://www.google.com/url?client=internal-element-cse&cx=010619416910839544587: slyiqnijdda&q=https://www.muenchen.de/rathaus/dam/jcr: d5701d44-cc28-4124-a817-50c685e1363c/2019%2520MM-Miete_Infoblatt%2520Stand%2520Nov.%25202019.pdf&sa=U&ved=2ahUKEwjEpLCErLzpAhVxIbcAHVAwBGMQFjABegQICRAB&usg=AOvVaw2IN2g2mY2XRuGOUJaCI2_o.

Landeshauptstadt München, Referat für Arbeit und Wirtschaft. Münchner Jahreswirtschaftsbericht 2019[R/OL]. [2019-12-1]. http://www.wirtschaft-muenchen.de/publikationen/pdfs/Jahreswirtschaftsbericht-muenchen-2019.pdf.

SCHÖNIG B, RINK D, GARDEMIN D, HOLM A, 2017. Paradigmenwechsel in der kommunalen Wohnungspolitik? Variationen kommunalisierter Wohnungspolitik im transformierten Wohlfahrtsstaat[M]. Variationen des Städtischen-Variationen lokaler Politik. Springer vs: 25-71.

THIERSTEIN A, AUERNHAMMER I, WENNER F, 2016. Munich: The Struggle to Combine Competitiveness and Social Inclusion[M]. Unequal Cities. Routledge: 227-244.

Voigtländer M, 2009. Why is the German Homeownership Rate so Low? [J] Housing Studies, 24: 3, 355-372.

Ziegert, 2018. Ziegert Report 2018/19: An Inside Look at Residential Property in Germany[R/OL]. [2020-5-8]. https://content.knightfrank.com/research/1379/documents/en/condominium-report-berlin-201819-5871.pdf.

王阳, 2019. 德国住房租赁制度及其对我国住房租赁市场培育的启示 [J]. 国际城市规划, 34（5）: 77-85.

第八章
基于城市复兴的汉堡社会租赁住房多元化发展策略

作为德国第二大城市，汉堡拥有较为成熟的租赁住房市场保障体系与运营管理机制。其中，社会租赁住房是满足中低收入阶层居民租赁住房需求的重要工具。近年来，随着产业结构的转型、移民大量涌入以及家庭结构的变化，汉堡面临着中心城区衰落、人口不断增加、可负担的租赁住房短缺等方面的严峻挑战。为此，汉堡市政府于2011年开始实施新的长期住房建设规划和多项相关政策以推进社会租赁住房市场的建设与发展，结合城市复兴目标设定建设计划，在资金补贴、土地交易、管理机制等方面给予大力支持。本章将对德国社会租赁住房的概况、汉堡社会租赁住房的发展背景以及社会租赁住房多元化发展策略进行深入分析，总结汉堡多元化发展策略对我国大城市租赁住房发展的启示。最后，以70号码头住区项目为例，详细阐述汉堡社会租赁住宅实践项目的设计、运营和管理及周边生活设施的情况。

第一节 汉堡城市概况

汉堡全称为汉堡汉萨自由市（Free and Hanseatic City of Hamburg，以下简称"汉堡"），位于易北河北岸，是德国三大州级市（柏林、汉堡、不来梅）之一。汉堡是德国最重要的海港和最大的外贸中心，是德国第二大金融中心，同时也是德国的新闻传媒与工业制造业中心。作为德国第二大城市，汉堡的辖区面积为755km²。截至2018年底，汉堡常住人口184万，人口密度为2437人/km²，远高于德国城市平均水平（Statistisches Bundesam，2019）。近年来，汉堡居民的生育率持续走低，人口的增长主要依靠移民背景的家庭。2017年底汉堡具有移民背景的人口占总人口数比例约为35%，18岁以下居民有移民背景的占51%。

第二节 汉堡租赁住房市场的发展背景和历史演变

一、产业转型导致中心城区衰败

20世纪60年代以来，在全球海运和港口经济转型的背景下，过去繁华的汉堡港口地区逐渐衰败，港口产业从城市中心的撤离产生了大量城市废地和废弃厂房设施。然而，汉堡城市中心地价居高不下，严重阻碍可负担住宅的建设。人口的持续增加与有限的住房供给之间的矛盾使得居民职住问题日益显著。在此背景下，90年代中期汉堡市政府制定了欧洲规模最大的、以位于汉堡港的港口新城（Hafencity）为核心的城市复兴战略，试图将汉堡打造成为集生活、文化、旅游、休闲和商业于一体的综合性大都市。2010年，汉堡市政府发布了有关城市中心区域概念与未来发展策略的报告（Innenstadtkonzept Hamburg 2010）。该报告指出，将以港口新城的发展进一步推动城市中心区域功能重组，其中，在城市中心区域提供可负担的租赁住房成为激发城市活力、实现城市复兴的要点之一（图8-1）。

二、人口增长与家庭结构变化导致租赁住房短缺

长期以来，德国的租赁住房需求都非常旺盛。2014年，德国租房居住家庭占到了一半以上，达到54.5%（夏磊，2018）。在大城市租房居住比重则更大，作为德国第二大城市，2011年汉堡市的住房租赁率达

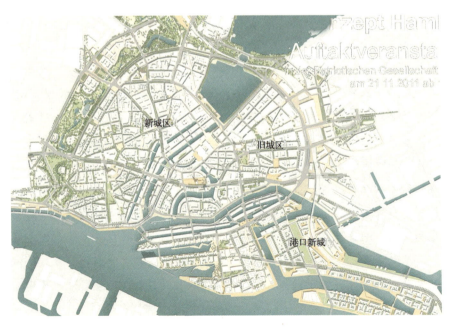

图8-1 汉堡城市中心区域定义（2011年）
资料来源：hamburg.de

到74.9%。与之相比，2010年我国有87.6%的家庭居住在自有住房中（刘斌，2016）。2008年金融危机过后，经济的恢复和移民数量的增加进一步带动了对租赁住房的需求。然而，住房供给难以跟上住房需求的增长速度，从而导致住房市场空置率下降和租金持续上涨。2018年德国新建成住房总量约为33.5万套，仍远远无法满足住房需求。根据估计，德国目前的住房需求缺口为35万~40万套，住宅价格上涨趋势将延续，住房市场的价格泡沫也在随之增大（Deutsche Bank，2018）。

另外，德国的家庭结构也在发生改变，家庭平均人口数呈现逐渐减少的趋势，这一变化在大城市中尤为显著（图8-2）。越来越多的汉堡居民选择独自居住也在一定程度上增加了住房需求。满足来自各方面持续增长的租赁住房需求，调整租赁住房面积和户型成为当前汉堡面临的重要挑战。

三、中低收入群体的房租负担压力较大

汉堡的房价相对较高，2018年汉堡住宅房价在德国城市中位列第三，仅次于慕尼黑和法兰克福（Deutsche Bank，2018）。2009~2018年，汉堡房价增幅约为74%，略低于德国其他大城市的平均水平（约80%）。尽管如此，城市内部各区域间的发展不平衡，汉堡市中心区的房价增长率远超全国平均值，高昂的住房价格导致居民较大的经济负担。

与房价相比，汉堡的租金增幅相对较慢，这在一定程度上促进了住房租赁市场的发展。2017年汉堡转租和新租公寓租金同比上涨率分别为4.8%和3.7%，远远低于德国其他大城市均值8.4%和5.3%。尽管如此，汉堡居民特别是中低收入群体的房租压力依然较大。

四、汉堡租赁住房市场的历史演变

现代汉堡的住房租赁市场始于20世纪初。第一次世界大战结束后，由于住房短缺、联邦德国政府管控住房分发与配给，住房租赁市场迅速萎缩。由政府出资建设、保障居民基本生存需要的社会租赁住房随即走上历史舞台，并在70年代以前占据德国居民住宅的主导地位。之后随着经济的发展，国民住房短缺问题得到全面缓解，市场化租赁住房也逐步发展起来，住房租赁相关法律法规得到完善。社会租赁住宅给政府带来过重的经济负担问题，相比之下，房租补贴可以覆盖更多家庭。因此，90年代后政府对中低收入群体住房的支持从社会租赁住房转向房租补贴，大量社会租赁住房被逐渐抛售。2002年，政府逐步停发住房建设补贴，新增社会租赁住房数量也随之减少。从2000年初至2012年初，汉堡社会租赁住房总量从16.7万套下降到11万套，平均年降幅3.42%。

在德国各大城市租金普遍上涨的背景下，社会租赁住房数目的过快萎缩使得中低收入群体在房租高昂地区难以立足。1992~2009年，在房屋价格与租金的巨大压力下，汉堡中心城区的居住人口呈现逐渐下降的趋势，越来越多的人选择搬到居住条件更好、成本更低的城郊区域（图8-3）。到了2012年，汉堡40%以上的就业者通勤距离超过10km（Hamburgischen Weltwirtschaftsinstituts，2013）。城市本身由于产业转型增加了大量的可建设用地，从侧面折射出城市中心区面临的住房困境。严重的职住分离进一步导致了城市中心区域活力下降、区域功能结构单一等问题。

为了应对人口增长和产业转型后中心城区的衰落问题，汉堡市政府提出了基于城市复兴目标的长期住房建设计划，并积极推动社会租赁住房发展，在政策和资金上提供相应的支持。同时，寻求适当的市场化方式以解决城市更大范围的住房问题。从2011年开始，汉堡市政府大力推进住宅及其他功能类型建筑项目的建设，并设立专门的机构以落实相关政策的实施。

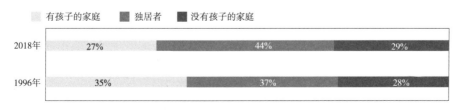

图8-2　汉堡家庭结构比例比较（1996年和2018年）
资料来源：Statistisches Bundesam

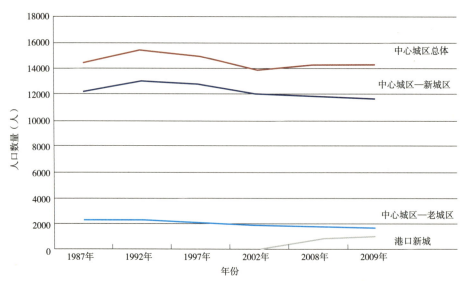

图8-3 汉堡不同城市片区1987~2009年居住人口规模变化
资料来源:hamburg.de

第三节 汉堡租赁住房发展建设概况

一、德国社会租赁住房概况

1. 德国社会租赁住房体系

德国社会租赁住房(bezuschussten Sozialwohnungen)具有房租类型与租金水平多样化、保障范围广、政府参与度高等特点。目前德国社会租赁住房体系主要包括联邦或州政府持有的公共住房、市政或市政企业持有的市政住宅、住房合作社持有的住宅和教堂等慈善组织或非营利性组织持有的住宅(图8-4)。其中,绝大多数社会租赁住房都是由政府资金或政策支持的受补贴租赁住宅,其又可分为公共资助住房(öffentlich-rechtliche Unterbringung)和税收优惠住房(steuerlich begünstigtes Wohnungen)。在租金显著低于市场租赁住房(frei finanzierten Wohnungen)的基础上,不同类型的社会租赁住房租金也存在差异。总体而言,德国的社会租赁住房体系不仅保障低收入群体,还服务于广大中产阶级。

根据2011年德国联邦政府的建筑和住房普查,汉堡住宅类建筑产权结构比例中社会租赁住房占比近30%,为三大州级市中最高。从租赁住房的持有比例上看,市政府或市属企业和住房合作社持有的社会租赁住宅占据较大份额(表8-1)。社会租赁住房与市场化租赁住房之间并不完全隔离,社会租赁住房多元化的供给形式保证了住房租赁市场的公平稳定。

社会租赁住房在德国由来已久,形成了较为成熟的建设项目融资模式。社会租赁住房的建设和维护资金主要来源于三个渠道:地方政府的税收、租户缴纳的租金以及经营机构通过合作模式获得的集资(姚玲珍等,2009)。此外,近年来PPP模式(Public-Private-Partnership)在社会租赁住房领域也得到实践。PPP是公共部门和私营部门之间合作建设基础设施的模式,在降低政府资金压力的同时实现政府对项目一定程度的公共控制力。

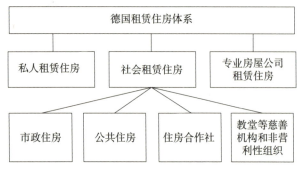

图8-4 德国社会租赁住房体系示意图

2011年德国三大州级市住宅类房屋不同所有权类型占比（单位：%）　　　　　表8-1

不同产权类型	汉堡	不莱梅	柏林
共管公寓	22.2	24.3	20.4
私人所有	36.5	47.8	29.1
住房合作社所有	14.1	3.8	9.8
市政府或市属企业所有	13.9	10.7	10.6
私营房屋公司	9.6	9.8	18.2
其他私营公司	1.8	2.1	6.9
联邦或州政府	0.7	0.1	3.9
非营利性组织	1.1	1.4	1.0
总比重	100	100	100

数据来源：Zensus，2011

2. 住房合作社的运营和发展现状

住房合作社最早出现在19世纪的欧洲。当时，部分大城市人口规模急剧增加，地方政府难以满足大量新增人口的居住需求。于是，由部分中低收入群体发起成立社团，即住房合作社来解决住房问题。关于住房合作社的第一部法律是1889年德国颁布的《合作社法》，这一法案规范了住房合作社的运营模式，设定了住房合作社的基本章程、机构、社员权利和义务。1950年，针对第二次世界大战后住房短缺的情况，联邦德国政府颁布了《联邦住宅建设法》，鼓励包括住房合作社住房在内的福利住宅的建设。

在租赁住房的分配方式上，住房合作社根据地方政府选定的地段建造或购买租赁住宅。住宅项目落成后，住房合作社会向全社会公布住宅套数、面积及租金标准等具体信息。社员可根据实际需求和自身经济状况提出申请，住房合作社在法律约束和政府监督下以公开透明、公平公正的方式将住房分配给社内的注册社员。一般地，入社时间长、家庭人口多的社员拥有选择住房的优先权。

二、汉堡社会租赁住房概况

自2011年实施新的长期住房建设计划后，汉堡新建社会租赁住房数量稳步提升，另外，汉堡建筑许可证的发放量达到20世纪90年代以来的历史最高点。在现有的政府规划中，平均每年新建住宅数量（约1万套）达到了住宅存量（约94万套）的1%。2011~2016年，汉堡每年新建公寓数量总体呈现稳定上升趋势，并于2015/2016年超额完成了每年2000套新建社会租赁住房目标的50%以上（图8-5）（Behörde für Stadtentwicklung und Wohnen，2017）。

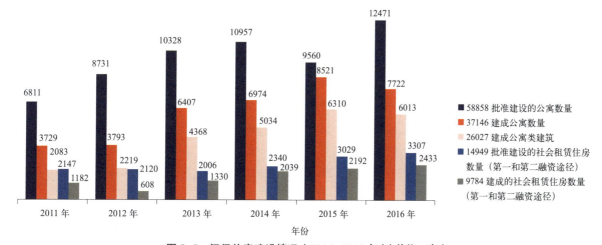

图8-5　汉堡住房建设情况（2011~2016年）（单位：套）
资料来源：hamburg.de

在社会租赁住房存量供应区位方面，截至 2017 年底，社会租赁住房存量的空间分布较为均衡，新建社会租赁住房多集中分布在交通区位条件较好的中心城区，在城市核心区域保障了基本的社会租赁住房供应，为中低收入群体提供了选择临近工作地的居住机会，增加了其就业可达性，有助于缓解这部分弱势群体的职住分离问题。

长期稳定的社会租赁住房供给显著减缓了汉堡整体住房市场房屋租金的上涨速度。根据 2019 年最新发布的"租金明镜"报告显示，2017~2019 年汉堡地区的净租金年均增长率为 1.3%，仅为上一次"租金明镜"周期（2015~2017 年）年均增长率（2.6%）的一半（Behörde für Stadtentwicklung und Wohnen，2019a、2019b）。另外，与德国其他大城市相比，汉堡的住房租金增速属于比较低的水平（同期慕尼黑为 2.1%、柏林为 2.6%、法兰克福为 3.1%）。

第四节　汉堡租赁住房发展的相关政策

德国住房市场的长期稳定与其对房地产市场的定位及财政结构密不可分。对德国政府而言，房地产是国家社会福利体系的重要组分，而非经济增长的拉动者。德国实行土地私有制，绝大部分土地都归自然人或私人机构所有。政府对土地财政的依赖程度较低，与住房相关的税收只占德国财政收入的 2% 左右。

另外，德国实行政策性住房金融体系和补贴式的住房政策，大大降低了居民租房的难度。银行对购房信贷的严格审核也使得人们更倾向于租房而非买房。补贴式住房政策也使得低收入家庭更容易获得租房补贴。

权益和责任也是人们选择租房还是买房的重要考虑因素。德国实行注册户籍管理制度，以此确保租赁和购买住房同权同责。通过这种方式脱离社会福利与住房产权的关系，免除居民对不动产所连带的基本福利刚性需求。

一、保障租赁双方权利的租赁住房政策

1. "租金明镜"

1982 年《租赁住房增加供应法》（Gesetz zur Erhöhung des Angebots an Mietwohnungen）中引入的"租金明镜"是目前德国住房租赁市场上的主要租金控制工具。"租金明镜"是公开某区域内住宅的平均租金、最高租金以及最低租金等相关信息。租金数据通过住房的类型、区位、面积、设施状况等真实指标进行计算，经过专家评审和市议会批准后才能发布。成果以租金参照表和交互地图的方式呈现。"租金明镜"一方面可以保障地区租金水平数据的公开与透明，便于租客和房东以合理的价格达成协议，保障双方权益。另一方面，"租金明镜"还能简化与租金有关的案件的审理流程，提高工作效率。

2. "租金刹车"

2015 年汉堡市政府颁布了另一种租金控制政策工具即"租金刹车"（Mietenspiegel）。该政策对租赁住房首次出租租金提出了严格要求。"租金刹车"的初衷是确保房屋的居住属性而非投资属性，降低弱势群体的房租压力。然而，总体上看"租金刹车"的实施效果并不好，一些人认为"租金刹车"已成为参与投资建设租赁住房的巨大障碍，并最终伤害租户而非保护租户。

3. 加减租制度

基于"租金明镜"政策，法律还规定了一系列与加减租金相关的制度，对租金的加减额度和加减方式都有严格规定，以此保护租客，避免房东恶意抬租。此外，这项制度鼓励房东对老旧住房进行合理改造，并给予涨租优惠。如果租赁住房存在施工噪声、潮湿霉变等缺陷，租户有权依据规定提出合理的减租要求。总体而言，加减租制度通过细致的规定保障租赁双方权益，但对相对弱势的租客群体有一定倾斜。

4. 房租补贴

按照德国法律规定，凡是家庭收入无法租赁到适当住房的德国公民，都有权获得房租补贴。房租补贴的具体金额一般由家庭的人数和总收入决定。补贴期限到达后，会根据家庭收入的变化情况决定减少或增加补贴金额（毛濛，2010）。每隔两年政府会根据相关制度对住房补贴进行调整，以适应租金和收入的增长，从而达到更好的保障效果。

二、基于城市复兴的汉堡社会租赁住房多元化发展策略

1. 以城市复兴为焦点推动社会租赁住房的建设

20世纪90年代中期，汉堡市以打造港口新城（Hafencity）为核心的城市更新过程中，收购了港口新城区域大部分工业用地，之后，便开始加强土地出让的管控力度。港口新城项目位于汉堡老城中心南侧，总规划面积约157hm²，其中陆地面积127hm²（图8-6）。港口新城的建设从1999年开始，致力于发展包括居住、商业、教育、旅游等产业在内的多种城市功能混合的新型都市中心区域。到2025年时，这一项目预计使汉堡"新城区"（new downtown）的规模扩大40%左右。港口新城规划的总住宅面积为70万m²，可供1.2万人居住，预计能够在整个区域内新增约4万个就业岗位。

由于防洪、隔声等要求，港口新城的建筑建设成本较高，其平均净租金比汉堡老城中心区域高2~3欧元/m²，消费水平相对较高。但不同收入水平人群的混合也是规划考虑的重要内容。在住宅规划方面，港口新城项目的重要理念是推行混合居住——住宅项目中包含公共租赁住房与各类价格水平的私人住宅，分别由住房合作社与普通建筑开发公司进行开发。其中，公开租赁市场上的价格为12~18欧元/m²，而住房合作社提供的公共租赁住房价格约为市场化租赁住房的75%，主要为中等收入群体提供住房保障，为9~13.5欧元/m²。

2011年后，基于城市复兴的发展目标，政府在城市中心区域大量兴建社会租赁住房。在空间上，社会租赁住房与市场化租赁住房高度混合，部分社会租赁住房与市场化租赁住房位于同一栋建筑内并共享配套设施。社会租赁住房在优势空间区位的分布极大地改善了各阶层居民的职住状况，缓解了交通拥堵和过度通勤的问题，从而有助于实现打造多元化都市中心区域的目标。

2011年，汉堡市政府制定的长期住房建设计划目标为每年建设1万套新公寓，其中至少2000套是为中低收入家庭提供的受补贴租赁住房，2017年这一目标被进一步提升为3000套。受补贴的租赁住房一般由公共住房、住房合作社以及其他协会或机构持有的租赁住房组成。其中，地方政府、州政府和联邦政府提供租金水平最低的租赁住房。住房合作社是以会员集资、

图8-6 港口新城（Hafencity）规划示意图
资料来源：hafencity.com

政府补贴等资金进行集中建房，再以低于自由市场的价格出租给会员。同时，政府鼓励对房屋状况较差的部分公寓进行现代化改造，尽力维护好可利用的住房，致力于保障中低收入家庭的住房需求。

为了提高审批和建设效率，汉堡市专门成立了参议院城市发展和住房委员会（Senate Commission for Urban Development and Housing），以加快重大城市规划议题的决策流程。参议院和各区决议通常会在6个月内完成建筑许可资格的审核，并积极推进潜在住宅项目用地的规划。在保障住房结构方面，市政府向开发商和投资者制定了明确的中低收入住房占比等要求。在土地招标过程中，不再以最高出价作为标准，受补贴租赁住宅的规划建设数量作为重要指标由参议院审核。汉堡参议院提出，部分大型城市开发项目需要遵守"三种混合"（Drittelmix）原则，即在该区域中受公共补贴的租赁住房、自由融资的市场租赁住房和私有产权住房应当达到相同的比例，以保障城市的人群混合。

在资金支持方面，汉堡市政府会通过汉堡投资开发银行（IFB Hamburg）对社会租赁住房建设项目进行补贴。2017年，汉堡共计投入了1.6亿欧元（约合12.4亿元人民币）的补助资金，2530万欧元（约合1.9亿元人民币）的利息补贴以及2.88亿欧元（约22.3

亿元人民币）的低息贷款，最高支持额度甚至可以达到建设总成本的90%（Brauckmann，2018）。

2. 基于群体细分提供相应支持的多元化发展策略

政府主导的补贴租赁住房主要根据目标对象的不同分为第一融资途径、第二融资途径和救济性住房（表8-2）。第一融资途径主要解决低收入群体的住房问题，而第二融资途径主要面向中等收入群体。对于收入更高的居民，政府也在推进租金水平介于受补贴住房与市场租赁住房之间的经济适用房建设，以提供更多住房选择，尽可能地覆盖所有租赁住房需求的群体。

第一融资途径所面向的主要是收入最高超过《汉堡住房促进法》（Hamburgischen Wohnraum förderungsgesetz）规定的限额30%的群体，这一群体在汉堡所有家庭中占比约36%。汉堡投资开发银行为此类项目提供初始年利率1.0%的低息贷款，为期20年或30年持续拨付的额外补贴资金，承接该项目的开发商还可申请其他普通贷款。该类公寓的最高租金是6.6欧元/m²（约合51.2元人民币/m²），每2年的租金增加额度为0.2欧元/m²（约合1.55元人民币/m²）。第二融资途径在2011年由参议院引入，面向收入最高超过《汉堡住房促进法》规定的限额60%的群体，补贴方式与第一融资途径类似但补贴力度相对较小，相应的最高租金为8.7欧元/m²（约合67.5元人民币/m²）。

开发商接受补贴的条件是所建房屋必须向城市居民出租至少20年或30年，每套公寓的面积和配置也必须严格遵守相关规定。当租金合约期结束之后，绝大多数补贴租赁住房才能够在房地产市场中出售或进入营利型租赁市场进行出租。这样一方面保障了社会租赁住房的建设品质，另一方面增加了社会租赁住房对供应主体的经济效益，有助于实现良性循环。

除了政府主导的社会租赁住房供给，政府同样会通过汉堡投资开发银行对住房合作社、小型住宅协会等社会机构持有的租赁住房项目给予一定低息贷款和补贴支持，以鼓励他们参与租赁住房的建设，从而为中低收入群体提供更多租赁住房房源。

社会租赁住房可以由不同供应主体来提供，各主体接受的补贴制度、租金管控政策、租客权益是相同的。2017年汉堡新批准建设的社会租赁住房中，约35.5%的受补贴租赁住房由市属住房公司SAGA GWG承担，私人投资者占14.5%，住房合作社约占34.2%。由此可见，汉堡社会租赁住房建设中市属住房公司仍然占据着主导地位。私人投资者的广泛参与有助于减轻政府在社会租赁住房项目中的经济负担，多元化的提供主体也能够保持住房租赁市场的稳定发展（图8-7）。

面对租赁住房短缺的问题，汉堡市政府在存量利用方面也推出了多项举措，致力于减少住房的空置和过度商业化运营，同时改善住房的居住质量。2018年，

汉堡市政府对不同类型租赁住房的支持与限制   表8-2

	政府补贴的租赁住房				市场化的租赁住房
	第一融资途径	第二融资途径	救济型住房	协会住房（合作产权）	私人租赁住房/专业房屋机构等
目标人群	收入最高超过《汉堡住房促进法》规定的限额30%的群体	收入最高超过《汉堡住房促进法》规定的限额60%的群体	具有紧急住房需求（如被家暴女性、遭受虐待者等）及收入极低的群体	（针对小型住宅协会、住房合作社等社会租赁住宅提供主体）一般针对中等收入群体	普通租户（中高收入群体）
支持方式	针对建设：低息贷款、分期补贴资金、一次性补贴资金 针对租户：租金补贴				针对租户：租金补贴
租金控制	6.6欧元/m²最高租金及0.1欧元/m²年增幅+"租金明镜"+"租金刹车"	8.7欧元/m²最高租金及0.1欧元/m²年增幅+"租金明镜"+"租金刹车"	视情况而定+"租金明镜"+"租金刹车"	视情况而定+"租金明镜"+"租金刹车"	视情况而定+"租金明镜"+"租金刹车"
租金合约	20年或30年	20年或30年	40年	20年、30年或40年	无

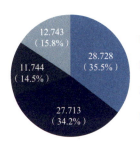

图 8-7　2017 年汉堡存量受补贴社会住房的产权分布
（单位：万套）
资料来源：hamburg.de

汉堡市政府规定公民自有公寓每年作为度假公寓出租的最高期限为 8 周，以遏制过度商业化和地产投机行为。同时，汉堡对公民自有房屋的空置时间也有明确规定，以此保证房屋租赁市场的住房存量。

为改善租赁住房品质，政府也为增加或改造住房的无障碍、节能、环保等设施提供额外补贴。以房屋设备现代化改造为例，进行房屋改造的房东可以向汉堡投资开发银行提出申请获取租金控制的优惠和多次发放补贴资金。

三、汉堡社会租赁住房发展策略成果评析

1. 总体有效：建设情况符合目标，城市租金水平管控有效

总体来说，汉堡的社会租赁住房建设完成了其在这一问题上的既定目标。汉堡市政府在城市核心区域不断划拨可供开发的地块，鼓励各机构、组织兴建包括社会租赁住房在内的住房，缓解了租赁住房租金上涨过快的问题，使汉堡成为德国一众大城市中房价与租金相对稳定的城市。另外，根据汉堡北部统计局统计数据，截至 2013 年底，城市中心区域人口相比 2009 年底有显著回升。

2. 不足与漏洞：居住环境配套更新问题、土地投机问题凸显

在总体有效的基础上，汉堡的社会租赁住房也存在着一些未能完全解决的问题。快速大量建设带来居住环境配套更新的问题。2014 年汉堡政府报告（Innenstadtkonzept Hamburg 2014）指出，以老城区为典型代表，已建住房中存在部分项目难以满足景观规划对住宅附近开放空间的要求。同时，历史遗留的土地环境污染、儿童活动空间缺乏等问题也对新建住房项目的持续发展提出挑战。

另外，建设过程中的土地投机现象日渐凸显。由于地价上涨速度快于房价，部分投资者获取土地和建筑许可后并没有真正进行建设，而是以持有土地若干年后转售的方式盈利。这种行为抑制了租赁住房市场的发展，抬高了租赁住房的开发成本。

3. 存疑与思考：大规模建设的模式或难以为继

当前，德国大城市普遍存在住房严重短缺、房租上涨过快的问题。尽管汉堡在稳定住房市场方面已取得不错的成绩，但仍有不少人对汉堡大力推进住宅建设政策的持续性存在一定担忧。事实上，汉堡常住人口在过去 20 年里的总增长率仅为 6.8%（年均增幅低于 0.4%），与其他大城市相比人口压力较小，调控住房租赁市场的难度相对降低。由于目前汉堡正处在产业转型的特殊时期，城市内部产生了大量可供建设或改造的城市废地。但随着将来可利用土地的不断减少，或难以维持住房的大量建设，存量住房更新的重要性则会日渐提升。

另外，从社会租赁住房总量来看，尽管汉堡的新建租赁住房数量在持续增加，但在整个德国社会租赁住房让位于市场化租赁住房的大趋势之下，近年来不少社会租赁住宅在租赁合约到期后就变更了房屋属性，不再继续维持社会租赁住宅的角色。新建租赁住房的增量不及已有租赁住房的减量，从而导致汉堡的社会租赁住房总量在不断减少。从 2012 年初到 2019 年初社会租赁住房总量从 11 万套下降为约 7.6 万套。汉堡市政府 2011 年后在住房建设补贴方面投入的资金逐年增加，大幅度提高了社会租赁住房的建设力度，但社会租赁住房总量却仍然下滑。究其原因，社会租赁住房的重要性主要在于社会稳定与连带的城市发展问题，汉堡的持续支持建设策略对迅速转型带来的民生问题与推行城市复兴战略起到了相当重要的作用，但或许社会租赁住房的未来走向并非政府更大力度的支持；基于财政负担与市场化租赁蓬勃发展的思考，以政府支持主导建设的社会租赁住房数目逐步降低是德国的整体趋势。目前汉堡社会租赁住宅建设的主体中市属住房公司 SAGA GWG 依然占据最大份额，具备继续加大多元化主体供应与更细致的人群细分的潜力。汉堡市政府对绝对贫困阶层提供基本居住保障，关注相对贫困阶层的城市立足问题，寻求市场化的方式在更大范围内解决中低收入群体的住房问题或许对社会租赁住房未来的持续性发展有所助益。

第五节 汉堡租赁住区规划设计案例

一、汉堡70号码头（Dock 70）租赁住区简介

70号码头公共租赁住宅项目由汉堡的伯格多夫·比尔（Bergedorf Bille）住房合作社开发并运营（图8-8）。伯格多夫·比尔住房合作社成立于20世纪20年代，是德国北部最大、最成功的住房合作社之一。截至2018年底，该住房合作社拥有共计9244套公寓（总建筑面积60.78万m^2），全部位于汉堡辖区内。

伯格多夫·比尔住房合作社主要面向的对象是汉堡具有中等收入的注册社员。以2018年为例，该住房合作社所提供的住房平均净租金约为7.00欧元/（m^2·月），约合54.6元人民币/（m^2·月），这一价格为汉堡普通市场租赁住宅价格的57%，是汉堡租赁住宅平均净租金的80%。其租金随汉堡市场化租赁平均租金的波动而逐年变化，但总体上看，伯格多夫·比尔住房合作社为其社员提供了幅度较大的租金优惠。

在租赁制度方面，该住房合作社要求所有租户必须为本住房合作社的注册社员。非社员也可以申请租房，但在取得入住资格时必须购买一定住房合作社的股份并成为注册社员。住房合作社在最初成立时是一个非营利性组织，但随着社会经济的不断发展以及为适应市场经济的需求，近年来住房合作社也开始接受投资性质的股份购买。以伯格多夫·比尔住房合作社为例，每位社员至少购买2股本住房合作社的股票，最多则可以购买20股。对于已经获得租赁资格的房屋，社员不能私自转租，必须提出转租或退租申请并通过住房合作社的审核和批准。当到期不再续租时，社员可以出售个人所持有的股份。

70号码头公共租赁住宅项目位于汉堡市中心港口新城的核心地带。公共租赁住宅与市场化住宅共享一栋建筑，以便在最大程度上促进不同收入阶层居民的"社会融合"。如图8-8中的项目总平面图所示，A区即为市场化住宅，业主为一家专业房屋租售公司KOS Wulff Immobilien GmbH，共计101个公寓单位，兼备办公与商业功能，同时提供住宅租赁与住宅销售服务。公寓提供从一居室到五居室等多种户型选择，公寓套内面积区间为27~143m^2。

B区则为公共租赁住宅，由伯格多夫·比尔住房

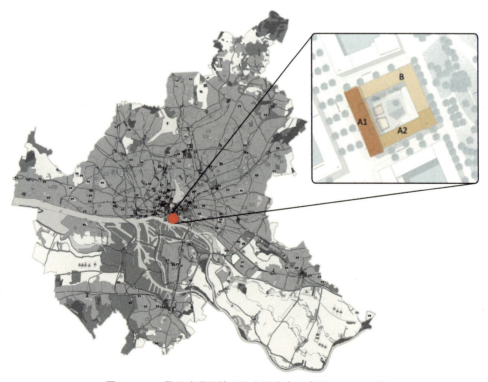

图8-8　70号码头项目的区位空间分布示意图和总平面图
资料来源：底图源自 Google Earth

合作社持有，共包括58套公共租赁公寓和一家日托中心，总建筑面积约为1.2万 m²，同时配备有地下停车场、无障碍电梯等基础设施。建筑内部的围合庭院中有精致的户外活动设施，供A、B两区所有住户共享（表8-3）。

在租赁住宅项目的建设资金方面，近年来汉堡市政府推出了多项相关政策，加大对住房合作社、小型住房协会等组织建设租赁住宅的支持力度。70号码头项目B区约三分之一的建设资金来源于政府的低息贷款和专项补贴，其余三分之二的建设资金来自伯格多夫·比尔住房合作社内部的社员集资。

二、汉堡70号码头租赁住宅项目的住宅单体设计

70号码头项目公共租赁住宅共有6层，每户都配备有阳台。从外观来看，其与同属一栋建筑的市场化租赁住宅没有明显的结构和质量差异（图8-9、图8-10）。如图8-11所示，70号码头项目B区为租客提供了从两居室到四居室的多种户型选择。其中，三居室住房为该区的主力户型。因此，70号码头项目能够在保障住房建筑质量的基础上，较好地满足不同经济条件和家庭规模租客的居住需求。

汉堡70号码头租赁住宅项目的相关技术经济指标　　表8-3

序号	指标名称	单位	数值	备注
1	总用地面积	m²	7080	估算
2	总建筑面积	m²	24000	—
3	户数	户	159	—
4	高层	栋	0	—
	多层	栋	1	6层
	低层	栋	0	—
5	容积率	—	3.39	估算
6	绿地率	%	23	估算
7	建筑密度	%	56	估算

图8-9　70号码头项目实景
资料来源：hkp-architekten.de

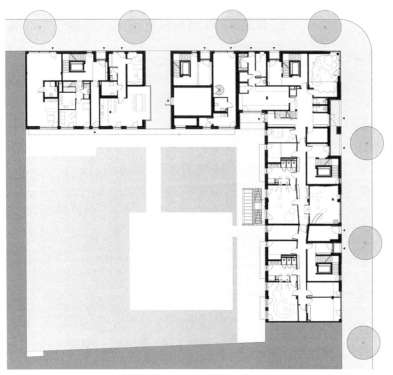

图 8-10　70号码头项目部分住宅首层平面和剖面图
资料来源：competitionline.com

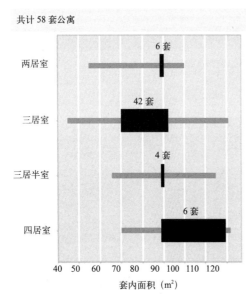

图 8-11　70号码头项目B区的户型及面积分布
资料来源：bergedorf-bille.de

三、汉堡70号码头租赁住宅项目的公共服务设施

在周边公共服务设施方面，70号码头临近港口新城中心区域，15min步行生活圈内医疗、教育、商业、宗教、文化等资源齐全（图8-12）。尤为突出的是文化资源。由于汉堡港特殊的历史地位与改造更新中发展文化旅游产业的目标，项目周边文化资源丰富，如西北侧旧港口仓库改造而成的博物馆、西侧世界著名的汉堡易北爱乐厅等。

在教育方面，15min生活圈内分布有一所幼儿园、两所中小学、三所高等教育院校（其中包括一所综合性大学），加上街区内部为婴幼儿和老年人提供的日托中心，整体较为完备。

在交通方面，由8-12右图可见70号码头没有紧邻的公交或地铁站，但步行10min内可以到达多个地铁站与公交站。港口新城内公交站点呈现出主要沿三条主要道路分布，但整体密度较高（相邻公交站点间隔300~400m）的特征。这与港口新城重视营造步行公共共享空间、推行人车分流的概念相关。规划需要在满足高可达性的前提下使更多相邻街区之间的道路或空地成为步行友好的共享空间。由于临近港口新城内两个地铁站点，从70号码头前往汉堡城市中心其他地区也较为便捷。

四、汉堡70号码头租赁住宅项目的总结和评价

总体来看，70号码头项目的选址和设计充分体现了租赁住宅设计与城市复兴相结合的特点。70号码头

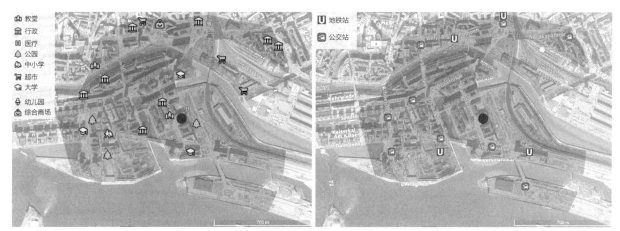

图 8-12 70 号码头项目周边的公共服务设施分布图
资料来源：作者基于 Google Earth 整理绘制

项目地处汉堡城市复兴战略的起点——临近港口新城的核心地段，区位条件优越，公共服务设施完备。汉堡通过在城市中心区域引入不同价格水平的租赁住宅，改善目前市中心住房缺失导致职住分离、业态单一缺乏活力的状况，也推动不同收入阶层群体的"社会融合"，有利于社会稳定与和谐发展。在项目的户型设计中，合理配置多种户型，尽量兼顾和满足不同家庭状况居民的实际需求。同时，保证公共租赁住房较好的建筑品质，使其与其他商业住宅能够融为一体，从而为中低收入群体提供稳定、舒适、体面的住房保障。但港口新城近年来租金高昂导致社会阶层混合难以实现。社会租赁住房项目周边配套商业、办公等业态定位较为高端，势必带来地区消费水平的抬高。70 号码头项目在设计上提供了中低收入群体立足城市中心区域的条件，但从租客消费能力与街区定位的巨大落差、机构持续运营能力等方面来说，这种混合是否具备长期可持续性还需进一步验证。

第六节　汉堡租赁住房发展对我国大城市的启示

基于复兴城市中心区域的发展目标，汉堡在建设社会租赁住房的过程中设定与之相符的社会租赁住房建设目标，积极寻求多样化的住房供给方式，从而最大限度地缓解居民的住房租赁压力。汉堡的经验对我国大城市住房租赁发展具有以下几方面启示。

首先，结合城市发展目标制定社会租赁住房建设策略。社会租赁住房是保障中低收入群体的重要工具，政府在制定社会租赁住房建设目标时应与城市的长期发展战略相结合。应根据我国大城市的实际情况，建设区位临近目标租户群体从事产业，完善社会租赁住房周边的配套公共服务设施。这样才能形成可持续的组团发展，解决职住分离问题，真正做到盘活区域。

其次，寻求多样化的租赁住房解决策略。目前我国大城市租赁住房主要是为经济和住房状况极度困难的家庭所提供的保障性住房，缺乏对流动人口群体和具有中等收入的"夹心层"群体的关注。从汉堡经验来看，通过救济性与补贴性政策并行的方式，以政府为主导寻求多元化主体供给，可以在有效提供租赁住房的同时最大限度降低政府的财政负担。一方面，根据我国大城市的现状特点，因地制宜地推进利用集体建设用地建设租赁住房，提高租赁住房增量。另一方面，应鼓励私营机构参与社会租赁住房建设，降低租赁住房建设的政策性贷款门槛，简化流程，增加灵活度，鼓励多元化租赁住房建设。

再次，完善关于租赁住房的建设运营、监督监管和权益保障制度。推进多元化的租赁住房策略，必须及时跟进相关的法律法规和监管机制。我国可根据汉堡经验设立专门机构，受理政府补贴申请、建设许可审批、租金合约规定以及租户资格申请与审查等事务，保证流程公平公正，提高办事效率。此外，我国大城市可以参考汉堡"租金明镜"管理工具，建立机制透明的租金、合同管理平台，建立诚信档案。另外，引入非营利性组织作为第三方监管机构，监督提高租赁机构准入条件，切实保障租赁双方的权益。

参考文献

Behörde für Stadtentwicklung und Wohnen, 2017. Wohnen in Hamburg 2030[R/OL].[2019-11-30]. https://www.hamburg.de/contentblob/9466960/7da6e559aad9f06bd15bb3cf7b526dbe/data/d-wohnen-in-hamburg-2030.pdf.

Behörde für Stadtentwicklung und Wohnen, 2019a. Mietenspiegel [R/OL]. [2019-11-30]. https://www.hamburg.de/contentblob/13249496/99c9f6d022ee261d3474c3df8b087cb1/data/d-mietenspiegel-broschuere-2019.pdf.

Behörde für Stadtentwicklung und Wohnen, 2019b. Wohngeld in Hamburg [R/OL]. [2019-11-30]. https://www.bmi.bund.de/SharedDocs/pressemitteilungen/DE/2019/05/wohngeld.html.

Behörde für Stadtentwicklung und Wohnen, 2011. Wohnungsbau wird weiter gestärkt[R/OL]. [2020-2-8]. https://www.hamburg.de/bsw/wohnungsbau/4029174/wohnungspolitik/.

Brauckmann M, 2018. Geförderter Wohnungsbau-Auswertung der Kommunalbefragung [C]. Expo Real Munich.

Deutsche Bank, 2018. The German Housing Market in 2018[R/OL]. [2019-11-1]. https://www.dbresearch.com/PROD/RPS_EN-PROD/PROD0000000000460528/The_German_housing_market_in_2018.pdf.

Hamburgischen Weltwirtschaftsinstituts, 2013. Pendeln in Hamburg[EB/OL]. [2019-12-30]. http://www.hwwi.org/uploads/tx_wilpubdb/HWWI-Policy_Paper_83.pdf.

Hamburg, 2018. Wohnungsbaubericht Hamburg 2017[R/OL]. [2019-12-29]. https://www.hamburg.de/contentblob/11923566/36ba972268741a4b30cb8f8724a4b340/data/d-wohnungsbaubericht2017.pdf.

Statistisches Bundesamt, 2019. Eurostat Regional Yearbook 2018 [R/OL]. [2019-11-30]. https://ec.europa.eu/eurostat/web/products-statistical-books/-/KS-HA-18-001.

Statistisches Bundesamt, 2019a. Housing [EB/OL]. [2019-11-12]. https://www.destatis.de/EN/Themes/Society-Environment/Housing/_node.html.

Statistisches Bundesamt, 2019b. Regionaldaten Europa [EB/OL]. [2019-11-12]. https://www.destatis.de/Europa/DE/Thema/Themenuebergreifendes-Regionales/_inhalt.html.

Statistisches Bundesamt, 2019c. Statistisches Jahrbuch 2019[R/OL]. [2019-11-20]. https://www.destatis.de/DE/Themen/Querschnitt/Jahrbuch/jb-bevoelkerung.pdf?__blob=publicationFile.

Zensus, 2011. Ergebnisse des Zensus 2011[R/OL]. [2019-11-30].https://ergebnisse.zensus2011.de/?locale=en#dynTable:statUnit=WOHNUNG; absRel=PROZENT;ags=02,04,11; agsAxis=X;yAxis=EIGENTUM.

刘斌, 2016. 住房自有率、人口流动与劳动力参与率——基于全国第六次人口普查数据的研究 [J]. 技术经济与管理研究（10）: 88-92.

毛濛, 2010. 论德国福利住房政策及对中国的借鉴意义 [J]. 吉林广播电视大学学报（9）: 72-73.

夏磊, 2018. 全面解码德国房价长期稳定之谜——德国住房制度启示录（下）[EB/OL]. [2019-11-20]. http://www.sohu.com/a/249099797_467568.

姚玲珍，张小勇, 2009. 德国社会租赁住房体系的剖析与借鉴 [J]. 消费经济, 25（3）: 66-68, 79.

第九章
福利与市场之间：
苏黎世住房合作社经验与启示

　　自工业化时期以来，苏黎世经历了上百年的城市发展，其中非营利性住房是伴随城市发展的重要住房供给模式，目前占住房供应的比例约为1/4。公租房是非营利性住房的传统模式，为低收入群体提供了可支付的得体居所。然而，大量在福利政策保护之外的中低收入群体也面临沉重的购房负担。为解决此问题，苏黎世从根本上打破了保障性住房和市场性住房的二元体系，建构了私营的非营利性住房模式，即在政府的主动参与下，调配使用市场资源，以住房合作社为开发主体建设非营利性住房，以便更好地满足中低收入群体的住房需求。通过住房合作社形式建设的私营非营利性住房受到明确的法律保障，与营利性住房严格区分开来，并拥有系统的运营管理准则，这对于完善我国住房供应体系而言具有重要的借鉴意义。

第一节 苏黎世概况

苏黎世市是瑞士人口规模最大的城市，是苏黎世州的首府，是瑞士的文化、经济、金融中心。苏黎世位于瑞士联邦中北部（图9-1），属于瑞士德语区。市区面积（含水域）达91.9km²，市区人口42.9万，人口密度约为6205人/km²，非瑞士籍人口比例32.3%（stadt zürich，2019d）。在2019年全球最宜居城市排行中，苏黎世位居世界第二。苏黎世市可分为12个市区，由34个片区组成，被利马特河分为东、西两部分，也分为老城和新城。在土地所有权方面，苏黎世市从1924年开始出售土地使用权而非土地所有权，并有意识回收土地以便综合开发利用。如今，公共部门是最主要的土地所有者，拥有苏黎世市约57.5%的土地，其次是自然人拥有比例达20.1%，私有公司拥有比例为15.4%（Brenner，2016）。

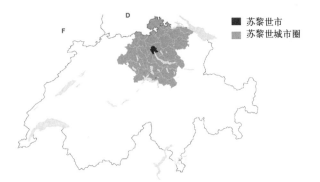

图9-1 苏黎世市及苏黎世城市圈示意图
资料来源：维基百科，https://en.wikipedia.org/

第二节 苏黎世市住房与租房市场的历史演变

近代以来，苏黎世的整体住房发展共经历了三次浪潮：住房问题萌芽、住房问题加剧、住房问题缓解。在这百年发展历程中，苏黎世市政府形成了多样化的住房问题应对模式，其中大力推进多元的非营利性住房建设为解决住房问题提供了有效途径。

一、第一次世界大战后住房短缺与住房合作社萌芽（1870~1932年）

19世纪30年代，苏黎世市开始了工业化和快速城市化，并逐渐成长为经济大都市，但经济繁荣的背后是工薪阶层家庭的恶劣生存环境。多子女的工薪阶层家庭难以维持体面的生活，只有人均7.5m²的居住空间。在大量罢工潮和政治不稳定情形下，苏黎世市开始推进非营利性住房建设，试图解决住房问题和平息社会矛盾。1892年，苏黎世成立了第一个非营利性的住房合作社——"苏黎世住房和存储合作社"（Züricher Bau-und Spargenossenschaft），通过汇集中低收入者的资金，以股份合作的方式集资建设并经营自己的住区。1907年，苏黎世市政府首次介入住房合作社的开发，用价格优惠的土地和贷款激励其建设开发，并把对住房合作社的支持方法列为条例（贾君如 等，2016）。在一系列努力下，苏黎世的住房短缺形势有所缓和。1914~1918年第一次世界大战，瑞士经济低迷，城市中饥饿和苦难蔓延，全社会所有阶层都缺房，同时出现了总罢工潮。面对全国性动乱，1919年瑞士联邦政府首次决定以补贴支持永久性的非营利性住房建设，并要求各州、片区共同投入相应资金支持，苏黎世市响应联邦政府号召。1918~1932年，苏黎世市政府建设多处公租房，然而杯水车薪。1920年，住房合作社开始在瑞士兴起，提供住房与岗位，由此促进经济的振兴。1924年7月，对应于联邦政府支持住房合作社的政策，苏黎世市政府颁布《准则24》，标志着政府对私营非营利性建房者的支持工具已成熟。住房合作社的成功经验促使市政府投票决定全力支持住房合作社开发，而不是公租房。在政府的大力支持下，1925~1932年苏黎世市出现了第一次住房合作社众筹建设的高潮（图9-2），这是瑞士历史上第一次基本为社会各阶层解决了住房问题。

二、未雨绸缪的非营利性住房建设（1933~1957年）

1931年，住房合作社建设达到第一波高潮的顶点，次年市政府开始大幅缩减资金支持。然而1929年爆发的全球性经济危机开始逐步影响到苏黎世的经济社会发展。1933年，苏黎世经济危机加重，失业率达到顶点，中低收入者难以承受住房租金使得空房率骤然升高，社会不安感越发强烈，瑞士成为纳粹运动的土壤，政府试图通过宣扬正统价值观来平息冲突。1934年，苏黎世市区第二次扩张，面积扩大到87.7km²，为原来的2倍，政府借此机会储备土地，为大规模的城市开发做准备。1939年，第二次世界大战爆发。后续十几年间，为了预防类似第一次世界大战后的住房短缺和全国性社会动乱出现，瑞士联邦政府采取了被证明极为成功的策略——全力推进建设永久性的非营利性住房，通过推进非营利性住房的建设来维持经济的稳定健康发展。联邦政府把创造就业岗位的经费全部用于为以住房合作社为主的非营利性建房者提供无息贷款，并要求州政府和市政府提供至少等额的贷款。同时，联邦政府把重要的建筑原材料从前线撤回，补给后方建材市场。这掀起了住房合作社的建设高潮，1943~1953年，在苏黎世市住房合作社共建12153套住房，占至今为止住房合作社建房总量的约1/3。苏黎世市出现了第二次非营利性住房建设的高潮（图9-2）。

三、住房合作社的郊区化发展（1958~1991年）

随着苏黎世市经济的迅速发展，城区建设用地消耗过半，中低收入者在城区极度缺房。政府引导住房合作社到郊区建设。然而在该政策引导下，苏黎世市住房郊区化严重，城市中心开始衰退。自20世纪70年代起，苏黎世市工业逐渐衰落，金融服务业、公司总部经济逐渐兴起，需要高质量的工作场所，营利性建房者开始不断地开发写字楼和高档住宅，而政府的住房郊区化政策又使城区非营利性住房供应量远远不足。伴随苏黎世经济上的"黄金80年代"出现的是严重的住房投机、长期的住房短缺与极高的房价（即使住房质量极差）。80年代，苏黎世尝到了郊区化带来的恶果，由于政府在城市发展战略上的迷失，没有为新一代市民提供足够的居住、工作和文化活动空间，而是投入大笔资金塑造空洞的"大都市"形象，引起了社会的反叛和动荡。1980~1982年出现了全瑞士的青年暴乱（实际上是"缺房运动"），反对房地产投机行为、抗议城市内部缺少工作生活空间以及政府的政策失误。在第二次石油危机的影响下，瑞士再度面临经济低迷的局面，营利性的房地产开发商减少了住房开发与供给。为了保障社会民生并促进经济发展，苏黎世市政府加大力度推进非营利性住房建设。80年代末到90年代初，苏黎世市政府逐渐意识到郊区化政策有误，提出新城市策略——充分利用市区土地资源，提高城市质量，吸引人们回到城市居住生活。

四、推进城区住房建设与城市复兴（1992年至今）

1992年，苏黎世市通过了"特别用地规划"提案。基于该提案，苏黎世市政府有组织地改变原工业用地性质，引导城市高质量建设，并促进工作和居住相结合。

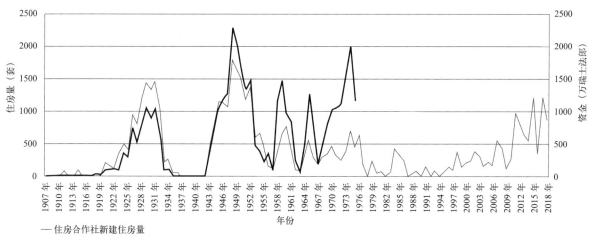

图9-2　1907~2018年住房合作社新增住房量及苏黎世市政府对非营利性住房（除公租房）的资金支持
（含有息贷款、所购股份、无息贷款）

注：自1976年起，苏黎世市政府继续使用《准则24》支持住房合作社，但停发无息贷款，因而1976年后苏黎世市统计局不再有政府支持资金的记录。
资料来源：作者根据 Statistische Jahrbücher der Stadt Zürich（https://www.stadt-zuerich.ch/）数据整理绘制

在新建住房中住房合作社建造的占据主要部分。而后，政府组织和参与了多项住房合作社住区项目开发过程及设计竞标，住房合作社的建设得到了更多政府专家的支持，考虑社会、经济、生态三方面可持续性的设计评价标准也得到了推广。从1998年起，苏黎世市政府参与住房合作社的项目开发与竞标，成为普遍采用的程序。住房合作社再次蓬勃发展（图9-2），品质极高的住房合作社住区在市区纷纷出现，同时许多老旧住区也得到了高质量的翻修或重建，新建住区不再延续瑞士传统的低密度花园城市式样，而是建设类型多样、品质优良的新住区。住区建设乃至城市建设的观念得到持续不断的发展和更新。

1998年苏黎世市制定了"让所有人安居"的住房建设目标，即为所有阶层在10年内提供10000套住房，该政策得到了有效实施，并在2007年提前完成。1998~2008年，苏黎世市区新供给了超过13000套住房，其中非营利性住房占32%，大部分来自住房合作社。新住房中53%适合家庭居住。人口调查显示，从2004年开始，苏黎世市区新生儿数目持续增多，人口活力增强。新住区的税收超过平均水平，这说明更多纳税家庭回到了市区居住。

第三节 苏黎世市住房发展建设概况

苏黎世在经历多轮住房发展浪潮之后形成了系统化的住房供应体系，营利性、非营利性与市场性、保障性相互组合，通过多元的住房供应方式匹配了不同类型的收入群体的需求。

一、苏黎世市住房发展历程反思

从苏黎世市住房建设的历程来看，当市场上只有营利性建房者时，营利性建房者普遍的行为模式是追求成本最低、收益最大、风险最小的住房开发模式，提供的住房价格较高，其户型和配套更多满足中高收入人群的需求；然而中低收入居民普遍对住房有着更为精确敏感的要求及不能超越的底线，这可反映在价格、区位、户型、配套等方面。住房消费需投入大量资金，由此对他们的生活产生重大影响。因此，当市场供给和需求有偏差时，需房者只能在较小的范围内接受不合适的产品。由此可以看出，营利性建房者对成本、收益、风险的追求，与中低收入者的需求及底线相矛盾，这两者的行为模式必然会造成供求不相匹配，进而造成结构性住房失衡的问题。

在供需关系存在结构性失衡的情况下，政府新增私营非营利性建房者（住房合作社）作为新型的住房供应方，满足更多中低收入者的住房需求，供应端与需求端才能较好地匹配。通过新增专业的非营利性住房供应方的角色，住房供给市场分工更明确，市场结构更完整、更健全。

二、苏黎世市住房发展现状概况

1. 住房体系构成与特征

目前，苏黎世市将住房严格分为营利性和非营利性两部分，但营利性和非营利性并非简单对应于市场性和保障性。苏黎世住房体系打破非营利性和市场性的严格对立，构建了一个多元的住房供应体系，从而为不同住房需求的人群提供配对的住房：①针对中高收入人群，主要通过营利性住房市场供给，供房类型包括私营企业或自然人开发的住房以及业主联合所有的公寓；②针对中低收入人群，政府推进永久的非营利性住房建设，支持和监督以住房合作社为主的私营非营利性供房者；③针对低收入人群，政府建设一定比例的公租房解决其住房问题。然而，这种住房体系虽然严格区分营利性和非营利性，但是并未依照收入财产状况限制相应的租房或购房行为。

苏黎世的住房体系的优势主要体现在以下四个方面：①解决住房问题方式灵活且易调剂。非营利性的住房体系利用非营利性市场（也称成本型市场）来供应住房，同时充分发挥自由市场在资源配置上的优点，在供求关系的配对上更灵活。②将营利性和非营利性区分开，更有利于私营非营利性供房者（住房合作社）的生存。③政府是非营利性住房的重要支持者和有力监管者，能灵活地、有针对性地要求住房合作社配合实施政策。④避免"社会隔离"，推动"社会融合"。

按权属分类的住房总量和新建住房数量占比情况　　　　　　　　　　　　　表 9-1

住房类型	数量占比（截至 2018 年）	新建住房数量占比（2008~2018 年）
公共所有	6.7%	10.6%
住房合作社	17.9%	25.6%
其他私有公司	30.8%	34.3%
自然人	35.2%	13.6%
业主联合所有的公寓	9.4%	15.9%

资料来源：Stadt Zürich，2019c；Jörg，2019

虽然通过保证非营利性、限制居住密度等方式，非营利性住房主要吸引来的是需房自住的中低收入人群，但并不排斥中高收入人群加入住房合作社。同样，中低收入人群也可能因为更喜欢单门独户的生活，而购买营利性住房。非营利性住房内人群处于适度混居的状态，有力推进了"社会融合"。

2. 住房市场发展现状

截至 2019 年第三季度，苏黎世市住房总量为 226716 套（Stadt Zürich，2019c），住房租购比例约为 92%（Brenner，2015）。2018 年营利性住房占全部住房数量的比例为 75.4%，非营利性住房占比为 24.6%，其中以住房合作社形式建设的非营利性住房占比为 17.9%（表 9-1）。就近 10 年的新建住房而言（表 9-1），虽然 63.8% 的住房为营利性住房，其中私营公司建设占比为 34.3%，但是住房合作社也为住房供应作出了很大贡献，比例达 25.6%（Jörg，2019）。截至 2018 年，苏黎世市区共有 258 家住房合作社（Wohnbaugenossenschaften Schweiz Regionalverband Zürich，2019），基本均匀分布在城区的各位置（图 9-3）。到 2050 年，永久性的非营利性住房的市场占有率将进一步提高到 1/3。

多元化的住房供应体系保障了苏黎世居民较好的住房条件和较高的住房可支付性。2018 年，苏黎世人均居住面积为 $42m^2$，是北京的（$31.7m^2$）1.3 倍。然

图 9-3　住房合作社房产在苏黎世市的分布示意图
（截至 2018 年）
资料来源：苏黎世市政府，https://www.stadt-zuerich.ch/

而苏黎世的房价收入比为 10.3，仅为北京房价收入比（30.9）的 1/3；苏黎世的租金收入比为 20.6%，远低于北京的 43.9%。此外，苏黎世的住房供应体系较好地匹配了不同群体的住房需求，住房空置率近年来持续保持在非常低的水平，并有降低的趋势。截至 2019 年 6 月 1 日，苏黎世市仅有 306 套公寓空置，空置率为 0.14%，是 2013 年以来的最低水平。

第四节　苏黎世住房合作社发展的相关政策

非营利性的住房合作社实际上是众筹自助的住房开发和运营者。苏黎世住房合作社的组成方式、住房开发的实施模式、住房租赁与运营管理模式等已形成一套系统完善的体系。此外，政府在土地供应、贷款发放、股份购买等方面都提供了相应的支持政策和引导措施。

一、住房合作社的组成方式

住房合作社是合作社（genossenschaft）的一种。在瑞士，合作社是一种历史悠久、广泛使用的众筹自助型公司形式，根据瑞士《公司法》的规定，"合作社"和"股份制公司""有限责任公司"一样，是有经济目的的公司法人，但它通过共同自助来促进和保护一定的经济利益，可由数量不限的个人和商业企业组成（Wikipedia，2015）。合作社的股份数和股东数没有上限，可随时增减，适合于大量人群众筹。同时，大小股东对公司事务有完全平等的投票权，不以大股东利益最大化为目标，以实现共同价值观为目标。住房合作社就是用合作社的形式来建设住房。合作社作为公司，本可以是营利性的，但在瑞士，住房合作社若想获得政府支持或加入互助组织，必须在章程中写明是"非营利性的"，保证以成本价提供住房，其非营利性受法律的约束和保护。

住房合作社的成立与一般的公司相似，需要有章程，一般包括社名、目标、说明非营利性、资金筹集方法、管理机构、盈利率估算等，并由政府机构或互助协会帮助审查和修订章程，而后召开成员大会，最后凭章程和成员大会记录去州商业登记办公室申请和登记后，住房合作社就正式成为公司法人，能以法人身份独立开展筹资、买地、招标、施工、运营等所有事务。

二、住房开发的实施模式

在资金筹集、土地获取、住房设计等具体实施方式上，住房合作社已形成一套成熟有效的模式。

1. 资金筹集

在资金筹集上，住房合作社主要通过自有资金（股份金、成本租金收入），存储贷款，银行、政府管理的养老保险基金（类似于公积金），各级政府、组织支持的住房基金会等获取建设启动资金。在自有资金中，股份是自有资金主要筹集方式，常常分为社员股和义务股。以住房合作社"超越居住"为例，要成为社员必须购买至少1000瑞士法郎的股份，这些社员（股东）中只有部分是入住者，其余是单纯支持者或排队等候者。社员（股东）中的入住者还要为每平方米的使用面积支付250瑞士法郎的股份，这部分为义务股，只有当搬出时才能拿回。义务股一般没有利息。社员股有使其保值的非营利性利息，关系友好的合作社、互助协会、基金会、个人及政府都可以通过购买社员股来支持合作社运行，社员股利息不得超过苏黎世州立银行抵押贷款的利息。

2. 土地获取

在土地获取上共三种方式：一是政府主动提供土地，苏黎世市政府会划定住房合作社的建设用地范围，向私人收购储备，并提供给住房合作社；二是成为各种住房协会的会员，并通过协会和政府共同协调土地供应；三是住房合作社主动找地，与土地业主联系购买。由于对住房合作社来说购买土地所有权压力较大，苏黎世州政府如今往往采用以优惠价格（低20%）出售土地使用权的模式，而土地所有权保留在政府手中以便后续统筹规划，同时也给了住房合作社经济保障。

3. 住房设计

在住房设计上，虽然设计费只占总投资成本很小的一部分，但是设计方案却会极大地影响建筑质量和长期运营成本。苏黎世市政府在与住房合作社签订贷款及土地的合同上要求，住区要公共服务设施齐全、街区景观美观且立面协调等，同时此类住区需为开放住区，要达到一定的能耗标准，否则合同失效。为了尽力提高住区设计质量，苏黎世市政府要求住房合作社必须进行建筑设计竞标。同时，竞标评审者大部分必须为专业人士，若是住房合作社希望更多合作社的股东成为评审者，那这些股东代表同时也必须是专业人士。

三、租赁住房的运营与管理

股东（也称为社员）不仅与其他股东一起拥有住房合作社的所有资产及建设运营的决定权，而且与住房合作社签订租赁协议，也会成为住房的使用者，并以成本价从住房合作社获得长期稳定的住房租赁服务，一般来说租金比市面低30%。住房合作社会根据自己的情况，自行设计住房分配标准：①在住房人数上，最低居住密度的限制至关重要，往往根据房间数或面积限制最低入住人数，这能高效帮助城市解决居住问题，并引导更多中低收入者入住；②在收入方面，大部分住房合作社倾向于将住房提供给收入较低者，但只有不到1/5的住房合作社会对收入进行限制，不设置僵化的收入财产限制有利于不同社会人群的适度混合；③在住房分配顺序上，一般参照缴纳股金顺序和对社区事务的参与度来决定；④其他标准还包括不同背景居民的适度混合、带小孩的家庭、付款能力、名誉信用等。

除了较低的房价以外，住房合作社住区更是一个团结美好的社区。股东们持有等价于住房的实物股，对社区生活事务有发言权和决定权，并参与社区管理，确保信息透明、安全。住房合作社的运营管理主要由管理委员会负责。管理委员会从股东中选出并可获得合理的工资回报。在运营事务的决策上，股东们具有同样的投票权，同时政府监管并提供运营建议。住房合作社日常开展集体活动，共同经营属于大家的社区。此外，非营利性的住房合作社也是盈利的，平均盈利率约为6%。按规定，盈利必须造福所有股东，常见使用方式包括还贷款、管理团队薪酬、保养维修房屋、组织社区活动、添加公共服务设施等。

由于建筑物存在生命周期，住房合作社作为其持有者，必须考虑跨越整个周期的建筑物保值，包括建筑物的养护、维修、翻新、重建。大规模的翻新和重建需要大量资金，因此住房合作社从成立之初起，就需建立更新基金，逐年累积存款，苏黎世州和市政府都采取减免更新基金存款纳税等形式，来引导住房合作社稳定地存储更新基金。

四、政府的支持与监管

1. 各级政府措施总览

瑞士各级政府（包括联邦、州、市和片区）均把推进非营利性住房建设写入法律，将其作为政府长期的责任。由于瑞士地方政府自治权较大，推进非营利性住房建设在苏黎世始于市政府，而后扩张到州政府、联邦政府。但市政府政策的完善、资金的充足乃至非营利性住房的大量建设，都得益于联邦政府的强力推动。各级政府都有推进非营利性住房建设的政策、法律、主管部门，包括瑞士联邦政府的《住房促进法》，苏黎世州政府的《推进住房建设规定》，苏黎世市政府的《关于支持非营利性住房建设的基本原则》（即《准则24》）等。各级政府除提供市场利率的养老保险金贷款外，也设立了公共基金会等融资机构来提供低息或无息贷款，进一步降低准入门槛，让最低收入者也能负担得起体面的住房费用；只要满足条件，私人非营利性建房者（即住房合作社的参与者）可分别或同时向各级政府申请贷款，由各级政府分别对贷款对象进行审查和监督。

2. 苏黎世市政府详细措施

苏黎世市政府在1924年颁布了《准则24》，其中对住房合作社的支持方法大纲细致周全，沿用至今，并进行了多次的完善和改进（Stadt Zürich，2019a）。政府推进住房合作社建设非营利性住房有以下措施：①收储土地并出让使用权。政府有意识地提前收购储备土地，保留土地所有权，向住房合作社出售土地使用权。②贷款支持。用养老保险金提供市场利率的抵押贷款，门槛更低，可占总建设成本的60%~90%；同时，政府能利用养老保险金投资保值，减轻财政负担。③购买股份。住房合作社的自有资金主要来自于股东购买股份，当股东购买的股份数不够时，政府可用财政局管理的公共资金来购买股份，最多可达10%，获得和其他股东一样的股份金利息，但不用承担股东义务。政府可长期持有股份，也可随新股东加入以非营利性价格卖出。④引导与监督。政府有专门的部门负责提供住房合作社管理和经营案例、经验、建议等，并进行监督引导。⑤特殊群体优惠政策。市政府从财政局的公共资金中拨款，为最低收入的群体提供低息、无息贷款，但有严格的准入门槛，一般住房合作社只有约5%的住户获得补贴。以上措施中①~④不是补贴性的，对市政府来说不会造成财政负担，所以对住房合作社入住者的申请背景没有限制；而措施⑤属于补贴性政策，需要财政拨款，因此对可享受优惠政策的群体有收入财产、居住密度、租金等多方面的限制。

只要受到以上任一方法帮助的住房合作社就是"受政府支持"的，因此也应承担相应的责任义务，并受到政府的严格监督。《准则24》规定：①住房合作社的公司章程需经政府审批；②账目管理要符合相应的会计法规；③住房合作社需按照政府颁布的租金计算标准以成本价提供住房，并接受政府的定期审核，要有充分的理由才能向政府提交申请提高租金（Stadt Zürich，2019b）；④住房合作社要为政府代表留出一个委员席位，政府代表有权参加住房合作社会议，从而监督其运营；⑤住房合作社的住房设计、造价都须经政府审批，公共服务设施、街区景观、立面设计及住区开放程度须满足政府要求，并承诺对上述要素进行长期维护；⑥政府有以成本价购买住房合作社住房的优先购买权；⑦若违约，政府有权收回土地；⑧政府可以根据政策需要，在签订合同时灵活地加减条款以应对不同的住房短缺问题等。此外，政府还在规划建设上进行适当引导。政府在规划公共空间网络与居住用地时，通过住房合作社开发的非营利性住房与公共服务设施相混合，由此提高公共空间利用率与住区的生活品质和便利度。政府自上而下的宏观引导与私人自下而上的细致操作（尤其在非营利性社区营建中）有利于城市空间的塑造和社会关系的优化。同时，通过大力推进非营利性住房建设，借由住房合作社不对入住者设限的特征来推动不同社会人群的适度混居，促进"社会融合"并维持社会稳定。在政府自上而下的引导下，住房合作社能在物质和社会层面高度配合政府落实规划政策并落实到细节，从而造就了舒适宜人的城市环境。

第五节 "超越居住"（Mehr als Wohnen）住房合作社

一、"超越居住"住区简介

2007年，正值苏黎世市政府开始推动住房合作社发展达100年之际，苏黎世市建设局与财政局共同发行了一本总结百年非营利性住房建设成就的书，并组建了一个新的大型住房合作社，两者皆取名为"Mehr als Wohnen"（超越居住）。"超越居住"（以下简称"MaW"）住房合作社的项目与合作社同名，位于苏黎世市北部的Hunziker街区（图9-4），该街区及其周围区域原为苏黎世市北部的工业区，自20世纪80年代起进行了再开发，将旧工业区转变为复合了居住、办公、新型工业、娱乐等功能的城市区域。Hunziker街区南临铁路，是常被人忽视的地带。

2008年，苏黎世市建设局和MaW住房合作社共同举办了一项国际建筑竞赛，征集Hunziker街区的城市规划和建筑设计方案。竞赛要求：①方案需面向未来、具有先锋性；②需提出创新的集体生活模式；③符合苏黎世市"2000W社会"的计划❶；④促进不同人群的混合居住；⑤为人们提供可支付的生活空间；⑥参赛者能够胜任后续规划和建筑设计的优化过程。在提交的近100个方案中，26个方案被选中作为Hunziker街区规划设计的参考，其中ARGE Duplex和Futurafrosch的住区规划方案获得了最高奖项。此后获奖项目团队、评审团和其他参与者进行了为期6个月的交流，由此实现了MaW项目的最终优化。

MaW项目旨在实现住房与城市的共生，它是城市的一部分，而不是一个相对独立的住区。过去，住房合作社开发的住区往往呈现为典型的独立式、重复性的塔楼和街区景观，而MaW项目的总体规划运用13个较小的建筑单体，并通过广场、道路和公园将其联系起来，而在建筑一层的共享空间也提供了大量公共服务功能。通过该设计，MaW项目地块从过去被人们忽视的边缘空间变成充满活力的城市复合功能区。作为一个先锋项目，MaW具有实验性和协作性，鼓励人们以新的方式生活和工作。

MaW住房合作社初期得到了50个住房合作社的入股，他们的资金和经验支持起到了重要作用。至2018年，MaW住房合作社共有股东（含法人及自然人）953位，其中自然人845人，108位法人中有51位来自其他住房合作社。MaW项目共有户型多样的395套住宅，35

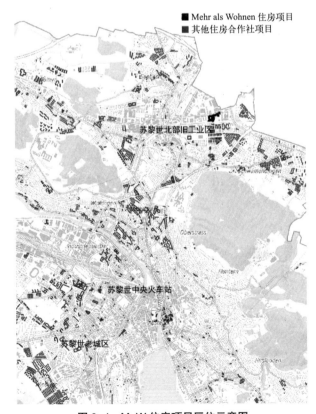

图9-4 MaW住房项目区位示意图
资料来源：苏黎世市政府，https://www.stadt-zuerich.ch/

---

❶ "2000W社会"的目标是以可持续的方式使用能源和资源。可持续发展意味着全球能源消耗绝不能增加，并且温室气体排放量必须减少到使全球气候变暖最高2℃的程度。用数字阐述为：每个人都不得消耗超过2000W的连续能源，并且每年最多排放1t的CO_2。

MaW 住区的相关技术经济指标　　　　　　　　表 9-2

序号	指标名称	数值
1	总用地面积（m²）	38000
2	总建筑面积（m²）	75188
3	总户数（户）	373
	1.5 室	12
	2~2.5 室	44
	3~3.5 室	97
	4.5 室	136
	5.5 室	41
	6.5 室	15
	7.5 室	1
	8.5 室	6
	9.5 室及以上	21
4	容积率	2.0

注：表中按户型统计户数，卫生间计为 0.5 室。
资料来源：Baugenossenschaft mehr als wohnen，2019a

个零售商铺及共享的服务空间，容积率为 2.0（表 9-2）。全区共有 1200 名居民和 150 名员工在其中生活和工作（Baugenossenschaft mehr als wohnen，2019c）。在此项目中，政府向低收入者提供一系列补贴，其中 10% 的公寓分配给慈善机构和非营利性组织，包括孤儿院。该住区最终实现了从新近定居的难民到中等收入专业人士不同群体的混合居住。这种合作模式之下诞生的 MaW 项目使得人心振奋，它不仅采用了经典的瑞士合作社住房模式，而且通过多个住房合作社的联合扩大了规模，并实现了功能复合的开发，体现了住房合作社项目的革命性转变。MaW 住房合作社作为非营利性住房建设的创新和学习平台，仍不断地开展研究、力图创新，旨在促进新的居住和公共生活模式的发展、实现住房的可持续性和低成本等。自 2019 年起，MaW 住房合作社将 Hunziker 街区项目的开发运营经验进一步应用于温特图尔的新的住区项目。除此以外，与 MaW 合作的住房合作社也将这些经验与知识更广泛地加以运用。

二、MaW 住房合作社的理念

MaW 住房合作社遵循以下六项指导原则（Baugenossenschaft mehr als wohnen，2019b）。

（1）我们是合作社运动的一部分，是活跃的城市的一部分，并对城市发展作出贡献。为了实现我们的目标，我们准备好了承担有限的风险，并通过新的建设项目进一步发展我们的愿景。

（2）我们的指导方针是"2000W 社会"。我们希望有相应的激励政策来促进建筑物使用、居民消费和出行行为方面的可持续性。居民们的基本需求应尽量通过当地具有可持续性的产品和服务得到满足。

（3）通过确定成本租金来创造低成本的生活空间，其余盈余收益将进行再投资。租金收入可用于已有住房的维护及新的房产开发，以促进合作社的进一步发展。此外，租金还用于促进社区团结、可持续发展和文化建设等活动。

（4）我们鼓励参与社区事务的积极性和社区的自我组织，并为社区活动提供空间。与我们一起生活或与我们合作的任何人都可以成为合作社成员，一同实现合作社的愿景。

（5）我们为各种生活需求安排并提供空间。多样化的生活需求需要参与方都具有宽容和开放的态度。我们的商业空间为人们在同一地方生活和工作创造可能，并为居民和社区提供相应的服务。

（6）我们的服务面向居民、商务人员和外来访客。我们要为居民创造工作岗位，并与社会和非营利性组织合作。我们提倡邻里互助，并在个人的紧急情况下为其提供帮助。

图 9-5 MaW 住区首层功能分布（彩色图见 138 页）
资料来源：McMaster, 2016

图例：居住 / 餐饮业 / 合作社管理接待处 / 洗衣 / 针对孩子的基础设施 / 办公 / 残疾人作坊 / 零售及其他商业

三、MaW 住区的公共服务设施

MaW 项目作为富有活力的组成部分积极融入整个城市，公共性是其重要的目标。MaW 项目的户外空间由小广场、道路和公园绿化互相串联组成，并将其 13 个建筑单体联系起来。在建筑一层有大量的共享空间，其中包含工作区、零售空间和社区活动室，为住区内部乃至周边的居民提供了功能混合的活动场所和丰富多元的服务（图 9-5）。

四、MaW 项目住宅单体设计

MaW 项目的单体建筑主要为 6 或 7 层，从平面布局上可以看到，无论是公共空间还是住宅户型平面，都非常多样，同时有着大量的共享空间。这些多样性隐含着互助共建共治的理念。

（1）在户型规划上，MaW 的住房户型供给有着一般住房合作社的特点（表 9-1），有较多适合家庭居住的住房（4~6.5 室），以及适合年轻人居住的住房（2~3.5 室）；MaW 也对传统的 4 室户型进行了创新，增加了不同家庭之间的共享空间和交流机会，更包括了创新的居住模式，如下述 House A 中 8 室户型（图 9-6）。此外，建筑师还通过巧思在 House H 的立面上打造了绿化屏风，不但点缀了阳台空间和建筑立面，而且促进了建筑与室外公共空间的良好互动（图 9-7）。

（2）在功能布局和流线组织上，建筑师积极探索新的模式，为人们互助共享的生活模式创造了可能。其中一个极具创新性的典型单体是由 Duplex Architekten 设计的"集群房屋"——House A。建筑师以私密程度和自主程度不同的空间来诠释共享房屋的现代理念。在平面组织上，House A 通过在宽敞的公共空间周围布置一系列类似于公寓的小型单元来实现私密空间与公共空间的串联（图 9-6），宽敞的公共起居室为人们提供了聚会和社交的空间，公共空间当中的设施共享不仅提高了设施的利用率，还显著促进了住户之间的交流（图 9-8）。

图 9-6 House A 典型层平面图
资料来源：McMaster, 2016

图 9-7 House H 立面及室外空间
资料来源：McMaster, 2016

图 9-8 House A 室内公共空间
资料来源：McMaster, 2016

第六节 苏黎世住房合作社发展对我国大城市的启示

我国正处于深刻且复杂的社会经济转型期。过去二元分割的保障性住房体系和市场化住房体系难以满足所有人群的住房需求，中低收入的"夹心层"群体往往落入两类体系覆盖范围以外的空白领域，住房政策的革新迫在眉睫。我国应充分剖析苏黎世住房合作社的经验，结合我国特点引入福利与市场之间的非营利性住房模式，同时从开发运营、政策优惠、法律保障等方面建立完善的体系框架，以此丰富住房供应多渠道并缓解结构性住房短缺问题。

一、构建福利与市场之间的非营利性住房体系

以营利为导向的市场住房体系难以满足中低收入群体的住房需求。以公益为导向的保障性住房体系需花费政府大量的财政资金，在人口众多、住房需求强烈的中国，完全依靠政府财政投入解决所有中低收入者的住房问题难免带来过重的财政负担，导致该模式不可持续。通过政府补贴政策驱使房地产开发商为中低收入阶层提供保障性住房则容易遇到住房质量和后续维护的问题。面对现有保障性和市场化住房体系均难以覆盖的中低收入群体，我国可以参考苏黎世经验，充分借助住房合作社的非营利性、成本型的特点，从制度基础上构建其居民投资合营的非营利性住房体系，减少开发商在其中的盈利环节，为中低收入群体提供价格合理、环境体面的居住空间。与此同时，随着住房合作社的成本型住房的供给规模扩大，住房供给结构性失衡的问题逐渐得到缓解，由此促使市场性住房价格稳着陆，使之回归到更合理的水平。

此外，苏黎世经验表明，在社会分层越严重、贫富差距越大的地方，非营利性住房的市场占有率越高且住房合作社参与开发的占比也越大。在社会分层、贫富差距迅速扩大的地方，非营利性住房的市场占有率与住房合作社参与度迅速提高。经济发达、人口众多的大城市往往是社会分层严重的地区。反思我国的大城市发展策略，疏解型的政策在考虑产业升级、结构优化、缓解人口集聚的负面影响时，对从事生活性服务业的中低收入群体在城市立足的必要性考虑不足。由于生活服务型行业往往具有工作时间长、上班时间早且下班时间晚的特点，因此相关从业群体难以承受长距离、长时间的通勤模式。在引导大城市功能疏解、产业升级的同时，应给予生活性服务业的从业人员更多关注，借助住房合作社的发展为这些中低收入群体提供就近住房的可能。此外，还应深入研究识别社会分化明显的地区，根据社会分化程度的差异明确创新性非营利性住房体系的占比梯度，实现精细化治理并促进社会公平与融合。

二、引入股份合作的租赁住房开发运营模式

以居民为主体、以股份合作为特征的租赁住房投资开发和运营管理模式，在满足居民需求、保证建设质量和实现长期运营上有显著优势。首先，在瑞士的住房合作社中股东并非由同一单位或组织的成员构成，也并非由特定收入群体构成，而是广泛地面向社会大众，这种模式有利于降低广大中低收入群体的住房门槛，避免单位制合作建房产生的群体结构单一，以及保障性住房带来的准入标准高、入住群体归属性不足等局限性。此外，对于决策权而言，每个股东拥有完全平等的投票权。因此，在合作社的运营模式中，股东平权使合作社摆脱大股东操纵，不是以个别大股东的利益最大化为目标，而是旨在实现共同的价值观。在这种模式下，建筑方案的选择、施工材料的购置、施工队伍的聘请以及后期的维护更新均由股东（尤其是股东中的相关专业人员）以及政府的专业人员联合决定，由此充分借助股东们的社会网络，找到价格最优且质量有保障的服务和材料。其次，由于合作社的经费收支与股东们的利益密切相关，相应的经费收支公开制度和公众监督制度会在股东的呼声中不断完善，由此提高了合作社运营的透明度。

总体来说，股份合作的租赁住房开发运营模式不仅大大减轻了政府财政和管理负担，而且能保证非营利性住房建设的数量和质量，同时有利于增强社区居民的主人翁感和社区自治能力，由此实现了多方共赢。

三、强化非营利性的法律保障与监督管制

我国曾有类似于住房合作社的住房开发模式萌

芽，即"集资建房"。1992~1998年的集资房大多是依托单位建设的，以解决职工住房问题为目标，具有非营利的特征。然而自2003年起，房价的大幅上升催生了集资房的非正规开发。由于集资房与商品房之间存在巨大的价格差异，一些单位和个人便公然扩大集资范围和建房规模以牟取暴利，一部分集资房的建设暴露出非法营利的属性，由此丧失了政府与银行的支持。为避免住房合作社的发展步入非正规集资房的歧途，住房合作社的永久非营利性必须得到多方面的保障和监督。第一，关于住房合作社"非营利性"的法律规定需要明晰，住房合作社的住房不得转租、转售，非营利性住房的所有权只属于住房合作社，而不是个人，个人只拥有使用权。第二，对住房合作社股东的权利和义务有明确规定，以杜绝住房投机的发生：股东购买股份，并获得相应于股份数量的住房的成本价租住权，并有义务参与合作社管理，同时受到监督不得转租等。第三，严格规定住房合作社必须以成本价提供住房，同时法律法规必须对成本租金进行规定。第四，明确规定住房合作社股份金的利息利率的上限。第五，住房合作社允许盈利，但盈利必须造福所有股东，如还贷款、管理团队薪酬、维护房屋、添加公共设施等。第六，通过规定居住密度下限等方法来保障住房资源的充分利用。第七，政府应出台完善的监督措施，一方面，政府应对住房合作社每年的财务情况和建设运营情况进行审核；另一方面形成公开的投诉渠道，让社会充分监督住房合作社的运营。只有当非营利性得到充分的保障和监督，才能高效、稳定地为中低收入群体提供可支付性住房。

四、建立系统有效的政府支持体系

住房合作社的发展还需要得到政府在土地、资金、规划等方面的支持。首先，土地供应是影响住房和租房价格的关键环节，2017年我国土地平均成交价格与商品房平均销售价格的比值达到0.68❶。尽管合作社的成本型住房可以一定程度减轻人们的住房压力，但是进一步从土地供应上降低成本更有利于提高中低收入群体获得得体住房的可能性。政府应在土地供应上适度让利，通过划拨或协议出让的方式为住房合作社提供土地，也可出台相关政策鼓励农村集体与住房合作社达成合作协议，以相对合理的价格供应集体建设用地用于合作社住房开发，由此降低成本。然而，土地供应价格的根本性下调需要配合财税制度的深刻改革。现行的财税制度和政府对土地一级市场的垄断使得土地出让金收入构成我国地方财政收入的重要部分，2018年该占比高达66.49%（马九杰 等，2019）。土地财政的激励使得政府策略性地设定土地出让价格和规模（王贤彬 等，2014），并通过"招拍挂"的方式出让居住用地导致土地成本上升，进一步引发了房价上涨。因此，从根本上看，住房成本的下降需要政府摆脱对土地财政的依赖，更深刻的财税制度改革是破除枷锁的关键之举。

在资金和规划支持上，我国可借鉴苏黎世经验，通过政府设立专门的贷款支持方式为住房合作社的初步发展提供启动资金，并降低准入门槛；此外，还可通过购买股份来进一步为住房合作社的发展提供支持。与此同时，应坚持规划先行。在空间规划编制阶段，用于发展住房合作社的地块应得到妥善安排，并注重与产业用地、交通站点相结合，避免过去保障房社区布局于远郊进而造成严重交通潮汐流的问题出现。另外，政府还需要在监管过程中不断发现问题并作出及时调整，如某类人群住房问题特别突出时，政府可通过单份合同，要求包括住房合作社在内的非营利性住房机构倾向性地为这类人群提供住房。

参考文献

Baugenossenschaft mehr als wohnen，2019a. Gesch-hichte [EB/OL]. [2020-2-18]. https://www.mehral-swohnen.ch/genossenschaft/geschichte/.

Baugenossenschaft mehr als wohnen，2019b. Jahresbericht 2018 Baugenossenschaft mehr als wohnen [EB/OL]. [2020-2-17]. https://www.mehralswohnen.ch/fileadmin/downloads/Wir_ueber_uns/maw_jahresbericht_18_web.pdf.

Baugenossenschaft mehr als wohnen，2019c. Leitbild mehr als wohnen [DB/OL]. [2020-2-17]. https://www.mehralswohnen.ch/genossenschaft/mehr-als-wohnen/.

BRENNER M，2016. Wem gehört Zürich? [EB/OL]. [2019-11-27]. https://www.stadt-zuerich.ch/prd/de/

---

❶ 数据来源：https://www.sohu.com/a/231606159_124767

index/statistik/publikationen-angebote/publikationen/webartikel/2016-11-10_Wem-gehoert-Zurich.html.

BRENNER M, 2015. Wohneigentum in der Stadt Zürich: Selbstgenutzt oder weitervermietet? [EB/OL].[2019-11-27].https://www.stadt-zuerich.ch/content/prd/de/index/statistik/publikationen-angebote/publikationen/webartikel/2015-12-17_Wohneigentum-in-der-Stadt-Zuerich.html.

Gesundheitsund Umweltdepartement, Stadi Zürich, 2016. 2000-Watt-Gesellschaft [EB/OL]. [2020-2-8].https://www.stadt-zuerich.ch/gud/de/index/umwelt_energie/2000-watt-gesellschaft.html.

JÖRG S, 2019. Wohnungsbau auf Rekordniveau [EB/OL]. [2019-11-27].https://www.stadt-zuerich.ch/prd/de/index/statistik/publikationen-angebote/publikationen/webartikel/2019-02-05_Wohnungsbau-auf-Rekordniveau.html.

MCMASTER J, 2016. Mehr als Wohnen [EB/OL]. [2019-11-27].https://dac.dk/en/knowledgebase/architecture/mehr-als-wohnen/.

Stadt Zürich, 2019a. Grundsätze betreffend die Unterstützung des gemeinnützigen Wohnungsbaus (Grundsätze 24) [S]. [2019-11-27].https://www.stadt-6 zuerich.ch/portal/de/index/politik_u_recht/amtliche_sammlung/inhaltsverzeichnis/8/841/110/1357895201061.html.

Stadt Zürich, 2019b. Reglement über die Festsetzung, Kontrolle und Anfechtung der Mietzinse bei den unterstützten Wohnungen (Mietzinsreglement) [S]. [2019-11-27].https://www.stadt-zuerich.ch/portal/de/index/politik_u_recht/amtliche_sammlung/inhaltsverzeichnis/8/841/150.html.

Stadt Zürich, 2019c. Wohnungsbestand [EB/OL].[2020-02-07]. https://www.stadt-zuerich.ch/prd/de/index/statistik/themen/bauen-wohnen/gebaeude-wohnungen/wohnungsbestand.html.

Stadt Zürich, 2019d. Zürich in Zahlen (Stand 2018) [EB/OL].[2019-11-27].https://www.stadt-zuerich.ch/portal/de/index/portraet_der_stadt_zuerich/zuerich_in_zahlen.html.

Wikipedia, 2015. Gesellschaftsrecht (Schweiz) [EB/OL]. [2020-2-7]. https://de.wikipedia.org/wiki/Gesellschaftsrecht_(Schweiz).

Wohnbaugenossenschaften Schweiz Regionalverband Zürich, 2019. Jahresbericht 2018 [EB/OL]. [2019-11-26].https://www.wbg-zh.ch/verband-page/jahresberichte/.

北京市统计局, 国家统计局北京调查总队, 2019. 北京统计年鉴（2019）[M]. 北京：中国统计出版社.

国家统计局, 2019. 全国流动人口动态监测数据集（2014）[M]. 北京：中国人口出版社.

贾君如, 李寅, 2016. 不只是居住——苏黎世非营利性住房建设的百年经验[M]. 重庆：重庆大学出版社.

马九杰, 亓浩, 2019. 土地一级市场垄断、土地财政的形成与动态变化——基于土地储备制度建立的准实验研究[J]. 中国土地科学, 33（8）：43-52.

王贤彬, 张莉, 徐现祥, 2014. 地方政府土地出让、基础设施投资与地方经济增长[J]. 中国工业经济（7）：31-43.

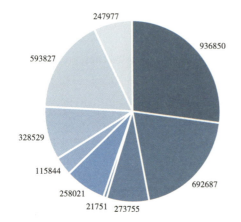

图 2-2 纽约市住房市场结构图

资料来源：作者依据 Housing Supply Report（NYC government，2018a）绘制

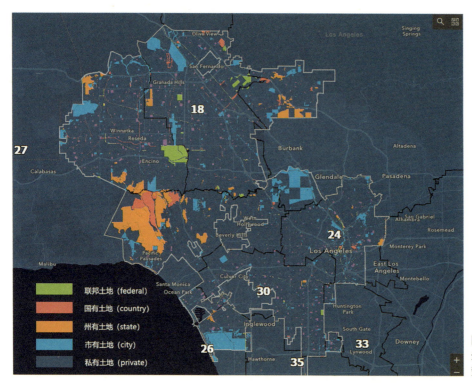

图 3-1 洛杉矶公共土地分布示意图

资料来源：LA Controller，2019a

图 9-5 MaW 住区首层功能分布

资料来源：McMaster，2016

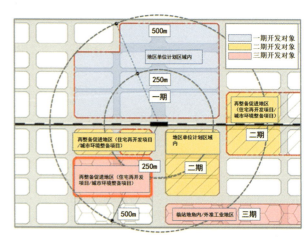

图 14-5 临站地角长期押金租赁住房对象的设定范围

资料来源：金昶暻，2013

第十章
"只租不售"的普惠租赁住房：
阿姆斯特丹社会住房建设经验

在国际大都市的中心城区房价往往十分高昂，自有住房对于大多数人来说是奢侈的消费品，其城市居民的住房自有率相对较低，而住房租赁比例相对较高。例如，阿姆斯特丹租房人口比例为70%、巴黎为60%、柏林为82%等。在这些国际大都市中，解决多数居民住房问题的关键途径是发展租赁住房。在荷兰，住房同医疗、教育等被一同视为社会福利项目，拥有可负担的、健康的住宅是每个公民的基本权利，政府大力推动建设的廉价而高质量的社会住房，成为荷兰人住房的主要选择之一，这保障了阿姆斯特丹等大城市的中低收入人口的基本居住条件，促进了城市的健康多元发展。

第一节 阿姆斯特丹概况

阿姆斯特丹是荷兰王国首都，是荷兰西部兰斯塔德（Ranstad）城市群的主要城市之一。在行政区划上，范围由大至小有阿姆斯特丹都会区（Metropolitan Region Amsterdam）、城市建成区（Agglomeration）以及阿姆斯特丹市政府（Municipality of Amsterdam）所管辖的行政区（图10-1）。一般地，Amsterdam一词多指行政区这一范围。2019年，阿姆斯特丹都会区面积为2580km²，人口231万；行政区面积219km²，其中建设用地面积约80km²，居住用地面积约45km²，人口约86万。阿姆斯特丹市区呈现向心式空间结构特征，以旧城（Centrum地区）为城市中心，繁华商业区及旅游热点大多集中于此。习惯上，人们以A10环路作为城市核心区与城市外围的分界线。

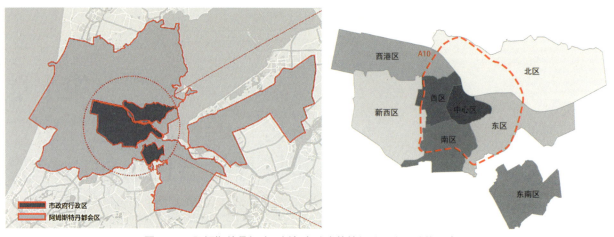

图10-1 阿姆斯特丹行政区划与市政府管辖行政区空间结构示意图
资料来源：阿姆斯特丹互动地图 https://maps.amsterdam.nl/，阿姆斯特丹数据平台 https://www.ois.amsterdam.nl/，作者改绘

第二节 阿姆斯特丹住房与租房市场的历史演变

在阿姆斯特丹悠久的住房发展历史过程中，社会住房在缓解住房问题上作用显著。社会住房在19世纪末期工业革命的背景中萌芽，在第二次世界大战后"福利国家"政策潮流中发展壮大，在20世纪后期的新古典自由主义思潮中走向多元发展，至今已成为阿姆斯特丹最主要的住房形式之一。

一、世界最早的《住房法案》与社会住房的萌芽：20世纪初至40年代

19世纪末期，随着资本主义的发展与工业生产的普及，社会贫富差距也趋于激化，快速发展的城市吸纳了越来越多的低收入劳工阶层，但其居住环境却拥挤肮脏，引发了荷兰社会对公共健康与社会治安等一系列问题的担忧。在荷兰自由党（Liberal Party）以及其他保护工人权益的组织倡议下，荷兰于1901年通过了《住房法案》（Housing Action），明确宣告了荷兰人对待住房问题的基本原则："享有住宅是所有人的权利，提供住房是社会的责任。"基于该原则，《住房法案》提出通过社会住房的方式为低收入群体提供基本的居住保障，并确立了政府监管、社会住房机构（其中住房协会为最常见的社会住房机构）具体执行的社会住房建设模式。社会住房机构应运而生，它是一种不以营利为目的，独立的、私营性质的组织，主要承担社会住房开发中建设、分配、租售、后期维护管理等具体事项，但需要获得政府的授权，接受政府的监督。随着《住房法案》的颁布，荷兰的社会住房机构如雨后春笋般迅速建立发展：1880年荷兰约有40家社会住房机构，至1913年达到了301家，1922年更是多达1341家（林艳柳等，2017）。

二、第二次世界大战之后重建与政府主导的社会住房建设：20世纪50~70年代

第二次世界大战中荷兰许多城市遭到严重破坏，住房短缺问题严重，为了快速弥补住房缺口，地方政府通过对住房协会直接进行土地、财政补助的方式参与社会住房建设，在20世纪50~60年代大量新建住宅。这一时期主要拆除改造了大量"贫民窟"，并以城市外围集中的现代主义式的高层公寓取而代之。尽管在数量上解决了住房问题，这些仅面向低收入群体的、地点偏僻的社区很快出现了社群隔离、污名化、维护管理不善等问题（如阿姆斯特丹东南郊的Bijlmermeer社区），也引发了荷兰社会对社会住房的反思：住房协会应该只为最贫困人群解决"居者有其屋"的基本问题，还是可以同时为更多中等收入群体提供更高质量的住房？

三、社会住房发展的历史巅峰：20世纪80~90年代

政府主导新建的社会住房集中在城市近郊，而在阿姆斯特丹核心城区，私人出租的房产依然占据多数。例如，在1983年，私人租赁房屋占住房存量的52%，而社会住房的比例为42%。20世纪80年代，在阿姆斯特丹出现了中产阶级流向城市郊区的趋势，老城区面临人口流失的危机，住房协会顺势接纳了旧城中的老旧建筑，购买了这些私人产权的房屋，改建为社会住房。这一时期新建住房项目也几乎全部由住房协会运作。结果，社会住房比例迅速增长：1987年社会住房的比例首次超过私人租赁房屋，1995年社会住房占阿姆斯特丹住房存量的比例高达58%，达到历史峰值，社会住房由此成为阿姆斯特丹最普遍的住房形式（图10-2）。

此外，从20世纪70~80年代开始，社会住房规划也不再局限于面向低收入人群。随着《住房法案》的修订，住房协会不再向政府返还盈余收入，获得进行自主项目开发的经济独立性，住房协会也获准为更多社会阶层进行住宅建设，出现了许多不同收入阶层混合居住的社区（如阿姆斯特丹东港的城市复兴），有效解决了社群隔离的问题，社会住房不再是"穷人社区"的代名词。

四、社会住房逐步让位于自有住房：21世纪至今

20世纪90年代，住房短缺已不再是阿姆斯特丹的主要城市问题，随着人们收入的增加以及低收入人群的快速减少，市场对自有住房的需求开始上升。同时，补贴住房协会形成的巨大财政压力也使政府的补贴意愿降低。在此情况下，1995年荷兰政府逐步停止对住房协会的直接补贴，住房协会转轨为经济上完全独立的、市场化运营的组织。政府对住房协会的政策约束也进一步放松，住房协会甚至可以减少社会住房供应，将社会住房转卖为私有住房，从而维持自身财务健康运转。自此，阿姆斯特丹社会住房比例逐年下降，从1995年的58%下降至2017年的43%；私人出租住房的比例则从1995年的31%下降到2017年的24%；与之相对，自有住房的比例从1995年的11%，增长至2017年的32%。

此外，这一时期由于社会住房市场的缩小与政府补助的取消，住房协会面临更大的生存压力与更加激烈的竞争，出现大量合并与重组，导致整体上住房协会的数量减少，但个体的规模、经营能力及抗风险能力上升。1990年荷兰约有1000家社会住房机构，至2005年仅剩约500家；其中，最大的社会住房机构拥有5万~8万套社会住房，业务范围覆盖了多个地区（林艳柳等，2017）。

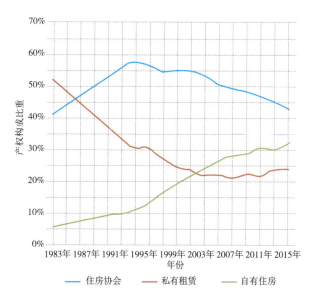

图10-2 阿姆斯特丹住房存量的产权构成变化（1983~2017年）

资料来源：Amsterdam Federation of Housing Associations，2019

第三节　阿姆斯特丹租赁住房发展建设概况

在20世纪90年代,阿姆斯特丹已经基本解决住房短缺问题,住房供求矛盾相对缓和,自有住房的比例逐年提升,社会住房以维持现状存量、提升住房品质为主要目标。但随着城市人口规模的扩大,对可支付性住房的需求日益增加,阿姆斯特丹租赁住房建设迎来新的扩张发展阶段。

一、阿姆斯特丹租赁住房发展现状

目前,阿姆斯特丹市已经形成了由自有住房、市场化的租赁住房和"只租不售"的社会住房构成的系统化住房体系。2019年,阿姆斯特丹住房总量约44万套,其中自有住房13.2万套,占住房总量的30%;市场化的租赁住房12.8万套,占住房总量的29%;社会住房18.0万套,占住房总量的41%。随着21世纪以来阿姆斯特丹市自有住房在住房存量中的份额不断上升,越来越多的私人投资者及投资机构进驻到房地产市场,加之人口增长带来的住房压力,阿姆斯特丹的房价上升迅速,私人自有住房的房价在2010~2018年上涨了50%。目前阿姆斯特丹平均家庭可支配年收入为39000欧元,而存量住房的平均交易价格为48.5万欧元/套,约为平均家庭可支配年收入的12.4倍。NUMBEO统计的2018年各大城市房价收入比数据显示,阿姆斯特丹的房价收入比为9.9,低于东京(13.8)、纽约(12.3)等国际大都市。这说明阿姆斯特丹虽然房价上涨,但可支付性较好。与此同时,房价的上涨也影响了租赁住房价格的变化,特别是市场化租赁住房的租金价格。荷兰统计局数据显示,2012年阿姆斯特丹租住社会住房的房客平均住房开支为533欧元/月,而租住市场化租赁住房的房客,平均住房开支为722欧元/月,后者是前者的1.4倍;到2018年,平均住房开支分别上涨到社会住房631欧元/月与市场化租赁住房935欧元/月,后者已经是前者的1.5倍。尽管租金在不断上涨,但目前阿姆斯特丹的租金收入比仍维持在国际公认合理的30%左右的水平,这说明住房协会提供的充足的社会住房供应无疑为控制租金起到了积极的作用。

在空间分布上,城市中心的旧城区由于土地产权大多为私有,住房协会难以获得土地进行开发建设,社会住房分布较少而私人租赁住房分布较多。由于20世纪80年代以社会住房为载体实施推进城市更新政策,在那些处于旧城区外围但仍属于城市核心区(A10环路内)的区域中,社会住房的分布仍相对均质,这较好地实现了城市中不同群体居住空间的融合(图10-3)。自90年代开始,政策要求住房协会将社会住房转卖为自有住宅,总体减少社会住房的持有量,以增加阿姆斯特丹自有住宅的比例。在执行过程中,住房协会严格限制城市中心区尤其是A10环路内区域的社会住房出售量,主要出售位于城市外围的社会住房。从1999年至2019年,社会住房存量减少最多的两个地区为城市外围的Zuidoost和Noord(图10-1),分别减少7444套和6653套;而在城市中心Centrum区域,社会住房仅减少257套(Amsterdam Federation of Housing Associations,2019)。由此,尽管社会住房的总量在下降,但社会住房的空间分布更为均衡。此外,住房协会致力于对现有老旧的社会住房存量进行更新,2018年,阿姆斯特丹共有2261套社会住房被翻新。

二、阿姆斯特丹《住房计划》与社会住房发展挑战

近年来,随着外国移民的显著增多以及人口预期寿命的延长,阿姆斯特丹预计将迎来一个新的人口增长时期。2019年阿姆斯特丹人口已超过历史最高值(1959年,87.2万),根据阿姆斯特丹市政府的预测,2032年阿姆斯特丹的市区人口将达到100万(Municipality of Amsterdam,2019)。面对未来的人口增长,阿姆斯特丹市政府提出宏大的住房新建计划以应对未来的人口扩张。根据《2018~2025年住房计划》,市政府计划在2025年之前新建52500套住房,平均每年新建7500套房屋。这一建设速度在阿姆斯特丹历史上并不多见,仅20世纪20年代和80年代的住房建设速度达到过这一水平,阿姆斯特丹即将迎来较大规模的城市扩张。

与此同时,《2018~2025年住房计划》为社会住房发展赋予重要地位。由于政府对社会住房的租金上

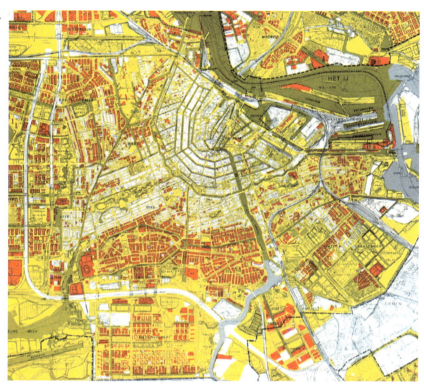

图10-3 阿姆斯特丹社会住房及公有土地空间分布图
资料来源：惠晓曦，2012

限限制与该房产的市场价值挂钩，房价的上涨导致社会住房的上限租金提高，低收入者担忧社会住房可负担性（affordability）保障受到威胁，近年增加社会住房建设的呼声逐渐增多。鉴于此，阿姆斯特丹市政府在《2018~2025年住房计划》中也强调了社会住房的开发，市政府希望住房协会在保障当前社会住房存量租金稳定、正常运维的基础上，扩大社会住房存量，以保证新的城市建设依然能实现社群融合及可持续发展。2018年，市政府已与住房协会达成协议，在2018~2025年，每年新建的社会住房数将在现在基础上翻一倍，从每年约1200套增加至2500套；在计划新建的52500套住房中，也将包含17500套社会住房。

然而这些要求显然增加了住房协会的融资压力：住房协会的资金能力在目前每年出售社会住房、整体存量减少的前提下，尚可应对全部社会住房的维护以及每年新建约1200套社会住房的支出。但面对新的大规模扩建计划则显得力不从心。据估计，在接下来的7年内新建社会住房需要约20亿欧元的融资。部分地方住房协会已向中央政府致信要求减税以减轻其住房维护的负担，阿姆斯特丹市政府也正在游说中央政府减轻承担新建社会住房的住房协会税负，以扩大融资渠道。阿姆斯特丹社会住房在未来几年将迎来新的大规模扩建，相关政策也将更加强调政府对社会住房建设的支持与参与。

第四节 阿姆斯特丹社会住房发展的相关政策

阿姆斯特丹的社会住房经历近百年建设历程，形成了一套从土地供应、融资运作、租金控制到租赁管理的完整政策体系，成为保障中低收入居民居住权利的重要手段。同时，住房协会开创了"组合开发"的模式，有效促进了城市中不同群体居住空间的融合，促成社会平等与可持续发展。

一、高度的土地公有化保障社会住房用地供应

荷兰土地实行私有产权制度，大部分国土为私人所有。与荷兰其他地区不同，阿姆斯特丹政府从19世纪末即开始由政府逐步回收土地所有权，并不再将这部分土地出售，通过不断积累，至今阿姆斯特丹市约

有80%的土地归市政府所有。政府对土地的所有权保证了其对规划实施的更大控制权,如在住宅开发时,市政府可以直接选择公有土地上的开发项目类型,将土地直接委托给住房协会进行建设,并指定不同种类住房如社会住房、普通租赁住宅和高档自有住宅的配建比例,保障了社会住房的用地来源;在与开发商进行协商时,建设准入也成为政府的强大筹码。

开发商或住房协会在进行开发时,只拥有地上物的所有权,土地则是向市政府租赁使用权,市政府按照一定比例收取地租。传统上,地租支付有按年支付以及按10年、25年等固定期限支付等方式,前者租金每年按照通胀率进行调整,而后者租金则每到期限都将发生一次较大幅度的上涨。2016年,阿姆斯特丹市政府采取了新的政策,规定新开发建筑一律采取土地永久租赁的方式,从而避免了地租期结束时租金突变带来的不确定性(孟星,2016b)。阿姆斯特丹是荷兰人口最为密集的大都市之一,有限的土地供应与大规模的人口居住需求导致地价高昂,政府通过土地长期租赁的方式,减少土地租金的不确定性,从而使住房租金更稳定。

此外,阿姆斯特丹市政府成立了土地平衡基金(vereveningsfonds),对全市的土地一级开发进行统一运营,通过商品房项目的土地开发获得的高盈利来弥补社会住房前期开发的基础设施建设成本,整体达到盈亏平衡,由此推动低收益的社会住房项目建设。

二、成熟的融资与运营维持住房协会资金周转

早期社会住房建设与传统上保障住房的概念类似,政府为住房协会提供直接的资金支持或地租优惠。在资金支持上,主要有两种方式:①以住宅建筑的设计使用寿命为标准,提供50年偿还的低息贷款,并对社会住房成本租金与实际租金之间的差价进行直接补贴;②直接为低收入群体提供租金补贴。在地租优惠上,若社会住房开发所需的土地通过向政府租赁的方式获得,市政府则会对社会住房建设项目提供土地租金优惠,如在阿姆斯特丹,社会住房开发的土地租金只有商品房开发的一半左右(惠晓曦,2012)。

政府直接的资金补贴随着社会住房规模快速增长而逐渐成为沉重的财政负担。因此,20世纪90年代初荷兰政府开始逐步推动住房协会的民营化与独立经营,逐渐减少对住房协会的直接资金补助,最终于1995年完全停止,进而形成了以"住房协会市场化运作、自负盈亏"为核心特征的融资与资金运营模式(图10-4)。

1. 政府背景的融资渠道

政府的角色不再是补贴者,而是转变为住宅协会的担保人,成立的社会住房保障基金(WSW)与中央住房基金(CFV)作为住房机构融资担保。①就社会住房保障基金而言,其是直接帮助住房机构获得低息贷款的担保机构,成立于20世纪80年代,为非营利性组织,由中央政府和地方政府持有保证金。经由其担保,住房协会可以获得低于10%市场利率的优惠贷款(焦怡雪,2018)。②就中央住房基金而言,其是为应对住房机构出现财务危机的不确定性而专门设立的机构,所有住房协会都被强制向该机构上缴会费,并受到该机构的资产监管。若住房协会由于财务问题无法获得社会住房保障基金的贷款,中央住房基金可以为其提供补贴或无息贷款。③国家与地方政府为社会住房建设提供最终担保,由此形成完整的融资担保体系。

在社会住房保障基金背后,是两家由荷兰政府100%持股,且专门从事社会事业(如医疗保险、社会住房等)融资的银行:荷兰城市银行(Bank Nederlandse Gemeenten)和荷兰水务局银行(Nederlandse

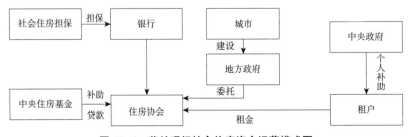

图10-4 荷兰现行社会住房资金运营模式图

资料来源:改绘自"周静,2008"

Waterschapsbank）。在社会住房融资上，它们通过社会住房保障基金（WSW）获得国家担保，从而拥有较高的国际信用评级，吸引寻求长周期、低风险的国际资本进入。以荷兰城市银行为例，其股权一半由荷兰中央政府持有，另一半由市政府及地区水务局持有。目标客户是地方当局、住房协会及医药教育部门，为他们提供定制金融服务。由于其借贷总量中约90%为医疗项目、住宅项目等最终由荷兰政府担保的低风险项目，其发行的债务证券被标准普尔（Standard & Poor's）评为AAA级，被穆迪（Moody's）评为Aaa级，被惠誉（Fitch）评为AAA级，具有良好的国际信誉。2018年，荷兰城市银行为荷兰第四大银行，总共借出长期贷款约116亿欧元，其中约48%的贷款流向住房协会（BNG，2019）。

2. 住房协会的资金运营

目前住房协会的资金来源主要包括：自身资金储备（含住房机构间成立的互助性基金），出售部分原有社会住房，与商品住宅混合开发，以及在政策规定范围内的租金收入（惠晓曦，2012）。住房协会通过出售部分原有社会住房的方式，实现了社会住房存量及资金周转的"动态平衡"。

第二次世界大战后数十年荷兰经济的发展，使得20世纪90年代许多阿姆斯特丹居民的收入及生活水平已达到相当高度，不再属于社会住房的目标对象，因此对社会住房的需求逐渐减少；相应地，政府允许住房协会在原有的租住合同到期后，将部分社会住房存量出售，或成为无租金管制的市场化租赁住宅，释放出资金用于社会住房维护和新的投资。从一套社会住房的全周期而言，即形成了"借贷长期低息贷款→建设低租金的社会住房→住宅使用并维护一段年限→建设新的社会住房→住宅租金市场化或出售为私有住宅→归还贷款达成盈亏平衡"的模式。在当下阿姆斯特丹社会住房市场饱和的背景下，住房协会通过该方式达成社会住房存量的"动态平衡"，总数量基本保持稳定，满足了社会住房的基本目标（图10-5）。

三、限制性的政策保障社会住房的可支付性

为保障社会住房的可支付性，尤其保障中低收入者的住房权利，荷兰政府对社会住房的申请设置相应的准入条件，提供适当的住房补贴，并进行严格的租金管控。

1. 准入条件

根据荷兰政府的规定，租赁社会住房需要满足以下三个条件：①申请者需要是合法住房机构的注册会员。②申请者需要获得市政府的住房许可。市政府将根据其住房需求（如在申请租房地附近居住、工作或学习）审核其是否具有申请社会住房的合理原因。③收入限制。从2014年起，住房协会必须将至少90%的社会出租房屋存量分配给每年应税收入不超过36798欧元的家庭（2019年标准）。

2. 住房补贴

尽管停止了对住房协会的补助，但当地市镇政府对租住社会住房的低收入人群仍然进行直接的住房补贴。对租户的补贴由中央政府拨款，地方政府执行。2006~2018年，荷兰政府的住房补贴支出不断增加，2018年的支出金额约是2006年的2倍（Ministry of the Interior and Kingdom Relations，2019）。此外，政府根据家庭结构的差异规定补贴受益者的家庭可支配收入的上限，由此细化可获得补贴的目标群体，具体划分标准如表10-1所示。2018年，荷兰有近230万户家庭属于住房补贴目标群体（Ministry of the Interior and Kingdom Relations，2019）。

符合以上标准的家庭均能获得住房补贴，而补贴金额根据其房租水平确定。首先，荷兰政府规定了基

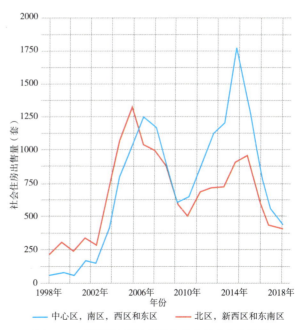

图10-5 阿姆斯特丹各区历年社会住房出售数量（1998~2018年）

资料来源：Amsterdam Federation of Housing Associations，2019

2019年住房补贴目标群体划分标准　　　　　　　　　　　　表10-1

家庭结构	获得补贴的家庭可支配收入上限（欧元）
年轻单身家庭，成员年龄低于国家养老金年龄	22700
年轻多人家庭，成员年龄低于国家养老金年龄	30825
超过国家养老金年龄的单身家庭	22675
超过国家养老金年龄的多人家庭	30800

资料来源：Ministry of the Interior and Kingdom Relations，2019

2019年房租等级划分　　　　　　　　　　　　表10-2

等级	租金金额（欧元）
质量折让限额（quality discount limit）	424.44
封顶限额（低）（capping limit，low）	607.46
封顶限额（高）（capping limit，high）	651.03
自由化租金限额（liberalization limit）	720.42

资料来源：Ministry of the Interior and Kingdom Relations，2019

本租金（basic rent），2018年该值为195.7欧元，无论收入多少，每个房客都需要自己支付该部分租金，没有人为此获得住房补贴。在基本租金之上，荷兰政府规定租金划分为若干等级，其中2019年的划分标准如表10-2所示。对于在基本租金和所谓的"质量折让限额"（quality discount limit）之间的部分租金，政府将100%予以补贴。而从质量折让限额到封顶限额（capping limit）之间的部分，住房补贴将涵盖75%的租金（对于不同的家庭结构，封顶限额有不同的规定，表中较低者适用于1或2人家庭，较高者适用于3人及以上家庭）。在特殊情况下，在封顶限额以上的，不超过自由化租金限额（liberalization limit）范围内的剩余部分租金，被补贴者依然有可能申请获得50%的租金补贴。与此同时，若租户的收入较低，住房协会可以拒绝租户租赁房价高于封顶限额的房产以规避风险。一般地，住房协会被要求为至少95%的家庭分配租金低于封顶限额的房屋。

3. 租金控制

社会住房属于荷兰政府进行租金上限控制的住房。荷兰建立了完善的房产租金评估系统，全国的每套房产都基于一个国家积分系统（WWS）进行了评估，评估分数取决于房屋的质量、大小、位置和设施，以及该房屋的市场价格，根据最终的总点数可对应计算该房屋的最高租金，由此避免了房租远高于房产实际价值的情况出现。有关该积分系统的所有信息都可以在荷兰政府（Rijksoverheid）的官方网站上查到，并对公众公开。事实上这一最高租金上限还是相对宽松的，实际的租金水平在大多数情况下都低于该上限。例如，2012年荷兰社会住房房租平均上限为664欧元，而平均租金仅为447欧元。只有在阿姆斯特丹这类住房供应紧张的大城市，租金才有可能达到该上限的水平（焦怡雪，2015）。

由于通货膨胀及房地产的升值，租金势必会存在一定程度的上涨。2013~2017年荷兰政府公布《住房发展协议》，规定对于所有社会出租房屋，年租金增幅上限根据家庭收入和规模而设定（焦怡雪，2015）。按照2019年标准，对于较低的收入人群（低于38035欧元），租金最高增加2.5%（通货膨胀率1%+1.5%）；对于中等收入人群（38035~42436欧元），适用3%的比例（通货膨胀率+2%）；对于高收入人群（超过42436欧元），租金最高增加5%（通货膨胀率+4%）。

总体来说，政府控制租金上涨的措施具有一定成效。由图10-6可知，除2012~2014年房租发生较大幅度上涨，大部分情况下房租涨幅都稳定在2%~3%。

四、完善的租赁管理制度保障租客权益

1. 住房分配

第二次世界大战结束后至20世纪80年代，荷兰地方政府在社会住房的分配中处于主导地位：租客租赁社会住房的申请由地方政府直接审批，核实其各项

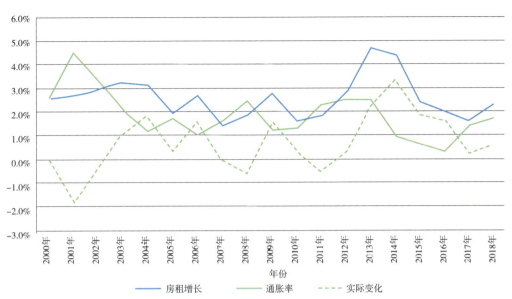

图 10-6　荷兰历年房租增长率与通胀率比较（2000~2018 年）

资料来源：Ministry of the Interior and Kingdom Relations，2019

指标是否符合准入条件，并为租客指定相应的房源，由租客与住房协会签订租赁协议。但该方式在执行过程中出现了两大弊端：①政府为租客指定房源时仅能以租客提交的年龄、收入、家庭构成等信息为依据，这些量化的指标显然不能完整、准确地反映租客在住房上的全部需求与主观喜好，如周边配套、邻里关系、房屋风格等，这导致许多租客放弃了长时间排队轮候得到的政府指定的住房，政府需要重新处理他们的住房申请，租客也不能按时入住满意的住房，社会住房分配的效率受到严重影响。②由于地方政府在社会住房分配上具有绝对的权力，且审批过程的信息公开不到位，社会住房分配中易于发生作弊与腐败现象。

鉴于此，从 20 世纪 90 年代开始，全荷兰的社会住房分配方式逐渐转变，地方政府不再干预社会住房分配审核，将权力下放给住房协会；同时，也放弃了传统的政府"单向指派"的分配方式，转而采用租客与住房协会"双向选择"的分配方式。具体而言，住房协会通过网络、报纸、杂志等公共媒体渠道发布可供租赁的空房信息，租客根据自己的喜好提出租赁意向并提交申报材料，住房协会在每套空房下选择最符合准入条件的 15 名申请者，允许他们现场看房，确认申请意向无误后，排位第 1 名的申请者获得租住权利，其他候选者则按序加入队列，进行轮候。这种"双向选择"的分配方式让租客的主观意愿在社会住房分配过程中得到充分尊重。与此同时，借助网络平台，住房协会可以公开透明地发布每位申请者的租房申请，供与其竞争的其他申请者查询，规避了排序过程中发生徇私舞弊的可能。

值得一提的是，在社会住房分配的过程中还形成了相关措施，对弱势群体给予关怀。对于一些符合规定的特殊情况，如残障租客、因治疗疾病而申请租房的租客、因城市建设土地征用而另寻住宅的租客以及无家可归者等，住房协会可以为其住房申请提供便利，优先配给租住权，以保障弱势群体的住房权利。

2. 租约管理

荷兰成立了独立的政府组织——租金管理委员会（Rent Commission），对于租赁社会住房或私人房产过程中产生的房客与房东之间的纠纷进行裁决。例如，在签订租约的最初 6 个月，尽管租客已经与房东达成协议并入住，仍然可以借助租金管理委员会与房东重新协商租金，如果基本租金高于 710.7 欧元，租金管理委员会将帮助租客降低房租。

租约签订后，房东必须遵守规定，不能随意收取过多的租金。同时，如果在合同期限内，房东要求终止租约，需要至少提前 3 个月以挂号信方式通知租客，并说明终止租约的理由。荷兰法律规定了若干受法律保护的房东终止租约的理由，包括租客拖欠房租、干扰邻居、房东有紧急需要等（焦怡雪，2015）。在此规定下，即便租客有不当行为，房东也不可以粗暴地将租客逐出门外，只有法院具有终止租约的权力。

3. 住房维护与可持续发展

荷兰政府对于承租者与出租人在租赁住房维护方面的权责有详细明确的规定，住房协会主要承担对住宅部件的维护、住宅公共设施的维护及对外部空间的维护，这保证了社区的公共空间处于良好的维护状态，避免了社区衰败的后果。在住房协会的资产负债表中，维修、维护支出是贷款利息支出以外占比最大的一项支出，占总支出的25%~30%（焦怡雪，2017）。此外，住房协会致力于对现有老旧的社会住房存量进行更新，2018年阿姆斯特丹共有2261套社会住房被翻新。

五、多元的住房组合开发促进"社会融合"

第二次世界大战后，一些城市新区按照现代主义原则修建的大规模社会住房，由于入住群体几乎全部为低收入群体，地处郊区且基础设施条件较差，这些社区逐渐被污名化并形成社群隔离，进一步导致了社区衰败（如阿姆斯特丹市郊的Bijlmermeer社区）。进入20世纪80年代，社会住房的任务不再仅仅是提供足够数量的廉价租赁住房，还包括保障低收入人群享有富于活力的生活社区，促进社会各阶层融合成为新的目标等。因此，政府也放宽了对住房协会开发项目类型的限制，尽管住房协会仍然以为中低收入人群提供租金合理的住房为宗旨，但也被允许建设一定比例的市场化租赁住宅、高档自有住宅，形成所谓的"组合开发"项目。购买自有住宅的业主一般对住房地段、交通、社区配套设施等有较高要求，也愿意为此支付更高昂的费用。住房协会开发的社会住房属于福利性住宅，难以承担优质资源的高昂价格。住房协会巧妙地将自有住宅出售所得收益投入到优质资源的购买中，使得同一地块上其他中低收入人群住宅也可以享有更好的社区环境，并促进了不同社会阶层在空间上的融合（曲蕾，2004）。目前阿姆斯特丹新开发的住宅项目均按照"组合开发"的模式进行，并以"40%为社会住房、40%为市场化的租赁住宅、20%为高档自有住宅"作为住房协会与开发商合作建设的参考比例（Municipality of Amsterdam，2018）。

第五节　东港复兴——阿姆斯特丹租赁住区规划设计案例

一、阿姆斯特丹东港复兴项目简介

阿姆斯特丹东港（Eastern Dockland）位于阿姆斯特丹市区东北，毗邻IJ河（图10-7）。16~17世纪的荷兰航海贸易发达，对港口空间的需求导致这一时期在IJ河东口营建了大量岛屿及港口，逐渐形成了今日的东港区。然而进入20世纪，船舶技术的发展使得蒸汽轮船乃至巨型货轮成为航运主流船只，东港的水道不能满足新的航运要求，其附近的火车站也因规模限制无法支持大规模集装箱转运，因此，传统大航运功能逐渐由东港转移至西港及鹿特丹，东港逐步走向衰败。由于航运产业的撤离，东港遗留了大量废弃仓库、

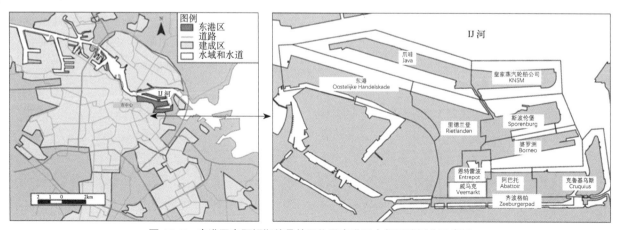

图10-7　东港区在阿姆斯特丹的区位及东港区内部区域划分示意图
资料来源：Hoppenbrouwer et al., 2005

码头等建筑遗存，它们被年轻人及艺术家重新发现，自发加以改造。工业遗迹以外的场地上棚屋、拖车和船屋聚集，渐渐吸引许多无家可归者在此居住。此外，20世纪60~80年代，阿姆斯特丹市政府采取旧城疏散政策，鼓励城市中产阶级向城市郊区迁移，由此引发的老城破败的问题也引起了市政当局的注意。1973年，政府提出规划复兴阿姆斯特丹老城；1978年，政府的经济发展部门经过调研，最终决定在东港展开住宅区的开发，以此为契机复兴衰败的港区。

东港区在开发运营上的特征主要体现为土地管理、公私合营与组合开发两个方面。

1. 土地管理

东港区过半土地为公有土地。在东港区的再开发过程中，政府按照一定的比例将土地分为两部分：一部分土地以较低的价格交给住房协会开发，保证整个东港片区的社会住房占全部新建住房的基本比例；另一部分则以竞标的方式，长租给开发商进行开发，政府每年获取开发商支付的土地租金。通过这种方式，社会住房与商品房混合在东港区域，其中社会住房的比例也得到了保证。

2. 公私合营与组合开发

顺应房地产市场发展和减轻政府财政负担的需求，在东港建设中，阿姆斯特丹市政府采取了公私合营的开发模式，政府除提供少量的启动资金外，最主要是为开发商提供建设商品住房的许可，换取私人开发商的大规模投资，以及政府在开发过程中的监管地位。在这种运营方式下，最终东港地区建成的住房70%为高收益、高价位商品房，保留了30%的住房为社会住房，共计提供了约2500套住房。同时，整个片区的配套设施、公共空间、城市景观等都在政府监督下得到了较好保证，形成了较低收入的社会住房居民与较高收入的商品房居民共享城市空间的格局。

二、阿姆斯特丹东港租赁住区生活圈配套服务概况

东港区在开发之初便反对现代主义设计中的"功能分区"概念，强调"功能混合"概念，突出生活配套设施与住宅在空间上混合分布。首先，在开发时即考虑将建筑底层设计为层高较高的空间，其功能可在商业与住宅之间转换，配建零售、餐厅等中小型服务

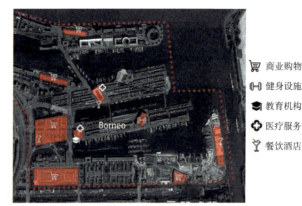

图10-8　东港区内配建的大体量公共建筑
资料来源：底图为Google Map

设施；其次，在密集的住宅区中置入大体量公共建筑，以配置学校、医院、体育健身设施、大型商业广场等，如在Borneo岛西侧的商业建筑群中，配置了牙医医院、小学、日托中心、社区中心、希尔顿酒店等服务设施（图10-8）；东港区还享有较好的区位条件，交通便利，由于阿姆斯特丹完善的自行车道等基础设施，从东港区至市中心仅需15min自行车车程，便于居民享受城市中心的文化服务等。

三、阿姆斯特丹东港租赁住区规划与住宅单体设计

在规划设计方面，东港区主要体现出低层高密度建设、住宅差异化及商住功能灵活转变三个特点。

1. 规划设计理念一：低层高密度建设

在开发东港区时，"紧凑城市"成为政府制定规划的指导思想之一。增加住房密度一方面是对全城住房相对紧缺的考虑；另一方面，增加开发密度有利于提高土地的利用效率，相对降低土地的稀缺程度，对于保证房价稳定和低收入群体的基本住房保障都有益处。因此，在多种指标的权衡之下，东港区的Java岛及Borneo-Sporenburg岛的建设强度被确定为100栋/hm²，据估算建筑密度达70%（表10-3）。同时，全区建筑层数均为3层，这种低层建筑更有利于围合街道、广场等城市空间，营造与人体尺度相适宜的公共环境。

为了达到这一密度，建筑师多需将低层住宅分为若干单元，并采取窄面阔、宽进深的组织形态，这使得不同单元之间共用的墙面面积尽量扩大，每一单元所需的临街界面仅限于交通空间，从而节约了单元之间的空隙空间，增大了住宅密度。在单元内部，建筑

阿姆斯特丹东港区内 Borneo-Sporenburg 住区的相关技术经济指标　　表 10-3

序号	指标名称	单位	数值	备注
1	总用地面积	hm²	25	根据建设要求 100 户 /hm² 估算
2	总建筑面积	m²	700000	根据容积率估算
3	户数	户	2500	—
4	层数	层	3	全区均为三层住宅
5	容积率	—	2.5~3.0	—
6	建筑密度	%	70	—

资料来源："动态城市计划"（Dynamic Cities Project）网站，http://dynamiccities.org/amsterdam-row-houses

师通过内部挖掘天井、花园等措施解决采光通风问题（图 10-9）。

2. 规划设计理念二：住宅差异化

在规划之初即已确定在该地块实现不同社会群体混居的目标，因此在落实到具体建筑设计时，也要求与多阶层混居状态相适应的设计，即所谓"住宅差异化"（housing differentiation）。这首先体现在住宅户型的多样性：在最早规划的 KNSM 岛上，建筑师设计了从三居室、四居室的整套公寓到专门用于出租的单间乃至无采光、宽走廊的条形公寓等。此后，阿姆斯特丹城市住宅部门特别编写了《住宅图集》（Housing Atlas），按照不同家庭结构（如普通家庭、雅皮家庭、学生等）需求收录不同住宅平面户型，为消费者提供多样化的选择。

随着东港区开发的深入，在第二阶段 Java 岛的开发中，住宅差异化不再仅限于户型的差异，设计师还希望为每一个住户提供"特殊性"，即根据业主的兴趣设计特殊的房间，如宽敞的兴趣空间、特殊的工作空间、户间共享空间等。设计师甚至为每个住宅设计了完全不同的外立面，以增强不同住户对住宅差异性的感知力。

3. 规划设计理念三：商住功能灵活转变

最初东港区规划以住宅为主，但考虑到未来该区的发展，以及出于活化公共空间的考虑，设计保留了一定商业与住宅之间灵活转变的可能性：在低层住宅的底层，层高设计为 3.5m，使得临街房间可以满足多种用途的需要，如改建为工作室、咖啡馆、酒吧等。

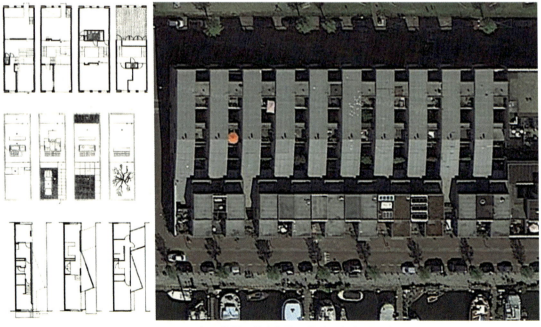

图 10-9　条形体量及其内部的天井空间与户型设计
资料来源：程晓曦，2011；作者补绘

第六节 阿姆斯特丹社会住房发展对我国大城市的启示

荷兰在第二次世界大战后的"福利国家"政策导向使得荷兰人将住房视为与医疗、教育等具有相同地位的社会福利保障项目,而非完全市场化运作的商品。随着我国确立"房住不炒"的基本政策导向,社会对于住房可支付性与住房平等的关切日益增加,阿姆斯特丹社会住房的建设经验或可在资金运营、社群融合、租赁管理等方面为我国租赁住房建设提供借鉴。

一、保证租赁住房建设的营利空间

建设租赁住房,首先应保证其拥有充足的营利空间。阿姆斯特丹的土地公有化程度高,政府可直接将土地委托给住房协会开发社会住房。而在我国的大城市,高昂的土地出让金形成的高房价严重阻碍了租赁住房供应的扩大。以北京市为例,2017年北京市住房租售比仅为1.8%,开发商建设以租赁为主的住房时初期投入巨大,资金回收慢,因此缺乏投资动力。2017年原国土资源部会同住房和城乡建设部颁布的《利用集体土地建设租赁住房试点方案》和2019年试点城市范围的扩展,为北京、上海等18座城市试点开展利用集体建设用地建设租赁住房奠定了基础。2020年正式实施的新版《土地管理法》更是从根源上破除了集体经营性建设用地进入市场的障碍。借助改革红利,由村集体直接或委托专业机构利用集体建设用地进行租赁住房开发运营,土地成本的大幅降低使得前期投入的负担大为减轻,资金回收周期更短,扩大了租赁住房建设的营利空间,"只租不售"的租赁住房模式有望发展成型。

在融资渠道方面,阿姆斯特丹放弃了易造成较大财政压力的直接财政补贴住房供应商的方式,通过政府背景的长周期低息贷款支持住房协会,降低了其建设资金周转的压力。相应地,在我国大城市开发租赁住房项目过程中,政府应在提供配套金融方面发挥更积极的作用。一方面,政府可帮助开发主体获取政策性银行的低息贷款支持;另一方面,增强以政府背书的租赁住房开发项目的风险保障,探索相关金融产品创新的制度可能性,打造租赁住房项目"长周期低收益低风险"的特点,吸纳有相应需求的社会资本进入。

二、促进居住空间融合与效益平衡

为租赁住房开发拓宽营利空间固然重要,但阿姆斯特丹的经验也包括另一方面的内容:利用营利服务于其他市场手段难以解决的困难。例如,进行"组合开发",在市场化运作的租赁住房之外,配建适当比例的租金管制型住房,以部分租金营利补充该部分租金收入的不足,并放宽户籍限制,允许流动人口享有同样的租房权利。通过这种方式促进不同收入人群在城市空间中的融合,一定程度上打破居住空间分异与隔离的状况。

除此之外,还可对全市范围内农村集体土地建设租赁住房进行整体联动运营,调动营利地块的收入弥补低收益地块的成本,平衡城市不同片区的发展差距。以北京市颐和园北部的大有庄为例,该地块南邻颐和园,处于文物保护规划范围内,因而建设高度受到严格控制,开发密度难以提高,导致住房开发营利空间不足。若要推动对这一地区的"城中村"改造与开发,势必需要有效的制度设计以破除困局,其中农村集体土地建设整体联动运营或可解决这一矛盾。

三、建立完善透明的租赁管理系统

采用"组合开发"模式配建租金管制型住房,一方面提供了健康且廉价的租赁住房,另一方面则也要求对该部分租客的准入条件有更严格的审核。在荷兰,每套待出租的社会住房信息及配租要求都将通过报纸、网络等渠道公开发布,确保申请者能公平地获得及时准确的房源信息;申请者的申请信息及轮候状况也需通过报纸、网络等渠道面向全社会公开,供公众监督其配租是否公平公正。相应地,在我国也需要完善类似的租赁管理系统,借助网络平台,通过信息公开等方式增加申请流程的透明度,避免资源配置不公正、不合理。

此外,荷兰的社会住房体系十分重视保障租客的权益。例如,租客有权通过仲裁机构拒绝房东提出的不合理房租上涨,即便是在租客拖欠房租的情况下,房东也无权强行将租客赶出家门,必须通过法院执行租约的终止。我国在相关领域的法制建设相对薄弱，许多制度尚处于空缺状态，过度执行行政命令、强制驱赶租客的事件也时有发生。因此，荷兰经验在租客权益保障方面对我国也有借鉴意义，未来需要完善相关法律制度，设立仲裁机构等调解主体，以促进住房租赁市场健康发展。

参考文献

Amsterdam Federation of Housing Associations, 2019. Annual Report 2019[R].

BNG Bank, 2019. Annual Report 2018 [R].

HOPPENBROUWER E, LOUW E, 2005. Mixed-use Development: Theory and Practice in Amsterdam's Eastern Docklands[J]. European Planning Studies, 13: 7, 967-983.

Ministry of the Interior and Kingdom Relations, 2019. Figures about Housing and Construction [R].

Municipality of Amsterdam, 2018. Housing Plan 2018-2025 [R].

Municipality of Amsterdam, 2019. Population Forecast 2019-2040[R].

程晓曦，2011. 阿姆斯特丹东港码头改造——城市复兴中的多重平衡 [J]. 世界建筑（4）：102-106.

弗雷德·霍布马，惠晓曦，2011. 政府驱动城市开发所需的被动性与主动性法律工具 [J]. 国际城市规划，26（3）：15-20.

国家统计局，2016. 全国流动人口动态监测数据集（2014）[M]. 北京：中国人口出版社.

赫尔曼·德沃尔夫，贺璟寰，2011. 荷兰土地政策解析 [J]. 国际城市规划，26（3）：9-14.

惠晓曦，2012. 寻求社会公正与融合的可持续途径：荷兰社会住宅的发展与现狀 [J]. 国际城市规划，27（4）：13-22.

焦怡雪，2015. 荷兰社会住房的租赁管理经验借鉴 [C]// 中国城市规划学会. 2015 中国城市规划年会论文集（16 住房建设规划）.

焦怡雪，2017. 荷兰社会住房的维修与维护管理经验借鉴 [C]// 中国城市规划学会. 2017 中国城市规划年会论文集（20 住房建设规划）.

焦怡雪，2018. 政府监管、非营利机构运营的荷兰社会住房发展模式 [J]. 国际城市规划，33（6）：134-140.

林艳柳，刘铮，王世福，2017. 荷兰社会住房政策体系对公共租赁住房建设的启示 [J]. 国际城市规划，32（1）：138-145.

孟星，2015. 荷兰土地交换模式及其对我国的启示 [J]. 中国房地产（24）：53-58.

孟星，2016a. 荷兰房地产开发商为何会放弃土地价差 [J]. 上海房地（11）：50-51.

孟星，2016b. 荷兰土地租赁制度对我国住宅土地使用权期满续期问题的启示 [J]. 上海房地（12）：41-44.

曲蕾，2004. 荷兰社会住宅的运作方式及其在城市更新中的作用 [J]. 国外城市规划（3）：57-61.

周静，2008. 借鉴荷兰经验构建我国大城市社会住房体系 [J]. 城市环境设计（6）：81-84.

第十一章
市场主导的东京均衡化租赁住房发展模式

东京在1923年经历关东大地震后又经历了第二次世界大战，前者让东京73.3%的家庭受难，而后者造成东京75.9万户住宅被烧毁。20世纪中叶，东京面临的住房短缺问题比日本全国要严峻得多，但就20世纪后50年而言，东京的住房问题得到了极大缓解，成为高密度地区住房健康发展的典型城市之一。1958年东京住宅总量超过家庭户数，目前东京住宅的自持与租赁比例接近1∶1，其中约四成的住宅是由市场提供的租赁住宅。东京一直通过一定比例的自持住宅、市场化租赁住宅以及公共租赁住宅的联动供给促进住房与租房市场均衡发展。那么，东京住房与租房市场实现供需均衡的具体手段是什么？我国2015年住房总量已超过人均一套，《2017中国城镇住房空置分析》报告显示，2017年我国城镇地区有6500万套空置住房，一线城市住房空置率达到16.8%，住房结构性短缺、居住质量亟待改善、房地产存量亟须盘活等是我国大城市病的重要表征，培育租赁市场是解决大城市住房问题的重要途径。那么，东京市场化主导的租赁住房模式对我国大城市有何启示？

第一节 东京概况

一、人口规模与人口密度

东京位于日本关东平原中部，是日本三大都市圈之一的东京都市圈的中心城市。东京总面积为2194km²，共包含三大区域，即特别区、多摩地区和岛区。具体而言，其是由23个特别区组成的区部、26个市组成的市部、由5个町和8个村组成的町村部构成。2019年东京总人口规模1383万。其中，东京区部是东京人口密度最大、经济最繁荣的区域，以东京30%的土地承载了70%的人口，多摩地区则经济相对落后，更像是农村地区，而东京东、西部的岛屿则更为闭塞，有的岛屿甚至还在使用着与日本其他任何地方都不通用的"东京方言"（东京都八丈岛地方方言）。

就东京行政辖区内常住人口密度而言，东京平均人口密度为0.6万人/km²，其中区部人口密度为1.5万人/km²，是东京平均人口密度的2倍多。市部人口密度为0.5万人/km²，略低于东京平均人口密度，町村部人口密度远远小于东京平均人口密度。就建设用地内的居住人口密度而言，根据2016年《东京土地利用》中的各类土地使用现状统计，区部居住用地占建设用地的比例高达60%，区部建设用地内的居住人口密度高达2.6万人/km²。东京区部无疑是典型的人口稠密地区。就人口规模而言，区部人口规模最大的是世田谷区，达到91.7万；人口规模最少的是千代田，只有6.6万。就人口密度而言（图11-1），区部除千代田区外，人口密度普遍大于1.2万人/km²，人口密度最大的是丰岛区（豊島区）。市部中人口规模最大的八王子市与町田市的总人口规模占市部总人口的25%。

二、土地利用与空间结构

东京的城市结构较为明晰，呈现出明显的中心性和东西差异（图11-2）。由于东、西部的容积率等指标存在跨度较大且可比性较差的情况，为了更加直观地反映各指标的分布情况，对市部和区部使用不同图例分开绘制。整体来说，东京都整体呈现由东部的商业办公、教育、政府办公用地向西部的集合住宅、独立住宅、农业、工业用地过渡，而且农业用地少、居住用地占比较高。进一步对区部和市部展开具体分析。

图11-1 东京都市部与区部人口密度分布示意图

注：图中日本人口数据来源于e-stat日本政府统计门户网站《住民基本台帳による世帯と人口（日本人及び外国人）》调查2019年10月数据，日本面积数据来源于东京都市整备局官网《東京の土地2017（土地関係資料集）》2017年数据。

资料来源：作者根据东京政府官网数据整理译制

区部以中部的政府、办公用地为中心，呈现由商业、办公等高容积率非居住性用地向四周的集合住宅、独立住宅、工厂用地过渡的趋势；市部则仍然是东西差异，但是用地类型比较单一，主要是东部住宅用地和西部自然地。结合东京市部和区部的容积率分布来看，区部整体呈现中心高、外围低的圈层式格局，在容积率向外扩散的过程中，圈层内的容积率变化呈现相对均质化的特征；市部的容积率普遍低于区部，有一定的高容积率集聚区，其最高值与区部核心区集聚的高容积率区仍有一定的差距，但区部的高容积率分布有一定的分散化特征（图11-3）。结合东京都市部和区部土地利用与容积率的分布可以看出，东京都的居住用地分布非常广，且依托居住用地形成一定大分散与小集中的空间布局模式。这在东京都市部和区部的商业

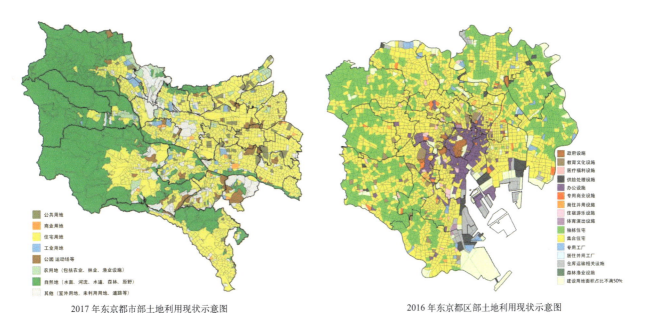

图 11-2　东京都市部与区部土地利用现状示意图
资料来源：作者根据东京都市整备局的土地利用现状调查相关资料整理译制

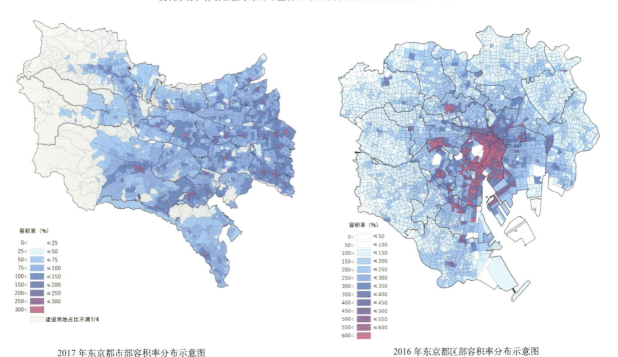

图 11-3　东京都市部和区部的容积率分布示意图
资料来源：作者根据东京都市整备局的土地利用现状调查相关图片改绘

建筑与办公建筑空间分布图中也得以体现（图11-4），特别是在市部地区，其商业办公空间呈现分散化的集聚态势，体现东京都在城市扩张与蔓延过程中，不仅是居住用地及人口的向外扩张，也同步推进配套服务与就业空间的发展。

在土地利用类型上，由于市部主要以居住用地为主，用地种类较为单一，因而只对区部土地利用情况进行分析。2011年区部建设用地中居住用地占比为59.1%，2016年居住用地占比为60.2%，呈现较为稳定的增长特征（图11-5）。伴随着居住用地比例增长呈现的是工业用地比例有较大幅度的下降以及商业用地比例的小幅下降。与此同时，公共服务设施用地与居住用地相同，也有小幅上升。进一步将土地利用承载的用地功能细分为15类，可以看到独立住宅在各类用地中的占比最高，且保持稳定，从2011年至2016年的比例均为33.0%。集合住宅位居第2位，且从2011年到2016年出现小幅上升，占比从26.2%上升至27.2%。若从总建筑面积中集合住宅与独立住宅的占比分析，则集合住宅占比达到37.6%，大大超过了占比为19.3%的独立住宅。与2011年相比，集合住宅

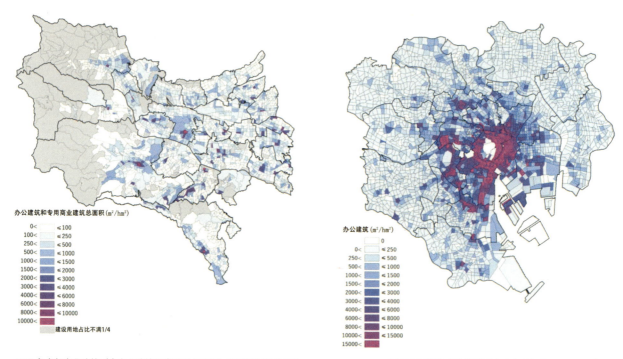

图11-4　东京都商业建筑与办公建筑总面积分布示意图
资料来源：作者根据东京都市整备局的土地利用现状调查相关图片改绘

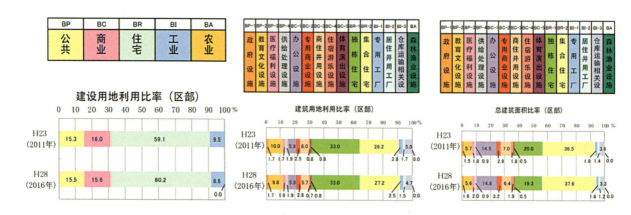

图11-5　东京都区部各类建设用地比例分布
资料来源：作者根据东京都市整备局的土地利用现状调查相关资源整理译制

总面积占比增加了 1.1%，而独立住宅总面积占比减少了 0.7%。与之相对的是，以多摩地区市郡部为代表的多摩地区住宅总面积中，仍然是独立住宅总面积占比（39.5%）高于集合住宅总面积占比（30.0%）。这意味着东京目前总体上呈现以居住用地为主的土地利用特征，而集合住宅是主要的居住用地开发形式。

第二节 东京租赁住房发展变迁：从"量"到"质"、从"政府主导"到"市场主导"

第二次世界大战后东京的租赁住房发展总体上呈现两大特征，即从重视数量供给向质量供给转变、从政府主导供给向市场主导供给转变。具体而言，其可以分为3个阶段：第二次世界大战后至20世纪70年代政府主导的公共租赁规模化发展阶段；20世纪80年代至20世纪末政府放松管制，民营租赁规模化发展阶段；21世纪至今存量更新、质量提升的租赁住房稳定均衡发展阶段。从第二次世界大战后一直到21世纪，日本政府在租赁住房发展过程中，与欧美等福利国家住房政策不同的是，其一直鼓励一定的住房自有率。早在1950年，日本政府颁布的《住宅金融公库法》便设立了支持住宅发展的金融制度，为准备建造或购买住宅的家庭提供各类贷款支持（周建高，2013）。同时，租赁住宅建造技术及运营管理体系的不断完善也为东京租赁住房从"量"到"质"的阶段性跃升发挥了重要支撑作用。

一、第二次世界大战后至20世纪70年代：政府主导的公共租赁规模化发展阶段

1923~1955年遭受了赈灾和战争摧残的东京面临着巨大的重建压力。关东大地震让东京73.3%的家庭受难，第二次世界大战造成东京75.9万户住宅被烧毁。这一时期，东京面临着巨大的住房数量供需矛盾和城市建设压力。就城市建设而言，当时市区整顿的主要措施是1923年整顿以昭和大道为代表的城市干道和城市公园，1947年整顿山手线、京浜东北线、总武线等电车线的车站站前区域，1954年制定《土地区划整理法》（『土地区画整理法』），诸多措施促成了以既有街区改造为目的的东京都市土地改造整理事业的发展。

1955~1973年进入高速经济成长期的东京又面临着大量的人口涌入（1955~1964年，东京都市圈内人口增加约500万），住房矛盾加剧。直到1958年东京住房库存超过家庭数之后，供需数量不均衡的矛盾才得到缓解。这一时期伴随着大量人口的涌入，东京市区边缘开始出现高速无序扩张。同时，城市交通设施与基础设施建设也处于巨变期。在60年代后期，机动车持有数量开始急速增长，东京都市高速铁路和首都高速铁路建设成绩显著，1964年的东京奥林匹克运动会也为东京基础设施整顿完善带来契机。这一时期推进了一系列的市区整顿措施。一方面，在1963年颁布了《新住宅市区开发法》（『新住宅市街地开发法』），并于1964年开始在南多摩丘陵地区进行整体的多摩新城开发，同时通过土地区划整理、新住宅市区开发的充分实施，公营住宅的供给，推进住宅整顿的发展。另一方面，通过1968年制定的《新都市规划法》（『新都市计画法』），禁止了无规划性的市区扩张，同时通过1969年颁布的《都市再开发法》（『都市再开发法』），推动市区再开发，以促进建成市区向优质都市空间转变。

总体而言，在第二次世界大战后住房大量短缺时期，东京政府主要依靠大力发展公共租赁住房快速解决住房短缺问题。事实上这也是同期日本全国解决住房短缺问题的主要措施。

这一阶段日本政府在发展公共租赁住房时，逐步摸索出两条经验：一是既要保障低收入群体，又要保障中等收入工薪阶层；二是既要中央财政给予资金保障，又要避免地方政府在公共租赁住宅建设上对中央财政形成过度依赖。因此，在这一阶段，先是于1951年颁布《公营住宅法》为低收入群体提供公营租赁住宅，其资金主要由中央财政支出。随后几年，日本开始扩大公共租赁保障对象，于1955年颁布《日本住宅公团法》，规定住宅公团为中等收入群体提供住房保障。住

宅公团（后改为都市再生机构）是政府全额出资的特殊法人，其项目资金来自于国家财政以及保险、信托等民间金融机构的贷款，其中中央政府出资与地方政府出资比例为3∶1。

这一阶段日本还同步实施了三年建造18万户公营住宅计划（1955~1964年连续施行）。1965~1974年，东京公营租赁住宅建设量维持在年均1万~1.5万户的水平（唐露园等，2017）。为确保公共租赁住宅能覆盖更多家庭，这一阶段日本采取了政府主导大量新建小户型公营住宅的供给策略。除政府直接建设外，这一时期政府还对民间的住宅建设在用地、税收和技术指导等方面给予支持，以作为公共租赁住宅供给的补充。

第二次世界大战后，在公营住宅规模化发展过程中，集合住宅的全面推进提供了品质提升的契机。公营住宅在功能布局上从最开始的以"食寝分离"为理念的"51C型"住宅，逐渐演化至"DK型"，再演化为"LDK型"及"nLDK型"，并逐渐成为集合住宅的标准模式（周建高，2013）。期间，租赁住宅开始使用钢筋混凝土材料，住宅建设管理过程中为减少现场工作量和工作人员，以及缩短工期，也同步制定了一系列的政策方针，以逐步实现标准化和部件化。总之，这一时期公营住宅的规模化发展助力了租赁住宅乃至日本住宅在产业化、标准化等方面的发展。同时，居民住宅基本功能需求得到满足也同步促进了租赁住宅功能布局、建造技术、施工管理以及对应的标准体系与法律法规体系等的发展完善。

二、20世纪80年代至20世纪末：政府放松管制下公共租赁与民营租赁并行发展阶段

1955~1970年日本经济腾飞，城市人口迅速增长，到1970年，城市人口的比例已经达到72.1%。在1960~1970年，东京的人口增速更是超过日本国家平均水平的2倍多。第二次世界大战后及高速城镇化时期的住房短缺问题主要依靠政府主导予以解决，而以公共租赁住房供给为主要抓手来解决住房短缺问题可能会带来更重的财政负担与更大的社会问题，因此到了70年代，当住房供给不足以解决问题之后，日本及东京政府解决住房问题的主要策略是适当放松租金与地价的管制，刺激市场发展民营租赁住宅，形成以公共租赁与民营租赁并行发展的租赁住房格局。例如，日本政府在1986年完全废除了《地代家赁统制令》，1964年通过《住宅用地造成法》对农业用地转变成住宅用地解除限制等，极大地促进了这一时期民营租赁住房数量的增长。

这一时期在总体的城市发展战略上，东京市区主要是城市再开发，如对电车车站地区的再开发，通过土地区划整理进行城市更新和基础设施整顿。此外，加强对防灾的应对，如依托市区再开发在江东地区推进防灾基地建设。东京市郊在高速发展期的快速扩张后人口急剧增长，之后进入暂时停滞的安定期，并开始推进郊区住宅建设标准的提升。进入20世纪90年代的泡沫经济时期（バブル景気），产业结构转型使大量工业用地处于闲置状态。同时，东京市中心的商业办公空间紧张，市中心地价迅速上升。1987年，东京都内基准地价平均上升了85.7%。这一时期为应对产业结构调整带来的土地与空间变化，东京市区整顿的主要措施是进行闲置用地和市区的再开发（图11-6）。

总体而言，这一阶段在住房数量矛盾得以缓解后，政府放松管制刺激民营租赁住房发展时，也可以集中精力保障公营住宅发挥其"保障"作用。例如，实施严格的入住审查，一系列针对不同困难程度居民的入住优惠政策，对已入住的收入超过入住标准的家庭实行严格的管控政策等，以实现帮助有困难的家庭能够入住公营住宅、入住公营住宅的家庭都是有住房困难的家庭这一目标。

在提升住宅质量方面，随着"最低居住水平"的逐渐满足，1976年之后日本的住宅计划越来越强调住宅质量的提升。事实上住宅的供需始终处于动态变化中，这一时期超过公营住宅规定收入标准的人数增加，高额收入的人数也在增加，因此带来对居住品质提升的要求。这一时期政策主要从两个方面回应。一是根据1969年对《公营住宅法》的修订，日本政府开始着手老化住宅的改建和对具有长期使用可能的优质住宅进行改善。二是在住宅计划中添加对住房质量的指标要求。例如，1976~1980年住宅计划提出的强制性标准即"最低居住水平"和引导性质的标准即"平均居住水平"。1981~1985年住宅计划以大城市为重点，持续提高住宅质量，并将"居住水平"中的"环境"指标单列出来，制定了《居住环境标准》，从住宅耐灾性、

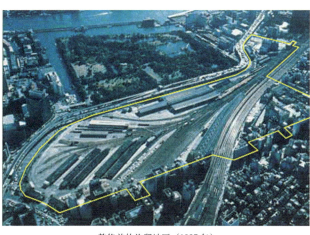
整修前的汐留地区（1987年）

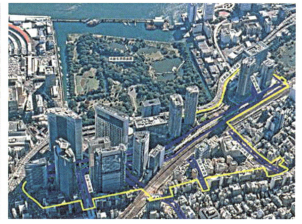
现在的汐留地区（2008年）

图11-6 汐留地区开发前后对比图
资料来源：东京都市整备局，2010

日照通风采光、配套设施等方面对住宅质量提出了要求等。

这一时期日本的建筑工业化已经从满足基本住房需求转向完善住宅功能阶段，人们对住宅的需求也从数量增加转向质量提升，这体现在日本1976~1985年提出的10年住宅建设目标上。因此，日本政府制定并落实了一系列的住宅建造标准以及高品质住宅建设及认定制度。在公共租赁住宅发展上，推进适应高生产效率、多样化功能需求的住宅内部结构可变的"中高层住宅生产体系"，装配式住宅等也应运而生。民营租赁住宅也受到严格的技术标准与规范约束。这一时期形成了公共租赁和市场化租赁住房质量整体提升的租赁住房格局。

三、21世纪至今：以提升居住质量为目标的租赁住房发展阶段

21世纪日本泡沫经济破灭，经济不景气，地价下跌。东京的经济与住房发展战略围绕再开发、盘活资源与提升品质展开。2002年颁布的《都市再生特别处置法》（『都市再生特别措置法』）使得以民间资本为资金支持的都市开发得到活化（图11-7）。之后，虽然市场状况有暂时的好转，但是由于全球经济危机的影响，经济发展和就业都面临着严峻的考验。1995年的阪神大地震提醒了东京市政府必须推进高效的都市防灾建设。1997年的《京都议定书》和2004年的《景观法》则体现了对环境和景观的高度重视。这一时期主要的市区整顿措施是活用既有制度，发展新的政策措施；通过立体道路的有效利用，对高密度市区进行再开发，同时对道路和沿线城市建设进行一体化开发；以《新都市开发目标下的都市开发制度的活用方针》（『新しい都市づくり のための都市开发制度活用方針』）为代表，促进兼顾环境和景观高质量城市开发为目标的环境整治。

这一阶段日本及东京进入少子老龄化阶段，且套户比持续大于1，其住房发展目标是存量更新与提升居住品质。正如日本1996~2000年提出的住宅计划中所描

图11-7 都市再生紧急整顿地区
资料来源：东京都市整备局，2010

述的，21世纪日本积极推进以提高国民居住生活品质为目标的住宅政策，力求使每一个国民都能够选择并实现符合其人生规划的居住方式。伴随着居住品质提升，日本租赁市场发展的一个重要作用是盘活住宅存量中的空置住宅。为此，在城市开发模式上，东京为避免市中心区与郊区的职住不平衡，对中心区、近郊区等不同区位空间的住宅用地开发采取一定的土地"均质化"建设引导策略。东京市政府通过实施街区一体化开发以及城市再开发模式，实现每一处街区都能够有相应的基础设施、福利设施、商业设施、交通设施等生活所必需的设施。在住房与租房开发运营上，加强官方公共部门与民间部门的协作，大力增加适应家庭结构变化、人口老龄化、个性化等需求的住房，推进无障碍住宅、耐震住宅等适应市场需求的住宅改造与更新。同时，公共建设项目的全程信息化，装配式住宅的大力发展，从事租赁住房业务的从业准入制度、住房租赁管理人员登记制度、营业金保证制度等的颁布，相关租赁住宅建造技术及管理运营体系的完善，为推进存量住宅改造提升与高品质发展发挥了重要作用。

综上所述，从东京都市区整顿的历程可以看出，东京的城市建设非常重视既有土地的再开发，在市区整顿的每一个阶段都同步推进对既有市区的改造，这种对再开发的热情使得东京总是呈现出"常新"的面貌，不管是老区还是新区，其基础设施建设、环境整治都相对完备，公共租赁住宅布局也相对分散。这与部分大城市老城衰败、郊区集中了大量的低收入住宅进而形成集聚的贫困区不同。在外来人口大量涌入东京的时候，其采取的措施不是任由东京都内市区盲目扩张，反而是通过立法来限制市区的盲目扩张，取而代之的是由政府主导的有规划的整体新市区开发，并充分考虑新城区与既有中心的联系。不管是新城开发还是旧区改造，东京非常重视道路、铁路的开发，以及相关配套设施的建设，城市开发具有条理性和整体性，而铁路、道路、福利设施等社会资本"均质化"，避免由于"地王""房王"等不合理商品出现引起的市场投机和炒作现象。这种城市开发与再开发的模式和租赁住房的建设并行发展，推进了东京在不同阶段采取差异化的租赁住房发展模式，进而确保在每一阶段形成与租赁住房需求相匹配的租房供给模式，以缓解住房短缺、形成住房供给均衡的总体格局。

第三节 东京住房与租房发展概况

一、东京住宅类型分布

根据日本总务省2013年的《住宅·土地统计调查》，2018年东京的住宅库存约为767万套。从住房存量与家庭数规模的关系来看，自从1958年住宅数超过家庭数之后，住宅数与家庭数的绝对差值在逐步增大，从2003年到2013年平均每一家庭占有的住房数始终维持在1.13。总体而言，1958年后东京持续处于"户均一套"的住宅供给阶段。2018年东京住房存量为766.7万套，家庭数规模为680.2万户，住房存量与家庭数规模比值为1.13。

日本住宅共有5类，分别是自持住宅、给予住宅、公营租赁住宅、都市再生机构和公社提供的租赁住宅以及民营租赁住宅，其中后四类属于租赁住宅。给予住宅指由公司等自己建设或租用，用以提供给公司员工租住的类似于员工宿舍的住宅。公营租赁住宅以及都市再生机构和公社提供的租赁住宅可归为公共租赁住宅。在东京，前者是由日本中央财政出资建设的租赁住宅，其保障对象是低收入群体，由东京都统一管理；后者是日本国有企业都市再生机构和由东京都全资成立的公司"东京都住宅公社"建设管理的租赁住宅，其不仅向低收入家庭供给住宅，还向中等收入家庭供给。2018年，东京租赁住宅占比52.2%，远高于日本全国平均水平（36.8%）。东京公共租赁住宅占比7.1%，民营住宅占比达到42.5%，是公共租赁住宅的6倍，这说明东京的市场化租房市场十分活跃。

从1988年至2018年东京自持住宅与租赁住宅占比的演变来看，东京的租房比例始终超过50%。其中，无论是公共租赁还是民营租赁，其住宅类型占比的变化幅度均不超过2%（图11-8），这说明东京的租房市场持续处于稳定的发展状态。

二、东京住宅价格的可支付水平

东京地价在泡沫经济和全球金融危机期间变化非常激烈,这对土地利用与房地产市场也产生了一系列影响。泡沫经济时期,东京地价快速增长,增幅最高达到60%(1988年),其中商业用地最高增幅达75%(1987年),住宅用地最高增幅达67%(1988年)。自1987年开始,东京地价进入负增长时期,一直持续到2007~2008年才出现短暂升高,但之后又开始下降。从2012年开始,东京地价出现连续5年增长。但总体上东京及日本在经济增长的同时,土地价格增幅并不高。以1983年土地价格作为参照,居住用地价格只有小幅度上涨,而商业用地与工业用地价格均小幅下降。这也反映日本的经济增长并不依赖于土地财政(图11-9)。

东京的土地价格虽然经历过泡沫经济时期的高速增长,但是随着泡沫经济的破灭,土地价格也恢复到正常水准。以1983年的房价与地价为基准指数100,则2017年的地价指数为117.6,房价指数为203.6。虽然平均房价看似涨到了1983年的2倍,如果结合居民的平均年收入来看,房价涨幅并不高。以东京政府推荐的适宜三口之家居住的75m²的新建高级公寓平均价格为例,其与居民平均年收入的比值由1983年的7.3(区部为7.6)上升到2017年的10.8(区部为11.7),34年的涨幅为47.8%。

2017年东京居民平均月收入为58万日元,区部地区高级公寓价格水平为108.3万日元/m²,平均每平方米月租金为3099日元,房屋售租比为349,租金收入比为18.3%。与高级公寓相对应的普通公寓(一种价格相对较低、面积较小的住宅)平均月租金为7.6万日元,其租金收入比更低,只有13.1%。东京居民平均每月支出中住居支出所占的比例也反映了日常住房压力相对较小(表11-1)。综上所述,东京的租赁

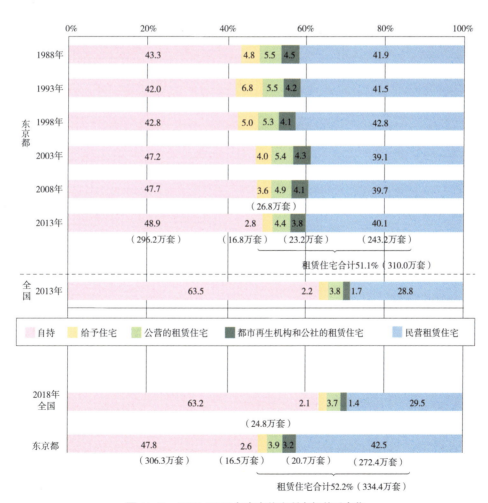

图11-8 1988~2018年东京住宅所有权关系变化

资料来源:作者根据东京都住宅政策本部《東京都住宅マスタープラン2016-2025》与总务省《平成30年住宅・土地统计调查》数据整理绘制

图 11-9 2018 年东京地价公示中住宅用地均价分布示意图

资料来源：日本国土交通省，2018

东京居民每月住居支出占总支出比例（2015 年） 表 11-1

家庭分类	住房所有形式	平均月支出（日元）	住居费用（日元）	住居费用占总支出比（%）
就职家庭	持有住房	548730	71994	13.1
	民营租赁住房	459639	92262	20.1
	公共租赁住房	336957	56820	16.9
	给予住宅	459662	36623	8.0
无职家庭	持有住房	320801	30419	9.5
	持有住房以外	263657	62929	23.9

注：1. 持有住房每月住居支出包括住房贷款还贷、"地代家賃"❶、设备维修、维护费用和住宅相关税金；
2. 持有住房之外的住居费用包括住房贷款还贷、"地代家賃"和设备维修、维护费用。
资料来源：作者根据东京都住宅政策本部《東京都住宅マスタープラン 2016-2025》整理绘制

住房市场结构长期保持稳定，呈现接近一半的自持率、约四成的市场化租赁与不到一成的公共租赁的分布特征，较好地满足了居民的住房需求，也实现了中低收入群体的住房可支付。

第四节 市场主导的东京住房与租房均衡化发展策略

一、放松土地管制确保居住用地供给

东京租房比例高的原因是在政府放松管制时期大量民间资本投入租房市场，而居住用地转让与容积率的放松管制是其中的重要内容。

1. 放松土地用途管制，居住用地大量增加

东京"私人"拥有的民有土地面积占总土地面积的 47.05%，其中区部和市部的民有土地共占 53.91%。总体来说，东京民有土地和国有土地的占比分布较为稳定。但在人口大量涌入东京的高速发展期，为了缓

❶ 日本的一种税收类型，面向为开事务所和店铺等租的房子所产生的租金。

解住房短缺、促进住宅供给，东京市政府通过 1964 年的《住宅用地造成法》解除对农业用地转变成住宅用地的限制，促成了大量农业用地向居住用地的转变。截至 2016 年，东京建设用地面积为 367km²，占总用地面积的 58.4%，而建设用地面积中居住用地的面积为 221km²，占建设用地的 60.2%（表 11-2）。

东京土地开发放松管制主要表现为区部地区民有土地中的农业用地和山林大量转变为建设用地（图 11-10）。从 1955 年到 1975 年，建设用地面积占比从 62.8% 增加到 85.5%，而农业用地和山林面积占比则分别由 32.0%、2.2% 下降到 9.2%、1.1%。1975 年后民有土地中建设用地面积占比总体上继续缓慢增长，到 2017 年增至 94.9%，而农业用地面积占比则持续减少，直到 2017 年降至 1.5%，山林则是逐渐减少至几乎为零。这些转变为建设用地的农业用地中，历年来都是转变为居住用地的农业用地占比最大。东京区部从 1992 年到 2016 年累计有 4052.8hm² 住宅用地由农业用地转变而来。

2. 居住用地容积率的放松管制

在推进木结构住宅改造更新以及集合住宅发展过程中，高层高密度的住宅极大地增加了东京的住房与租房供给，这受益于居住用地容积率的放松管制及其带

东京都区部主要用地面积　　表 11-2

土地利用类型	面积（km²）
区部总面积	628.73
1 建设用地总面积（宅地）	367.26
公共用地	56.93
商业用地	57.29
工业用地	31.58
居住用地	221.09
2 非建设用地总面积	261.47
农业用地	5.57
森林原野用地	5.23
公园等	40.60
其他用地	210.07

资料来源：作者根据《東京土地の利用 2016》相关数据整理绘制

来的住房向高层延展的空间变化。1988 年 7 月东京出台了《东京都设计许可纲要》，放松了容积率管控标准，规划了中高层居住专用土地，实施了高层居住诱导计划。1990 年制定了"都民住宅制度"，1991 年制定了"优良民营租赁住宅制度"，1997 年修订了《建筑标准法》。一系列政策组合使东京市中心在此期间兴建了一大批高层与超高层住宅公寓，促进了以中等收入阶层为对象的租赁住宅建设，这一时期的存量也奠定了东京租赁住

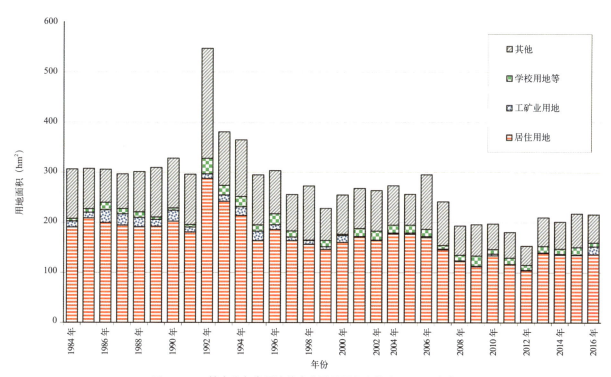

图 11-10　转变为各类用地的农业用地面积变化（无 2003 年）

资料来源：东京都市整备局，2019b

宅市场长期稳定发展的基础（闫玉强，2019）。事实上，日本在第二次世界大战后建设的大量住宅是低层低密度的木结构住宅。1968年，东京木结构住宅总数约258万套，占全部住宅的87%。到20世纪末，受土地增量限制与木结构房屋质量约束，在1991~1995年日本住房五年建设计划中，明确应加强城区低层住宅、低利用土地、未利用土地、城区农地的高效开发以及木质结构租赁住宅密集地区的改造开发。

即使到了21世纪，提升住宅容积率仍是东京住房发展的重要策略之一。《东京都住房发展规划（2011—2020年）》明确了提升公共住宅容积率的目标。在拆除老旧住宅进行开发重建时，通过将地上建筑容积率分等定级并实施奖励策略，充分挖掘存量用地潜力，促进原有的多层向高层住宅转变（汤婷婷，2019）。

二、精准供应匹配各类居住需求

东京能够以较为精准的住房供应方式匹配居民差异化的住房需求，且在以市民"居住权"为价值导向下，其租房供应始终凸显居民的可支付性。一方面，东京住房市场发展采取的是自持与租赁并行发展的策略，这也是东京租赁与自持比例相当的体现。东京住房市场主要提供三类住房：独栋住宅、高级公寓（マンション）、普通公寓（アパート）。一般高级公寓指的是用钢筋混凝土等建造的公寓，层高相对较高，建筑面积也较大。普通公寓则一般在2层左右，且建筑面积较小。高级公寓面向的人群为收入较高的家庭，户型较为多样，配套设施也较为完善。高级公寓有商品房也有租赁住房，是政府所提倡的较高标准的住房。普通公寓基本上是租赁住房，以学生、外出务工者等独自居住的人群居多。此外，收入水平相对较低的多人家庭，以及由于自宅改建等原因临时有租房需求的家庭等，也可能选择普通公寓。与高级公寓相比，普通公寓由于体量较小，其选址灵活，常常与普通的独栋住宅混合在一起，空间分布更为广泛，但相关的配套设施相对较差，不过仍能够满足居民的基本居住需求。这两种住房在市场上相互补充，能很好地满足大部分居民的住房需求。另外，公共住房则精准地满足了低收入的弱势群体居民的住房需求。

2018年东京的公共住房占比为7.1%，但真正意义上面对低收入者的公共住房占比只有3.9%，其余3.2%的公共住房是面向中等收入家庭的"引导性住房"。东京并没有严格限制公共住房保障群体的边界，公共住房的有效利用精准地匹配了部分中等收入家庭的住房需求。

东京住房与租房市场的精准供应还体现在对低收入和中等收入群体的多层次租赁住房保障上。东京住房建设从第二次世界大战后便开始着重面向低收入和中等收入群体的公共租赁住宅建设。在1951年的《公营住宅法》中按照入住群体困难程度的不同，又分为"第一种公营住宅"和"第二种公营住宅"。其中，"第二种公营住宅"是租金更为低廉、面向特困群体的保障性住房。两种类型公营住宅对应的中央政府给地方政府的补贴也不同。前者补贴标准是1/2，后者是2/3。面向中等收入群体的租赁住房供给中，既有公团提供的住宅，又有企业为工薪阶层提供的低租金给予住宅，政府还为部分民间资本提供建设租赁住房的补助。对私人住宅中的优质租赁住宅，则有明确的建设标准。对年轻人、老年人、工薪阶层等不同租房需求群体而言，其既提供了多样化的租房选择，又可享有体面的租住环境。

三、金融与税收刺激市场参与

2007年废除"住宅金融公库"后，日本政府采用了混合型的金融政策：以政府金融机构领导，民间金融机构为主，政策性金融机构为辅。这种金融政策能够减少住宅开发对政府财政资金的依赖，同时还能起到对住房市场的刺激作用。政府利用金融机构，对住房建设和购买提供金融支持，包括对政策类住房提供低于同期商业银行利息的贷款支持，鼓励金融机构开发与住宅建设和购买相关的金融产品，如针对育儿家庭建设的节能租赁住宅，日本住宅金融支援机构提供项目成本100%以内的贷款额度，最长贷款年限为35年并且为固定利率。这些金融措施极大地刺激了住宅供给。

在税收刺激上，1991年东京政府新增0.3%的地价税对居住用地免征，这不仅促进了自建自住的住房发展，更促进了没有住房需求的民间土地拥有者通过建设住房来销售和租赁，因为这样不仅能够免交地价税，同时还能够赚取收入。《住宅取得促进税制》规定个人利用住宅贷款购买或者建造住房，在五年内可以从所得税中扣除1%（2015年）的贷款剩余欠款。

四、制度改革保护多元主体权利

东京通过租房租约制度改革、建构详细完善的住宅数据库、增设政府咨询窗口等措施，保障多元主体的利益，形成供需主体满意度与匹配度双高的住房市场。

首先，东京市政府引入了定期租房制度以维持市场租赁供需数量和结构的均衡。日本《借地借家法》对出租人提出了严格的要求，这些要求打击了民间资本建设租赁住宅的积极性，也削弱了民间住宅拥有者将自己的持有住房投入租赁住房市场的热情。在此情况下，东京市政府主动对其展开修订，以保护各类主体的权利。

其次，东京市政府通过建立详细和完善的住宅数据库来营造市场的透明性。政府利用其公信力、社会资源、资金等方面的优势，开展详细的住宅调查，并建立详尽而客观的住宅数据库。同时，利用政府的宣传渠道将住宅数据库开放给市场。东京住宅数据库包括两类：一类是住宅建设方面的数据库，如住宅数量、类型、建设情况等，这相当于为每一栋住宅建立一份履历；另一类是和第三方机构合作，实行建筑物状况调查，包括住宅性能评价、要求住宅卖方公开住宅相关信息等。信息库建设及公开，使买卖双方或租赁双方都能够对交易的住宅有清晰的了解，这可避免因双方信息不对称造成的买卖欺诈事件以及盲目跟风和恶意炒房的现象。此外，住房数据库的建立还可提供现有住房结构、东京市民家庭结构等其他信息，可让市场根据这些海量信息自发供给与需求相适应的户型，这可调节因供需严重失衡造成的价格波动，实现对受影响利益主体的权利保护。

最后，东京市政府通过增设一系列的政府咨询窗口为买卖双方提供法律、市场、管理、维护等方面的咨询，进一步促进买卖双方的互信，消除双方顾虑。同时，政府还与民间的保险机构合作提供一些保险产品，如针对房东权益的房租不支付险、针对买方权益的房屋瑕疵保险，让买卖双方在遇到市场问题时能够保障自己的权益，以激发住房市场买卖双方的交易热情。

第五节 东京租赁住区规划设计案例——赤羽台住宅区

一、赤羽台住宅区简介

1. 历史及区位

赤羽台住宅区是由日本住宅公团（现UR都市机构）从1959年开始建设并于1962年正式投入使用的一处住宅区，位于东京都北区距离赤羽台电车站步行5~8min的高地上，现今从赤羽台电车站乘电车到东京车站只需18min。小区占地约20hm²，住房户数达到了3373户，且全部为租赁住宅，由47栋五层建筑和8栋七层建筑组成，属于中高层住宅区（表11-3）。其

东京赤羽台住区的相关技术经济指标（2020年） 表11-3

序号	指标名称		单位	数值	备注
1	总用地面积		m²	45430	改造前约为20hm²
2	总建筑面积		m²	103620	—
3	户数		户	1343	
	其中	高层	栋	7	改建前为3373户，47栋5层和8栋7层；改造后5栋10层，9层、12层各1栋
		多层	栋	0	
		低层	栋	0	
4	容积率		—	2.3	改造前约为0.7
5	建筑密度		%	41.7	—

资料来源：作者在篠原聡子的《赤羽台団地の共用空間と居住者ネットワーク》一文基础上整理绘制

面向的群体是中等收入群体，不同于面向低收入群体的保障性住房。由于房屋的老旧化等，2000年开始，UR都市机构对该住宅区进行了改造，于2010年全部改造完成，改造后的小区与原小区虽然有一定的连续性和继承关系，但是由于基本上是将原有的建筑全部拆除后重建，特色并不明显（图11-11）。因而本节将主要介绍改造前的住宅区，并着重介绍其在日本大力发展公共租赁住宅时的创新规划设计思维，这在当时具有一定的典型性。

2. 改造后赤羽台住宅区生活配套服务概况

赤羽台住宅区建成时，虽然处于靠近东京中心的位置，但是由于东京当时还没有进入快速发展时期，其周围的配套设施相对缺乏。为此，该住区在社区内部增加配套服务设施以解决居住人群日常生活便利的需求。当时，该社区主要依靠社区内设有的商店、医疗等生活配套服务设施为居民提供日常生活服务。现今，随着东京的发展，住宅区周围的生活配套服务设施相对充足，在小区15min步行圈内有多所幼儿园和中小学等教育设施、便利店和超市等基本生活设施与医院等，同时赤羽台车站也在步行圈内。这也从侧面反映无论是在周边配套不足时，还是在城市现代化发展周边配套充足时，即使是低收入人群集聚的租赁住房，东京的住房政策及规划设计也会确保居民的日常生活服务需求得到满足。居民日常生活服务需求得到满足，低收入住区与高收入住区的贫困隔离也会弱化，因收入产生的空间极化现象也得到缓解。

二、改造前赤羽台住宅区规划及公共空间营造

1. 规划原则及成果

赤羽台住宅区所在地块原来是陆军服装工厂，属于国有土地，同时因在地理区位上靠近东京都中心地区，因此在建设之初，日本中央政府和东京市政府都提出了将该处作为未来城市居住模式的范例进行建设。具体而言，在当时普遍的独栋住宅和低容积率住宅开发模式下，赤羽台住宅区的容积率就超过了0.7，而当时在郊外建设的其他住宅区的容积率普遍只有0.4~0.5。此外，与当时日本住宅公团开发的住区定位不同，赤羽台住宅区以探索都市型住宅的姿态积极应对多元化群体的多样化需求。当时日本住宅公团开发的1000套以上规模的住宅区主要在郊区，且面向的对象主要是家庭户，户型相对单一，居住人群构成也较为单一。但是赤羽台住宅区的户型从1K（约25m²）到4DK（约75m²），面向的居住对象包括单身、夫妇家庭、多世代家庭等多样的租客类型，同时考虑到户型的灵活性，还使用了预制混凝土板材料，使得2DK的户型可以转换为3DK（图11-12）。

这些规划设计理念使得赤羽台住宅区成为一个多样混合的社区，而从更宏观的角度来看，赤羽台住宅区的设计想法并不只是单纯地停留在空间设计上，而

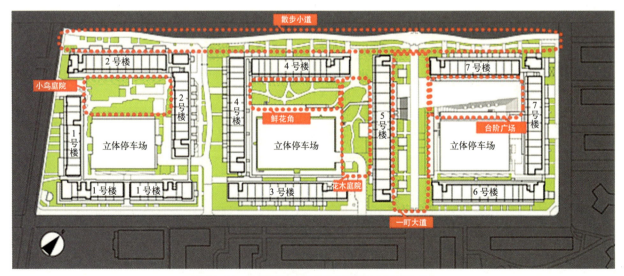

图11-11　改造后的赤羽台住宅区平面（2020年）
资料来源：底图来源于https://www.ur-net.go.jp/index.html，作者增绘

1 K	1 DK	2 K	3 DK	4 DK
15.5m²	28.1~34.4m²	38.5m²	56.3~58.0m²	68.1~68.8m²

图 11-12　赤羽台住宅多样的户型平面

注：图中为日本户型表示方式。前面的数字代表卧室数，L=living room 起居室，D=dinning room 餐厅，K=kitchen 厨房。

资料来源：作者根据篠原聪子的《赤羽台団地の共用空間と居住者ネットワーク》一文改绘

是包含了街区整体性建设规划的思路。赤羽台住区的平面布置保留了原有服装厂内质量较好的道路，并没有采取当时主流的朝南平行布置手法，而是沿原有道路与正南方向成45°并且与垂直方向的住宅楼围合，形成庭院型住宅楼。第二次世界大战后日本住宅区规划中对采光和个人隐私的重视占据着首要位置，住宅楼的朝南平行布置被当作普遍模式得到大量运用，而赤羽台住区却根据场地的历史和现状摒弃了常规设计模式，创造了一种新的住宅区平面布置（图11-13）。

现在的赤羽台住宅区附近有多条电车线和地铁线通过，并且周边有许多商业设施，但是刚建成时的赤羽台住宅区周围并没有能够支撑起3373户居民日常生活需求的城市设施，这使得赤羽台住宅区与当时大量的郊外住宅区一样，亟待完善住宅的街区功能。为了解决这些需求，高层围合型住宅楼（50~53号楼）的底层全都规划建设了非住宅类空间，将其作为由公共设施和商铺等构成的住区中心，集合了零售店、超市、诊所、银行、邮局和集会所等设施。这些设施不仅考虑到了本社区自己的需求，还将同一时期开始建设的相邻住宅区的需求也纳入考虑范围。这样的底层商业的布置使得50号楼前的街道成了住宅区的主街，而21号楼则成了主街的视觉终点。

当时日本住宅公团的住宅区设计手法主要分为"自然派"和"几何学派"。"几何学派"强调平面和空间造型，将住宅楼沿着正交轴布置，通过人造的墙面去围合空间，使人能够感受到强烈的空间围合感。同时，在这种划分明确的空间中植入多样化的功能、汇集大量人流，就如同在住宅区中实现了城市空间的营造一样。将购物中心、游乐场等尽可能设置在一起的赤羽台住宅区就是这种设计手法的代表作品之一。

但是这样的设计手法也存在巨大的缺陷，像赤羽台住宅区这样通过设计形成的空间是极其人工化的空间，与经过时间积累而自然形成的街区有着巨大的区别。从1962年2月开始募集入住者到1964年10月，赤羽台住宅区在短短的2年8个月的时间内就收纳了3373户、超过7000人以上的住户，虽然配套设施能够满足日常生活需求，但是住户均由抽签产生，他们之间的相互关系是设计师难以设计和预测的。就户型设计来说，公私分离、食寝分离等手法已经很成熟，但是对大规模住宅区中的公共空间规划缺乏实践经验，而这些公共空间对形成住户社交网络和将居住区从单纯的集合空间转变为生活空间有着重要作用。

图 11-13　赤羽台住宅区平面

资料来源：作者根据篠原聪子的《赤羽台団地の共用空間と居住者ネットワーク》一文改绘

2. 赤羽台住宅区中的公共空间与居民社交网络

赤羽台住宅区中的公共空间中与社交网络有密切关系的有三个，即集会所、牛奶中心、中庭，分别是点、线、面类公共空间的代表，其中以集会所最为突出。如果把赤羽台住宅区的高容积率和高混合性看作是放弃传统的独栋住宅居住形式而采用符合时代发展的高密度、高容积率式的集合住宅形式，那么由这些公共空间所营建的居民社交网络，则是对日本传统人情社会的一种保留和继承。具体而言，集会所或集会室是大规模住宅区中最普遍的公共设施，在赤羽台住宅区中也不例外。但是与其他公共空间不同，如多层住宅的通道和楼梯有交通功能，住宅楼之间的空间有采光和通风及保护隐私的功能，每五六栋住宅楼组成的小街区就会有儿童公园等供孩子游玩的场所和街区中心，集会所虽然在名称上是以"集会"为目的展开设计，但由于当时对"集会"这一行为模式的研究和实践并不充分，实际上并没有明确的功能。当时人们的"集会"活动非常多样，正是因为多样而又缺乏足够的研究与行为边界界定，让这一功能的具体设计显得无从下手，只能将集会所设计成可以容纳多种功能的弹性空间。当时的"集会"活动覆盖红白喜事，从住宅区运营的会议到文化兴趣小组的活动，幼儿教室等，并且在不同的住宅区，"集会"的活动也会有所不同。

在日本传统住宅中，由于社交集会的空间或大或小都会在住宅中占有一席之地。而住宅区中出现的集会所或集会室可以看作将传统住宅内用于"集会"的社会功能空间从住户中分离出来的产物，如在集会室举行葬礼就是住户内部"集会"外部化的体现。除此之外，集会所也是一种对住宅区内城市功能的补足。例如，与当时其他住宅区相比，赤羽台住宅区的租金较高，因为双职家庭较多，幼儿的保育需求相对比较突出。因此，1963~1987年，住宅区自治会将集会室作为幼儿教室，用来解决该时期学龄前儿童较多而周边幼儿园和托儿所不足的问题，这些幼儿教室的老师都是有老师或者保姆资格的赤羽台住宅区住户，可以说是完全由居民自主组织的解决措施。

另外，由于日本传统的居住模式是独栋住宅，因此在集合住宅这种集约的居住模式下会出现很多意想不到且无法回避的问题，如高密闭性的混凝土住宅在冬天采暖期的结露问题，这在传统居住模式下是不会出现的。为了应对这些预想之外的问题，居民自发成立了一个组织，一方面向住宅公团施加压力，另一方面也尽量自主努力寻求问题的解决，而集会所这类公共空间的存在，对居民组织的活动开展和延续有着巨大作用。除了居民组织外，集会所也是一些老年人兴趣小组的活动场所。可以说集会所是赤羽台住宅区内重要的社交据点，联系着一系列的团体，对于居民的社交网络建设有着巨大帮助。

由于日本当时的生活习惯，牛奶成了每家每户的日常必需品，因此由居民自己利用公共空间在51号楼下设置了暂时存放牛奶的牛奶中心，在立面上除了设置可暂时保存牛奶的冰箱外，还有一些办公桌和用于集会的小桌。赤羽台居民自治会在成立时，曾向住宅公团申请专用的办公室，但是被拒绝了，因而就利用牛奶中心作为办公地点。由50~53号楼围合而成的中庭对于赤羽台住宅区的社会交往意义也非常重大。一方面是作为幼儿教室的操场，另一方面也是每年一次的夏日庆典的会场，是一处受到居民青睐的公共活动场地。

正是牛奶中心的"点"、集会所的"线"和中庭的"面"共同构成了赤羽台的居民社交网络的三个核心并且层层递进，将周边的小学等也纳入了社交网络之中，极大地促进了邻里交往与低收入住区的"社会融合"，这与当前混凝土分隔的一户户缺乏人情味的住宅不同。第二次世界大战后的日本，在既有街区内的社交网络逐渐衰退的情况下，赤羽台这样的人工空间却能成功建立起居民社交网络。由一个抽象的居住区，转变为充满人情味的生活空间，这一成就离不开其住宅区空间的规划设计。同时，作为公共租赁住宅区，其在特殊时期创造性增加配套服务供给的做法值得学习。我国保障性住房选址相对偏远，周边配套设施不足，但就某一处保障房选址而言，在外部配套环境不能改变的情况下，如何通过内部地块的规划设计改善居住环境与交往空间，需要更多的规划师、建筑师发挥想象力，以创新和突破性的思维去为低收入群体谋福利。

第六节　东京租赁住房发展对我国大城市的启示

当前我国大城市房价高企，保障性住房的居住环境普遍较差。我国部分大城市提出的"减量规划""容积率控制""疏解人口"等土地严控政策并没有达到调控房价、提升市民居住质量的目标。相反，地下室、群租房等居住环境差、居住安全得不到保障的场所屡禁不止。东京在持续吸引外来人口集聚的同时，采取了协同住房与租房市场，联动土地、金融、税收、权利保障等要素，以多元化的租房供应体系与多层次的租金价格匹配不同寻租人租赁需求的均衡化发展模式。这种模式为我国大城市从租赁住房供给端调控高房价，匹配"新市民"等弱势群体的居住需求，削弱公共租赁住房的"社会隔离"等问题的解决提供了思路和借鉴。

一是东京始终以住房可支付性为目标保障中低收入群体的"居住权"。东京在第二次世界大战后住房建设阶段，规模化增加公共租赁住房数量的同时，同步推进公团住宅发展，为中等收入群体提供住房保障。这为我国大城市公共租赁提供了借鉴。我国大城市公共租赁主要是公租房、廉租房等保障性住房，但主要面向户籍人群，而对"新市民"中的无户籍低收入者缺少保障。而大量的低价市场化租房房源位于"城中村"、群租房等中。此外，东京市政府引导企业推进的给予住宅，在房地产下行期也发挥着对房价的抑制作用。东京住房市场上给予住宅、都市再生机构与公社提供的租赁住宅在数量规模上略小于公营租赁住宅。因此，我国大城市应加快出台相关引入社会资本发展面向中低收入群体的可支付性住房政策。

二是东京在人口大量涌入时期放松规划限制，合理引导居住用地容积率提升，这为我国大城市从土地开发模式上增加住房供给提供了经验借鉴。我国大城市应优化居住用地与工业用地结构比例，适当放松特定区位空间内居住用地开发及容积率控制。此外，对于特定类型住宅，应放松规划建设标准的限制，以保障有住房需求群体的基本住房需要为目标，通过规划手段的放松适当刺激市场，增加社会资本参与可支付性住房建设的积极性，以推进市场实现供求自平衡为目标，最终实现不同收入群体的供需均衡。

三是强化租赁住宅建造品质及管理运营维护能力。房屋漏水、外墙面脱落、隔声效果差等建设问题，户型设计的功能适应性、无障碍设计以及周边配套等规划设计问题，社区管理与物业管理滞后等社区治理问题，既无法满足低收入群体的基本生活需求，又加深了其与商品房住宅的"居住隔离"。此外，在市场化租赁住房市场中，参差不齐的中介机构也暴露出从业门槛低与市场约束不足等诸多问题。就东京的经验而言，我国现阶段一方面缺乏面向公共租赁和市场化租赁的质量认证与管理维护机制，另一方面缺乏对市场租赁的从业准入与运营监管机制。未来应建立租赁住房的建设与管理维护标准，提供面向不同租赁需求群体的差异化和适应性的租赁住宅。同时，建立市场化租赁住房从业准入与监督管理制度，真正释放出市场租赁的活力。

参考文献

东京都政府，2018. 東京都プロフィール（都政2018）[R/OL]. [2019-11-28]. http://www.metro.tokyo.jp/tosei/tokyoto/profile/tosei2018.html.

东京都市整备局，2019a. 土地利用現況調査（2017）[R/OL]. [2019-11-28]. http://www.toshiseibi.metro.tokyo.jp/seisaku/tochi_c/index.html.

东京都市整备局，2010. 東京における市街地整備の実施方針 [R/OL]. [2019-11-28]. http://www.toshiseibi.metro.tokyo.jp/bosai/tokyoseibi.html.

东京都市整备局，2017. 東京土地の利用2016.（土地関係資料集）[R/OL]. [2022-01-22]. https://www.toshiseibi.metro.tokyo.lg.jp/seisaku/tochi_c/pdf/tochi_5/tochi_all.pdf.

东京都市整备局，2018. 東京の土地2017（土地関係資料集）[R/OL]. [2022-01-22]. https://www.toshiseibi.metro.tokyo.lg.jp/seisaku/tochi/tochi_2017data.html.

东京都市整备局，2019b. 東京の土地2018（土地関係資料集）[R/OL]. [2022-01-22]. https://www.toshiseibi.metro.tokyo.lg.jp/seisaku/tochi/shiryo2018.html.

东京都住宅政策本部，2017. 東京都住宅マスタープラン 2016-2025[R/OL]. [2019-11-28]. https://www.juutakuseisaku.metro.tokyo.lg.jp/juutaku_kcs/843master.htm.

公益财团法人东日本不动产流通机构，2019. 首都圏の建壳住宅市場動向 [R/OL]. [2019-11-28]. http://www.reins.or.jp/library/#trend.

公益财团法人东日本不动产流通机构，2019. 首都圏賃貸居住用物件の取引動向 [R/OL]. [2019-11-28]. http://www.reins.or.jp/library/#trend.

日本国土交通省，2018. 平成30年地价公示（2018年1月1日）[R/OL]. [2022-01-22]. https://www.mlit.go.jp/totikensangyo/H30kouji_index.html.

篠原聡子，2011. 赤羽台団地の共用空間と居住者ネットワーク [J]. 历史民俗博物馆研究报告，171：65-81.

董晓颐，2018. 适应多元居住需求的住房规划管理体系——日本住房制度变迁的启示 [J]. 国际城市规划（6）：1-12.

和讯网，2015. 日本住房市场及制度 [EB/OL]. [2019-11-28]. http://haiwai.hexun.com/2015-04-23/175235265.html.

唐露园，何丹，2017. 日本东京住宅建设政策对中国大城市的启示 [J]. 上海房地（2）：53-56.

汤婷婷，2019. 国际大都市推进住房发展规划的经验做法 [J]. 上海房地（10）：51-54.

闫玉强，2019. 东京住房租赁体系发展研究 [J]. 上海房地产（11）：48-52.

周建高，2013. 日本公共住宅政策刍论 [J]. 南开日本研究（2）：178-189.

政府统计窗口 e-stat 官网. 相关数据表格 [EB/OL]. [2019-11-28]. https://www.e-stat.go.jp/.

总务省，2018. 平成30年住宅·土地统计调查 [R/OL]. [2022-01-22]. https://www.stat.go.jp/data/jyutaku/index.html.

第十二章
"居者难有其屋"：
香港公屋政策的得失与启示

香港是一座具有特殊历史背景的城市，第二次世界大战后迎来经济腾飞的良机，并迅速跻身国际大都市行列。在快速发展过程中也经历了"上楼难"的住房问题，为了实现"居者有其屋"的目标，从20世纪50年代开始，香港政府开始探索并逐渐形成了一套以公营房屋（简称"公屋"）为核心的保障性住房体系。历经六十多年的发展，香港的公屋政策取得了显著的成效和丰富的经验，我国内地一些城市保障性住房的建设也借鉴了公屋经验。然而，时至今日，香港仍未真正实现"居者有其屋"，住房问题及其衍生的"社会隔离"、城市贫困等矛盾却愈发严重，值得反思。本章将深入研究香港公屋政策的缘起、发展演变及实施成效，从中总结出香港公屋政策的成功与不足之处，为内地大城市住房政策的制定提供启示与借鉴。

第一节 香港概况

一、基本情况

香港（Hong Kong），全称为中华人民共和国香港特别行政区，位于我国珠江口以东，西与澳门特别行政区隔海相望，北与深圳市接壤，南临珠海市万山群岛，下辖香港岛、九龙、新界以及周围的262个岛屿，划分为18个区，陆地总面积约1106.7km²。地形以丘陵为主，平地较少，约有两成土地属于低地，主要集中在新界北部、九龙半岛及香港岛北部。截至2019年末，香港总人口约752.41万，其中常住居民731.01万人，流动居民21.4万人❶。

二、简要发展历程

1840年之前，香港只是广东省宝安县的一个小渔村；1841年被美国强占，1842~1997年，香港都处于英国殖民统治之下。第二次世界大战后，香港经济的迅猛发展使其在20世纪80年代成为"亚洲四小龙"之一。1997年7月1日，香港回归中国，实行"一国两制""港人治港"，享有独立立法、司法、行政权，保持自由市场资本主义经济体系不变。特殊的历史背景和政治制度让香港成为中西文化交融的纽带，香港已经成长为全球第三大金融中心，重要的国际金融、贸易、航运中心和国际创新科技中心，也是全球最自由经济体和最具竞争力城市之一。

三、超高密度人居环境

超高的人口密度、紧缺的建设用地和特殊的历史制度背景使香港成为世界上人口密度最高、居住密度最高的城市之一。截至2018年末，香港已建设土地面积占总土地面积的比例仅为24.4%，而规划住宅用地面积仅占总土地面积的6.9%。2018年，香港平均人口密度达到6700人/km²。同时，香港人口分布并不均匀，近一半的人口分布在位于东南部、面积仅占整个香港面积十分之一的香港岛和九龙地区，人口密度最高的九龙观塘区达到惊人的每平方公里六万多人（表12-1），并且人口密度还在持续提高（图12-1）。超高密度的人居环境给香港的住房市场带来巨大压力，很大程度上催生并影响了香港公屋制度的产生、演变和发展轨迹。

香港按地区划分的人口密度（人/km²）　表12-1

地区	2013年	2017年	2018年
香港岛	15990	15620	15670
九龙	46010	48060	48250
新界及离岛	3930	4070	4110
人口密度最高的分区	57120（观塘区）	59400（观塘区）	60560（观塘区）

资料来源：香港特别行政区政府人口统计处，https://www.statistics.gov.hk/hk_in_figures/popu/popu5c.xlsx

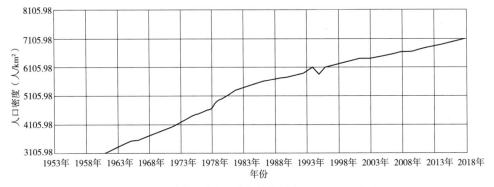

图12-1　香港平均人口密度折线图（1953~2018年）
资料来源：快易理财网，香港历年人口密度，https://www.kuaiyilicai.com/stats/global/yearly_per_country/g_population_density/hkg.html

---

❶ 数据来源于香港特别行政区政府统计处。"常住居民"是指在统计时间点前后6个月内在香港逗留时间3个月以上的香港永久性居民和在统计时间身在香港的香港非永久性居民；若统计时间点前后逗留时间多于1个月但少于3个月，则被定义为"流动居民"。

第二节 香港住房与公屋市场的历史演变

一、房地产市场发展演变

地产业是香港经济最重要的产业之一，具有悠久的历史。1841 年香港被英国强占后，在空白基础上仿照英国建立了地产制度，由此开启了近现代香港地产发展的历史。香港的地权制度和土地批租制度在这一阶段逐渐确立，即政府划定土地后，以招标或拍卖的方式，将土地按不同期限（999 年和 75 年等）租给资本家。从香港开埠直到第二次世界大战前的百年内，香港地产业基本上依附建造业发展，主要经营方式是置业收租，相当于现在的地产投资而非买卖。

第二次世界大战后，香港开始战后经济复苏，大批人口涌入香港，给受到严重损毁的香港带来巨大的住房压力，导致"房荒"，"房荒"使得房价、租金、地价急剧攀升（冯邦彦，2007），普通大众居住条件极其恶劣。据统计，1956~1957 年，37% 私人住房人均面积不足 15ft^2（约 1.7m^2）（冯邦彦，2007）。在此背景下，巨大的住房需求推动了香港现代地产业迅速发展，地产商"分层销售、分期付款"的崭新经营方式使普通大众也加入了购房行列，并在 20 世纪 60 年代迎来了地产业的繁荣；另外，由于房价居高不下、房源不足、大众居住条件恶劣，为了解决这一重要民生问题，香港政府从 1953 年开始着手建设保障性住房——"公屋"，积极干预住房市场。至此，香港住房市场正式形成公营房屋（简称公屋）与私营住宅并存的局面。

从 20 世纪 60 年代末至 80 年代初，香港地产行业两度起落循环，大约以 8~9 年为一周期，并且在 80 年代初炒楼风盛极一时。1997 年香港回归祖国后，当年的亚洲金融危机和 2008 的全球金融危机都使香港经济受到巨大冲击，房价暴跌，对商品房市场和公屋市场都产生了严重影响。而后，香港特区政府采取了一系列稳定、刺激房地产市场的政策，房地产市场早已从金融危机中恢复，房价已经报复性反弹至历史最高点，地价、房价的飞速上涨已经远超市民承受能力，2019 年香港房价收入比高达 20.9，已经连续第九年位居全球房价收入比的榜首。时至今日，香港的政治经济已经被房地产高度"绑架"，一方面长期高度依赖房地产行业带动经济发展，另外，特区政府的财政收入更是严重依靠卖地和与房地产有关的收入来维持，导致住房问题长期得不到有效解决，反而愈演愈烈，由此引发的社会矛盾也越来越大。

二、香港公屋发展历程

从 1953 年公屋首次被建设以来，其发展已经走过了六十多年的历程。期间，政府为了应对不同时期的发展背景和住房需求，出台了众多公屋政策，根据这些政策的时代性和重要性，可以划分为"徙置大厦""十年建房""长远房屋策略 1.0""八万五计划"和"长远房屋策略 2.0"五个重要阶段。

1. "徙置大厦"阶段（20 世纪 50~70 年代）

由于特殊的地缘政治形势，二战以及随后的国内解放战争引发大量内地难民流向香港，致使香港人口激增，"房荒"使得香港房价、租金、地价急剧攀升，不仅市区内旧楼挤满了内地移民和香港人，市区边缘也逐渐被"违法搭建"的寮屋❶所占据，寮屋的居住条件较为恶劣。但港英政府对住房问题一直实施不干预政策，放任市场自由发展。直到 1953 年圣诞夜深水埗石硖尾寮屋区发生大火，导致 5.3 万名灾民无家可归，港英政府为了社会稳定被迫启动"徙置计划"（Resettlement Programme），兴建 7 层楼的徙置大厦安置灾民，拉开了政府干预住房市场的序幕。此后的 20 年间，政府又在港岛及九龙各处陆续兴建徙置区以吸引居所简陋、卫生环境较差的寮屋区居民入住，共建成 500 多幢徙置大厦，为超过 100 万人提供了居所（魏成 等，2016）。1973 年后，阶段性的"徙置大厦"计划终止（图 12-2）。

2. "十年建房"阶段（20 世纪 70~80 年代）

经过近 30 年的快速发展，随着人均收入的提高，居民要求改善老旧、拥挤、品质低下居住环境的呼声越来越强烈，港英政府也逐渐意识到改善民生、缓和社会矛盾对政局稳定和经济增长的重要性（魏成

---

❶ 寮屋区：第二次世界大战后香港"房荒"爆发时，非法占地而建的简陋临时居所，多以铁皮及木板等搭建而成，故又俗称铁皮屋、木屋。

图 12-2 寮屋区（上）与徙置大厦（下）
资料来源：http://www.sohu.com/a/281235484_281586

图 12-3 香港最早批次的公屋之一——彩虹邨

等，2016）。1972 年，时任港督麦理浩推出"十年建房"计划（Ten-Year Housing Programme，TYHP），即在 1973~1982 年的 10 年内，为 180 万香港居民提供设备齐全、有合理居住环境的公共房屋单位。为推进 TYHP，港英政府于 1973 年成立了房屋委员会，以全面统筹香港的公营房屋建设和发展。1976 年，又提出"居者有其屋"计划❶（Home Ownership Scheme，HOS），资助公屋居民、中低收入阶层群体自置居所，居屋内设施相对比较完善，质量可与私人住宅媲美，居屋由房屋委员会选址、设计、开发，并以成本价出售给低收入者。10 年间修建了 22 万多套公共住宅，100 多万人从中受益（曾垂兰，2008），对于改善香港的居住条件产生了重要的促进作用（图 12-3）。

3. "长远房屋策略 1.0"阶段（20 世纪 80 年代至香港回归）

经过"徙置大厦"计划、"十年建房"计划和"居者有其屋"计划，至 20 世纪 80 年代中期，港英政府下设的房屋委员会已拥有当时世界上最大量的公共住房，超过 240 万人居住在公营房屋，占全港人口的 45%（李思名 等，1987），形成了公营房屋和私营住房平分秋色的格局。但随之而来的是政府提供公共住房的巨大财政负担。为了实现公屋的可持续发展，港英政府于 1988 年推出计划至 2001 年的"长远房屋策略"，确立了房屋以私人楼宇供应为主导，政府除继续修建公屋和居屋外，其政策扶持方式从供给面转向需求面，即通过提供优惠贷款协助市民在私人市场自置居所，作为长远解决房屋问题的方法，逐步减轻政府提供公共住房的负担（魏成 等，2016）。同时，政府从房屋委员会中撤出，主席由政府委任的非官方人士担任，吸引更多私人资本进驻公共住房市场。期间，大量公屋租户通过居屋计划等成为业主，房屋委员会得以收回腾出的"公租房"，重新安排给最需要的居民，公屋市场进入一种良性的发展阶段。

4. "八万五计划"阶段（1997 年香港回归至 21 世纪初）

香港回归之后，特区政府继续强势干预住房市场，在检讨"长远房屋策略"的基础上，发表了《建屋安民、迈向 21 世纪：香港长远房屋策略白皮书》❷，重点提

---

❶ 1976 年，港英政府出台了"居者有其屋"计划，资助公屋居民、中低收入阶层群体自置居所，居屋内设施相对比较完善，质量可与私人住宅媲美。1978 年，为了加快居屋建造的速度，政府推行了"私人机构参建居屋计划"，以投标方式将土地卖给私人开发商，让开发商按照政府规定进行建造工作。

❷ 白皮书重申香港公营房屋的目标是帮助所有家庭入住合适和可以负担的住房，以及鼓励市民自置居所。承诺的目标包括：①每年兴建不少于 85000 个公营及私营住宅单位（俗称"八万五计划"）；②在 2007 年或之前提升自置居所家庭的比率至 70%；③在 2005 年或之前把轮候公屋的平均时间由 6 年半缩短至 3 年。

出了"八万五计划"❶，同时房屋委员会还顺势推出"租者置其屋计划"，这些政策受到民众的普遍认可。然而，1997年亚洲金融危机使香港经济受到巨大冲击，房价暴跌，部分私人住宅的价格甚至与公屋相同，市民转而购买私宅反而导致公屋的认购率大幅下降（魏成等，2016）。为了阻止房价进一步下滑，稳定房地产市场，时任房屋规划地政局局长孙明扬于2002年11月发表《有关房屋政策的声明》❷。至此，政府被迫宣布退出作为住房发展商的角色，特区政府在公共房屋供给上由直接提供实物变为辅助者，这预示着香港自20世纪70年代起所形成的在公屋供给上扮演积极干预角色的瓦解（冯邦彦，2007）。"八万五计划""租者置其屋计划"等政策最终于2002年宣告终止。自此以后，特区政府长期以市场主导为借口，除停止居屋建造外，还大幅度减少出租公屋的供应；并以"勾地表"制度，让地产开发商主导土地一级市场，从而减慢建屋速度，达到稳定乃至重振房价的效果（李思名，2014）。

5."长远房屋策略2.0"阶段（2010年至今）

2008年金融危机后，"量化宽松"等一系列金融政策助推香港房地产市场逐渐恢复活力，房价迅速开启上涨通道，并一路超过了1997年的峰值，激涨到全球最高水平。再加上前一阶段"八万五计划"等一系列公屋政策的暂停实施，公屋供给数量大幅下降，居民买不起房、居住条件无法改善等情况更加严峻。2014年，特区政府重新发布"长远房屋策略"，计划10年内兴建48万套住宅，其中60%为公屋。2015年提出"绿表置居计划"❸。2019年《施政报告》中，特区政府行政长官林郑月娥提出："我在这里订立一个清晰目标：我们要让每一个香港人和他的家人，不再需要为住屋问题煞费思量，都将可以在香港这个我们共同拥有的城市里面，建立一个属于自己的家。"她下一步的长远目标是将香港公屋与私人住宅比例从现在的60∶40提高至70∶30，兴建更多公屋增加供给量。可见，未来特区政府将在公屋上采取更多干预手段，以适应不断变化的社会经济环境❹。

从上述公屋发展的五个阶段来看，前三阶段公屋政策在解决中低收入者住房问题方面发挥了重要作用，取得了显著成效，香港也因此一度被誉为解决中低收入人群住房问题的成功典范。但是1997年回归后，因为两次金融危机导致公屋政策中断，发展一度停滞，住房矛盾变得更加尖锐，这也引发了各界人士对香港房地产市场、公屋市场的深刻思考，香港甚至开始被诟病为解决住房问题最差的城市之一。尽管当前问题重重，但总体来看，六十多年来，公屋形态和居住品质不断提高，从最开始简陋、设施不全的"徙置大厦"，到设备齐全、环境优良的"公屋"，再到能与私宅相比的"居屋"；公屋面向的人群也逐步扩展，从最初"徙置大厦"只面向灾民提供，到公屋面向有条件的中低收入者，再到面向"夹心层"的"夹屋"❺等。政府对公屋政策的态度也随着经济社会背景、住房供需、公私住房市场博弈、政府市场关系等因素的变化而变化，经历了从"被迫干预"到"积极干预"，到"消极干预"，再到"重新走向积极干预"的过程。

---

❶ 每年兴建不少于85000个公营及私营住宅单位，俗称"八万五计划"。
❷ 《有关房屋政策的声明》主要内容包括以下几个方面：其一，政府尽量减少干预物业市场。其二，政府停止定期卖地，往后只有从政府公布的土地名册中成功勾出的地块才会拿出来拍卖（即"勾地表"制度）；同时，政府将统筹地铁和九铁公司（九铁公司其后并入地铁公司；后者改名香港铁路有限公司）土地招标的规模和步伐，以降低对私人物业市场的冲击。其三，撤回70%住房自置率的承诺。其四，无限期中止"居者有其屋"计划以及其他政府的自置居所资助计划。
❸ 绿表置居计划：房屋委员会选择合适的正在兴建的公屋项目，以先导计划形式出售给绿表申请者。绿表申请者即公屋申请者，由于申请表是绿色的，故称"绿表"。
❹ 在2015年《施政报告》的建议下，香港房屋委员会选择合适的正在兴建的公屋项目，以先导计划形式出售给绿表申请者，定价比传统居屋低廉。该项计划有助于绿表申请者自置居所，并借此腾出更多公屋单位以编配给轮候公屋者。2016年10月，房屋委员会选取了位于新蒲岗的公屋发展项目景泰苑作为首批绿表置居先导计划（简称"绿置居"）项目，提供共857个单位预售，而所有单位于2017年2月已经全部售出。随后，2018年1月底，房屋委员会通过恒常化绿置居计划的提案，新一批绿置居约有545个单位，2018年底预售且只接纳绿表申请者购买。2018年，通过绿置居计划已经售出约2500个单位。
❺ 夹屋：香港政府针对"夹心层"建设的补贴性住房。"夹心层"指既不符合买保障性住房条件也无力购买商品房，处于市场和政府保障之间的一类居民群体。

第三节 香港公屋发展建设概况

一、公屋概况

香港公营房屋按照租售性质可以分为公营租住房屋和公营资助出售房屋两大类,其中公营租住房屋又包括廉租房(高补贴、低租金)和公共租屋(按照工程成本和居民收入定租金),公营资助出售房屋主要是按成本价出售、低首付、免利息的居屋和"夹屋"。其中,"夹屋"是专门面向"夹心层"提供的住房,"居屋"是香港政府"居者有其屋"计划中得到香港政府出资建设的住房,旨在资助香港居民置业,比房地产市场上私人地产商开发的商品房便宜很多。面对香港高昂的房价和租金水平,这一制度一定程度上解决了社会不同收入阶层的住房问题——家庭经济收入属于中低阶层的市民依靠公屋政策得以安身,富裕阶层则市场购买或租住私人地产商开发的楼宇。

截至2019年,据特区政府统计处数据,香港共有住宅285.3万套,其中公屋124.9万套(占比为43.8%),供出租的公屋占比为29.1%,出售给个人的公屋占比14.7%(图12-4、表12-2)。在人口方面,约有44.9%的市民居住在政府兴建的公屋内,政府为约213万低收入市民(在总人口数中的占比为29.1%)提供了租金低廉的公营租住房屋(表12-3)。在公屋租金方面,公屋租金一般由房屋委员会制定,维持在可负担水平。至2018年9月底,公屋租金介于每月380~5159港元,平均月租约为2070港元,相对低廉。可见,无论是数量、居住人口,还是租金可负担性,公屋在香港住房市场中都占据重要地位,更是城市中

图12-4 香港公营(租住、出售)、私营房屋数量比例
资料来源:作者自绘,数据来源于香港特别行政区政府统计处,房屋统计数字2019, https://www.thb.gov.hk/tc/psp/publications/housing/HIF2019.pdf

按永久性房屋类别划分的单位数目分布 表12-2

	屋宇单位类型	数目(单位:万)	占比
公营房屋	公营租住房屋单位(廉租房、公共租屋等)	83	29.1%
	公营资助出售单位(居屋、夹屋等)	41.9	14.7%
	私人永久性屋宇单位	160.4	56.2%
	总计	285.3	100%

资料来源:同图12-4.

按房屋类型划分的人口数目分布 表12-3

	房屋类型	人口	
		人数	占比
公营房屋	公营租住房屋(廉租房、公共租屋等)	2131553	29.1%
	公营资助自置居所房屋(居屋、夹屋等)	1161166	15.8%
	私人永久性房屋	3901743	53.2%
	非住宅用房屋	87526	1.2%
	临时房屋	54597	0.7%
	总计	7336585	100%

资料来源:同图12-4.

低收入者住房保障的核心。据香港房屋署的数据，目前香港公屋数量仍然处于供不应求的局面，每年的落成量不足5万个单位（2018年为4.6万个单位），需求数量却是落成量的2倍以上，缺口巨大，并且一般市民从申请公屋到获取资格的平均轮候时间长达5.4年。

二、公屋政策涉及的机构及其职责

制定并推行房屋政策的4个主要公共机构是房屋局、房屋委员会、房屋署、房屋协会（赵进，2010）。公营房屋计划的整个运作流程大概由这4个机构把控：房屋局负责策划和协调各部门的工作，属于政府机构，以贯彻政府施政方针为主要目标。房屋委员会于1973年建立的时候是政府下属部门，但从20世纪80年代起房屋委员会改组后，则成为一个社会组织，主席由政府任命的非官方人士担任，但不由政府管辖，财政自主。发展至今，房屋委员会已成为香港最大的物业发展和管理机构，在公屋计划的制定、统筹中起着决定性作用。房屋署和房屋协会则属于执行部门，前者隶属于政府，后者是独立的非营利机构。在政策制定的过程中，还有多个政府机构与民间组织也参与其中。例如，规划地政局、规划署负责开发土地的规划方案，市区重建局负责旧城区的环境改善，地政总署负责不同类土地的出售，交通相关部门为工程建设提供运营和工程衔接等。

三、公屋申请资格与程序

公屋的申请程序包含房屋申请、资格审核、房屋轮候三个阶段。在申请人提交申请之后，香港房屋委员会对其家庭状况、个人资产、家庭收入等情况进行严格审查，通过申请者即进入轮候阶段。但是，由于目前公共住房的紧缺，申请者往往需要等待平均5年左右才能获取资格，在九龙、港岛等中心城区甚至要排队7~10年（陈友华 等，2012）。为了保证资源分配的公正合理，房屋委员会对公屋申请条件的规定非常详细：要求申请人必须满18岁，对所有家庭成员在港时间、关系等都有详细规定。同时，申请家庭所有资产，包括房地产、车辆、存款、投资等都需要如实申报。

第四节　公屋政策实施成效与评价

香港政府房屋政策的基本原则有三：其一，政府重点帮助没有租住私人楼宇经济能力的低收入人群；其二，政府尽量减少干预私人物业市场；其三，政府确保土地供应和基础设施建设以满足市民要求，维持公正稳定的市场环境（赵进，2010）。因此，保证市民有房住、鼓励市民买房住、保障私人住房权益是公屋政策的根本目的。从公屋发展的五个阶段来看，政府态度对公屋政策起着关键性作用，而经济社会背景、住房供需、公私住房市场博弈、政府市场关系等因素的变化也影响着政府决策，总体上政策经历了从"被迫干预"到"积极干预"，到"消极干预"，再到"重新走向积极干预"的过程。

一、"徙置大厦"阶段：被迫干预，政策成效明显

1953年石硖尾大火事件促使政府对住房市场由消极放任转向被迫干预的转变。当时，在石硖尾建造的公共房屋均为造价低廉、建造速度快、人均使用面积小且无水电供应的七层徙置大厦，有学者准确概括其为"量的提供而非质的保证"（杨汝万 等，2003）。然而，即便被批评为品质低劣、落后于当时香港生活水平，但相较于寮屋的居住条件，徙置大厦已经属于质的提升。1954年之后，九龙、港岛也大量兴建了类似的徙置大厦，此时港英政府更多考虑的是腾挪出土地用于发展建设、改善市容，而其他地区的居民仍住在条件恶劣的寮屋区，类似于内地城市的"棚户区改造"。总的来说，尽管这一阶段政府是被动干预，但"徙置大厦"计划的政策实施成效是明显的，其为超过100万人提供了居所，对缓解寮屋区频发的火灾危险、公共卫生及秩序管控意义重大。但需要指出的是，徙置大厦并不是真正意义上的公共住房，其"公共性"较为有限，最初只针对灾民开放，直到1964年才对市区居民放开入住资格。同时，居民对徙置大厦没有自由申请、转租、买卖的权限，这也意味着其产权属性并不完整。

二、"十年建房"计划与"长远房屋策略1.0"阶段：积极干预，政策成效显著

"徙置大厦"计划的成功给了港英政府巨大信心，在此后的二十多年里，其都对公屋市场保持了积极干预的政策意图。其中，1973~1982年的"十年建房"计划标志着香港公屋政策由主要安置灾民转向致力于为低收入居民提供住所，为香港公屋的架构和发展奠定了重要基础（魏成 等，2016），明确了公屋"为谁建""建成什么样"这两大核心问题。这一计划让许多居民得以购买私人房产，当时的民众因此对政府大加赞扬。港英政府还将公屋建设与新市镇建设结合起来，许多新市镇的开发计划都是由大型公屋项目拉动的，大批人口流入新界，重构了香港的人口空间分布，带动了香港区域发展。1988年"长远房屋策略"的政策重心则放在了公屋"如何建"的可持续性制度建设上，包括减轻政府财政负担，以市场化运作提高公屋建设效率，进一步完整产权属性等。总的来说，这两个阶段的公屋政策实施成效显著，香港一度成为世界上公营房屋规模最为庞大的城市，被誉为"解决城市中低收入市民居住问题的成功范例"。

但是两阶段的积极干预政策也存在一些不足：一是公屋建设量并未达标，只能算是取得局部成果。如"十年建房"计划目标是要在10年内解决180万人的住房问题，但到1982年只解决了100多万人的住房问题。二是政府部分政策出现前后不一致，导致政府公信力降低。例如，港英政府原本规定住户对居屋有完整的产权，持有5年即可转手，且不需要补地价。然而20世纪80年代房价飙升，政府为了防止居屋市场的大量投机炒房行为，修改并制定了更严格的规定：业主购买满10年，补足地价买断居屋的完整产权后，才可以将房屋放在自由市场上售卖，这导致居屋住户需要付出比原先多数倍的金钱才能获得居屋完整产权；三是政府大规模建设公屋的背后隐含着将市区人口向新界迁移的意图，但在实际建设中出了问题，在一些未能完全规划开发的新市镇，挤满了公屋和低收入人群，这些地方环境较差、公共设施缺乏，对于高收入者和投资商没有吸引力，从而形成恶性循环，最终造成香港现在的阶级分区化（陈友华 等，2012）、空间隔离、贫困锁定等问题。

三、"八万五计划"阶段：被迫消极干预，政策中断失效

"八万五计划"旨在更加强势地干预住房市场，希望一举解决住房问题。然而，1997年亚洲金融危机爆发，商品住房价格暴跌，甚至与居屋的价格相差不大，因此，与私宅市场存在重叠和冲突的一系列公屋政策都被暂时终止，包括"八万五计划""居者有其屋"计划和"长远房屋策略"等。从实施内容来看，这一时期公屋政策均是针对当时急需解决的住房问题提出的，如增加住房供给数量（公屋占60%），提高自置居所家庭比率（"租者置其屋"计划），增加居屋市场流转量（居屋第二市场）等政策。但遗憾的是，"八万五计划"时期的公屋政策实施无疑是失效的，政府为了拯救房地产市场，几乎中断了持续近50年的公屋政策。被迫消极干预的公屋政策对于恢复香港房地产市场发挥了一定的作用，但却为2008年后房价报复性反弹导致住房矛盾更加尖锐埋下了隐患。

此外，如何平衡"政府干预的公共住房市场"与"市场主导的私人住房市场"的关系成为香港住房市场的重要问题。由于香港经济社会发展高度依赖土地财政和房地产税收，房地产市场被大地产商垄断。一旦房价下跌，与公屋价格趋近，政府便只能"弃车保帅"，采取中断公屋政策以保障商品房市场的做法。因此，从这个意义上来说公屋政策已被房地产市场所绑架，也形成了香港公屋市场怪异的现象：只有在高房价情况下，才能保持商品房与公屋的价格区间，也正是这部分价格区间为公屋政策运作提供了有限的政策空间。但在高房价时代，越来越多的人能且只能选择这种住房保障。

四、"长远房屋策略2.0"阶段：重新走向积极干预，政策实施困难重重

政府公屋政策重新走向积极，归因于房价报复性反弹带来的住房问题的进一步恶化。2019年香港房价收入比高达20.9❶，已经连续第九年位居全球房价收入比的榜首。在高房价时代，政府公屋已经成为城市低收入者近乎唯一的住房选择。2014年特区政府重新发

---

❶ 数据来源于《2019年全球住房可负担性调查报告》，房价收入比＝一座城市的房价中位数/家庭年收入中位数（税前），以此来计算负担能力。

布"长远房屋策略"以来,又重启或出台了多项公屋优惠计划,包括绿表置居计划、白表居屋第二市场计划、针对年长者的优惠计划、混合发展实验计划、租金津贴实验计划、首置计划❶等,并重点关注回应了中低收入家庭的置业要求,在实施过程中不断调整以满足现实需求。然而,这一阶段的诸多政策实施成效甚微,住房问题及其衍生的"社会隔离"、城市贫困等矛盾愈发严重,甚至开始影响社会稳定。究其原因,当前香港已经进入公屋的存量优化阶段,无法像20世纪80~90年代依靠新市镇大量新建公屋来缓解供需矛盾,香港公屋政策将步入更加复杂、漫长的存量优化阶段。

第五节 香港公屋规划设计案例——沙田区硕门邨

一、硕门邨简介

硕门邨位于新界沙田新市镇(图12-5),是当前香港以TOD原则建设的代表性公屋,总用地面积约4.02hm²,容积率高达6.0,共6幢住宅大楼,总计约有5000个租住公屋单位,满足约13500居民入住需求(表12-4)。硕门邨住区前后分两期建设,一期用地面积约1.75hm²,建设有2幢40层住宅楼;二期用地面积约2.27hm²,共有4幢住宅大厦(图12-6),楼高分别为31层、38层、39层及45层,于2018年底前建设完工。硕门邨二期设计引入河畔特色与田园绿化,绿化率达到25%,与附近环境相融。

二、生活圈配套服务概况

硕门邨作为香港在新市镇地区最新建设的公屋住区,无论是住区内部还是外围生活圈配套服务方面,较香港早期建设的公屋均有非常明显的提升(图12-7)。首先,硕门邨选址开发遵从以交通站为中心发展社区的做法。小区西侧紧邻地铁石门站,周边共6个公交站,有近百条巴士线及小巴线运营,公共交通非常方便。同时,公屋内建有完善的有盖行人通道连接各设施,方便居民来往出入。其次,硕门邨内提供多项公共服务设施,包括儿童游乐区、多用途球场、篮球场、羽毛球场和乒乓球台。其次,公屋也提供小区园圃,供居民使用。再次,硕门邨周边生活设施齐全,一期邨内设有两家商店,分别为百佳超级市场及VanGO便利店。二期设有硕门商场和集市。另外,还设有自行车道,

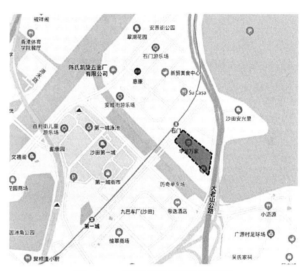

图12-5 硕门邨公屋区位示意图
资料来源:作者基于Google Earth地图整理绘制

硕门邨公屋住区相关经济技术指标		表12-4	
序号	指标名称	数值	备注
1	总用地面积	4.02hm²	
2	总建筑面积	约24万m²	
3	户数	约5000户	
4	人数	约13500人	
5	高层	6	一期2幢,各高40层;二期4幢,分别高31层、38层、39层、45层
	多层	0	
	低层	0	
6	容积率	约6.0	
7	绿地率	约20%	一期15%,二期25%,整体约20%
8	建筑密度	约35%	

---

❶ 首置计划:全称为"首次置业上车盘计划",帮助首次置业的香港永久居民实现置业梦。月薪不足3.4万港元(合4356美元)的单身人士和月薪不足6.8万港元的家庭将符合购买资格。

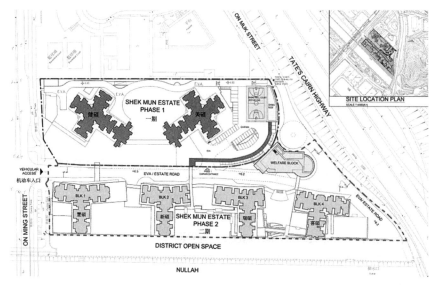

图12-6 硕门邨规划平面图及现状
资料来源：香港公营房屋讨论区，http://cyclub.happyhongkong.com/viewthread.php?tid=56291

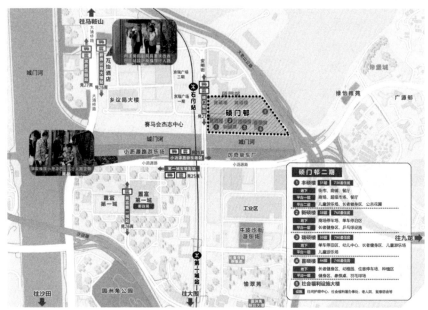

图12-7 硕门邨周边设施一览
资料来源：底图来自香港公营房屋讨论区，http://cyclub.happyhongkong.com/viewthread.php?tid=211689

北行可随滨景花园方向达马鞍山新市镇、火炭、大学及大埔，南行则可到达圆洲角、小沥源及广源邨。最后，硕门邨公屋的租金水平维持在可支付水平。以二期租金为例，每平方米82.7港元，已包含差饷、管理、维修保养等费用，总体来看每户的月租金大多集中在1000~2000港币，每月最低可至1100港币，最高也不超过3200港币，这个租金水平在香港相当低廉。

三、住宅单体与户型设计

在住宅单体设计上，二期的4幢住宅楼单体平面皆呈典型的"T"字形（图12-8），立面上墙体内外凹凸来扩大表面积以增加采光面积。由于地块面积狭小，这样的平面比较节约用地，但有些住户朝向较差，故设计布局上由南至北预留通风廊，能使自然风在楼宇间有效流动，同时让区外的山林景色在邨内展现。每幢大楼都设置了平台花园，以行人步道相互连接，沿途设置绿化、休憩、乘凉设施，为居民提供户外活动空间。为了避免周边公路和交通站的噪声影响，临街的丰硕楼和喜硕楼部分单位内安装了双层隔音窗，大楼外墙也加设隔声层。此外，为了衬托邨内的绿化环境，大楼外墙色调多采用接近大自然的色彩，如天蓝、泥黄、橄榄绿等作为主色，但几幢住宅楼色彩各不相同，以便居民辨别方向。

在户型设计方面，尽管单套住房面积不大，但

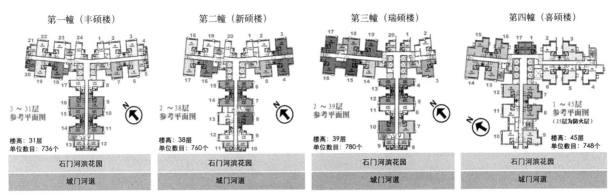

图 12-8 硕门邨二期住宅楼平面图
资料来源：同图 12-6

户型设计灵活多样。硕门邨二期住宅单元面积均在 14~40m²，但根据住宿人员数量设计了 4 种户型：1~2 人单位、2~3 人单位、1 卧室单位、2 卧室单位（图 12-9），以满足不同入住群体的需求。

硕门邨作为当代香港公屋的典型代表，在选址、设施配套、住房设计、建设和管理等方面已经有了一套较为完善成熟的体系和标准。通过 TOD 模式来确定选址和建设模式，建设完善齐全的生活设施和交通设施，管理上也由区议会议员等专门负责。虽然户型面积很小、住宅楼拥挤，但通过平面、立面、色彩、户型等方面的设计，最大限度地保证了住户的舒适度，对内地大城市保障性住房的建设具有借鉴意义。

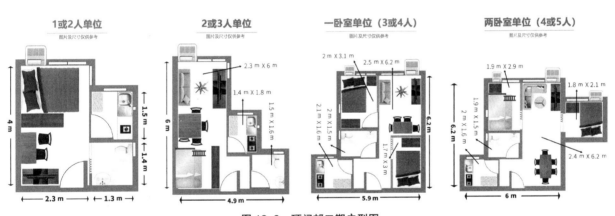

图 12-9 硕门邨二期户型图
资料来源：同图 12-6

第六节 香港公屋政策对我国内地大城市租赁住房发展的启示

一、政策态度：积极干预并注重政策的延续与综合

香港政府在公屋政策上取得过积极干预下的显著成效，也经历了被动消极干预下的住房问题恶化，这启示政府需对公共住房市场保持一定程度的有效干预。同时，保持住房政策的延续性。从香港居屋产权政策的不稳定性和没有完成的"八万五计划"中可以看到，频繁调整和前后不一的政策会让政府公信力降低，对稳定发展非常不利。此外，由于住房问题牵涉广泛，在制定租赁住房政策时要充分考虑政策的综合性。一方面，租赁住房政策需要综合住房、户籍、金融、税收、土地等多方面政策，形成一套"组合拳"，如香港地产金融体系将银行、地产、居民三方密切结合，由此发

展出了按揭抵押贷款模式；另一方面，综合考虑各类需要住房保障的人群，针对不同人群出台对应的住房保障政策，如香港针对城市"夹心层"推出的"夹屋"，针对年长者提出的"天伦乐优先配屋计划""共享颐年优先配屋计划"等。

二、建设模式：寻找政府与市场之间的双轨平衡

政府对租赁住房市场应保持积极干预，这并不意味着需要完全由政府来主导建设运营租赁住房，应积极探索适合本地区，又能实现政府与市场相平衡的建设模式。香港从1953年最初由政府主导建设"徙置大厦"，到1973年由房屋委员会负责建设，再到1988年"长远房屋战略"希望增加私人资本进入公屋建设市场以减轻政府提供公屋的负担。从目前来看，香港的公屋政策采取私人地产商与政府部门共同发展建设的"双轨制"，即在香港政府的宏观调控下，非政府的房屋委员会居中协调，地产开发商对公屋自行管理的制度（谭峥，2017），这值得借鉴。另外，需要非常留意租赁住房发展引起的公营市场对私营市场造成的冲击。在政策面向群体、房屋价格、申请资格等方面都应有所区别，防止出现政策重叠。香港政府在大规模建设公屋时期就曾经历公营市场对私营市场造成冲击引起房价波动，甚至在1997年亚洲金融危机时期，房价暴跌，公私市场部分重叠，导致公屋"八万五计划"被迫终止，这些教训应引起充分重视。

三、协调联动：实现人群、居住、就业、设施的有机匹配

由于城市中心区土地寸土寸金，香港大部分公屋建设在相对偏远的新市镇，这与当前我国内地众多大城市保障性住房选址在城市郊区的做法如出一辙，需引起充分重视。香港当年挤满了公屋和低收入人群的新市镇，并没有匹配相应的就业岗位、公共设施和环境，最终造成香港严重的社会空间隔离问题。因此，大城市租赁住房建设应充分考虑人群、居住、就业、设施的有机匹配问题。以"人"为核心，根据租赁住房潜在人群的就业特征、住房需求特征、消费特征等综合确定选址，建设满足特定租赁人群需求的公共服务设施，促进混合居住，避免出现大规模的租赁住房集聚区，防止出现城市内部的"社会隔离"。

四、居有定所：重点关注外来流动人口的租房保障

香港公屋的申请标准并不仅限香港居民，它将居住时间符合规定的外来居民也划入这项保障政策之内。而在我国内地绝大部分城市，户籍仍然是住房保障的门槛。以北京市为例，目前保障性住房等福利政策主要提供给北京本地户籍者，尽管有一部分提供给非户籍者，但仍然有连续稳定工作年限、缴纳公积金或社保等要求，而租住在"城中村"中的流动人口大多数难以满足上述条件。目前，北京尚未形成成熟的外来流动人口住房保障制度，如此庞大数量的租房需求只能靠市场解决。因此，当务之急是要研究如何解决外来人口的住房资格问题，建立起一套积极、完整的外来流动人口住房保障政策。总之，保障外来流动人群、中低收入者等城市弱势群体的住房权利，不仅是实现以"人"为核心的高质量城镇化的核心议题，更体现了一座城市的文明和温度。

参考文献

陈友华,吕程,2012.香港公共住房制度：给予还是剥夺[J].中国名城（1）：4–11.

冯邦彦,2007.香港地产业百年[M].上海：东方出版中心.

顾大庆,2011.经济适用原则乃公共住宅的设计之源——香港早期公屋的设计特色初探[J].时代建筑（4）：50–55.

恒大研究院,2018.香港住房制度深度研究报告[EB/OL]. https://max.book118.com/html/2018/1210/5232111331001334.shtm.

侯外林,1988.颇具特色的香港土地政策[J].经济问题探索（3）：62–63.

李思名,2014.回归后香港的土地和住房政策政治经济分析[J].当代港澳研究（2）：17–29.

李思名,余赴礼,1987.香港都市问题研究[M].香港：商务印书馆.

刘祖云,吴开泽,2012.香港公屋管理出现的问题及对内地的启示[J].中南民族大学学报（人文社会科学版），32（3）：92–97.

谭峥,2017.香港战后规划的思想流变：契约、福利与空间[J].国际城市规划,32（3）：11–20.

魏成,李骁,赖亚妮,2016.进退维谷——香港公营房屋

政策的困境与挑战 [J]. 国际城市规划, 31（4）: 64-71, 78.

魏宗财, 何深静, 刘玉亭, 等, 2017. 回归后香港公共住房政策审视及实施成效——基于社会可持续性的视角 [J]. 国际城市规划, 32（3）: 34-41.

温雯, 2016. "住有所居"之路——京港两地租赁型保障性住房对比研究 [D]. 北京: 北京交通大学.

香港公营房屋讨论区, 2013. 相关内容 [EB/OL]. http://cyclub.happyhongkong.com/viewthread.php?tid=56291.

香港特别行政区政府, 2019. 相关内容 [EB/OL]. https://www.policyaddress.gov.hk/2019/chi/policy.html.

香港特别行政区政府, 2019. 香港统计数字一览 [EB/OL]. https://www.statistics.gov.hk/hk_in_figures/geog/geog2c.xlsx.

香港特别行政区政府差饷物业估价署, 2019. 相关内容 [EB/OL] https://www.rvd.gov.hk/sc/publications/hkpr_previous.html.

香港特别行政区政府房屋署, 2019. 相关内容 [EB/OL]. https://www.housingauthority.gov.hk/tc/home-ownership/gsh-ownership/index.html.

香港特别行政区政府规划署, 2019. 相关内容 [EB/OL]. https://www.pland.gov.hk/pland_tc/index.html.

香港特别行政区政府人口统计处, 2019. 相关内容 [EB/OL]. https://www.censtatd.gov.hk/home/index_tc.jsp.

肖喜学, 2013. 为什么香港学不了新加坡?[J]. 住区（5）: 126-132.

许芷晴, 2019. 居者有其屋的神话？[D]. 南京: 南京大学.

薛求理, 冯晓东, 2017. 香港私人住宅: 开发和设计 [J]. 住区（4）: 52-61.

杨汝万, 王家英, 2003. 香港公营房屋五十年: 金禧回顾与前瞻 [M]. 香港: 香港中文大学出版社.

曾垂兰, 2008, 香港公屋制度发展的一些启示 [J]. 中国房地产金融（2）: 42-45.

赵进, 2010. 香港公营房屋建设及其启示 [J]. 国际城市规划, 25（3）: 97-104.

朱文健, 2017. 土地供应视角下的香港公营房屋政策和发展评述 [J]. 住区（4）: 11-21.

第十三章
"新加坡模式"：
公共住房主导的住房租赁体系

新加坡拥有世界上覆盖率最高的公共住房体系，被公认为"居者有其屋"的典范。本章从规划、人口、土地多个角度刻画新加坡住房的现状格局，回溯新加坡独特住房体系的形成脉络，梳理新加坡住房租赁体系的运行与管理机制。基于对新加坡住房体系的解读，进一步探索其对国内大城市住房问题的借鉴意义。通过对住房现状、经济结构、财政来源及对公共住房定位展开对比，发现"新加坡模式"对中国城市而言难以复制，应将借鉴重点放在租赁住房品质提升、信息透明化、公共住房监管机制的优化上。

第一节　新加坡规划、人口、用地现状

新加坡是位于东南亚的热带岛国，北邻马来西亚，南隔新加坡海峡，与印度尼西亚相望，由新加坡本岛和 63 个小岛组成。新加坡国土总面积仅 723km²，在东南亚各国中面积最小，是一个名副其实的"城市国家"。

以 1819 年斯坦福·莱佛士率领的英国船队登陆新加坡为起点，19 世纪初的新加坡在英国殖民统治下开始了工业生产和国际贸易的发展，成为连接欧亚的重要转口港。外来移民带来了人口的增长，围绕着新加坡河口的早期聚居区形成，城市建设也步入轨道。第二次世界大战期间，新加坡遭到日本的侵略和占领。第二次世界大战后，新加坡重归英国殖民统治，但开始逐渐追求自治权利，于 1959 年成立了以李光耀为领导的首届自治政府。1963 年，新加坡脱离英国统治，成为隶属马来西亚的新加坡州，但由于新加坡自治政府与马来西亚中央政府在发展策略、治国方针等方面存在矛盾，1965 年新加坡脱离马来西亚，成立新加坡共和国，真正走上了独立之路。

建国后，凭借得天独厚的区位条件，新加坡依靠国际贸易和加工工业的发展迅速转型，成为四大国际金融中心之一。面对土地稀缺、自然资源匮乏，以及住房短缺、中心城破败等一系列建设问题，新加坡政府制定了城市发展和住房建设的长期规划，并利用创造性的土地利用规划和独特的公共住房体系，为城市的可持续发展和住房的有序开发奠定了基础。

一、新加坡规划体系现状

新加坡现行规划体系大致可分为三级，即概念规划、总体城市规划和开发指导规划（图 13-1）。概念规划面向未来 40~50 年的长期发展，侧重于战略性，主要针对土地利用和基础设施体系的空间布局，以确保有足够的土地满足人口增长、经济发展和良好居住环境的需求。新加坡第一版概念规划制定于 1971 年，提出了可持续发展、发展住房和基建、城市遗产保护等目标，此后每 10 年修订一次，但在城市发展定位和空间结构上一脉相承。总体城市规划则面向未来 10~15 年的发展，制定概念规划体系下的阶段性目标，作为指导开发建设的法定依据，每 5 年修订一次。最新一版新加坡总体城市规划制定于 2019 年，其内容包括了土地的用途区划和开发强度管控、保护建筑和保护区域的划定以及对于经济门户建设和住区提质的愿景性规划。开发指导规划则在总体城市规划的框架下，

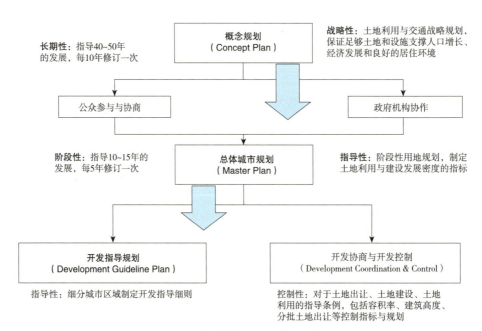

图 13-1　新加坡三级规划体系示意图
资料来源：URA，作者整理

将新加坡细化划分为5大规划区和55个次级规划区，分别制定土地、交通、绿化和开放空间、历史保护区更新等方面的开发指导细则。政府结合开发指导规划对具体的土地出让（出让量、出让时序等）和建设指标（容积率、建筑高度等）进行管控。

在机构设置上，新加坡的城市规划由国家发展部（MND）指导、城市重建局（URA）主导、多个相关机构配合。其中，概念规划的制定由临时组织的概念规划工作委员会负责，由国家发展部部长担任委员会主席，涉及40多个政府机构。总体城市规划由城市重建局制定，下设总体规划委员会（MPC），由建屋发展局（HDB）、公用事业局（PWB）等其他公共建设部门的代表组成，以对接和协调总体城市规划与其他公共建设计划的关系，便于总体城市规划体现公共建设计划的用地需求。城市重建局不仅主导总体规划编制，还负责开发控制、城市设计、土地售卖等。建屋发展局则负责新加坡公共住房（即组屋）的管理，包括公共住房和新镇的融资、邻里规划、设计、建设、租售等。公用事业局则负责以道路交通为主的基建规划、建设和管理。此外，还设有市镇理事会，对社区、新镇进行日常管理和维护。

新加坡的分级规划框架、分类机构设置以及成熟的机构间协商机制，使新加坡的城市规划建设配合有序、发展连贯。尤其在住房体系上，实行由建屋发展局全权负责公共住房体系规划建设、城市重建局负责提供用地和管控私人房地产市场的分类管理，为统筹住房建设和分配高效有序进行奠定了机制基础。

二、高密度与多元混合的人口构成

新加坡目前总人口超过了560万，2018年人口密度高达7796人/km²，居世界各国前列，是北京人口密度的近6倍。与此同时，近年来新加坡总人口呈现出稳步上升的趋势，2012~2019年常住人口复合增长率为1.02%，其中公民及永久居民每年以约0.8%的速度增长，2018年突破了400万（表13-1），可见人口规模仍在上升，对住房体系的有效供给提出了极高的要求。

从人口组成上看，新加坡的人口结构表现出多元混合的特点（表13-2）。从居住状态上看，新加坡公民占总人口比例为60%，而非居民人口占总人口比例约达30%。从族裔上看，在新加坡居民中华人占比为74%，马来西亚籍、印度籍占比分别约为13%、9%。多元丰富的人口来源造就了新加坡兼容并蓄的独特文化，从19世纪开埠时不同民族人民"各占一隅"的聚集性居住组团，到现在各民族充分融合的居住状态，新加坡在住房规划和管控上充分考虑了人口的多样性，并通过促进居住混合来促进多元包容的城市发展。

新加坡的超高人口密度和多元人口构成给住房的

新加坡人口居民及总人口增长情况（2012~2019年）　　表13-1

指标	2012年	2013年	2014年	2015年	2016年	2017年	2018年	2019年
公民及永久居民人口规模（千人）	3824.12	3849.79	3875.7	3909	3940.32	3973.22	4001.11	4033.42
年增长率（%）	0.79	0.67	0.67	0.86	0.80	0.83	0.70	0.81
总人口（千人）	5310	5400	5470	5540	5610	5610	5640	5700
年增长率（%）	2.51	1.69	1.30	1.28	1.26	0.00	0.53	1.06

资料来源：新加坡统计局，作者整理

新加坡统计局人口普查情况（2015年）　　表13-2

居住状态	总计	分民族人口			
		华人	马来西亚人	印度人	其他
新加坡公民	3375023	2571045	505308	250349	48321
永久居民	527667	328962	15615	104603	78487
其他常住人口	1637310	—			

资料来源：新加坡统计局，作者整理

建设和供给带来极大挑战。尽管如此，新加坡是目前被公认为住房问题解决得最好的国家和城市之一（李俊夫 等，2012）。其独特的组屋（公共住房）供给体系弥补了高人口密度下的住房短缺，并通过住房补贴政策的精细制定和灵活调整有效地提高了居住可支付性、实现了"居者有其屋"，更利用对组屋管控机制的设计充分促进了多元人口的居住混合。

三、用地格局及居住人口分布现状

目前，新加坡的居住用地面积占总土地面积比例为15%左右，最新版本的概念规划与总体城市规划均提出了增加居住用地比例以应对人口增长的目标。新加坡在2030年概念规划中提出，到2030年将有58%的用地用于城市居住、生活、工作等功能（不包括交通功能用地），包括17%的居住用地及17%的产业和商业用地，即"生产生活建设用地"将增加7%~8%的比例，部分预留白地将会转变用于住宅等的开发建设。值得注意的是，仍有约四成的用地规划为生态用地或预留白地。

图13-2所示为新加坡2019年总体城市规划的用地规划图，从中可以看出新加坡居住用地在空间上分布相对均衡，其中中心地区分布了大量居住用地，与产业和商业用地充分混合，私人与公共住房住区并存；靠近中心地区的东北、东部、西部地区同样分布了相当数量的居住用地，以公共住房住区为主，且居住用地空间上存在一定的"向心性"、向靠近中心区和交通环线的方向聚集；北部地区围绕就业核心也分布了一定量的居住用地。

图13-3显示了新加坡居住人口在空间上的分布，从中可以看出新加坡的居住分布总体呈现东部密、西部疏的空间格局，东北区域和东部区域普遍居住密度较高，其中Seng Kang片区和Bedok片区是居住人口最为集中的地方；西部、北部的居住人口呈现组团式分布，集中分布在特定的居住区域，如西部的人口集中分布在裕廊西（Jurong West）的公共住房之中（该区域组屋人口居住比例高于90%），可见建屋发展局的新镇与公共住房规划对居住人口的空间重构起到了引导作用。

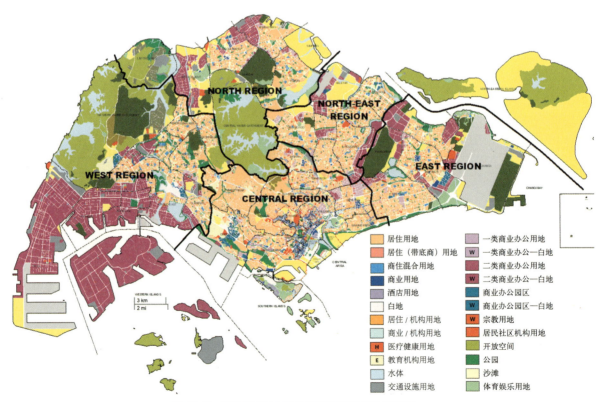

图13-2 新加坡2019年总体城市规划用地规划图
资料来源：URA，作者整理

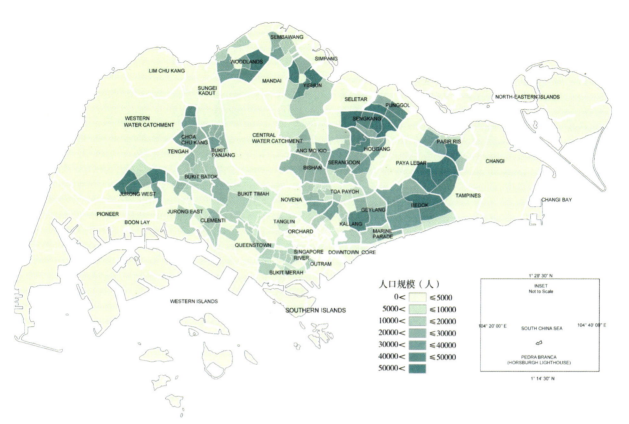

图 13-3 新加坡人口居住分布示意图
资料来源：新加坡统计局

第二节 新加坡居住现状与住房体系

新加坡是世界上住房自有率最高的国家之一，大多数国民均以家庭形式居住，八成的人口居住在政府提供的公共住房之中，住房供给处于政府主导和强管控下。本节对新加坡的居住模式、住房类型、住房产权的现状进行描述，对住房供需的变化和特征展开分析。

一、新加坡居住现状

1. 居住模式：传统核心家庭仍占主流，但比例逐渐下降

新加坡国民大多以家庭形式居住，目前平均每户家庭人口数为 3.24。从图 13-4 显示的不同家庭形式户数比例可以看出，传统核心家庭的居住形式在新加坡一直占据主流地位。但值得注意的是，传统核心家庭形式的户数比例随着时间推移呈现逐渐下降的趋势，从 1990 年到 2010 年下降了将近 10%；而独居、无子女夫妻家庭的户数比例则有所上升。2010 年普查数据显示，独居户比例达到 12.2%，无子女夫妻家庭比例达到 13.7%。顺应国民居住模式变化的趋势，建屋发展局也逐渐完善了针对独居家庭等的组屋供应优惠政策。

2. 住房类型：组屋居住人口占八成，私宅居住人口比例略有上升

自 20 世纪 80 年代起，新加坡便有近 70% 的人口居住在建屋发展局提供的组屋中，90 年代以来在组屋中居住的常住人口占总人口比例均稳定在 80% 左右，2019 年居住在组屋中的人口高达 316.3 万，涵盖了 132.5 万户家庭的住房需求，可见组屋在新加坡住房供给和居住需求中始终占据着绝对的主导地位（图 13-5）。

但值得注意的是，近 10 年来组屋居住人口的比例在一定程度上呈现下降趋势。图 13-5 展现了

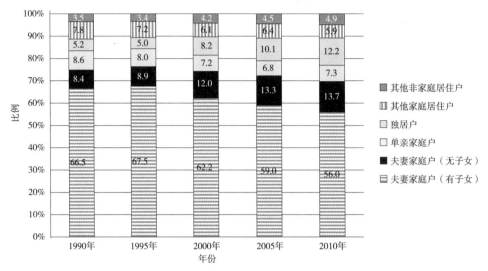

图 13-4 新加坡不同家庭形式户数比例
资料来源：新加坡统计局

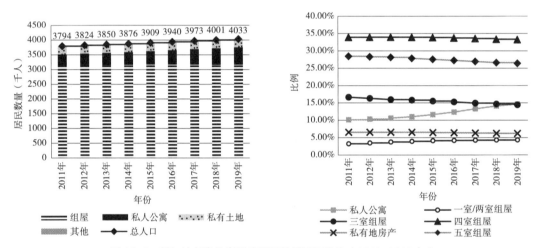

图 13-5 新加坡各类住房居住居民数量及百分比（2011~2019 年）
资料来源：新加坡统计局，HDB，作者整理

2011~2019 年新加坡各类住房居住居民的数量及百分比，从中可以发现组屋居住人口的比例从 2011 年的 82.2% 降至 2019 年的 78.4%，其中五室、三室组屋居住人口比例下降最为明显，均下降了 2% 左右。相反地，居住在私人公寓的人口比例则从 2011 年的 10.3% 上升至 2019 年的 14.6%，可见随着经济水平的提升，更多人具备了承担私人住房的能力，私人住房市场有一定的增长态势。

3. 住房产权：以自有住房为主，组屋自有率高于私人住房

图 13-6 展示了 20 世纪 80 年代以来新加坡自有住房和租赁住房的家庭数量及总体住房自有率，从中可以发现新加坡自有住房的持有比例在 80~90 年代迅速上升，从 90 年代末期起至今一直保持在 90% 左右；在 2008 年亚洲金融危机后，整体住房自有率经历短暂下降，随后又恢复稳定于 90%。绝大多数的新加坡居民居住在自有住房中，这从侧面反映了新加坡住房供应体系的有效性，切实实现了"居者有其屋"的理念。其中，建屋发展局建设的公共住房的自有比例持续高于由房地产市场提供的住房的自有比例，这可能是由于新加坡部分高收入外籍人口工作流动性大、倾向于租住私人公寓。但值得注意的是，近五年来私人公寓的自持率上升速度略高于组屋，这与国民整体收入水平上升、住房负担能力提高有关。

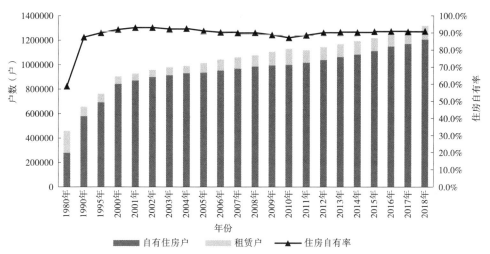

图 13-6　不同住房所有权居住户数及住房自有率变化趋势（1980~2018 年）
资料来源：新加坡统计局，HDB，作者整理

二、新加坡住房体系

新加坡的住房体系呈现"公共住房主导"的显著特征。下面从供给和需求两个角度展开分析。

1. 住房供给：政府主导与强管控

表 13-3 反映了新加坡 2018 年住房增量与存量的现状。截至 2018 年末，新加坡由建屋发展局供应和管理的公共住房共计 106.24 万套，包括 1.57 万套 2018~2019 年新建成的公共住房；私人房地产市场供应的住房共计有 39.4 万套，包括 1.76 万套 2018~2019 年新建的私人住房，其中有 80% 为非有地私人公寓，其余为有地私人住房或其他住房类型。由建屋发展局供应的公共住房分布在 24 个新镇和 3 个靠近中心城的居住区中，各住区空间分布如图 13-7 所示。由表 13-4 可以看出，由建屋发展局供应的住房有将近 100 万套为已出售住房，且未出售、供应出租的住房绝大多数是一居室、两居室的住房，公共住房供应上表现出"小户型供出租、大户型供出售"的特点。对比由建屋发展局供应的公共住房和由房地产市场供应私人住房的存量和增量（表 13-3），可以发现从套数上看公共住房占所有住房存量的比例约为 73%，这反映了新加坡公共住房的建设规模之大，公共住房在供应量上占有主导地位。但值得注意的是，2018~2019 年公共住房供应增长率为 1.5%，而私人住房供应增长率为 4.7%，私人住房供应增长量高于公共住房，由此可见随着住房的普及，公共住房的新建已降至较小规模，而随着公民收入的上升，私人住房市场供应的新增速度已超过了公共住房。

新加坡是一个依托市场经济的资本主义国家，但其住房供给体系表现出极强的公共属性，私人住房市

新加坡住房增量、存量现状（2018 年）　　　　　　表 13-3

	2018~2019 年增量	2018 年末总量	2018~2019 年新增率
公共住房（HDB 供应）	15748	1062350	1.50%
私人住房（房地产市场供应）	17556	393587	4.67%

资料来源：HDB，URA，作者整理

新加坡各类公共住房供给套数（2018 年）　　　　　　表 13-4

	一居室	两居室	三居室	四居室	五居室	其他房型	共计
已出售	255	22964	241062	419535	241572	74080	999468
供出租	30525	30825	1417	111	4	—	62882

资料来源：HDB，URA，作者整理

图 13-7 新加坡现有 HDB 居住区分布示意图
资料来源：HDB，作者整理

场的供给比例远远小于由政府所提供的组屋的供给比例。由政府设立的建屋发展局主导了公共住房和新镇的融资、规划、建设、分配、管理全过程，无论在自有还是租赁的组屋住房供给中均扮演了主导的角色。在住房供给上，建屋发展局根据家庭和个人的经济水平以及不动产情况制定出了严格的分级供给策略，以贯彻"居者有其屋"理念的公正执行。以自购组屋为例，建屋发展局按照家庭月收入划分不同收入层级新加坡居民的组屋租购资格，目前家庭月收入低于 12000 新元的家庭和个人月收入低于 7000 新元的独居者，均可以通过租赁或购买组屋来解决居住问题，并享受公积金优惠贷款；只有约 10% 的极高收入群体无法享受公共住房补贴，必须通过房地产市场渠道购买住房。此外，建屋发展局还会对购买公共住房的家庭收入情况进行定期重审，回购不符合条件家庭的公共住房，并对提供虚假的收入和不动产资料的行为进行严格处罚。

由于新加坡的公共住房覆盖了近 80% 的人口居住需求，总的来说，在新加坡住房体系中政府与市场的力量并不呈现均衡状态，政府对住房市场高度干预、全方位介入，实施"全面责任型住房政策"（李俊夫 等，2012），政府管控在住房供给体系中扮演的角色显著强于市场机制。通过封闭、集中的管理模式和严格、细致的准入退出机制设计，新加坡政府以公权力保障公共住房分配的公平与公正。

2. 住房需求：自购房为主，租赁市场比例小但规模有所上升

新加坡公民的住房普及率及自有率均达到较高水平。从图 13-8 也可以看出，近年来面向新加坡市民的 HDB 公共住房优惠购买申请和保障性租赁的申请需求均有所下降，可见新加坡市民的购买和租赁住房需求已经得到很大程度的满足。新加坡 2018 年公共住房和私人住房的自有率分别为 92.2% 和 84.9%，均已达到较高水平，住房交易市场规模显著高于住房租赁市场的规模，租赁市场相对规模较小。租赁需求主要来自于公民之中收入较低家庭的保障性租赁需求，以及非公民（如单身的永久居民、外来学习或工作的长期签证持有者）的居住需求。

值得注意的是，虽然新加坡住房租赁市场的相对规模较小，但出租住房套数却呈现上升的趋势，即从绝对数量上看规模有所提升。图 13-9 详细记录了通过市场渠道出租的不同房型的 HDB 公寓和私人住房的套数（即不包括 HDB 低收入保障出租套数），体现了除低收入公民保障性租赁需求外的租赁市场规模，从中可以看出无论是 HDB 公寓出租规模还是私人住房出租规模均呈现上升趋势。比较私人住房和 HDB 公寓出租套数，可以发现私人住房的出租规模显著高于 HDB 公寓，可见在满足非低收入公民的租赁需求上，房地产市场发挥了很大作用。从出租的房型结构上看，通

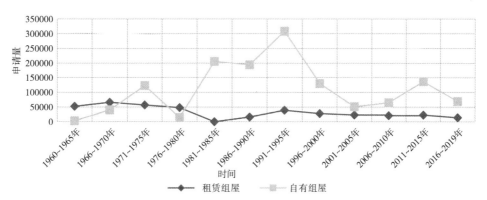

图 13-8 20 世纪 60 年代起 HDB 公寓优惠申请量变化图
资料来源：HDB，作者整理

图 13-9 新加坡各类住房出租数量的变化
资料来源：HDB，URA，作者整理

过市场出租的 HDB 公寓以三、四、五居室的房型为主，这主要是由于一居室、两居室房型所有权主要由 HDB 掌控管理，优先补给低收入公民群体。而私人住房的出租房型则以一、二、三居室的房型为主，这与租住私人公寓的大多是独居或合租的外来务工、学习的人群特征相吻合。

第三节 新加坡独特组屋体系的形成与发展

新加坡是被公认为世界上住房问题解决得最好的国家之一，地少人多的新加坡政府成立伊始就将发展公共住房和实现人民的安居乐业置于发展的突出地位，其独特的公共住房政策（组屋体系）在缓解住房短缺、实现"住有所居"上获得了巨大成功（徐国冲，2017）。政策实施至今，政府组屋已覆盖了 81% 国民的居住需求，91% 的家庭拥有了自己的住房。在解决国民基本居住问题的同时，新加坡公共住房政策已逐步成为新加坡重要的经济政策和国家政策。回顾新加坡的公共住房发展历程，大致可以分为如下四个阶段。

一、1920~1960 年：严峻的住房问题与组屋体系的建立

新加坡的公共住房政策最早可以追溯到 19 世纪 20 年代的英国殖民时期。面对大量拥挤无章的棚户区和日益严重的住房短缺问题，当时的英国殖民政府组

建了新加坡改良信托局（SIT），专门负责城市美化和游民安置工作。然而，缺乏有力的财政支持和土地供应，改良信托局的工作效果并不可观，供应房的覆盖范围小且租金远超出工薪阶层的平均消费水平，以至于那时的房屋被不断分租成一个个铺位，居住环境拥挤且卫生条件恶劣（Lim，1984）。作为组屋政策的前身，改良信托局的探索和尝试为组屋体系的建立和发展提供了宝贵的经验与教训（任思权，2013）。

第二次世界大战结束后，大批军人、移民涌入新加坡，巨大的人口上升压力和住房短缺问题给维护社会稳定带来巨大挑战。到了新加坡独立前夕，全国200万人口中有80%以上存在住房困难，提升住房供应的数量和质量成为新加坡城市建设的一大难题。1960年，新加坡政府颁布了专门的法案《住房与发展法》，成立了专门负责政府公共住房的建设管理与城市重建工作的法定委员会——建屋发展局。建屋发展局的成立标志着新加坡组屋体系的正式建立。

二、1960~1965年：从单一租赁到"居者有其屋"的大规模建屋行动

1960年建屋发展局成立后，迅速制定了新加坡第一个建屋"五年计划"，以解决房荒、为低收入人民提供廉价房屋为宗旨展开住房建设。在第一个五年计划期间，建屋发展局通过单一出租形式提供公共住房，给予租金补贴，以保障最低收入群体的最基本居住需求。因此，这一时期的住房发展以建设低价租赁住房为主要手段，组屋以一、二居室为主，面积不超过41m²，设计简单实用（魏宗财 等，2015）。通过清理城区内的棚户区、新建大量符合现代化卫生标准的公共住宅，建屋发展局以最快的速度、最经济的成本为大量低收入工人提供低价的、有居住质量保障的公共租赁住房（李光耀，2001）。

1964年，新加坡政府宣布实行"居者有其屋"计划，允许并鼓励中低收入群体分期购置低价组屋并提供贷款优惠。"居者有其屋"计划的实行标志着政府住房政策重心从提供低价公租房向提供低价所有权住房倾斜，组屋住房保障体系从"单一出租"走向"租售结合"。然而，在经济刚刚起步的新加坡，永久性住房仍是大量中低收入群体无法企及的（任思权，2013），第一个五年计划期间，租赁组屋申请量为52408套、购买组屋申请量仅为2967套，租赁是主要的组屋供给方式。

1965年，新加坡从马来西亚分离，正式成为独立国家，政府随即采取了多种行动推动公共住房的建设和支撑组屋政策的施行，以加快可支付性住房的建设和供给。在土地供应上，新加坡政府于1966年修订了《土地征用法》，遵循一套详细的征地程序和补偿标准，规定政府可以强制征用包括政府组屋建设在内的以公共建设为目的所需要的土地。政府征用土地的价格只相当于市场价格的五分之一，这一举动使得建屋发展局以合理的成本为广大国民提供低价住宅成为可能。在财政支持上，政府一方面为建屋发展局的建设和管理工作提供低息贷款，另一方面每年从财政预算中拨款给予建屋发展局赤字津贴。在土地和财政体系的支持下，新加坡组屋建设得以大规模进行，截至1970年推出11.8万个租赁单位和4.3万个居住有其屋单位，为35%的人口解决了住房问题（李俊夫 等，2012）。

三、1965~1990年：住房自有化进程的推进与组屋的普及

自1965年起，独立后的新加坡政府将"居者有其屋"政策作为国策，本着"有恒产者有恒心"的治国理念，大力推崇房屋自有化、鼓励公民积极购买组屋（李光耀，2001）。1968年到20世纪90年代是组屋自有化的快速增长阶段，政府通过提供公积金法案、放宽组屋转售限制、针对性的补贴政策等诸多举措，切实提高国民对组屋的支付能力，迅速推动了住房自有化的进程。

1. 公积金法案的颁布：解放中低收入群体购买力

1968年新加坡政府颁布的《中央公积金修正法案》是组屋政策发展历程上的里程碑。这一法案允许低收入雇员使用公积金购买组屋，大大提高了组屋的可支付性。1975年，政府开始允许月收入大于4000新元的中等收入雇员使用公积金购买组屋，这一举措极好地打开了组屋在中等收入群体中的市场。1981年公积金可用于购买新加坡永久地契或60年以上长租期的非永久地契上的私人地产。1986年公积金制度进一步放宽，中低收入群体可用中央公积金支付组屋的首付和月供，还可以利用公积金存款支付组屋翻新的费用。

公积金可用于购房极大地推动了新加坡房屋的自有进程（贾洪波 等，2018），一方面从20世纪60年代到90年代公积金的缴纳率不断提升，从开始的雇员、

雇主各5%上升并稳定在90年代的20%，公积金基本能支付四成的房价，公民能够用来购房的强制性储蓄多了，购房的压力也就小了（徐国冲，2017）；另一方面，公积金法案能够覆盖的对象范围逐步扩大，公积金对购房阶层的限制小了，公民能够使用强制性储蓄购买的房屋种类也多了。此举有效、有序地打开了组屋交易市场、促进了各收入群体购房率的上升。

2. 组屋转售限制的放宽：刺激组屋购房率的提升

1971年之前组屋不可转售，居民只能将组屋以原价卖回给建屋发展局。从1971年开始，政府允许组屋转售，规定居住满三年的政府组屋可以以市场价在自由市场交易，从此组屋的转售市场开始建立。1973年，居住满五年的居民才能够转售组屋，且30个月内不得再次申请政府组屋。1979年居住期调整回三年但可以立即申请购买组屋，需要交纳600新元申请费和5%的转售税。1985年以后居住期又调整为五年，组屋的转售税取消。

从不能交易到允许以市场价交易组屋，组屋的购买率也随之上升。公民以低价购买组屋，以市场价卖出组屋，再购置更大更好的组屋，这样一个买卖循环推动着新加坡住房自有率的提升，也推动了居住质量的提升（贾洪波，2018）。

3. 针对性的住房供给与补贴政策：把弱势群体摆在首位

政府优先保障弱势群体的住房需求，推出各种保障政策和津贴支持实现房屋自有最困难的那部分群体，原则上，低收入者、老年人、多口婚育家庭优先申请组屋。针对月收入1500新元以下低收入家庭，政府推出了公民租赁组屋计划，让他们以低廉的价格居住在一居室或两居室的组屋中，这部分家庭约占20%。月收入在800新元以下的无房产家庭只需要支付津贴租金，月收入在800~1500新元的无房产家庭交纳远低于市场租金的廉价租金。为了让低收入人群也能拥有自己的住房，政府推出"先租后买"计划，让低收入人群以租金总额的30%冲抵房款。除此之外，针对独居老人和单独居住的老年伴侣，政府提供售价5万~7万、35~45m²的乐龄公寓；针对育有三个孩子以上的家庭或三世同堂的家庭提供优先购房计划；针对首次申请购买组屋的申请人政府提供3万~4万新元的购房津贴；针对外来劳工，提供外来劳工宿舍组屋。通过实现弱势群体的住有所居，新加坡住房自有率再上新台阶。

在政府一系列举措的推动下，居住在组屋中的人口快速增长，组屋自有化的比例也不断提高。1979年底超过半数的公民住进了政府组屋，到90年代末，政府组屋的国民居住比例达到了至今为止的历史峰值87%，组屋自有率达到了91%，自有组屋成为新加坡居民居住的主流。

四、20世纪90年代以后：住房质量的提升与组屋体系的完善

随着国家经济的发展和基本住房问题的解决，人民的支付能力不断提升，对居住条件的改善和住房选择的多样性需求也有所上升。建屋发展局的发展宗旨从解决住房短缺、提供可支付性住房的"提量"阶段，向注重住房质量、社区营建和多样化住房供应的"提质"阶段转变（刘鹏，2008）。

为适应民众更高的居住要求，建屋发展局集中建设更大更舒适的多房式组屋，针对早期年久失修的组屋还开启了翻新和修缮计划。为便利民众生活，以社区为中心建设一站式综合中心，让居民不出远门就能满足健身、购物等基本生活和娱乐需求，同时以组屋社区为重要节点配备公共交通站点。为适应集约环保的新要求，新加坡城市重建局还积极推动绿色建筑、慢行车道的普及，建设可持续发展的绿色城市（图13-10）。除了住房种类多样化和建筑质量的提升，建屋发展局重视组屋和谐、安全社区的文化营造。组屋社区建设要求租、购混合，20世纪90年代以来，政府通过居民种族比例政策，让每个组屋社区都按照一定比例混合居住，有效防止了因社会分层带来的社会矛盾（Loo et al., 2003）。通过邻里守望相助计划、邻里重建计划，组屋社区居民有了主人翁意识，共同守护社区安全，社区文化的宣扬还满足了现代社会"社区失落"带来的情感重建需求（连宏萍 等，2019）。

与此同时，组屋体系的供给机制也得以不断完善。政府不断提升组屋覆盖人群的比例、动态调整购买组屋的收入上限，有序、有效地控制组屋供给对象的范围，形成多层级、阶梯化供给体系。一方面，随着国民收入水平的上升，组屋的购买收入上限也在不断上调，从20世纪60年代的1000新元上调到2019年的12000新元。另一方面，组屋的居住和公租房申

图 13-10　新加坡组屋社区
资料来源：HDB，URA

请政策也逐渐精细化、人性化，在婚育家庭、多代际家庭优先购房的基础上，对单身群体也予以政策覆盖，2010 年开始，大于 35 岁且月收入小于 4000 新元的单身群体也可以申请购买组屋（表 13-5）。

通过不断完善的购屋体系，组屋政策保证了 70% 的国民能够购买并居住在政府组屋，让组屋的自有率稳步提升；通过不断升级房屋品质、便利居民生活和和谐社区氛围的营造，组屋在国民心中"家"的地位不断稳固（连宏萍 等，2019）。在政府和建屋发展局积极灵活的政策指引下，政府组屋不论从房屋质量、购买门槛、生活便利程度还是社区和谐程度上都有了极大提升，成为新加坡国民心中的购房首选。

新加坡组屋购买收入上限　　表 13-5

时间	月收入上限（新元）	
	家庭	>35 岁单身
20 世纪 60 年代	1000	不可申请
20 世纪 70 年代	1500	不可申请
20 世纪 80 年代	2500	不可申请
1994 年	8000	不可申请
2010 年	8000	4000
2019 年	12000	7000

注：1 新元 ≈4.95 元人民币。
资料来源：HDB，URA，作者整理

第四节　新加坡租赁住房体系

新加坡的租赁住房分为公共住房和私人住房两大版块。目前公共住房由新加坡政府主导，涵盖保障渠道和公开渠道，覆盖了绝大多数中低收入群体的需求；私人租赁住房则主要面向外国游客和高收入群体的需求。公共住房租赁市场处于政府严密的管控下，既保障最低收入群体的居住需求，又通过对公开渠道组屋租赁的监管保证住房资源的有效分配；私人租赁市场则呈现出三级结构特征。

一、政府控制主导的公共住房租赁

目前，组屋租赁可以从建屋发展局或公开市场两个渠道申请。其中，HDB 渠道仅限于保障低收入（户月收入 1500 新元以下）、目前没有其他住房选择的新加坡市民或永久居民的租赁需求；而从公开市场渠道申请的组屋租赁，也同样受到建屋发展局的集中调度和控制，对租赁对象、租赁年限等均进行了很严格的管控。

1. 保障性组屋租赁：保障最低收入群体的住房需求

由 HDB 渠道供应的租赁组屋主要保障最低收入住房困难群体的住房需求，呈现出明显的保障性特征。为了让优惠政策更好地覆盖真正需要帮助的人，建屋发展局设定了严格的准入条件，对租赁组屋的申请人的申请资格、不动产拥有情况以及租赁组屋房型和区位都做出了明确的限制，同时也给予了很大力度的租金优惠。

在申请者资格审查上，申请人必须是年满21周岁的新加坡公民，家庭月收入不超过1500新元，且每一个租赁组屋都必须包含至少两位租住者。保障性租赁计划包含家庭租住和单身合租两种类型，所以低收入者不论婚育与否都可以申请。

在房型和区位上，保障性组屋租赁申请者可以在新加坡中部的Ang Mo Kio、东部的Bedok/Tampines、西南部的Bukit Merah/Jurong和北部的Woodlands地区选择一居室或两居室的组屋租住。从区位上看，供应保障性租赁需求的组屋与其他组屋社区混合居住，虽然可供租赁的住区数量有限，但是东、中、西部均有可选区位，不存在偏远隔离现象。从房型上看，对于单身合租，只能够申请一居室的组屋；对于家庭租住，如果家庭有收入来源且家庭成员在3人及以上可以申请两居室组屋，其余只能申请一居室组屋。

在租金方面，HDB渠道保障性组屋出租价格显著低于从公开渠道出租的组屋租金。建屋发展局根据申请者的收入水平、家庭成员数和不动产拥有情况制定相应的租金标准。名下无房产的组屋申租者，是租赁政策的主要惠及对象。对于这部分群体，如果月收入小于800新元，其月租金区间为26~75新元；如果月收入介于800~1500新元，其月租金区间为90~165新元（表13-6）。如果申请者名下有房产或曾购入过HDB组屋，其租金会比同水平的申请家庭高出2倍左右。与从公开市场渠道租赁的组屋相比，建屋发展局提供的保障性出租组屋租金非常低，以两居室组屋为例，无房产低收入家庭需要支付的租金不超过公开市场组屋中位价的12%，有房产低收入家庭需要支付的租金也不超过公开市场组屋中位价的20%。

总体而言，组屋租赁通过极低的价格保障了低收入群体的基本居住需求，同时也通过明确合理的约束条件保证了精准的帮扶范围。

2. 公开渠道组屋租赁：严格的出租审查和租赁资格管控

不同于保障性租赁组屋固定的价格范围和极低的租金水平，通过公开渠道出租的组屋价格相对较高，且受到供需关系、区位条件等的影响。图13-11展示了新加坡通过公开市场出租的组屋租赁价格随时间的变化，从中可以发现近五年来各房型的组屋出租价格整体上均呈现下降的趋势，这与新加坡鼓励公民自购住房和调节贷款利率吸引外来居民置业的政策有关，2019年则略有回升。从空间上看，开放市场的组屋租金呈现了两个明显的分布特征，一是靠近市中心的组屋租金明显较高，二是靠近公共交通干线的组屋租金较高。图13-12展示了以四居室组屋为例的2019年各组屋社区租金空间分布。其中，分布在中心地区的四居室组屋租金中位数最高超过了2600新元，而在北部、西部部分与中心城相距较远、交通相对不便利的组屋住区，四居室租金中位数则不超过1800新元，可见组屋租金水平随空间区位变化而存在较大差异。

虽然从公开市场渠道申请的组屋租赁价格受市场因素的影响较大，但租赁交易的过程也同样受到建屋发展局的集中调度和控制，其对出租房型、租赁对象、租赁年限等进行了很严格的管控。

（1）对出租房型的管控

建屋发展局对公开市场渠道组屋的可出租房型进行了详细的规定，以防止无序转租现象对住房保障体系的公平性造成危害。此外，组屋的业主在通过公开市场出租时需要向建屋发展局申报，经过建屋发展局

新加坡租赁组屋租金标准　　　　　　表13-6

家庭月收入（新元）	申请者类型	月租金（新元）	
		一居室	两居室
≤800	无房产	26~33	44~75
	有房产	90~123	123~165
801~1500	无房产	90~123	123~165
	有房产	150~205	205~275

注：1新元≈4.95元人民币。
资料来源：HDB，作者整理

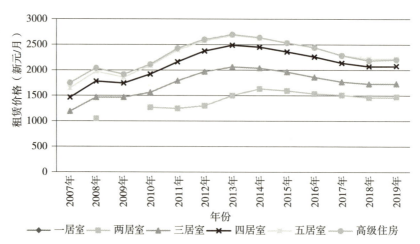

图 13-11　新加坡各类户型公共住房租赁价格中位数（2007~2019 年）
注：1 新元 ≈ 4.95 元人民币；一居室组屋出租金数据缺失
资料来源：HDB，作者整理

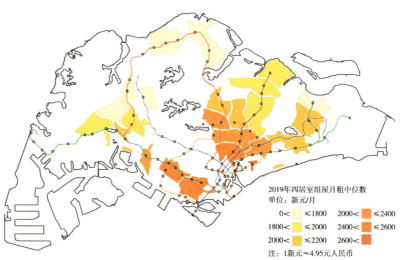

图 13-12　新加坡各组屋社区四居室房月租金中位数示意图（2019 年）
资料来源：HDB，作者整理绘制

审批手续之后才可对外出租，从而保证对出租组屋的有效管控。

（2）对租户的管控

建屋发展局对公开市场渠道的组屋租赁也设定了严格的准入政策，对租户的租赁资格进行了详细的规定和考核。建屋发展局规定，即使是公开市场的组屋租赁，租赁对象也必须为没有其他住房选择的新加坡市民、永久居民或者长期签证持有者。换言之，已经从建屋发展局公共渠道租赁或购买了组屋的人，原则上同样不可以通过公开市场租赁组屋；如果已经拥有组屋，但打算出租自有组屋、另外租住一套的，必须在提交组屋租赁申请一个月内将自有的组屋出租。对租户租赁资格的严格管控保证了组屋只用于满足居民的刚性居住需求，从而有效避免投机行为对保障体系及房地产市场的打击。

（3）对租赁时限的管控

对于公开市场渠道租赁的组屋，建屋发展局对租赁的最短、最长时限均做出了规定：租赁时间最短不能少于 6 个月；如果房客全部是新加坡人或马来西亚人，组屋的业主可以申请的出租时长最长为 3 年；对于涉及非马来西亚、非公民的申请，则每次批准的最长租赁期限为 2 年。

二、呈现三级结构的私人租赁市场

新加坡的私人住房市场根据房产类型可以分为三类：无地私人房产（即常见的私人公寓）、有地私

2019年各类私人房产不同房型的出租套数与比例   表13-7

房型面积范围（单位：ft²）		≤1000	1000~1500	1500~2000	2000~2500	2500~3000	>3000	总计
无地私人房产	套数	118398	84785	26553	9262	4681	4086	247765
	比例	47.8%	34.2%	10.7%	3.7%	1.9%	1.6%	100.0%
有地私人房产	套数	396	1226	2530	3321	2751	7066	17290
	比例	2.3%	7.1%	14.6%	19.2%	15.9%	40.9%	100.0%
行政管理房产	套数	323	3654	162	51	13	—	4203
	比例	7.7%	86.9%	3.9%	1.2%	0.3%	—	100.0%

注：1.000ft²≈0.929m²。
资料来源：URA，作者整理

人房产（即土地和住房产权均由私人所有）和行政管理私人房产（特殊的房产类型，由建屋发展局进行统筹）。三类房产在出租数量、出租价格上呈现出一定的差异。表13-7呈现了三类房产的出租结构，从中可以归纳出两个特征：①从出租套数上看，私人租赁住房市场中无地私人房产的出租数量远高于其他两类房产，2019年出租总套数为其他两类私人房产总和的10倍以上；②从出租套型上看，无地私人房产主要出租较小户型的公寓，其中1000ft²（约90m²）以下的占比接近50%，1500ft²（约140m²）以下的占比约82%；而有地私人房产出租以大套型为主，90%在140m²以上，超过40%在280m²以上；行政管理公寓则集中供应90~140m²的租赁住房。私人房产的租金分布同样呈现出比较强的空间特征，同样是靠近中心城、靠近轨道站点的租金较高，可见影响公开市场组屋和私人房产租赁的市场因素具有一定的相似性。

第五节　淡滨尼新镇：新加坡公共住区典型案例

新加坡公共住房之所以成为国民的居住首选，除了普惠化、可支付的供给体系外，更是因为新加坡公共住房良好的居住环境、和谐的社区营建和便利的生活条件。随着20世纪90年代经济的发展和基本住房问题的解决，国民的改善型居住需求有所上升，新加坡公共住房体系的发展从"提量"向"提质"转变，随后的一系列新镇和居住区建设更加注重高品质、多样化住房供应，体现在优化选址、用地混合、整合交通、组团结构和社区营建等方面。

淡滨尼新镇（Tampines）是新加坡公共住房社区的一个典型代表（图13-13）。淡滨尼位于新加坡CBD以东约14km，通过便捷的轨道交通与CBD连接。淡滨尼的新镇规划始于20世纪80年代，规划总占地面积约20.61km²，规划容积率2.8，其中居住用地面积5.49km²，规划总人口约30万。截至2019年，淡滨尼总计供应了11万套住宅，其中包括70754套HDB组屋，是新加坡公共住房供应量排名第二的住区；仍在建设的组屋有9321套，可见淡滨尼仍在持续地供应公共住房。淡滨尼的公共住房销售及租赁价格处于新加坡的中等水平，住房可支付性较强，成为大量国民的居住选择。目前，淡滨尼的组屋总共容纳了23.18万人居住，人口规模居新加坡公共住房社区前列。

淡滨尼新镇在规划中运用了合理的功能混合、便捷的交通连接、三级组团结构、分级设施布局等策略，营造了宜居、便捷的社区环境。在用地混合上，淡滨尼在规划中将30%~40%的土地用于居住和居住相关设施，30%用于工业和商业发展，其余的则用作公共基础设施建设。功能的混合提供了就近就业的机会，使得淡滨尼避免沦为一个功能单一的"卧城"，其缓解了长距离交通量，也在一定程度上平衡了公共住房建设成本（王茂林，2009）。在交通连接上，淡滨尼规划了以公共交通为导向的TOD开发模式，布设互相衔接的地铁、公交系统。在内部空间组织上，淡滨尼新镇创新性地运用了清晰的"区域—邻里—组团"

三个层级的结构，每个组团占地约 2~4hm²，由 4~8 栋住宅楼围合，能容纳 700~1000 个居住单元；约 4 个组团组成一个"邻里"单元。在组团与"邻里"单元划分的基础上，淡滨尼根据三级体系分级布设公共设施和商业中心，保证可达性和覆盖率，并与公交站点相整合，进一步促进了就业、活动、居住、交通功能的混合与连接。

此外，与新加坡其他公共住房社区一样，淡滨尼新镇在住房分配中兼顾组屋租售需求，促进了居住融合，并提供优先保障租赁需求的小户型组屋（表13-8）。淡滨尼的整体住房供给结构顺应市场需求，提供多种户型的组屋以满足多样化的居住选择，并通过配置小户型租赁组屋的方式保障了低收入人群的基本居住需求，创造了可支付的组屋社区。淡滨尼一居室、两居室型的组屋由建屋发展局统一出租给居民，月租金远低于市场租赁价格。这些保障性租赁组屋平均地分布于淡滨尼的各居住组团中，使得社会最低收入群体也能够享受到与正常组屋居民甚至私人住宅户主同等优质的居住环境和社区服务。混合配比租售住房不仅兼顾租售需求、促进了居住公平，还一定程度上促进了淡滨尼地区的居住融合，形成了不同收入群体平等共享的宜居组屋社区。

综上所述，以淡滨尼为例的新加坡公共住房社区注重社区的宜居性和居住融合，通过 TOD 体系、用地功能混合、分级公共设施体系营造了舒适、便利的社区环境，并通过兼顾租售需求满足了不同收入水平人群的需求，促进了居住公平与"社区融合"，营造了宜居、普惠的和谐公共住房住区。

图 13-13　淡滨尼新镇用地规划图
资料来源：URA

淡滨尼各户型公共住房租购情况（单位：套）　　　　表 13-8

	一居室	两居室	三居室	四居室	五居室	行政套房
出售房屋	0	398	13828	29778	17715	5847
租赁房屋	1615	955	14	0	0	0

资料来源：HDB，URA，作者整理

第六节 新加坡住房体系对我国大城市的借鉴意义

我国一线城市目前普遍面临着住房资源短缺、住房供需不匹配、住房可支付性较低等问题。与我国城市相比,新加坡土地资源更稀缺、人口密度更大,但却拥有世界上覆盖率最高的公共住房体系,有效实现了"住有所居",缓解了居民的住房负担,被认为是世界各国应对中低收入群体住房问题的典范(魏宗财 等,2015)。因此,研究和借鉴新加坡高效有序的住房体系与机制,对理解我国住房问题、改善我国住房现状具有重要意义。

然而,住房政策的有效性与特定城市化地区的经济、社会和历史密切相关(Chiu,2008),一些学者指出新加坡的公共住房经验具有独特性、难以应用到其他国家的住房体系中(Tu,1999)。为此,本节对新加坡和国内城市的住房现状展开比较,对比新加坡与北京的经济结构、财政来源及对公共住房政策的定位,得出新加坡住房机制对北京与其他中国城市而言"难以复制"的结论,提出应将借鉴重点放在租赁住房品质提升、信息透明化、公共住房监管机制的优化上。

一、难以复制的"新加坡模式"

1. 新加坡与我国城市住房现状对比

本节整理各城市2019年统计年鉴和房地产交易数据,对比了新加坡和北京、上海、广州、深圳四座国内一线城市的人口、土地、收入和住房支出情况(表13-9)。由于新加坡独特的住房供应体系——非营利性公共住房"组屋"占比达到八成,故分别对比了新加坡私人商品房和公共组屋的租金与房价数据。

从房价水平看,2019年新加坡的商品房单位面积销售均价高于我国四大一线城市的商品房价格,略高于北京;但新加坡的组屋单位面积平均销售价格则远低于我国一线城市的商品房价格,仅为北京的四分之一。一方面,新加坡八成的居民居住在组屋中,组屋的销售价格实际上更能反映出新加坡国民真实的住房支出水平;另一方面,新加坡的平均工资水平显著高于国内一线城市,2019年平均工资为北京的将近2倍。因此,新加坡商品房平均销售价格虽然与国内一线城市水平相当甚至略高,但由于其公共住房供应的大规模与高覆盖率,整体住房支出水平远低于国内一线城市。

从租金来看,新加坡整体租金水平高于我国四大一线城市,无论是公共渠道出租的组屋还是私人商品房,2019年单位面积平均租金均远超"北上广深"。但结合新加坡较高的收入水平,其房租可支付性和我国没有显著差别。不同的是新加坡的租赁住房体系通过有序的补贴政策和严格的准入监管机制,保证了住房需求得到极大满足。

综上所述,可以发现新加坡与我国一线城市住房问题的现状差距集中表现在住房供给结构与房价可支付性上。新加坡以非营利性公共住房为主导的独特供给结构,以及高度补贴机制下远低于房地产市场价格的公共住房出售价格,是其解决中低收入群体住房问题的关键。然而,新加坡的住房政策与其经济结构、财政来源和政府对公共住房的定位密切相关,唯有进一步对比我国城市与新加坡在上述方面的异同,才能

新加坡与中国四大一线城市住房现状对比　　　　　　　　表13-9

城市	辖区面积(km²)	常住人口(万人)	平均工资(元/月)	平均租金[元/(月·m²)]		平均房价(元/m²)	
北京	16406.2	2153.5	10943.5	85.2		67822	
上海	6340.5	2418.3	10120.3	88.6		52584	
广州	7434.4	1865.2	7860.6	59.4		40030	
深圳	1997.5	1252.8	9088.0	97.9		50900	
新加坡	722.5	563.9	19944.2	私宅	161.5	私宅	68623
				组屋	125.6	组屋	16266

注:新加坡的相关价格已根据当年汇率转换为人民币。
资料来源:各城市统计年鉴,作者整理

判断以公共住房为主导的政策是否适用于我国城市。

2. 新加坡与我国城市经济财政背景差异

新加坡的经济结构和财政收入结构与我国存在很大差异。从经济结构上看,新加坡的房地产行业对其国民生产总值(GDP)的贡献率一直低于北京和我国整体平均状况(表13-10)。我国房地产行业处在拉动上下游行业的关键节点,对于刺激内需,推动上游水泥、建材等生产行业和下游消费行业的发展具有重要意义;而新加坡主要以进口贸易满足国内需求,其房地产行业处于相对独立的地位。从财政来源上看,新加坡将近90%的财政收入来源于各类税收(表13-11),国有投资机构通过运营国有资产获取投资回报提供了财政补贴;而土地收入在新加坡财政收入中占比极小,新加坡政府不仅掌握了绝大多数的土地,并对新加坡国土局(SLA)的土地出让收入做出严格管控,要求土地出让收入总额不能超过当年政府总收入的5%。这与我国的财政收入情况大不相同,以土地出让收入为主的政府基金收入是我国地方政府的重要收入来源,以北京为例,土地出让收入在2008~2018年占总体财政收入的24%,居住用地出让在其中更是占据主导地位。房地产行业的相对独立地位,以及土地出让收入在财政来源的较小比重,使得新加坡经济发展与财政收入对房地产市场的依赖性低,这为大力发展独立于房地产市场的公共住房体系提供了前提。而对于高度依赖土地财政、一度依赖房地产行业作为刺激经济增长的"支柱行业"的我国城市,房地产市场业已成为住房供给的主要来源,扭转整体的财政、经济和住房供给结构存在较大困难。

此外,新加坡的公共住房体系长期高度依赖政府补贴。基于"组屋"的非营利性与高覆盖率,主导公共住房建设与管理的建屋发展局的运转对政府财政收入的支持提出了较高要求。图13-14展示了新加坡建屋发展局历年的收支情况,至今为止建屋发展局每年均有巨额经营赤字,2018年赤字约20亿新元;换言之,新加坡的公共住房体系至今仍需要政府源源不断地投资来支撑其平衡运转。在高覆盖率的公共住房体系背后,需要新加坡政府通过税收和对国家储备净投资回报(NIR)来提高财政收入。对于我国城市,土地出

建筑业和房地产业对国民生产总值(GDP)的贡献率(单位:%)　　　　表13-10

年份	中国		北京		新加坡	
	建筑业	房地产业	建筑业	房地产业	建筑业	房地产业
2013年	6.9	6.1	4.1	6.6	4.5	4.5
2014年	7.0	5.9	4.2	6.0	4.8	4.5
2015年	6.8	6.1	4.1	6.0	4.8	4.3
2016年	6.7	6.5	4.0	6.5	4.5	4.0
2017年	6.7	6.6	4.1	6.3	3.6	3.7
2018年	6.9	6.6	4.2	5.8	3.3	3.5

资料来源:各城市统计年鉴,作者整理

政府各渠道财政收入占比结构(单位:%)　　　　表13-11

年份	北京			新加坡		
	税收	政府基金收入	其他	税收	国有资产经营收入	其他
2013年	63.1	33.1	3.8	89.7	9.9	0.4
2014年	53.5	43.3	3.2	88.9	10.5	0.5
2015年	62.6	29.8	7.7	85.8	13.4	0.8
2016年	44.9	13.3	41.8	85.1	14.2	0.7
2017年	38.3	25.7	36.0	87.5	12.0	0.5
2018年	41.4	16.7	41.9	86.4	13.1	0.5

资料来源:各城市统计年鉴,作者整理

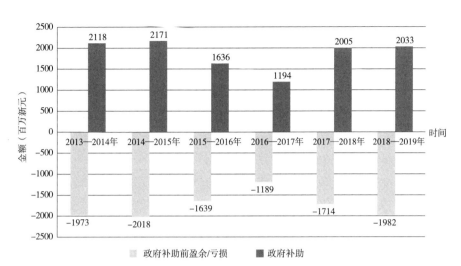

图 13-14 新加坡建屋发展局历年收支情况
资料来源：HDB，作者整理

让和房地产相关税收构成了地方政府财政收入来源的重要组成部分。一方面，在当前的财政来源下难以确保长期、稳定的投入来维持以公共住房为主的住房建设与供给体系；另一方面，由地方政府供给土地、主导公共住房的建设与管理，意味着削减土地收入的同时需要加大公共住房财政补贴，推进难度很大。

3. 新加坡与我国城市公共住房定位差异

公共住房的定位和作用被广泛认为是对住房体系进行分类的重要依据（聂晨，2018）。Kemeny（1995）提出，根据公共部门在住房供给中的地位和福利模式可以将住房体系分为"剩余化"和"一般化"两种类型。本节基于文献分析，将公共住房的供给归纳为"救济型"和"普惠型"两种模式。其中，"救济型"模式对应于聚焦剩余需求的"二元模式"，强调住房的资产属性，公共住房在住房供给中处于边缘地位、规模较小、仅面对最弱势群体的临时居住需求（即租赁需求），其目标是为市场"兜底"，在价格等方面与市场分开运行，基于成本定价。"救济型"模式往往伴随着公共住房的"污名化"，成为对应社会弱势群体的"非正常"居住形态。"普惠型"模式对应公共住房一般化、市场与政府"整合"的模式，强调住房的社会权利，公共住房规模较大，作为住房供给的重要部分向多个阶层开放，在居住质量、价格等方面都与房地产市场得以抗衡，公共住房为一种普惠的居住选择。

从新加坡和我国的住房供应现状架构上来看，新加坡更趋向于"普惠型"模式，而我国更趋向于"救济型"模式，二者对于公共住房的定位和作用有着较大区别。新加坡在城市建设发展伊始就将公共住房纳入发展规划之中，作为住房供给的重要部分乃至主体；而我国则是在快速城镇化的中后期、经历了住房商品化的剧烈变革之后才开始推动住房保障体系的发展，公共住房从发展之初便作为市场主体的补充而存在。目前，新加坡的公共住房是国民购房的首要选择，而我国一线城市的非营利性公共租赁住房（廉租房、公租房）也经过了一定时间的发展，却始终"未成气候"，未能成为缓解居住压力、减轻居住负担的"良方"，仍被广泛认为是特殊居住渠道；以北京市为例，大量低收入人口仍租住在非正规住房内，未能被非营利性租赁住房所覆盖。事实上，我国对公共住房在住房体系中的定位也处于变化之中。2009年国务院发布的《关于促进房地产市场平稳健康发展的通知》提出，通过公共住房建设"保增长、扩内需、惠民生"，并加大公共住房的建设力度、提高覆盖率，有效提升了公共住房供应的数量；2016年进一步提出"房住不炒""租购并举"，推动兼具市场与公共属性的"共有产权房"发展等，希望通过租赁住房发展解决突出的住房问题，但由于较为依赖土地财政，至今进展缓慢。

二、"新加坡模式"对我国大城市完善住房体系的启示

虽然"新加坡模式"的成功与其特殊的经济、财政、国情背景密不可分，直接"移植"于我国城市的可行

性较低，但其在住房建设、信息管理、住房监管等方面的成功经验仍然为国内城市住房体系的完善提供了借鉴和启发。综合前面对新加坡住房格局与管理体系的分析，本节提出应将借鉴重点放在公共住房品质提升、监管机制优化、信息流程透明化三大方面。

1. 提升公共住房建筑质量和社区品质

新加坡公共住房成为国民居住首选的原因，除了大量标准化建设和逐步扩大的保障范围带来的普惠化供给体系外，还有新加坡公共住房良好的居住环境、多样的住房选择带来的和谐的社区氛围和便利的生活条件。反观我国公共住房市场，国内公共住房、廉租房整体建筑质量较低、地理位置偏远、社区品质低下（董新龙 等，2012），造成公共住房"污名化"现象严重，进一步导致了居住隔离等社会现象。因此，我国大城市应从优化选址、用地混合、鼓励社区营建三个方面提升公共住房的生活品质，建设居住便利、舒心、实惠的公共住房社区。

在优化选址方面，新加坡建成和规划的公共住房相对均匀地分布在国家非中心地区，超过50%的组屋选址位于离市中心乘公交出行35min的空间内，房屋的价格随距离市中心的远近而浮动（张祚，2010）。而在我国，由于保障性住房建设用地由政府划拨提供，在高度依赖土地出让收入的地方财政结构下，大多数保障房位于偏远地区，公共服务设施和周边配套不完善、交通不便和职住失衡等问题，导致保障房的入住比例低下且居住满意度不高（禹静，2010；朱碧雯 等，2016）。因此，我们应借鉴新加坡在公共住房规划选址方面的做法，优化公共住房规划选址并使之靠近公共交通，完善住宅周边基础设施配套，同时积极发挥市场价格调控作用。

在用地混合方面，新加坡公共住房建设既强调基础设施的完备性，又力求保证居民到达基础设施的便利性（刘鹏，2008）。在土地分配上，新加坡新镇建设鼓励功能混合，30%~40%的土地用于居住和居住相关设施，30%用于工业和商业发展，其余的则用作学校、医院等公共基础设施建设和绿化。这有利于避免公共住房社区的居住隔离现象，也在一定程度上平衡了公共住房建设成本。在内部空间组织上，形成"新镇—邻里—居住组群"三层体系，基础设施分级布设，既提高了公共服务的可达性，又使社区邻里居民产生亲密感、归属感和对公共财产的责任感（张祚 等，2010）。在我国保障房建设需要地方政府投入大量土地、资金，资金的有限性导致建设成本、设计成本的缩减，造成建筑质量差，仅保证基本居住需求，在美观性、宜居性等方面缺乏考虑（丁维莉 等，2009）。因此，应借鉴新加坡在用地规划和公共住房社区空间组织的经验，优化公共住房片区的土地混合利用和内部的空间组织。

在社区营建方面，通过新镇建设和不断的更新改造与修缮计划，新加坡的老旧组屋逐渐被更优质、完善的组屋取代，一些社区周边还增设了滨水公园、绿色慢跑休闲道等公共休闲娱乐设施（张祚 等，2014）；同时，新加坡通过混合居住使得种族分异和"社会隔离"的情况得以控制，维护社区和社会整体氛围的和谐（徐国冲，2017）。如前所述，我国公共住房硬件设施和公共服务质量不高，并且由于大量低收入人群聚集，"社会隔离"现象不可避免。针对我国国情，首先，建议通过给予适当的优惠政策或加大土地出让条件中的建设配额的方式提高开发商在建设公共住房上的参与积极性以缓解地方政府的财政压力。建设公共住房时，建议加大初期建设投入，以便减少后期修缮成本，并为房源的转售、长租等后续再利用奠定基础，提升公共住房居住品质。其次，要让公共住房成为多数人的居住选择而不仅仅是低收入人群的无奈去处，不仅要避免二元社区的存在，还要向同质认同、"社会融合"方向努力（张祥智 等，2017）。

2. 建立合理、细致的公共住房动态监管机制

新加坡的公共住房体系取得成功的一大重要原因在于其合理、细致的公共住房动态监管机制。反观北京等特大城市，21世纪初推行经济适用房政策时由于监管不力造成一系列"乱象"，大量投机购房行为的出现使得这一住房政策不仅未能有效落实中低收入群体的住房需求，还导致房源落入部分"炒房"者手中，加剧了住房不公平现象。新加坡的公共住房体系能真正做到按需供给、供需匹配，一方面在于其严格、细致的准入条件设置，另一方面在于其动态的监管机制和惩罚措施的制定。以新加坡公共住房的租赁为例，在准入条件上不仅考虑了租赁人的收入水平，还详细考察了租赁人家庭成员的收入水平和家庭成员的不动产情况；无论是否享受租赁补贴，公共住房仅供给没有其他住房选择的人租住。对此，我国应利用日益发展的城市信息管理系统和数据技术，更全面、细致地考察公共住房申请者的需求情况，使住房保障精准供应、落到实处。在监管上，新加坡公共住房体系设定了 2~3 年的定期回访机制，不断验证收入情况和财产情况，实行动态监管，并设立了严厉的处罚措施作为辅助。这对于我国城市公共住房的管理措施具有很强的借鉴意义。通过合理、细致的准入条件设定和动态的监管措施，一方面可以将住房保障"落到实处"，另一方面也可以获得住房需求的及时认知，以不断改善、匹配住房的供需情况。

3. 促进住房信息与申请流程的公开、透明化

新加坡的政府官方网站对住房的供给和需求信息进行了详细、全面的统计，并做到了高度的公开化、透明化。建屋发展局不仅对公共住房的申请、交易、补贴条件和规则做出了明确、详细的规定，还对住房的建设、新增、存量及交易信息进行了详细的分类记录和公布，并配备具有查询和可视化功能的住房供应信息地图与线上租购模块，通过数据公开化、流程线上化促进住房供需的匹配。城市重建局则以"宗"为单位对房地产市场的住房交易信息进行完整的记录，私人住房的交易价格、面积等数据同样完全公开。

反观我国公共住房，则存在着准入机制模糊、信息统计不全、申报流程繁琐等诸多问题。首先，公共租赁住房申租人资格认定标准较为模糊，部分需求极为迫切的低收入群体难以享受政策优惠，而部分套利和寻租行为则占用公共资源、损害社会福利（马靓，2011；陈俊华 等，2012）；其次，我国尚未建立全面的住房存量、增量信息统计系统，无论是公共住房申请还是商品房市场均存在信息不对称的问题，一定程度上加剧了公共住房的租购申请和住房市场交易的供需不匹配；最后，目前我国城市公共住房的申报流程较为繁琐复杂，以北京市为例，公共住房的租购须向街道办事处或各区、乡镇住房保障管理部门现场进行登记申请，缺少完善的统一线上申报系统，流程不统一，进一步造成了信息的不对等和混乱。

因此，我国可以借鉴新加坡高度的信息公开体制、透明的分配交易程序、统一的线上申报流程等举措。首先，应建立及时公开公共住房的建设、新增、存量和交易等详细信息的体制，公开保障性住房及周边的详细信息和申报条件，一方面便于为基本居住需求亟待满足的群体提供信息支持，另一方面也便于公众对公共住房体系运营的监管。其次，应积极推动信息化背景下统一的线上公共住房申请政务服务模块，使申购和申租者可以通过官方网站的统一电子服务完成住房选择、资格认证、材料提交、结果验收等一整套申请流程，而不是城市各区"各行其政"、将需求分散到区地方政府统计；统一的线上申请流程还有利于与国家个人征信数据系统进行连接，从而提高申请人条件审核的准确性和效率。

参考文献

CHIA W，LI M，YANT T，2017. Public and Private Housing Markets Dynamics in Singapore：The Role of Fundamentals [J]. Journal of Housing Economics（36）：44–61.

CHIU R L H，2008. Government Intervention in Housing：Convergence and Divergence of the Asian Dragons[J]. Urban Policy and Research，26（3）：249–269.

Housing and Development Board，2019. Annual Report 2018/19[R].

KEMENY J，1995. From Public Housing to the Social Market：Rental Policy Strategies in Comparative Perspective[M]. London：Routledge.

KEMENY J，2006. Corporatism and Housing Regimes[J]. Housing, Theories and Society，23（1）：1–18.

LIM W，1984. Public Housing and Community Development in Singapore[J]. Ekistics，51（307）：319–327.

LOO L S，SHI M Y，SUN S H，2003. Public Housing and Ethnic Integration in Singapore[J]. Habitat International，27（2）：293–307.

PHANG S Y，2001. Housing Policy, Wealth Formation and the Singapore Economy[J]. Housing Studies，16（4）：443–459.

Singapore Department of Statistics，2019. Singapore in Figures 2019 [R].

TU Y，1999. Public Homeownership, Housing Finance and Socioeconomic Development in Singapore[J]. Review of Urban & Regional Development Studies，11（2）：100–113.

Urban Redevelopment Authority, 2019. Skyline11/2019[R].

陈俊华, 吴莹, 2012. 公租房准入与退出的政策匹配: 北京例证[J]. 改革 (1): 75-80.

丁维莉, 章元, 2009. 局部改革与公共政策效果的交互性和复杂性[J]. 经济研究, 44 (6): 28-39.

董新龙, 林金忠, 2012. 高品质公租房: 国家战略与民生抉择[J]. 经济学家 (1): 30-40.

贾洪波, VASOO S, 2018. 新加坡公共住房所有权及其资产构建效果评析[J]. 城市发展研究, 25 (3): 104-111, 124.

李光耀, 2001. 李光耀回忆录 (1965-2000) [M]. 北京: 外文出版社.

李海涛, 侯纲, 2013. 公共租赁住房发展困境及其破解思路[J]. 财会月刊 (6): 32-34.

李俊夫, 李玮, 李志刚, 等, 2012. 新加坡保障性住房政策研究及借鉴[J]. 国际城市规划, 27 (4): 36-42.

连宏萍, 杨谨顿, 李金展, 2019. 社会文化视角下新加坡住房政策的成功历程与新探索——兼谈对我国住房政策的启示[J]. 中国行政管理 (9): 146-151.

刘鹏, 2008. 新加坡集合住宅研究[D]. 天津: 天津大学.

马靓, 2011. 我国保障性住房项目实施中的寻租行为[J]. 合作经济与科技 (18): 99-100.

聂晨, 2018. 比较视野下的中国住房体制的演进与趋势——基于公共住房边缘化程度的分析[J]. 公共行政评论, 11 (2): 4-19, 189.

任思权, 2013. 不只是住房——新加坡组屋政策的国家战略解读[D]. 广州: 暨南大学.

王茂林, 2009. 新加坡新镇规划及其启示[J]. 城市规划, 33 (8): 43-51, 58, 101.

魏宗财, 陈婷婷, 李郇, 等, 2015. 新加坡公共住房政策可以移植到中国吗?——以广州为例[J]. 城市规划, 39 (10): 91-97.

徐国冲, 2017. "组屋"的政治学密码——来自新加坡住房政策的启示[J]. 中国行政管理 (3): 145-150.

禹静, 2010. 廉租房项目选址问题研究——以北京为例[J]. 中国房地产金融 (11): 22-25.

张祥智, 叶青, 2017. 我国混合居住研究进展[J]. 城市问题 (6): 36-45.

张祚, 朱介鸣, 李江风, 2010. 新加坡大规模公共住房在城市中的空间组织和分布[J]. 城市规划学刊 (1): 91-103.

张祚, 涂姗, 尤瑞, 等, 2014. 新加坡公共住房发展中典型新镇的建设与启示[J]. 中国房地产 (10): 50-58.

朱碧雯, 李孟, 2016. 保障房为何陷入闲置的尴尬 保障性住房高空置率现象调查[J]. 中华建设 (7): 14-16.

第十四章
首尔租赁住房研究：
政策演变及租赁转型与尝试

  韩国从第二次世界大战后开始发展和建设公共租赁住房，在政府的强力管控和建设下，创造了一套较为成熟的建设模式和细分政策，囊括金融、法律、规划等城市发展的各领域。然而近年来，在全球经济快速发展和城市迅速扩张的背景下，首尔作为韩国的首都和全球人口最密集的巨大城市之一，正面临一系列人口和住房问题带来的严峻挑战。在转型压力与危机并存的环境下，首尔住房体系中的租赁市场备受重视。公共租赁也积极尝试转型，以应对"夹心层"等群体在新环境下的新需求。本章主要对首尔租赁住房市场的历史变迁、租赁住房发展现状、住房相关政策以及首尔在公共租赁住房体系中的转型尝试等进行了梳理与回顾，并在此基础上总结了其对我国大城市完善租赁住房市场的启示。

第一节 首尔城市概况

一、城市空间概况

首尔位于韩国西北部汉江流域,朝鲜半岛中部,是韩国首都,也是韩国的政治、经济、科技、文化和教育中心,是世界重要经济金融城市之一。首尔市下辖25个区,面积约605.2km²,人口密度很高,2019年人口普查数据显示,首尔市人口973万,人口密度达1.74万人/km²,与上海中心城区接近。其中,松坡区、芦原区、江南区和江西区等7个区人口规模在2011年底就高于50万(图14-1)。首尔市以仅占韩国0.6%的国土面积创造出全国21%的GDP,其城市化率超过80%,是当之无愧的国家心脏。

首尔包括25个行政区和424个行政洞。首尔与其周围的仁川广域市、京畿道地区等共同组成首尔城市群,是世界五大都市区之一,也是韩国最富有活力的区域。首尔城市群集中了全国49.6%的人口,56%的制造业企业,71%的尖端企业,89%的大企业,85%的国家公共机构。如此密集的人口与产业分布极大地提升了该区域的人口吸引力与集聚力,但与此同时,也给首尔带来住房供给压力以及不断涌入人口的住房需求的挑战。

图14-1 首尔市各区人口分布示意图
资料来源:https://map.baidu.com/;[韩]斗山doopedia百科,www.doopia.cokr

二、城市发展概况

首尔的城市发展可以分为三个历史阶段:开发与成长期、过渡期、矛盾期。如图14-2所示,第一阶段是从20世纪50年代到80年代的开发与成长期,主要是应对朝鲜战争结束后人口激增,采取规模化的住房建设阶段。1951~1980年,首尔市总人口飙升到840万,住宅从27万户增加到117万户,增长了4.3倍。在这一时期,首尔处于密集的开发建设阶段。第二阶段过渡期大约持续到2000年,这15年间首尔城

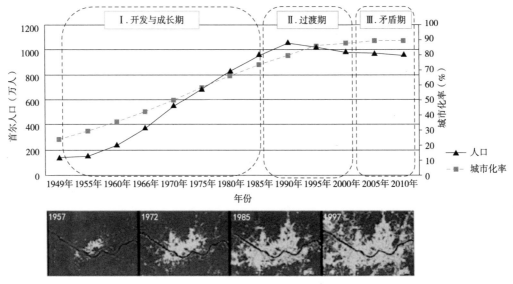

图14-2 首尔的发展阶段
资料来源:金昶暻,2013

"2030首尔规划"编制历程　　　　表 14-1

时段		主要工作
2009 年	1 月	启动城市基本规划修订
	2~9 月	基础研究、规划编制构想、愿景讨论
	8~11 月	市民及专家问卷调查（8~11 月），征求各行政区意见
2010 年	2009 年 11 月至 2011 年 2 月	规划编写，收集相关部门意见
2011 年	4~5 月	召开记者说明会，行政区说明会、听证会
	6~7 月	召开专家讨论会（2 次）、相关部门意见征集会（国土部、行政区等）、中央城市规划委员会咨询会、绿色首尔市民委员会意见征集会等
	8~10 月	规划程序的暂停与全面重审
2012 年	7 月以前	设立基本规划改变专家顾问团
	8~10 月	招募市民参与团，列出愿景与规划课题
	11 月以后	组建规划制定促进委员会
2013 年	3 月	召开行政区研讨会
	3~8 月	规划编写，收集相关部门意见
	9 月	完成"2030 首尔规划"，召开记者说明会
	10 月以后	开展行政区说明会、听证会，完成国土部协商等法定程序

资料来源：首尔市政府，2013. 首尔 2030 城市基本规划（韩文）[R].

市发展以综合开发为主，建设基础设施及铁路网等，着重发展第三产业，并开始注重城市的更新与改造，由单纯的城市扩张逐渐转变为城市内部改造与向外扩张并行的城市发展策略。在这一阶段，首尔总人口趋于稳定，经济持续增长。对城市更新的聚焦使得城市化进程放慢但质量有所提升，首尔市由此进入综合规划的全盛阶段。第三阶段矛盾期为 2000~2010 年，表现为人口稳定甚至略有下降，人口收入、住宅、私家车保有量等指标逐渐平稳。同时，城市问题凸显，如可利用土地日渐枯竭、设施逐步老化、经济发展趋缓、人口老龄化加剧等，首尔市进入后城市化阶段，如何在存量空间上解决这些城市问题成为首尔城市发展的挑战，而首尔的转型尝试经验也主要体现在这一阶段。

2010 年之后，首尔提出了新的城市规划。不同于原先规划部门主导的规划编制和实施过程，规划制定部门希望能够让市民更多地参与到城市规划的全过程中。2011 年 8 月 "2030 首尔规划" 重启，规划编制共划分为三个阶段。第一阶段，专家进行前期策划，由顾问团决定首尔规划的推动机制、政策方向和市民的参与模式。第二阶段，组建 "2030 年首尔规划制定促进委员会"（108 人），包括各领域的市民群体、市议员、专家、公务员等，参与各项规划的制定，如空间结构、核心主题、土地利用、圈域构思等。第三阶段是法定程序定稿阶段。在新的规划中，"快乐生活""文化历史""居住稳定"等以人为本和综合发展的主题被作为重点予以强调，这也标志着首尔市城市发展的转型方向。具体 "2030 首尔规划" 编制历程如表 14-1 所示。

第二节　首尔住房与租房市场的历史演变

根据政权更替的阶段性，按时间顺序首尔的住房历史可以大致分为三个时期：准备期、引进期和扩大期（金昶曛，2013）。在不同的历史时期，受到国家经济状况和城市发展水平的约束，政府对住房发展以及公共住房发展的态度不同。

一、准备期：20世纪80年代前

总体而言，这一时期对应于首尔城市发展的开发与成长期，主要体现为住房的规模化建设，这一时期主要是自住住房的供应。朝鲜内战（1950~1953年）结束后，韩国住宅短缺现象严重，政府依靠外国援助提供建设住房。在此之后的10年，美国和联合国大力提供经济援助，总额达到13.41亿美元。在此背景下，从1957年开始，首尔市的住房建设主要由需求者负担，政府主要负责出台住房建设政策。20世纪60年代，依照"一五"计划《公营住宅法》，地方政府和住房公司开始为低收入家庭提供租赁房或商品房，但此时政府的工作重心仍在"衣食"，并未大力推行住房政策的实施。

20世纪70年代，首尔政府开始关注住房部门，核心是自住住房的供应，供应主体是大韩住宅公社主导的公共部门。此时公共租赁住房的雏形已出现，尽管规模小、时间短、难以真正发挥租赁住房的功能，但也为租赁住房的建设奠定了基础。

20世纪80年代，全国的房地产发展停滞，首尔空置住房的库存不断增加，然而租金却在高涨。政府制定《住宅租赁保护法》以保护低收入家庭的居住权，同时支持企业为无住房员工提供租赁住房，以此激活房地产市场。为了更有力、有效地推动政策，1984年政府制定《租赁住宅建设促进法》，并以此为契机，开展5年型长期租赁住房、20年型长期租赁住房的建设。虽然这一阶段的租赁住房建设存在规模较小、推动难度大等问题，且很多住房建设后失去了租赁的功能，但多方位的政策法规已初成气候，为之后首尔市的租赁住房建设创造了较好的条件。

二、引进期：20世纪80~90年代末期

在准备期的规模化住房建设后，引进期租赁住房市场开始发展，同时公共租赁也得到了进一步的发展。1984年《租赁住宅建设促进法》是1989年永久性公租房的序曲。1989年，卢泰愚政府（1987~1993年）公布"住宅200万户建设计划"，包括永久性公租房25万户，各类租赁住房50万户。其中，永久性公租房不可出售，主要由财政拨款建设以供给城市贫困的低收入群体。但在最终执行阶段，仅在建设14万户后便停止了。

金泳三政府（1993~1997年）时期，房地产市场比较稳定，1993~1997年五年计划共建设312万套住房，1997年住房普及率达到92%，住房价格上升0.3%，土地价格下降6.1%。政府提出开始供应公共租赁住宅，停止了永久性公租房的供应，本质差别是减少财政投入，更多地将金融系统（如国民住宅基金等）纳入公租房体系。同时，政府修订《租赁住宅建设促进法》为《租赁住宅法》，规定完善租赁标准，确定主题、流程、合同等事宜，也将低收入群体外更大范围的人群纳入考虑。政府更多提倡多种类的租赁住房供应，租税、金融、宅地等方面的扶持多管齐下，推动私人开发商进入租赁市场。

三、扩大期：20世纪90年代末至今

这一时期主要体现为公共租赁的发展，在住房建设主体上也从准备期时的需求者转向政府主导的公共部门。金大中政府（1998~2003年）为了克服经济危机、拉动内需，推出了一系列激活住房经济的方案。面对经济危机后大规模失业的无住房人群，通过多方面政策手段和扶助培植，韩国开始了国民租赁住房的建设。这是韩国最大规模的租赁住房建设计划。2002年，政府共发布100万套长期租赁住房的计划，其中包括了50万套国民租赁住房，同时，政府进一步上调了原租赁产品的租赁期限。在首尔，地方政府也成为重要的住房供应主体，租赁住房大规模登上历史舞台。此后，卢武铉政府（2003~2008年）进一步强化住房思维的转换，加大公共租赁住房的建设投资，同时试图开发多样化的租赁类型，包括收购再出租、首尔长期"传贳"❶房等。李明博政府（2008~2013年）提出建设Bogeumjari住房，持续供应公共商品房与公共租赁住房，继续完善法律法规。

---

❶ "传贳"：韩国特有的传统租赁方式，不同于月租金的模式，在租赁时支付大笔押金（约为房价的50%~70%）且以利息代替租金的方式，将在后文具体介绍。

第三节 首尔租赁住房发展建设概况

首尔的租赁住房市场有其特色。首尔市早期以韩国特有的"传贳"租赁为主要的住房租赁方式,到后期其他类型租赁住房才逐渐发展起来。经过数十年的发展,"传贳"仍在首尔租赁市场拥有一席之地,同时也向多元化租赁市场积极转型。本节对传贳租赁方式及首尔租赁住房市场的发展概况进行简要介绍。

一、传贳:韩国独特的租赁住房模式

1. 传贳租赁模式的内涵

传贳最初来源于典当制度。"传"即传给或转交,"贳"指出租,最早诞生于农耕社会的土地经济。当人需要钱时,会将自己的土地使用权转让,转让期满后还钱并收回自己的农田。后期,这种典当制度逐渐演变为贵族、僧人或官吏对农民以房地产为担保的借贷。最终,经历近现代的转型蜕变,"传贳房"成为韩国特有的租赁住房形式,体现了韩国独特的社会习俗。

传贳通常俗称为全税或全租,租户可以交一笔稍多的传贳金给房东(一般是总房价的50%,目前有的已高达70%),在入住期间不用再缴纳除了煤、水、电和管理费之外的任何费用,等期满退房时,从房东手里拿到当初缴纳的传贳金。传贳在韩国租赁市场上有其独特的优势:对于出租人而言,通过将住房的"居住"和"投资"分离,可以一次性筹得较大金额资金,这可以为其提供再投资或购买更大住房的资金,同时也规避了月租租金滞纳的风险;对于承租人而言,能够用相对较少的费用享受到更好的住房条件,减少了每月支出房租的交易费用,形成双赢的局面。

传贳房的本质是将融资、储蓄等金融理念与住房结合在一起,通过"居住"与"投资"的分离,使不同人群的利益需求得到满足。传贳房租赁在韩国住房市场中的比重超过20%,是非常普遍的居住方式。但是这种居住模式也存在风险,尤其是在屋主负债无力返还传贳金的情况下,风险被更多地转移到承租人一方。1980年后,为保障承租人在传贳租赁模式下的权益,韩国政府陆续制定或修订了相关住宅法。1984年,《韩国民法》修订最终确认了传贳权的优先受偿权利,即租房合同到期时若出租人无力偿还传贳金则承租人优先享有申请拍卖与获得补偿的权利。1989年,《住宅租赁保护法》将传贳房的租赁期限由原来的1年延长为2年。1998年,新增规定,开设租赁权登记命名制度,承租人单独一方也可以登记租赁权,从法律上肯定承租人地位。一系列的法律保障对传贳房的市场规范和长期发展起到了重要作用。

2. 传贳租赁的发展演变

传贳租赁住房在韩国的租赁市场占有一定的比例,是其租赁市场的重要板块之一。根据KB金融控股经营研究所发布的数据,1975~2010年,传贳住房在韩国住房市场中始终占据较大比重(图14-3)。在20世纪90年代传贳大热后,21世纪以来,传贳住房占比逐渐走低,而月租房占比逐渐上升。这一现象与房地产市场管控、传贳房老旧、传贳金上涨很有关系。传贳金由原先房价的50%逐渐上涨,最高能达到房价的80%。年轻人在面对房租压力时,更愿意选择相对高昂但灵活的月租模式,以换取更好的居住条件。但无论在哪个阶段,传贳在首尔乃至韩国全国住房市场,尤其是租赁住房市场中占有重要地位。

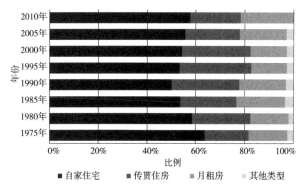

图 14-3 韩国住房市场中各类住房所占比重
资料来源:唐燕等,2016

二、首尔住房及租赁住房概况

经历20世纪90年代住宅建设高峰期后,韩国住房建设增长放缓,私人住宅供给平稳,部分城市的总体住房建设甚至减少,公共住房建设稳步推进。2005年住房供给中公共部门供给占比约为1/3。2017年,韩国私有住房持有率为61.1%,其中首都圈(包括首尔市与京畿道)为54.2%,首尔市为48.3%。首尔的住房自持率不足50%，说明租赁住房是首尔住房市场中的重要板块，也是首尔满足市民居住需求的主要住房供应方式。

根据2010年统计数据，首尔市住宅合计2446508套，各类型住宅总计容纳居民9392754人。韩国统计局有关首尔不同类型住宅家庭占比的数据显示（图14-4），独立住宅和公寓是最主流的两种类型。其中，自2005年后，公寓占比逐年升高，至2018年达到50.1%，远超独立住宅，这与2000年独立住宅占比远超公寓形成反差。这揭示了首尔市21世纪以来居住模式逐渐从传统大家庭居住形式转向小型化、现代化的居住形式。从住宅户型来看，首尔以40~85m^2小户型居多，其中85m^2是政府管控的重要户型指标。从户均人口来看，首尔3或4人共居的情况占比最高，独居比例在21世纪后有所升高，平均每户居住人数为3.8人。

在首尔市的租赁市场中，最便宜的住宅类型为平房（包括多户住房），平均传贳金额为5999万韩元（折合约35.6万元人民币），传贳金最高的为高层楼房，平均传贳金额为8285万韩元（折合49.2万人民币）。但是在月租金中，高层楼房低于20万韩元的比例最高，同时高价租赁也是最多的，因此高层楼房是公共租赁的最主要形式。根据2010年韩国国土海洋部居住情况普查发现，居民收入等级越高，选择自住住房和高押金的传贳租房的比例越大，而收入较低的人群，其对月租房的依赖较大，仍有部分低收入人群居住在没有保证金的非正规月租房中。整体来看，低收入人群汇聚在平房、联排住宅等老旧的传统住宅区，而高收入人群会更多地选择高层楼房，这也带来了不同收入人群的自然分化，对城市融合有消极的影响。

首尔作为韩国第一大都市，在近几十年面临着明显的城市发展问题。自20世纪90年代后，受到经济危机波动影响，韩国政府试图推动房地产发展，由此带来房价一路走高等社会问题。首尔市内人口密集、产业集中、房价攀升，租金也因此受到影响。2019年，韩国全国住宅消费指数为102.6，都会区达到105.7，首尔区域更是高达110.2，首尔房价在全国范围内仍居高不下。2019年韩国全国千人住宅数量为411.6，首尔仅为387.8，远低于全国平均水平，也低于釜山（426.5）大邱（411.9）等其他大城市。2018年，首尔房价收入比（PIR）为18.1，这意味着个人平均需要18年净收入才可以买得起房；房屋租售比（PRR）高达1∶648，这意味着房屋出租54年才能回收成本。与亚洲其他重要城市相比，其房价收入比仍处于较高范围，为东京的1.3倍，租售比更是东京的1.9倍。

近年来韩国政府对住宅产业的发展给予了很高的支持与关注，对公共住房投入了大量财政资金予以保障。然而，尽管韩国政府大力进行公共住房建设，在大部分地区，长期公共租赁仍然处于供不应求的状态。如表14-2所示，从租期结构来看，2002年，5年期以下的公共租赁住房约占总体公共租赁住房的60%，且

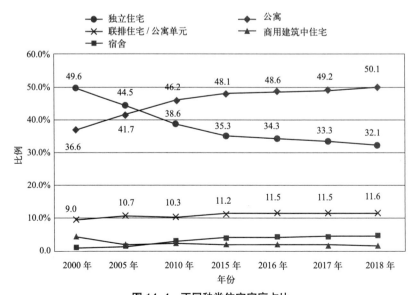

图14-4　不同种类住宅家庭占比

资料来源：韩国统计局2018年数据，http://kostat.go.kr

2002~2007年韩国公共租赁住房存量对比（单位：套）　　　表14-2

类别 年份	永租房	50年期公租房	30年期公租房	5年期公租房	5年期雇员公租房	合计
2002年	190077（18.4%）	87828（8.5%）	108280（10.5%）	605631（58.8%）	38412（3.7%）	1030228（100%）
2007年	190077（22.6%）	100007（11.9%）	155637（18.5%）	364030（43.3%）	30173（3.6%）	839924（100%）

来源：陈杰，张鹏飞，2010.韩国的公共租赁住房体系[J].城市问题（6）：91-97.2010

在地区分布上存在较大的不均衡性。到2007年，这一数值已低于50%由于韩国实行土地私有制，国有土地仅占三成，在征收土地上韩国政府也面临着严重的困难。2005年计划获取462km²的土地，而实际上获取的公共土地仅为205km²，从计划到实施常常需要5年以上的周期。同时，相比于市区内的土地，偏远地区的土地获取更加容易，这也造成更多的公共租赁住房仍然处于交通、服务不够便利的市郊，在交通设施可达性及公共服务设施配套上，公共租赁住房与其他住房存有较为明显的差别。

第四节　首尔租赁住房发展的相关政策

本节从首尔市租赁住房的准入、建设主体、政府对租赁住房市场提供的金融支持以及相关法律保障等方面对首尔市的租赁住房市场展开进一步探讨。

一、租赁住房的准入

首尔公共租赁住房有较为明确的准入标准，同其他国家和城市一样，公共租赁住房的申请主要考察人群的收入情况。如表14-3所示，韩国将收入分为5个类别。类别1为赤贫家庭，类别2为低收入家庭。据统计，类别1的家庭的年可支配收入仅为968100韩元（约合5200元人民币），约为总体人群平均可支配收入的1/4，且通常家主年龄较高，平均年龄约为63.3岁。

在公共住房政策中，类别1~4的低收入群体是重点福利对象，而类别5的收入人群也有部分政策覆盖。对于类别1~4的低收入群体，由于其购房能力弱，长期依赖租赁住房，政策以公共部门为主导，通过财政、住宅基金、宅地等不同途径为之提供多种公共租赁产品，构建居住安全网，满足低收入人群的居住需求。对于类别3或4的人群，则更多地借助住宅基金与民间资本的力量，采取私人租赁与公共租赁相结合的方式，公共住房发挥补充引导的作用，力求转变国民居住模式。对于类别5较高收入类别的群体，有支付能力购买自住住房的群体，政府积极平稳地价，改善房地产市场。通过人群的细分，出台针对性的政策与产品，韩国政府在公共租赁主导的公共住房领域积极作为，希望建立起完整的住房保障体系。

二、投资建设主体及相关金融支持政策

1. 投资建设主体：公共部门和大型国企为主

在首尔市的公共租赁住房建设上，大韩住宅公社（KNHC）等国有企业承担了主要任务。2007年韩国新开发建设的公共租赁住房中80.1%都归功于大韩住宅公社。在长期和短期公共租赁中，大韩住宅公社分别占了94.1%和37.5%。作为住房建设领域的国有企

韩国不同收入等级平均收入情况　　　表14-3

	均值	类别1	类别2	类别3	类别4	类别5
收入（1000韩元）	4826.3	1254.7	2843.7	4238.7	5863.1	9925.0
可支配收入（1000韩元）	3748.0	968.1	2275.2	3362.7	4567.7	7561.7
家主年龄（岁）	53.4	63.3	54.6	50.2	48.8	50.2

资料来源：韩国统计局2019年数据，http://kostat.go.kr

业，大韩住宅公社成立于1962年，至今承担了大量公共住宅建设和城市环境改善的工作，其资金主要来源于国民住宅基金、财政拨款、企业债券和利润。同时，住宅公社具有国民住宅银行低息贷款优先权。值得注意的是，大韩住宅公社在建设公共租赁住房时拥有征用土地的权利，能够以政府评估价格而非市场价格从私人手中取得土地。其还设有专门的物业管理子公司，进行后期的维护和管理工作。

2. 相关金融支持政策

首尔的租赁住房金融支持主要包括住宅银行基金和国民住宅基金。住宅银行基金主要运营房地产贷款等业务，促进住宅开发建设。国民住宅基金类似于住房公积金，属于国家设立的政策性住房金融机构，为公共租赁住宅、小户型商品房的建设提供低息贷款，为低收入家庭购买、租赁住宅提供低息贷款。1981年《住宅建设促进法》首次提出国民住宅基金的概念，总体由国土海洋部负责，具体事宜委托银行进行办理。

国民住宅基金与公共住房建设联系紧密，同时也承担着政府调控住房市场、建设住房保障的重要工作。国民住宅基金作为最重要的住房金融政策，其高效运行得益于充足的资金。其资金来源主要包括国民住宅债券、认购储蓄制度、住宅彩票和利息收入。国民住宅债券是指，政府强制当事人购买的为国民住宅事业所需资金发行的国家债券，分为Ⅰ型和Ⅱ型。Ⅰ型国民债券的适用范围为：购买不动产、汽车、船舶等在政府处登记确认时按照比例购买，与政府签订合同开发房地产时按照合同指标购买。Ⅱ型国民住宅债券在特殊时期由政府发售，主要为了缩小中大户型不动产销售价格与供应价格的差距，抑制不动产投机行为的发生。在房地产形势较好时，国民住宅债券能够较快地筹措资金，一定程度上抑制房地产投机，但其发行量与房地产交易量密切挂钩，容易受到市场影响。

同时，首尔市政府通过住房认购储蓄制度撬动住宅银行基金和国民住宅基金。即通过缴纳一定资金获得住宅认购权，实行一人一银行账户严格匹配，借此管控不同住宅制度的准入和具体实施。预订储蓄是认购储蓄的主体制度，也是国民住宅基金的重要来源，主要针对85m²以下的公共住房，该项资金将会用作公共住房的建设。预订综合储蓄是2009年5月为了吸引用户，更多更好地筹措资金开始发行的新型储蓄，取消了对住宅的限制条件，所有住宅都可以申请。预订综合储蓄发行后，韩国认购储蓄参加人数较其发行前激增了238%。

首尔作为韩国的首都，是许多金融政策的首批试点城市，在近年来推行了多项针对不同需求人群的金融政策支持，如针对新婚夫妇进行"金融支援"，为传赁金或购房金提供低息贷款，只要二人月薪合计约为800万韩元（每人400万韩元）以下，便可享受这项福利；针对大学生和求职者，首尔市提出"青年租赁贷款"，通过向国民银行申请，家庭收入低的年轻人可以获得低息贷款达2500万韩元。纵观其金融政策发展与变化不难看出，首尔市金融政策从倾向开发者逐步转向倾向消费者，从国家财政补贴逐步转变为储蓄、贷款等"软"政策，逐步激发市场活力。

三、租赁住房相关法律制度保障

首尔市拥有较为完善的住房制度，与其法规先行的政策密不可分。在首尔，住房相关的政策法规体系包括七个方面（表14-4）。第一，《大韩民国宪法》作为国家政策的基石，明确了住房政策的原则；第二，住房政策的上位法规，主要指土地利用规划的政策，是经济社会的宏观规划；第三，是住房政策的核心法规和基本法规；第四，是住房政策的特别法规，就住房政策的具体细节进行说明与规范，囊括租赁住宅、住宅再开发、土地开发等各方面；第五，是住房政策的配套法规，主要牵涉住宅相关金融、建设、公社、税务等支撑住宅发展的不同领域的法规；第六，是政府发布的规划，包括面向国土开发、经济发展的总体规划与针对住宅建设的特定规划，政府作为主体有力地推动社会对住宅的关注与发展，也为住宅开发提供机遇和条件；第七，是部分临时法规，对上述法规在特殊地域和时期的施行进行纠正和调整。通过正式规则的出台，进一步影响非正式约束。住房制度的演变，也同样促进了其质量意识、社会意识、住房理念等非正式约束和实施方式的改变，而新事物的出现则反向催生新的法律法规。例如，在首尔租赁住房的实践中，通过在官方网站发布通告的方式，规定了申请者的年龄、学历、社会状况、婚配情况等条件，再通过申报、审批等法定流程确定申请的合法程序，促使公共租赁福利政策有效落实。

首尔住宅相关法律体系　　　　　　　　　　　　　　　　　　　　　　表 14-4

序号	法规层次	法规名称	法规功能
1	基本依据	《大韩民国宪法》	规定住房政策基本原则
2	上位法规	《国土建设综合规划法》，《国土利用管理法》，《首都圈整备规划法》，《城市规划法》，《土地区划整理事业法》（1966年），《产业基地开发促进法》（1973年），《城市再开发法》（1976年），《环境保护法》（1977年），《首都圈人口布局规划》（1978年），《城市规划设施规定》（1979年）等	规定土地利用原则，属于经济社会的宏观政策
3	核心法规	《公营住宅法》（1963~1972年），《住宅建设促进法》（1972年），《住房政策临时措施法》（1973年），《住宅建设标准规定》（1979年），《宅地开发促进法》（1980年），《住宅法》（2003年），《住房综合计划》（2003~2012年）等	规定住宅政策原则、方向和核心内容
4	特别法规	《租赁住宅法》（1993年），《租赁住宅保护法》，《租赁住房建设促进法》（1984年），《改善城市低收入居民居住环境临时措施法》（1989年），《公共租赁住宅建设及管理指南》（1993年），《城市再开发法》（1976年），《有关住房供给规定》（1978年），《2003年9月3日对策》，《有关国民租赁住宅建设之特别促进法》（2003年），《2006年8月31日对策》，《2007年1月31日对策》，《保护破产公共建设租赁住宅租用人之特别法》（2007年）等	出台住房政策具体方面的相关规定
5	支援法规	《稳定劳动者居住和筹集购房资金支援法》，《地方税法》，《韩国住宅银行法》，《大韩住宅公社法》（1962年），《韩国土地公社法》，《建筑法》（1962年、1980年修改），《城市及居住环境整备法》（2002年），《有关再建设超过利益回收之法律》（2006年）等	为住房政策实施提供条件，属于住房政策的配套政策
6	相关规划	有综合规划和特定规划两种。综合规划又包括长期规划、中期规划和短期规划。长期规划即《国土综合开发规划》，中期规划即《经济社会发展5年规划》，短期规划即年度住宅建设综合规划。特定规划如《住宅建设10年规划（1972—1981、250万户）》，《住宅建设规划（1988—1992、200万户）》，《新经济5年规划（1993—1997、285万户）》等	为住房政策的实施提供条件
7	临时法规	如《住房政策临时措施法》（1973年、1988年），《改善城市低收入居民居住环境临时措施法》（1989年），促进居民自觉参与改善居住环境事业，改善低收入阶层住房条件，纠正过去实际导致低收入阶层住房存量缩小的政策效果	纠正和调整住房政策

资料来源：金钟范，2002. 韩国城市发展政策 [M]. 上海：上海财经大学出版社；金钟范，2011. 韩国社会保障制度 [M]. 上海：上海人民出版社

第五节　首尔租赁住房的转型与尝试

一、市场激活——创新转型的新型租赁住房模式

为了住房市场稳定、避免投机行为、增强市场活力，首尔面向更大的群体推出新型租赁住房产品，试图促使人们的居住观念由自住房向租赁住房转变。这些人群对住房的需求相对更高，要求更完善的基础设施与生活水平，与传统公共住房的"解决居住问题"思路不同。在这种情况下，首尔市政府作出规划与政策上的转变和让步，希望更多民间资本进入租赁住房市场，增加供应数量。下面简要介绍三种新型租赁住房政策。

长期传贳房是国家、地方自治团体、土地住宅公社或者地方公社建设或购买并进行租赁的住房，传贳金相对压缩，对于收入等级处于类别3、类别4的人群而言，若其选择传贳的租赁方式，只收取周边传贳价格的80%，传贳金每年增长不超过5%。即鼓励更多人通过租赁入住，将传贳的主体定位为国家、公社或自治团体，而个人不再持有住房产权。通过这一政策的推行，国家或公社对住房市场的占有率和管控强度将会得到极大加强，中等收入家庭也能适当减轻住房负担。与前述公共住房不同，长期传贳房有小户型也有大户型，收入水平放宽到平均水平的180%，入住

者广泛多样且有一定的消费承担能力，只是现阶段该政策仍处于起步阶段。

改建租赁住房是国家对再开发事业的容积率作出让步以增加小户型租赁住房供给的政策。即通过对改造后的上线容积率作出让步，刺激建设主体自发建设租赁住房以获取最大效益。例如，原计划改造后容积率为2.6，通过该政策将让步至3.0，其中0.4的差值的一半将会指定开发商用于建设小户型租赁住房。事实上，在之前的规定中，也有对改造部分进行一定比例租赁建设的要求，但是相比于其强制性，这种放松容积率的做法似乎能够更好地调动开发商的积极性。不过这也要求政府需前期做好充足的规划准备，在综合管理城市空间规划的情况下留有余地，防止基础设施负荷过大。

此外，还有临站地角长期押金租赁住房（图14-5）。临站地角长期押金租赁住房通常是指在公共交通配套较好，对基础设施要求相对宽松的区域，对私人建设者大幅度放松容积率要求，支持其建设高层住宅的政策。首尔市临站地角长期押金租赁住房的建设选址在283个地铁站附近，以除去自然公园等特殊用地之外的准居住区用地为对象，半径在500m以内，步行距离不超过7min，而容积率准予达到5.0的上限，在这些区域确定选址后，规定50%的建设面积需用于租赁住房建设。

二、公共租赁转型——依靠新模式，面向新需求

为应对新时代住房市场的供需转变，首尔市政府积极地拓展更多公共租赁住房类型，使其更有针对性面向存在差异化需求的低收入群体（表14-5），特别是青年群体，如年轻夫妇、大学毕业生、在读大学生等，积极地调动社会各主体（个人、私人企业、公共部门、社会团体）的力量去为这部分群体供给更多可支付性住房，以阻止日渐严重的"逃离首尔"现象。

针对新婚夫妇，首尔提出"新婚夫妇居住支援方案"。首尔决定每年为25000对新婚夫妇提供居住支援。首尔市计划保证每年结婚的两对夫妻中有一对能够获得"金融支援"和"入住租赁住宅"两项优惠中的一项。其中，金融支援主要指在传贳金或购房金的贷款中给予优惠，入住租赁住宅指优先入住公共租赁住房的权利。无住宅且年收入在1亿韩元以下的新婚夫妇可同

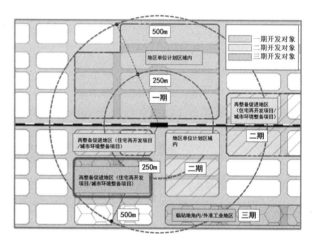

图14-5 临站地角长期押金租赁住房对象的设定范围
（彩色图见138页）
资料来源：金昶暻，2013

首尔新型公共租赁政策　　　　表14-5

租赁政策	受益人	期限	租赁户型	租赁条件	特色功能
青年包租房屋	大学生、求职者	2年（可续约）	60m²以下	首尔市年收入低于8000万韩元，都市区年收入低于6000万韩元，其他地区年收入低于5000万韩元	政府与全世界各地房主签约
希望住宅	大学生	2年（可续约）	宿舍型、公共宿舍型、一居	平均租金因地区而异，月租金为市场价的30%，需保证金	—
幸福的房子	大学生、新社会阶层（新婚夫妇、求职人员等）	2年（可续约）	30~59m²	押金+租金（市价60%~80%）	使用公共土地、公共企业拥有的土地对城市进行振兴
汉屋顶世代	大于60岁的拥有闲置房屋的老人、大学生	—	靠近学校的住宅区	低于市场价格	老人可以获得补偿进行提高环境建设
收费站青少年住房	青年收入在60%以下的人优先	—	—	租金为市场的60%~80%，提供4500万韩元以下的无息贷款	

资料来源：http://seoul.go.kr/

时享受这两项优惠。金融支援还首次将事实婚姻夫妇也列入了受益范围。最核心的是，以低利率获得最高2亿韩元传贳、月租保证金融资的"金融支援"将年收入标准由夫妇合计8000万韩元以下大幅放宽至1亿韩元以下。首尔市政府表示，只要二人月薪合计约为800万韩元（每人400万韩元）以下，就可接受金融支援，此举使受益对象可覆盖大部分职场人士。此外，受益对象也从每年5000户增至10500户，支援期限也从最长8年延长至10年。

同时，首尔市政府还增加了适合青年人群的住宅供应数量。以入住购买租赁住宅、临地铁站建设青年住宅等方式增加供给，每年供给数量平均增加2445户，每年可供给14500户，特别是新供给数量将向新婚夫妇提供最合适的住宅定为目标，由于新婚夫妇往往十分关注交通便利这一因素，其日常出行依赖于地铁等公共交通，故新增供给中首先考虑临地铁站和交通便利的区域选址。这与当初的计划相比，投资金额共增加了20849亿韩元（平均每年6949亿韩元）。自2020年起的3年间（2020~2022年），将大规模投资，投资总额共31060亿韩元。同时，考虑到因不了解各种住宅支援政策和制度相关信息而无法接受支援的情况，首尔市将于2020年11月末启用门户网站"首尔居住门户"。只需在官方网站进行自我诊断，即可享受从查找针对型居住支援类型、线上咨询到支援申请的一站式服务。此外，自2020年起，首尔市将为25个自治区的居住福利中心安排新婚夫妇居住支援协调员。

针对大学生和求职者，首尔推出"青年包租房屋""青年租赁贷款""希望住宅""幸福的房子"和"汉屋顶世代"等住宅供给类型。"青年包租房屋"面向的对象是大学生和求职者，但对其入住条件会有一定的遴选过程；在大学生或求职者寻找住宅时，LH公司会与世界各地的房主签订租约，通过传贳或月租的形式转租给年轻人，且提供一定的优惠。"青年租赁贷款"通过向国民银行申请的方式为家庭收入低的年轻人提供低息贷款，最高贷款额可达2500万韩元。"希望住宅"则是面向追求低租金的大学生，以100万韩元的低保证金提供公共住房宿舍，由首尔住宅公社承建。"幸福的房子"受众较广，以LH公司和SH公司为开发主体，通过公共土地、公共企业土地的开发建设为年轻人创造居住空间，通过靠近工作场所、学校、公共交通等方式降低其生活成本。"汉屋顶世代"则是呼吁有空置房屋的老人，为就近上学的大学生等提供廉价租赁住房，对口调节供需矛盾。这些政策从公共租赁、租赁贷款、转租优惠、一对一扶助等方面多角度、多层次对位年轻人的居住需求，旨在真正改善年轻人在城市中的生活。

此外，自2020年起，SH公司开始打造"收费站青少年住房"，利用城市现存土地进行青年住宅建设等新型租赁住宅产品的开发与实验（表14–5）。

在实际项目操作过程中，往往会综合多种手段去创造复合型的住宅，如售卖与租赁混合，商业租赁与公共租赁混合，针对不同人群的公共租赁混合等。例如，通过在交通便利且适宜居住的临近职场的地铁站附近地区，为青年提供可安全居住的空间，同时通过多元化混合的设计去保障公共租赁住户获得更好的生活体验和更完善的保障服务，这有利于租赁住户与社会的接触与融合。首尔近年来拟通过扩大此类住宅的供给缓解"夹心层"住房难的问题。

三、社会住宅的补充和尝试

韩国近年来也通过重点关注除政府和居民外的第三方机构等方式对住宅建设进行推动，通过不同主体的参与方式对住房建设进行补充与尝试。例如2015年11月成立的韩国社会住房协会（KSHA），2016年首尔成立的社会住房中心等。同时，2017年之前，在韩国，与住房相关的社会经济企业共有120余家，而首尔的企业超过60家，占据一半。

这项重要改变与韩国的社会经济和住房发展阶段也有密切发展关系。随着社会经济不断发展，韩国城市地区也出现了大规模土地短缺，公共租赁住宅的发展也因此遇到了瓶颈，只能从增量发展路径逐步转向存量发展、城市更新的道路。相比于增量时代的大规模建设项目，存量更新项目通常拥有较小的规模。参与主体也因此需要更新，原有的主要参与主体大韩住宅公社等建设单位更适合大规模建设项目，因此，在这个阶段，韩国的社会住房建设发展了许多新的参与主体，如公益组织、合作社、社会企业、NGO和NPO等。这些参与者也被纳入KSHA，作为其成员，主要职责为监督社会住房的建造品质。

社会住宅的发展可以被视作首尔租赁住房转型的一个信号。政府一手抓、依靠大批量集中建设时代留下的种种弊病,或许需要更多元的主体和市场的参与共同分担。

第六节　首尔市租赁住区规划设计案例

一、租赁住区简介

首尔江南区 A5 地块住宅区坐落于首尔市城南江南区南部的丘陵地带(图 14-6),共有 1363 个住户单元,占地面积总计 18 万 m²。江南区人口数量众多、人口密集,是不少跨国企业、大型企业(如三星、LG 等)的总部所在地。狎鸥亭是当地著名高级时装店集中地。首尔当地的顶级富豪大多定居于此。A5 地块尽管处于首尔市富人集中区,地价高昂,但其住区规划在一开始就已经确定将会面向弱势群体进行开发与经营。

江南区 A5 地块住宅区由国有企业 KLHC(大韩住宅公社)2010 年发起竞赛进行投标,该竞赛旨在为

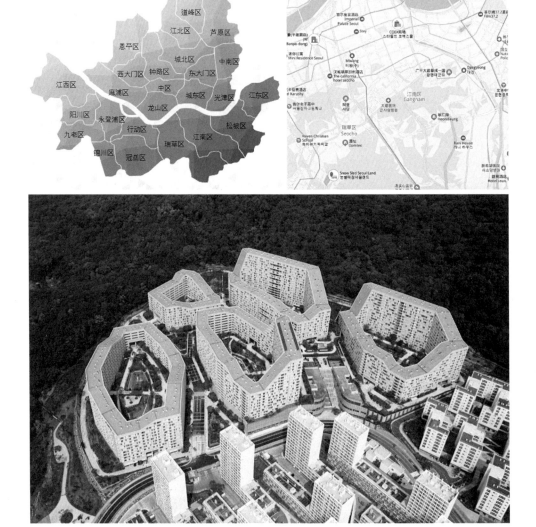

图 14-6　A5 地块租赁住区的区位及项目设计示意图
资料来源:首尔房地产门户,百度地图,http://www.archdaily.cn

低收入家庭提供可靠的社会住宅，也期望探索韩国全新的社会住宅原型，以顺应时代的新要求。最终建筑事务所Frits Van Dongen成功中标，且该方案也赢得了2016年韩国建筑大奖。

二、租赁住区住宅单体设计

1. 总体设计思路

从规划总平面来看（图14-7），江南区A5地块住宅区顺应场地的原始条件和自然景观，丘陵缓坡上5个围合的"区块"依山势而起。这是首尔地区不太常见的围合院落的形式，这种形态被称作"Tower Block Hybrids"，将塔楼的概念和板楼的概念合二为一。不仅包含传统住宅单元，同时也将公共场所的营建融合在内，创造出内外庭院、不同私密程度的空间体验：花园、运动场地、运动器材、公共道路等。这一设计的本意是有效地激活邻里之间的交流和社区生活，避免出现类似住宅区的"睡城"现象。同时，由于采取了灵活穿插的形态，在不同的角度都可以避免视线的遮挡，从而实现和自然景观的融合。

这一地区能够通过临近的Bokjeong地铁站便利地连通首尔市中心，但更为重要的是，其周边的配套较为完善，如场地周围分布有学校、购物中心等设施。在组织低收入人群集中居住区时，能否创造真正的"社区生活"是一个格外重要的命题，而A5地块着力于在这一点上有所突破。当居民能够感知到外界自然、内部庭院和自己私人空间的区别，享受到便利、安全的社区服务和活动时，一种社区归属感便油然而生。A5地块周围还开发了相应的便利设施服务，并提供1600个停车位。A5地块旁侧也有大片正在开发或已经开发的低收入人群集中住宅区，这一组团式的建设均邀请知名设计师进行设计建造，探索低收入人群社会住宅的新可能性。这些富有创造性的探索与多样性的居住空间设计避免了这片低收入住区在高价的江南区出现格格不入的问题。

2. 户型设计

A5地块采用公寓单廊式户型，面积相对充足，多数为一室一厅或两室一厅，开间宽度8m左右，平面布置灵活（图14-8），其能够满足不同经济支付能力、不同生活需求的人群。整个建筑采用单廊式结构，每一个组团有一条环廊联系，房间一侧朝阳，大部分房间有南向采光，体型之间也不会相互遮挡，采光、通风良好。

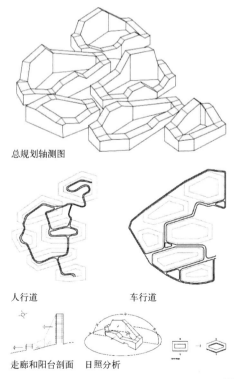

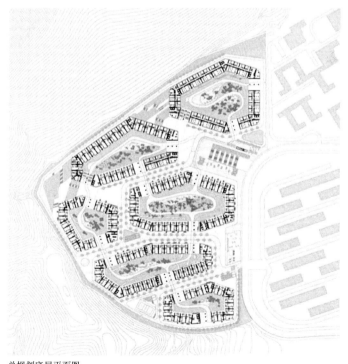

图14-7　设计概念与总平面
资料来源：http://www.archdaily.cn

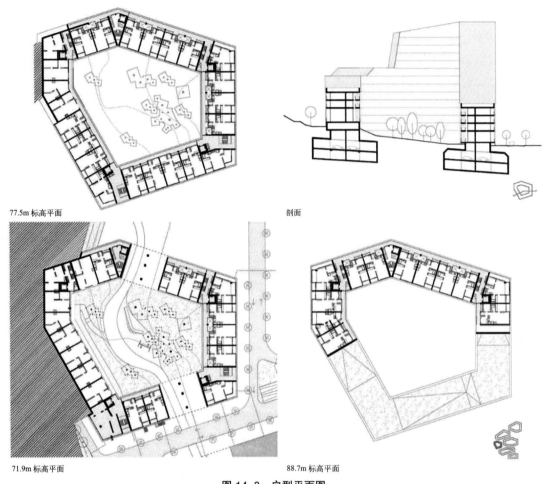

图 14-8 户型平面图
资料来源：http://www.archdaily.cn

3. 首尔江南区保障性住宅规划建设的优点

该租赁住宅建设是由国有企业发起，设计事务所竞标，设计团队和建设工程运营管理商为住房的质量和水平提供了保障。具体来看：第一，选址上与城市中心区有便捷的交通联系，交通的通达性避免了低收入住区过度边缘化的区位空间倾向，这对于城市融合发展以及低收入人群的生活状态改善都有利好作用；第二，住区内公共环境营造良好，配套齐全，绿地面积大，一扫公共租赁住房"脏、旧、破"的传统印象，邻里单元的构建在保障性住宅领域大放异彩；第三，在户型设计上，顺应了当代韩国住宅公寓化的趋势，选择大厅堂小居室的结构，且在立面和形态设计上均体现了设计师的想法，顺应地形的建筑设计形式及与之一致的功能设计，在日常空间使用功能的基础上，增加了一定的空间审美趣味。

土地优惠及相关配套的金融政策为面向低收入群体的租赁住区建设提供了前期支持。同时，综合多主体力量、运用多种手段去回应低收入群体的住房保障是该案例的一大特征。一方面，通过提高居住质量和生存环境，将低收入人群留在都市中心区，促进其融入城市而不是被边缘化或"逃离首尔"；另一方面，通过政策的倾斜和设计的支持，保障性住宅的目标人群已经不再是"老弱病残"或"战争遗留"，而更多的是年轻群体和城市"夹心层"。这样的大规模开发建设是一个信号，标志着首尔的社会住房发展模式向半商业化转变，更多的社会因素进入到福利性质的保障房领域。与此同时，其也面临诸多挑战，如后期维护、社区管理等，这意味着面向低收入群体的住区建设不仅事关建设前的土地开发、融资渠道，建设过程中的施工管理、质量监督，还对建成后的使用、物业管理、社区管理等提出了挑战。这也是我国租赁住区建设面临的挑战。

第七节　首尔租赁住房政策实施及对我国大城市住房发展的启示

一、首尔租赁住房管理策略及实施效果

历经准备期、引进期及扩大期的住房发展，首尔租赁住房已经基本发展出一套比较完备的系统，从法律、金融、政策、税收、地价监管各方面采取综合举措来面对住房问题（图14-9）。与此同时，首尔市政府也采取多种综合性的干预手段——土地政策工具、城市规划政策工具、价格管制政策工具、套型面积管制政策工具、交易管制政策工具、期房政策工具、税收政策工具等，通过增大供给，遏制投机，较有力地控制了韩国住房发展的命脉。

然而，首尔乃至韩国的公共住房建设计划有很强的阶段不连续性。例如，早期提出的公共住房建设计划，最终都因为各种原因未能坚持实施，历任政府在政权更迭的时候未能够完全接续工作，导致建设呈阶段性的增长与停滞。在建设公共住房时，依靠国家财政补贴的整体比例较高，执行主体相对单一，受到政治的影响较大，民间资本力量还有极大的开发潜力。由于租金过低，私人机构参与兴致不高，公共部门推进公共租赁也面临土地等多方约束与限制，导致整体市场供不应求且供需分布不匹配。2000年底在住房紧张的首尔城市地区，公共租赁住房仅有5.6万套。这些都是政府负担过重所带来的负面影响。

但不可否认的是，在公共租赁住房政策的制定与实施中，首尔市政府作为执行主体发挥了有力的引导作用。与许多亚洲大城市相比，首尔的公共租赁住房在更早期就开始试图转型，在单一僵化的早期公共租赁住房发展遭遇瓶颈的时候，曾尝试过多种举措进行革新，最终凭借法律、金融、规划多方面的举措在公共租赁住房上建立了更好的资金流转、前期建设、准入准出、经营管理、设施维护等政策。面对城市新活力的重要组成部分——"夹心层"群体，首尔市政府也积极地开发新的公共租赁住房产品，允许社会组织等更多主体进入住房市场，加强法律政策等后勤保障，群策群力应对社会需求。这样综合性的应对手段和积极的介入态度是各城市需要考察学习的重点。

二、政府在租赁住房政策制定中的引导作用

韩国政府在租赁住房建设中无疑扮演了重要角色。在福利性质的公租房时期，政府积极制定法律，发行认购储蓄；在后期，政府积极引导整个社会意识的转变，通过现代化的租赁产品调动住房市场的复兴。但是同时我们也看到，在韩国的案例中，政府干预较多也直接导致了私人开发者的积极性下降，房地产市

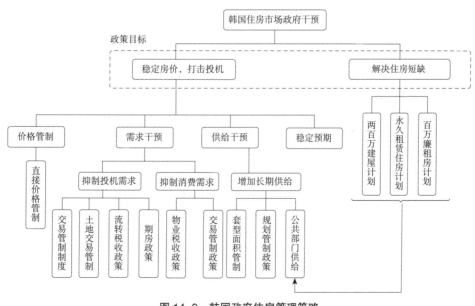

图14-9　韩国政府住房管理策略
资料来源：王松涛 等，2009

场发展停滞,在受到经济危机打压时出现供给严重不足的现象。因此,政府既不能放任自由,也不能过度干预。在法规、金融等方面应先行,创造顺畅的开发条件;在后期执行时制定平稳、长期的开发计划,提出促进汇聚社会各层力量的有效方案,以有力监管引导租赁住房发展。

三、丰富公共租赁住房融资手段,引入多元主体

我国公共租赁住房和韩国租赁住房在资金来源上有相似之处,均以政府公共财政资金为主要来源,总体依赖财政投入推动发展。较为单一的资金来源和开发主体在一定发展阶段后大大制约了公共租赁住房的发展。韩国在撬动国民住房基金时采取了证券、储蓄等多样的募集方式,通过一家一户的制度将储蓄账户与住房的准入结合在一起,是韩国比较独特的尝试,特别是对于次低收入人群,如年轻人、较低收入人群等有较大的驱动力。同时,韩国在近年也逐渐开放社会化住宅机构的合法性,积极调动更多社会化主体参与住房建设减轻政府负担,以活化住宅市场。

四、住房政策与国情特色结合的解决之道

韩国在进行租赁住房建设时,充分考虑了国情和文化因素。例如,传贳租赁住房的存在,是韩国极具特色的租赁形式。政府利用其投资、储蓄的金融特性,进行长期传贳房建设,既能够使开发商的资本尽快回笼,同时减轻承租人的经济负担,将风险转移至公共部门。在正常运作的情况下,能够缔造双赢的局面,造福广大民众。

再如,首尔将租赁住房建设与城区改造相结合,通过租赁住房的优先低价入住权对拆迁人群进行补贴。这既能够降低政府资金的负担,实际也为拆迁户带来了更好的居住环境和适中的居住成本,避免城市人口的大规模迁移以及对低收入群体的空间驱逐,这在一定程度上缓解了社会矛盾,对城市发展也产生了积极影响。

在我国,同样有许多超大城市或特大城市仍然面临着迅速膨胀的危机,市区内基础设施普遍较老而住房租金高昂,租客通勤距离长等问题暴露无遗。但是"危"也是"机",在进行建设的时候应当综合考虑包括租赁住房在内的城市问题,如近年来推进的利用集体建设用地建设公共租赁住房等尝试。总之,我国的住房问题与住房政策的研究和实践仍任重道远。

参考文献

黄修民,2010. 由韩国住房金融制度看中国公积金制度的改革和完善 [J]. 经济与管理研究(3):26-32.

金昶曔,2013. 首尔公共租赁住房政策研究 [D]. 北京:清华大学.

刘宝香,2015. 城市化背景下下韩国租房制度的发展及启示 [J]. 中国物价(10):79-81.

唐燕,魏寒宾,边兰春,等,2016. 基于融资和储蓄理念的住房供给途径——韩国"传贳房"运作机制研究 [J]. 国际城市规划(1):39-45.

王松涛,刘洪玉,李真,2009. 韩国住房市场中的政府干预 [J]. 城市问题(3):82-89.

王唯博,郭洁,郝学,2015. 韩国保障住房政策首尔公共住宅案例浅析 [J]. 中国住宅设施(2):32-43.

薛原,陆巍,陈圆圆,2017. 首尔城市规划转型的启示与经验借鉴 [J]. 城乡规划(2):6-14.

第十五章
国际大都市租赁住房发展模式和租赁住区规划：总结与启示

从国际上来看，目前全球约有20%的人是通过市场化租房来解决住房问题（Gilbert 2015）。进入21世纪以来，市场化租房比重增加成为全球趋势，即使在一直奉行"社会市场经济"的德国等国家，市场化租房比重也在增加。其主要原因是政府提供的公共租房或社会租房规模的大幅度缩减，低于私人拥有住房比例的上升（陈杰，2020）。

为进一步比较国际大都市在租赁住房发展模式上的差异，本章首先回顾了关于租赁住房理论的研究综述，然后选择基于前面提到的12座国际大都市，加上我国北京、上海、深圳和香港4座大都市，共16座城市，基于16座城市在租赁住房发展上的关键指标，对租赁住房发展的模式进行了分类，并对其演变的历程与特征进行了分析；之后，对国际大都市租赁住房发展政策及租赁住区规划设计的经验及对我国大都市的启示进行了总结与分析。

一、租赁住房发展相关理论

租赁住房发展模式受经济制度、社会理念、福利体系、金融结构等组成的宏观背景约束而决定,但对后者又有一定反作用(陈杰,2020)。

1. 住房—福利替代理论

瑞典学者凯梅尼(Kemeny)自1998年起,提出了富有洞见的"住房—福利替代理论"。他认为,住房自有率与社会福利水平之间具有一定的替代关系(tradeoff),社会福利好的国家一般住房自有率比较低(Kemeny,1998;2005)。住房建设与社会福利保障都消耗大量公共财政资金,所以是具有替代性的制度安排,难以同时并存。当一个国家在鼓励住房自有方面投入大量公共资源,也就缺乏足够财力去维持高福利制度。反之,当一个国家政府开始大力鼓励人们买房,其实就是政府财力出现问题,高福利难以维系。当一个国家福利保障不足的时候,人们为了自我保障就有强烈的动机去买房(陈杰,2020)。不少经济学家也论证,买房相当于一种对未来经济风险的对冲性保障(Sinai et al.,2005)。然而,如果政府把鼓励住房自有的资源节约下来做福利和社会保障,社会保障很好,那么人们买房进行储蓄和资产性保障的动机就会大大降低,会更愿意接受租房。

因此,"住房—福利替代理论"指出,租房还是买房的选择不仅取决于其个人和家庭收入,还取决于所在国家的福利制度安排(Kemeny,2005)。凯梅尼的洞见启发了很多学者,后续研究做了进一步修正和完善,与"资产性福利"理论相结合,不仅运用到欧美,也扩展到东亚经济体中住房制度与福利制度关系的分析(Ronald et al.,2010)。同时,"住房—福利替代理论"也帮我们理解了为什么伴随着20世纪80年代"新自由主义"思潮以来西方发达国家整体上从高福利主义撤退,这些国家的住房模式不约而同地出现自有住房率上升和租房率下降的总体趋势(Gilbert,2015;陈杰,2020)。凯梅尼的研究虽然以欧美西方发达国家为研究对象,但其理论框架为解释其他国家的住房战略选择也极具启发意义。

2. "单一制与二元制"理论

凯梅尼对欧美等西方国家租房体系的研究表明,西方各国的租赁住房发展可以分为两种模式:一是将市场化租房与社会租房两个体系之间相互衔接的"单一制"(unitary),以德国、瑞士等北欧国家为例,这与其历史文化传统、社会市场经济体制、社团/合作主义(corporatist)的社会理念及阶层平等程度等密切相关(朱玲,2015);二是将私人租房(市场化租房)与公共租房(救济型)分开的"二元制"(dualist)。之所以采用不同的体制,原因涉及的不仅是住房保障的理念,也包括整个社会保障的理念(Esping-Andersen,1990),是把保障看作是一种避免市场竞争失利者闹事的避难所和救济网,还是对暂时经济不利者的"合作式"支援和助力。以美国、英国为代表的盎格鲁—撒克逊模式自由主义经济体是秉承后者理念,为此公共租赁住房不仅提供较少,且准入门槛很高,只限于那些最低收入家庭或边缘化人群才能入住,同时还往往把这部分受助者与社会主流群体在空间上隔离,陷入"贫民窟"陷阱,整体上属于"剩余化"(residualisation)的福利政策,导致公共租赁住房与私人租赁住房形成割裂的两个体系(陈杰,2020)。

反过来,住房模式包括租赁住房发展模式的设计,对阶层平等和"社会融合"也可以起到积极的促进作用。与美国相比,在德国和北欧国家,住房隔离的现象并不突出。凯梅尼提倡的公共租房与私人租房应平等对待、可一体化发展,以及公租房租金存在基于成本定价而具有的"成熟化"的比较竞争优势机制的论断(陈杰 等,2013),对我国发展公共租赁住房包括租金定价机制过程有颇多启示。

3. 土地—住房理论

土地制度与住房市场关系十分密切。目前,世界各国的土地产权类型主要有三种:第一种是公共(政府)所有,土地无偿使用,以采用计划经济体制的国家为代表,苏联和1987年土地制度改革之前的中国均采用这种类型;第二种是土地私有化,土地产权称为绝对所有权或终身保有权(freehold),以美国为代表的多数资本主义国家采用此种类型;第三种是土地归政府所有,但政府以一定的使用年期将土地批租给个人和企业(leasehold),新加坡、英国的一些新城、瑞典的斯德哥尔摩、美国的火努鲁鲁(檀香山),以及我国的香港和1987年土地制度改革后的我国内地均采用此种类型。

理论上,与土地私有相比,公共土地批租制度对解决住房问题更具优势。例如,新加坡就实现了80%以上的居民居住在政府提供的组屋中的目标。但另一方面,土地也可以成为政府财政收入的重要来源,即"土地财政",我国香港和内地都采用了这样的土地制度。由于依赖土地出让,尤其是居住用地出让带来的财政收入,也引发了房价的快速上涨。高涨的房价会引发大量资本的追逐,而较高的售租比会导致市场资本对租赁市场的兴味索然,从而影响租房市场的供给。例如,周彬等(2010)通过构造一般均衡模型发现,"土地财政"必然推动房价持续上涨从而降低居民个人的效用并引起社会公众的不满;房价越高地方政府的效用就越大,因而地方政府具有推动房价上升的内在激励;由于地方政府的效用与商品房成交量的关系不确定,地方政府一般具有"豪宅"偏好,而忽视中小户型的大众住宅,以及经济适用房和廉租房的供应。

过去的几十年间,关于土地供应对住房的影响,普遍认为:①居住用地的减少导致房价上涨和住房供应不足(Hannah et al., 1993; Dawkins et al., 2002);②居住用地供给不足会导致市场预期的上扬,进一步引发需求的上涨(Cheshire, 2004);③对居住用地的严格管控,如容积率、公共服务设施配套等,会导致住房供应的进一步减少,并影响租赁住房的发展。例如,香港的居住用地只占全域面积的7.06%,人均居住用地面积只有10.48m²。北京、上海、深圳等地的居住用地人均面积15~17m²,占总体建设用地的比重都低于30%,远低于西方发达国家大都市的人均居住用地面积30~60m²,居住用地占建设用地比例超过50%,有些城市甚至达到70%左右。居住用地供应的严格限制也是房价高涨和租赁住房市场发育不足的主要原因之一。

二、研究方法

鉴于16座大都市在面积、人口密度、租赁住房发展阶段等方面存在的差别较大,本书主要采用聚类分析结合定性分析开展分类研究。我们主要选择四个维度进行分类,分别为:①人口维度选择人口密度,单位建设用地上的居住人口密度❶;②经济维度为经济发展阶段,用人均GDP作为衡量变量;③租房市场维度覆盖4个指标,即房价收入比、租金收入比、售租比、租房比例;④政府干预维度主要选择了公共住宅占比❷和可负担住房的公共财政支出比例(Haffner et al., 2019; Peppercorn et al., 2013)。这里的公共住宅采用的是政府财政资金提供的、面向低收入居民的廉价租赁住房。考虑到不同国家对租赁住房存在"补砖头"和"补人头"的差异性,用"可负担住房的公共财政支出比例"这一指标作为"公共住宅占比"的补充指标。4个维度共选择8个指标进行聚类分析,为消除不同指标之间数值不统一对聚类结果产生的影响,先对数据进行标准化处理,再基于SPSS16.0软件平台进行系统聚类(hierarchical classify)。其中,聚类过程中选择的测度方法是欧式距离平方。16座大都市8个指标的具体数值及相关特征值如表15-1和表15-2所示。

三、大都市租赁住房发展的类型划分

1. 根据指标聚类的类型划分

对8个关键指标的聚类结果表明,16座大都市的租赁住房模式呈现五类集聚特征(图15-1),分别如下。

(1)住房负担重、租赁住房发育不足、政府干预弱的高密度大都市,以北京、上海、深圳为代表。其房价收入比和租金收入比高、租金回报率低、公共住宅占比低、人均GDP相对较低。买房难、租房难,市场对租房市场缺乏兴趣,同时政府公租房的供给比例较低。

(2)住房负担重、政府干预较强的高密度大都市,以香港为代表。房价收入比、租金收入比高、租金回报率低,但公共住宅占比高。其同样面临买房难和租房难的困局,但政府主要以"补砖头"的形式大幅提升公共住宅比例,缓解住房短缺压力。

(3)住房负担较重、租赁市场发达、政府干预力度较低的高密度大都市,以东京、首尔、巴黎、洛杉矶、伦敦、纽约、阿姆斯特丹、苏黎世为代表。这些城市的房价及租金收入比虽然较高,但和第一、第二类城

---

❶ 考虑到16座城市的面积差异较大,北京、上海和东京采用中心区人口与建设用地比值:北京(城六区)、上海(外环内)、东京(东京都区部)。其他城市采用市域范围数值。

❷ 阿姆斯特丹是住房协会提供的面向低收入群体的租赁住房,香港是公营房屋,慕尼黑、汉堡、柏林是联邦/州/市政租赁住房,东京是公营住宅与公团(后改为都市再生机构)公社住宅,苏黎世是公租房与住房合作社提供的非营利性成本型租赁住房。

16 座大都市相关指标　　　　　表 15-1

	租房市场维度				政府干预维度		人口维度	经济维度
	指标 1 房价收入比	指标 2 租金收入比	指标 3 售租比	指标 4 租房比例	指标 5 公共住宅占比	指标 6 可负担住房的公共 财政支出比例	指标 7 人口密度	指标 8 人均 GDP
北京	48.1	58.6	73	20.0	1.4	1.8	1.7	18.3
上海	42.8	60.8	59	20.0	1.4	3.2	1.7	16.9
深圳	40.3	45.5	64	21.0	1.5	9.9	1.3	19.0
香港	41.1	73.3	40	50.8	30.6	5.7	2.7	32.3
伦敦	22.2	35.6	25	49.0	4.0	3.8	1.1	48.6
阿姆斯特丹	9.9	30.7	15	70.0	32.5	1.4	1.1	35.0
巴黎	17.7	43.0	14	60.0	21.0	10.0	2.0	37.7
柏林	9.6	23.4	16	82.6	15.0	12.0*	0.4	18.9
汉堡	8.8	14.7	23	76.1	14.6	13.9*	0.2	27.2
慕尼黑	15.0	30.7	17	75.0	10.0	15.9	0.5	30.7
苏黎世	9.9	20.3	22	92.0	21.6	8.3*	0.6	64.2
纽约	12.3	34.7	14	62.9	5.0	0.6	1.9	72.8
洛杉矶	8.4	31.6	17	63.40	10.9*	0.9	1.4*	51.6
东京	13.8	29.0	29	51.10	7.1	3.2	2.6	47.7
首尔	18.1	23.1	54	51.70	4.6	3.2	2.2	28.2
新加坡	22.31	31.8	35	10.41	72.9	9.6	1.2	42.7

注：①政府干预维度两项指标为城市完整行政事权边界范围内的数值，非核心区范围内，原因是政府支持的可负担住房选址不确定性，难以用核心区内的数值去衡量城市整体的政府干预力度。②房价收入比数据来自 NUMBEO 统计的 2018 年各城市的数值，租金收入比为月租金与月收入比值（* 是指：月租金采用中档两卧室公寓平均租金，月收入采用税后月收入）。新加坡的房价收入比为商品住宅，不包括组屋。③售租比为每平方米房价均值与每平方米租金均值的比值，租房比例为租赁住宅总量与住宅总量的比值，公共住宅占比为政府提供廉价租赁住房数量与住宅总量的比值。④人口密度为常住人口规模与建设用地的比值，单位是万人 /km²。⑤人均 GDP 单位是万元（人民币），用 2018 年的年均汇率折算得出。

16 座大都市 8 个指标的相关特征值　　　　　表 15-2

指标类型		最小值	最大值	均值	标准差
租房市场维度	指标 1：房价收入比	8.4	48.1	21.2	13.8
	指标 2：租金收入比	14.7	73.3	36.7	16.0
	指标 3：售租比	14.0	73.0	32.3	19.8
	指标 4：租房比例	10.41	92.0	53.5	24.5
政府干预维度	指标 5：公共住宅占比	1.4	72.9	15.9	18.2
	指标 6：可负担住房的公共财政支出比例	0.6	15.9	6.5	4.9
人口维度	指标 7：人口密度	0.2	2.7	1.4	0.8
经济维度	指标 8：人均 GDP	16.9	72.8	37.0	16.7

市相比偏低，人口密度较高，租赁住房市场发达。政府主要通过市场化的手段解决住房问题，包括以纽约、洛杉矶为代表的通过租房券等"补人头"方式放松政府对市场的直接干预，以阿姆斯特丹、苏黎世为代表的通过非营利组织提供大量的社会住宅予以缓解可支付性住房供应不足压力等。

（4）住房负担略重、租赁市场发达、政府干预力度较高的较低密度大都市，以柏林、汉堡、慕尼黑为代表。这些城市的人口密度在 16 座大都市中处于低位。房价收入比虽然高于国际平均水平的 4~6，但

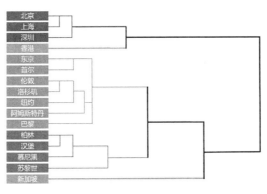

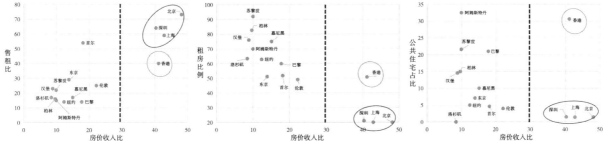

图 15-1　16 座大都市租赁住房模式的聚类结果与相关指标交叉分析散点图

和前三类相比较低，政府投资的公共住宅比例以及政府干预可负担住房的财政支持均较高，租赁住房市场发达。

（5）住房负担轻、租赁需求低、政府干预强的"普惠型"高密度大都市，以新加坡为代表。虽然其房价收入比和租金收入比都不低，但在"组屋政策"较好地解决了大部分国民居住需求的情况下，购买私人住宅和租赁并不是大部分国民必需的选择。

2. 根据租赁住房政策的类型划分

租赁住房发展涉及复杂的规划、财政、金融、管理体系，仅靠简单的指标难以说明各大都市租赁住房模式的特点。一般而言，租赁住房的类型主要包括四部分：一是市场化的租赁住房，其定价相对自由；二是市场主体提供租赁住房，接受政府在税收或财政方面的补助，但租金受到一定限度的管制；三是非营利性组织如住房合作社、住房协会等负责建设的租赁住房；四是政府出资建设的公共租赁住宅，面向特定的低收入群体，具有明显的福利性质。这四类租赁住宅渐次体现了从市场到福利的特性。我们对16座大都市从20世纪40年代至今（主要是第二次世界大战以来）租赁住房政策的演变，现阶段政府对公共租赁住房、社会租赁住房和市场化租赁住房的政策进行了总结（表15-3）。本书研究的16座案例城市可以分为以下三种模式。

（1）"二元化"体制下的政府主导供应租赁住房模式

"二元化"体制的特点是，一方面市场提供的商品化租赁住房房价较高；另一方面，政府直接建设公共租赁住宅，以中国大都市为代表。例如，在香港，较高的房价收入比和政府提供的大量公屋并存，后者占

各城市租赁住房政策的变迁及政策特点　　　　　　　　　　　　　　　　　　　　　　　　　表 15-3

城市	租赁住房政策的主要变迁	政府对公共/社会租赁的政策	政府对市场化租赁住房的政策
美国： 纽约 洛杉矶	■ "大萧条"与二战后：政府全面干预，兴建公共租赁住房； ■ 20世纪70年代后租房券等货币化补贴替代福利住房供给	■ 以租房券为代表的货币化补贴政策逐渐成为美国住房福利政策的主流 ■ 对供方进行税收、金融等支持	■ 自由租赁市场，主张"市场优先"； ■ 需求补贴+特定条件下的租金管制； ■ 采取税收优惠、容积率奖励等方式刺激市场对可支付住房的供应
英国： 伦敦	■ 二战后，英国政府大量建设公共住房； ■ 20世纪80年代后，取消租金管制，公共住房从"福利化"转向"市场化"	■ 向低收入家庭发放住房补贴； ■ 公共住房可对外出租	■ 鼓励机构建房出租（BTR）； ■ 住房协会可以合理盈利； ■ 住房政策转向市场化租赁与提高住房自有率并重

续表

城市	租赁住房政策的主要变迁	政府对公共/社会租赁的政策	政府对市场化租赁住房的政策
法国：巴黎	■二战后政府直接参与公共住房建设； ■20世纪70年代，中央政府放松管制，鼓励多元主体参与社会住房建设并鼓励居民购买住房； ■1997年房价飞涨，2005年郊区爆发骚乱，社会住宅再次回归公共政策重心	■公共租赁住房建设从郊区集中式建设转向分散化建设； ■社会住宅占比相对稳定，但集中建设带来居住隔离问题； ■鼓励市场介入公共租赁	■私人租赁住房市场活力不足
荷兰：阿姆斯特丹	■二战后，大量补贴社会住宅建设，同时强化对住房机构的控制，社会住宅成为解决住房短缺的主要途径； ■20世纪末，停止对住房机构的资金支持，住房机构部分进入市场	■非营利住房机构提供社会住宅给低收入群体； ■社会住宅在住房总量中的占比达50%以上，范围很广，形成"普惠模式"	■荷兰租赁住房由个人持有的商业租赁、机构持有的商业租赁以及社会租赁构成； ■社会住宅建设机构可以发展面向中等收入群体的租赁和售卖市场部分盈利，开始市场化运营
德国：柏林慕尼黑汉堡	■二战后政府资助公共租赁住房建设，并通过无/低息贷款鼓励私人机构增加住房供应； ■20世纪90年代初，德国统一后，政府不再从事住房建设和管理，而是鼓励住房合作社、私人开发商和私人等建造租赁住房	■国有市政企业对公共租赁发挥压舱石作用，公共住房公司和市镇住房公司都有"公共性"； ■对低收入家庭提供房租补贴。公共租赁住房房租与工资收入结合，采取浮动房租方式	■法律明确租赁住房市场的社会责任，采取租赁管制政策； ■保留房租指导价制度，从"比较租金"转为"习惯性当地参考租金"； ■住房合作社住房属于准福利性质的廉租房，但按市场规律竞争运行
瑞士：苏黎世	■1970年前，联邦政府直接投资建设廉租房； ■1970年后以低息贷款方式间接支持企业建设面向低收入家庭出租的社会保障房，并对低收入家庭发放租金补贴	■公益性组织建设面向中低收入群体的租赁住房、对低收入者发放租金补贴； ■非营利性住房主要是政府与住房合作社、基金会和协会等公私合作的低租金租赁住房	■以低息贷款、循环的住房基金等优惠政策鼓励市场主体提供可支付性租赁住房； ■通过居住条件审查、各类房产税设置稳定自由租赁市场
日本：东京	■二战后，以政府主导的公营住宅为主，结合对自有住宅的政策支持，快速缓解了住房短缺问题； ■住房供需矛盾缓和后，放松租金与地价管制，鼓励民营租赁发展	■政府放松管制下，公共租赁与市场租赁并行发展； ■承担社会责任的企业与机构推进面向中低收入群体的租房保障	■通过土地与容积率放松管制、金融与税收激励等政策刺激市场发展租赁住房
韩国：首尔	■住房短缺矛盾尖锐时，政府大力增加公租房供应； ■1997年亚洲金融危机后，推出针对低收入承租人的租房押金贷款以减轻租房负担； ■近来推进政府主导的公租房以及私人部门开发的"雇员租房"等多种供应主体的出租房	■通过租金补贴、低息贷款、减免税收等方式向低收入家庭提供支持； ■2015年开始推行社会租赁，鼓励承担社会责任的机构或组织参与可支付的租赁住房建设； ■尝试用"先租后售"的公共租赁供应体系	■促进公共租赁与市场出售、市场租赁等并行发展； ■放松容积率管制，鼓励市场增加租赁住房； ■推行全租房、月租房、担保月租房等多种租赁类型的住房
新加坡：新加坡	■二战后，政府修建大量低标准租赁住房解决住房短缺问题，采用单一租赁模式，但同时明确了"居者有其屋"的居住目标； ■推行组屋计划，租售结合推动房屋自有化； ■以小面积租赁房解决弱势群体住房问题，同时刺激组屋的自有化； ■在大部分国民自有组屋的国情下对组屋租赁市场施行强管控，变相推进自有化； ■21世纪以来随着居民生活水平提高，高质量私人租赁住房需求逐渐上升	■1965年建国伊始，通过租金补贴和低标准租赁组屋的形式解决"房荒"； ■"居者有其屋"计划，通过分期付款、低息贷款、租售结合等形式推动房屋自有化，相比于自有房屋，租赁组屋不作为政府推行的居住形式； ■在强政府管控下，针对弱势群体提供解决其居住需求的远低于市场价格的公共租赁住房	■私人租赁市场需求较小，政府几乎无干预

续表

城市	租赁住房政策的主要变迁	政府对公共/社会租赁的政策	政府对市场化租赁住房的政策
中国：香港	■ 20世纪60年代前，自由市场住房问题突出； ■ 20世纪60年代开始，推进公屋与自持住房； ■ 21世纪初，私人机构开始以居屋售卖支撑公屋维护，政府大量减少公屋市场占比	■ 政府主导的公屋制度，以"补砖头"方式为主	■ 香港的私人租赁市场较为宽松自由，机构化租赁也极少； ■ 20世纪70年代香港实施租金管制，1997年亚洲金融危机后废止。减少公屋，发展自持型房地产市场
中国：北京上海深圳	■ 改革开放40年来城镇住房制度改革经历了福利化—商品化—资产化—金融化的历程； ■ 1998年确立保障房制度，同步推进以低收入家庭租赁为主的廉租房； ■ 2010年，廉租房供应政策向公租房转变	■ 以面向低收入城镇家庭的公租房制度为主； ■ 面向特定人群的人才房等作为补充	■ 商品房为住房市场主导； ■ 非正规租赁住房占据较大份额； ■ 近年来逐步引进"竞自持"等手段鼓励市场提供租赁住房

比达到40%以上。在北京、上海和深圳，采用的也是典型的"二元化"模式，而且政府建设的公租房主要对有户籍人口的本市居民开放，绝大多数流动人口没有租赁资格。

新加坡同样属于"二元化"模式，但与上述中国大都市有所区别。与中国大都市一样，新加坡租赁市场由市场和政府两部分供应。然而不同的是，中国城市的市场供应量大、政府供应量少，价格根据供应类型二元化；而新加坡租赁住房的政府供应量大、市场供应量小，价格根据承租人类型二元化。在新加坡，租赁组屋的供应量大于最低保障人群需求，对于符合条件的承租人，组屋的租赁价格远低于市场正常水平；而对于不符合条件的承租人，组屋的租赁价格与私人租赁价格相差不大。

（2）市场主导供应租赁住房模式

市场主导的租赁住房供应和"二元化"体制的差别在于，其更多依靠市场化的方式来解决住房问题，而不是依靠政府大规模建设公共住房来解决问题。这种模式又可以分为两类：第一类以东京和首尔为代表。在东京，由于政府放松管制，充分释放市场发展租赁住房的活力，房价收入比和租金收入比都不高，依靠市场能解决大部分人的住房需求，政府只针对非常低收入的群体提供公共租赁住房。首尔的房价收入比比较高，近年来也希望通过放松市场管制大量增加供应缓解租房负担。东京与首尔的租赁市场中售租比差异明显，东京的售租比远低于首尔。以NUMBEO平台2020年4月更新的数据为例，首尔市中心单室套租金比东京低38%，但公寓每平方米房价均价较东京高出42%，而首尔的税后月收入均值比东京低23%。第二类以伦敦、纽约、洛杉矶等为代表。这类城市房价较高，政府大幅度减少公共租赁住房的供应，多采用补需方的政策，发放租房券给低收入群体。同时，政府积极通过财政、税收等优惠手段鼓励市场主体建设租赁住房，如伦敦的BTR（建后出租）和纽约的租金稳定型住房，其租金在特定条件下接受监控。

（3）非营利性组织主导的租赁住房供应模式

以瑞士和德国城市为代表。政府从鼓励多元建设主体、多种建设模式等方面着手，以增加租赁住房房源，并稳定住房的自有率。例如，柏林、苏黎世、慕尼黑、汉堡等地的住房市场呈现低自持率、高租赁比例、低房价收入比的特点，正是其坚持"单一制"租赁住房体系以维持住房市场健康发展的重要体现。这种模式成功的关键是对非营利市场与营利市场的整合性，为成本型租赁住宅的供给提供了市场吸引力，也为租房的供给端应对各类需求变化预留了弹性。

四、国际大都市租赁住房政策变迁特征解读

根据案例国际大都市的租赁政策变迁，在时间上可大致划分为三个阶段：二战后供给严重不足阶段，20世纪80年代左右供需缓和及新自由主义思潮影响下住房自有率逐步提升阶段，以及21世纪以来金融危机与住房品质提升等新阶段。

1. 适应不同阶段的租赁住房发展策略转型

欧美发达国家和日本、新加坡的租赁住房政策的

变迁表明，二战后住房大规模遭受摧毁，普遍通过大规模建设公共住宅用以应对住房短缺问题。住房供需缓和后，欧美、日本等国政府不再大规模建设住房。随着公共租赁住宅的建设和维护成本日增，一些城市开始公共租赁的私有化改革，公共租赁政策普遍呈现从"补砖头"向"补人头"的政策方向转变。与此同时，积极拓宽为中低收入群体住房保障的融资渠道，建构适合的租赁住房建设标准与管控体系。

首尔与香港在建设公共租赁住房的起步上稍晚一些，首尔是在经济发展到一定程度后，住房问题十分严峻时，才开始建设公共租赁住房。香港在放任自由市场调节与爆发低收入群体住房问题后，开始实施政府干预的租赁住房政策。与首尔类似，香港在建设公共租赁住房的同时，也强调住房自有率，这可体现在香港采取公屋（租赁型）和居屋（购买型）两类保障房并行供给中。

二战后，对各国租赁住房政策普遍产生影响的事件是金融危机。在1997年亚洲金融风暴与2008年全球金融危机后，各国的租赁住房政策都有所调整。多数城市政府通过土地、税收、金融等政策刺激市场增加租赁住房供应，同时以货币化形式补贴需方以减轻其租房负担，而非如之前的直接投资建设公共住房。

住房供需数量矛盾得到缓和后，欧美发达国家许多大都市面临集中建设公共租赁住房带来的贫困集聚与居住隔离等社会问题，为此，多采取分散开发、混合开发等方式进行干预。其中，以法国为代表的居住隔离问题，在市中心城市更新过程中采取分散公共租赁开发模式时，就受到邻居的抵制。与法国不同，德国对公共租赁与市场租赁采取同等的管制措施与政策优惠，在应对金融危机和居住隔离问题上显示了较强的应对性。

21世纪以来，国外大都市在实施多元化、有活力的城市发展战略过程中，本国年轻人、专业技术人员等不断涌入，以及现代交通体系、开放政策、创新环境等对国际移民的吸引力增加，租赁住房需求不断提升。与此同时，整体生活水平的改善也促使租客对住房品质提出了更高要求。在此过程中，德国大都市主要通过购买私人业主房源、加大新增可支付性住房建设力度、冻结租金等方式予以维持住房的可支付性。例如，柏林在2019年以10亿欧元总价从私人业主方购置了6000套公寓用于可支付性住房，并计划在2023年之前新建2000套公寓，同时试图采取冻结租金等方式减轻租客租房负担（O'sullivan, 2018）；2018年慕尼黑市投资2.63亿欧元用于促进住房建设，慕尼黑市在2018~2022年实施的一项投资建设计划中，住房建设的投资总额达12.1亿欧元（City of Munich, 2019）。创新建设模式、提升居住质量也是各国在21世纪应对变化的租赁住房需求时采取的应对策略。例如，东京公共建设项目全程信息化、装配式住宅的大力发展（陈立中 等, 2019）；洛杉矶应对无家可归者采取的模块化建造方式，以及应对低收入群体入住保障性住房存在较长的轮候时间，采取长期性租赁住房与临时性庇护所结合的方式以在最短时间最大规模提供住房保障（A Bridge Home, 2018）；新加坡积极回应21世纪居民日益提高的住房环境需求，以高标准建设绿色组屋社区，同时安排各居住类型各种族的居民混居，在达到居住混合目的的同时让优良的居住环境惠及所有居民。

2. 新自由主义与社会市场经济模式下的住房策略

与英美占主流思想的"自由市场经济模式"不同，在德国、瑞士、荷兰等国，受"弗赖堡学派"经济发展理论的影响，主张建立一种既非资本主义又非社会主义的"经济人道主义"制度，即社会市场经济，其本质是私有财产的社会责任界定。相对于自由市场经济下的营利性住房而言，在社会市场经济模式下，多元主体的竞争形成了成本型租赁市场，既保证了充足的租赁房源，又维持了其价格的稳定，因此形成长期较为稳定的租赁市场（凯梅尼，2010）。当然，社会市场经济住房模式的成功，有赖于住房合作社等机构长期以来的发育与完善。

在东亚国家，包括日本、韩国和中国，其住房市场发展的思路更接近自由市场经济模式，但国家之间又有所不同。东京通过放松土地与规划管控，以及在所有土地上建造租赁用住宅等方面的税收优惠，鼓励个人地主参与租赁市场，大大促进了租赁住宅的供给量，较好地解决了租赁住房市场的问题，目前已开始住房从"量"到"质"的提升。相比之下，首尔和香港的房价收入比较高，租金也偏高，租赁住房市场问题较多。而北京、上海和深圳问题更为尖锐，除了高租金的商品租赁住房和针对户籍人口的公租房外，非正规租赁住房市场也发挥了重要作用。

五、发达国家大都市租赁住房政策对我国的启示

20世纪70年代末以来,以"里根—撒切尔"新政为代表的新自由主义理论席卷全球。受其影响,通过自由住房市场发展解决住房问题,政府救济型的公共住房建设规模逐步最小化,成为补充市场住房的社会安全网的共识,逐步成为一种主流思想。应该说,中国住房政策的制定也在一定程度上受到这种思想的影响。地方政府对"土地财政"的依赖和住房市场的"金融化",导致房价飞涨,住房问题日益尖锐。其他发达经济体的经验和教训,对我国租赁住房的发展有如下启示。

1. 从"二元化体制"向"多元化体制"转型

发达国家住房福利政策的演变表明,住房政策应与住房市场供需状况相适应。在住房短缺时代,政府扮演的多是"公共住房的供应者"的角色,而住房短缺缓解之后,则更多扮演"市场化供给的环境营造者"角色,从"补砖头"到"补人头"是住房福利政策演进的必然趋势(杨晓梅,2017)。政府应更多地考虑如何完善住房供给体系,通过金融税收优惠和补贴等政策,鼓励市场主体积极兴建租赁住房。市场化租赁住房的建设和供应,首先可以缓解政府的公共财政压力;其次,可以通过市场化的手段增加供应,有利于租金的稳定,解决目前外来流动人口和"夹心层"可支付的租赁住房不足的矛盾;最后,市场对租客的需求更了解,在产品的提供上更能满足其需求,可以较好地避免供需错配的问题。

2. 培育专业租赁机构,增加租赁住房供应

在发达国家中,第三方专业租赁机构普遍存在,而且在保障房体系中扮演着不可或缺的角色。例如,伦敦、阿姆斯特丹等的住房协会,苏黎世等北欧国家的住房合作社以及房屋委员会等,多国政府均选择在解决住房短缺问题后将房屋交由这些第三方专业租赁机构运作供应,各国交由的权限和管理方式不尽相同(申明锐 等,2012;虞晓芬 等,2017)。培育专业租赁对于解决中低收入群体住房短缺问题、减轻政府财政负担、防止房地产企业垄断具有重要意义。我国专业租赁机构的培育明显不足,这极大地制约了我国住房租赁市场的发展。未来需要研究鼓励相关机构积极参与租赁住房的管理和运营。当然,这些专业机构可以分为营利性机构和非营利性机构,各自承担不同的职能。

3. 完善租赁市场的立法与管理制度,保护租住群体权益

发达经济体十分重视租赁市场的立法规范、市场监管以及租赁双方的权益保障。通常这些立法遍布于住房体系的建立、维护等每一个阶段。例如,德国颁布了《住房建设法》《住房租赁法》《租金水平法》和《私人住房补助金法》,对租金水平以及政府对低收入家庭的补贴额度进行控制;法国通过"低租金住房制度"和《城市更新与社会团结法》规定每座城市应建设20%的保障性住房;英国通过《住房法》与《住宅与建房控制法》对保障房的建设和租金进行管控;美国颁布《租金管制法》和《公寓法》,对补贴进行控制,并对租金进行维稳;日本的《公营住宅建造标准》对租赁双方的义务和权利进行了严格控制。这些立法规范有效地保证了租赁市场稳定以及租赁双方的权益,而目前我国的租赁市场尚无一部相关法律,这也是造成租客权益得不到有效保障,因而仍然倾向于购房的主要原因之一。

1998年住房制度改革以来,我国的房地产市场迈入了快速发展轨道。二十多年来房价飞涨,租赁住房的发展却始终处于自发阶段。"租购并举"的住房体系既是中央政府解决我国住房问题的战略,也是住房矛盾尖锐下不得已的选择。虽然在国情和社会经济发展阶段上有诸多不同,回顾和借鉴国际大都市在不同阶段下租赁住房发展战略和政策的经验与教训,仍对我国租赁住房的发展与政策制定具有重要意义,这需要广泛和深入的持续性研究。

六、国际大都市租赁住区规划的经验与启示

基于之前的租赁住区案例,国际大都市在租赁住区规划建设上主要表现出五个方面的特征:促进"社会融合"的规划理念与混合开发、便捷的交通区位条件、完善均衡的公共服务设施布局、多样化与注重人群需求的建筑单体设计以及居住环境的品质提升。

1. 促进"社会融合"的规划理念与混合开发

租赁住房发展的基本目标之一是"社会融合",即通过可支付的租赁住房实现中低收入群体享有体面的居住生活。同时,受制于这部分群体的经济收入状况,

如何充分发挥市场主体的作用，实现可支付性租赁住房开发、建设、管理、维护等一系列流程的"资金链闭环"，是各大都市需要回应的问题。国际经验表明，"社会融合"的理念贯穿于规划建设管理的全过程更容易消除差别化，增进不同阶层群体的"社会融合"。例如，阿姆斯特丹通过政府掌握大量公共土地，对开发公司进行不同类型住宅配建比例的要求，引导土地开发过程中不同收入群体的混合居住。同时，住房合作社在福利导向下，兼顾一定比例的面向中等收入群体的市场化租赁住房，这可缓解其独立运营带来的财政负担。再如，新加坡的"组屋"一方面兼顾出售要求，另一方面在优先保障最低收入群体需求的小户型时，将其均匀分散于整个组屋区，这样在弱化这部分群体的阶层特征时，可以为其提供同等的居住环境与服务。英国的 BTR 政策落实在租赁住区实践中，则对可支付性租赁住房采取随机性分布的方式。汉堡住房合作社采取公共租赁住房与市场化租赁住房混合等。

2. 便捷的交通区位条件

便捷的交通区位条件是租赁住区布局的前提条件。首先，租赁住区一般临近就业岗位密集的市中心。在城市更新与再开发过程中，需要考虑一定比例的可支付性住宅。其次，租赁住宅布局多以公共交通为导向。前者如巴黎在"嵌入式"更新中融入社会住宅的开发建设，汉堡在城市片区更新中新建一定比例的公共租赁住宅。后者如新加坡组屋以公共交通为导向（TOD）的开发模式等。

3. 完善均衡的公共服务设施布局

中低收入群体租房过程中的安全感与满意度与其居住范围内的公共服务水平关系密切。对租户权益的保护是发达国家租赁住房市场发展的一大特点。这些城市注重在全市范围内公平布局公共服务设施，以促进社区稳定发展。例如，纽约提出的"承租人优位"等政策。租赁住区周边需要配建相对完善的公共服务设施，如学校、医院、邮局、银行等。其周边的日常便民设施也十分完善，如杂货店、餐厅等。此外，这些城市不仅注重外部环境的配套服务，在租赁住区内部也注重生活配套服务设施的供给，为租客提供了增进社会交往的场所。

4. 多样化与注重人群需求的建筑单体设计

租赁住区规划需要充分考虑不同类型中低收入群体差异化的租房需求。例如，纽约、洛杉矶的租赁住区对不同租客的收入等级进行划分，进而部署不同配建比例的租赁住宅单体数量。租赁住区会根据不同群体，如孤寡老人、退休人员、有孩家庭、单身等，采取差异化的户型设计以及多样化的空间组合模式。例如，考虑到租客的日常交往空间，在场地有限时采取底层架空等方式增加公共活动空间；考虑到儿童、老人等群体的居住生活需求，增设儿童活动场所，推进住区内的无障碍设施建设；考虑到单身群体的居住需求，对小户型展开灵活的单体设计以及住区公共空间设计等。此外，还对租客的兴趣空间、工作空间等体现个人偏好与日常需求的空间展开具体的建筑设计。这些在细节中体现的多样性与人文关怀是增进租客归属感和安全感的重要措施。

5. 居住环境的品质提升

经过第二次世界大战以来六十多年的发展，租赁住房聚焦重点已从解决短缺问题向居住品质提升转变。例如，在整体上加强社会租赁住房、组屋等的居住品质，缩减其与周边市场化租赁住房的"硬件"差距；在住区规划设计中，常常通过底层架空、屋顶绿化、口袋公园等手法为居民营建更多的休闲绿化空间。此外，建筑技术的不断改进也为租赁住区缩短建设时长、改善居住环境品质提供硬件支撑。例如，新加坡的保障性租赁组屋与自有组屋、私人住宅共处于一个社区之中，并致力于建设步行可达的公共服务设施、滨水公园、绿色慢行步道等美化、优化居住环境。又如，纽约市的租赁住区案例中增设了连续立体的室外场所以及屋顶花园等室外休闲空间。洛杉矶市在为最低收入的无家可归者提供租赁住房时，创新开发模块化住宅用以缩短建设时间，以最快的速度为无家可归者提供居住场所等。

参考文献

CHESHIRE P, 2004. The British Housing Market: Contained and Exploding[J]. Urban Policy & Research, 22（1）: 13–22.

City of Munich, 2019. Munich Annual Economic Report 2019[EB/OL]. [2020-05-05].http://www.wirtschaft-muenchen.de/publikationen/pdfs/Munich-annual-economic-report-19_summary.pdf.

DAWKINS C J, NELSON A C, 2002. Urban Containment Policies and Housing Prices: An International Comparison with Implications for Future Research[J]. Land Use Policy, 19 (1): 1-12.

ESPING-ANDERSEN G, 1990. The Three Worlds of Welfare Capitalism[M]. Princeton: Princeton University Press.

GARCETTI E, 2018. A Bridge Home[EB/OL]. [2019-12-18]. https://www.lamayor.org/ABridgeHome.

GILBERT A G, 2015. Rental Housing: The International Experience[J]. Habitat International, 54: 173-181.

HAFFNER M, HOEKSTRA J, OXLEY M, et al., 2009. Bridging the Gap Between Social and Market Rented Housing in Six European Countries?[M]. Amsterdam: IOS Press.

HANNAH L, KIM K H, MILLS E S, 1993. Land Use Controls and Housing Prices in Korea[J]. Urban Studies, 30 (1), 147-156.

KEMENY J, 2005. "The Really Big Trade-Off" Between Home Ownership and Welfare: Castles' Evaluation of the 1980 Thesis, and a Reformulation 25 Years on[J]. Housing, Theory and Society, 22 (2): 59-75.

KEMENY J, LOWE S, 1998. Schools of Comparative Housing Research: From Convergence to Divergence[J]. Housing Studies, 13 (2): 61-176.

O'SULLIVAN F, 2018. Berlin's Massive Housing Push Sparks a Debate About the City's Future[EB/OL]. [2020-05-05]. https://www.citylab.com/equity/2018/11/berlin-germany-affordable-housing-construction-rents/576469/.

PEPPERCORN I G, TAFFIN C, 2013. Rental Housing: Lessons from International Experience and Policies for Emerging Markets[M]. Washington D.C.: The World Bank.

RONALD R, DOLING J, 2010. Shifting East Asian Approaches to Home Ownership and the Housing Welfare Pillar[J]. International Journal of Housing Policy, 10 (3): 233-254.

SINAI T, SOULELES N S, 2005. Owner-Occupied Housing as a Hedge Against Rent Risk[J]. Quarterly Journal of Economics, 120 (2): 763-789.

陈杰, 2020. 大都市租赁住房发展模式的内在逻辑: 兼论来自纽约和柏林对比的治理启示 [J]. 国际城市规划, 35 (6): 8-15.

陈杰, 王胜军, 马圣滔, 2013. 成熟化机制与公共租赁房成本竞争优势的创造 [J]. 中国房地产 (2): 15-22.

陈立中, 徐声星, 陈新政, 2019. 发达国家住房租赁市场管理的成功经验及对我国的启示 [J]. 当代经济 (12): 130-132.

凯梅尼, 2010. 从公共住房到社会市场——租赁住房政策的比较研究 [M]. 王韬, 译. 北京: 中国建筑工业出版社.

申明锐, 罗震东, 2012. 英格兰保障性住房的发展及其对中国的启示 [J]. 国际城市规划, 27 (4): 28-35.

杨小梅, 2017. 发达国家住房福利政策的演变及启示——我国公租房领域供给侧结构性改革探析 [J]. 西部论坛, 27 (1): 86-94.

虞晓芬, 傅剑, 林国栋, 2017. 社会组织参与住房保障的模式创新与制度保障——英国住房协会的运作经验与借鉴 [J]. 城市发展研究, 24 (1): 117-122.

周彬, 杜两省, 2010. "土地财政"与房地产价格上涨: 理论分析和实证研究 [J]. 财贸经济 (8): 109-116.

朱玲, 2015. 德国住房市场中的社会均衡和经济稳定因素 [J]. 经济学动态 (2): 98-107.